主　编　钟起煌
顾　问　周銮书
副主编　邵　鸿　彭适凡（常务）　方志远

江西通史

江西人民出版社
Jiangxi People's Publishing House
全国百佳出版社

《江西通史》编辑委员会

主　任　钟起煌

副主任　钟健华　傅伯言

委　员（以姓氏笔画为序）

方志远　孙家骅　邵　鸿　林学勤　彭适凡

编委会办公室

副主任　游道勤

主　任　孙家骅

工作人员（以姓氏笔画为序）

王琴红　王紫林　曾　敏

常务编辑

林学勤　徐建国　游道勤

江西通史 晚清卷

赵树贵　陈晓鸣　著

图书在版编目(CIP)数据

江西通史·晚清卷/赵树贵　陈晓鸣著.—南昌:江西人民出版社,2008.10(2017.8重印)
(江西通史/钟起煌主编)
ISBN 978-7-210-03929-7

Ⅰ.江… Ⅱ.赵… Ⅲ.江西省—地方史—清后期
Ⅳ.K295.6

中国版本图书馆 CIP 数据核字(2008)第 153121 号

江西通史·晚清卷
赵树贵　陈晓鸣　著
责任编辑:陈晓蓉
封面设计:同异文化传媒
出版:江西人民出版社
发行:各地新华书店
地址:江西省南昌市三经路 47 号附 1 号
学术出版中心电话:0791-86898330
发行部电话:0791-86898815
邮编:330006
网址:www.jxpph.com
E-mail:swswpublic@sina.com　web@jxpph.com
2008 年 10 月第 1 版　2017 年 8 月第 3 次印刷
开本:787 毫米×1092 毫米　1/16
印张:23　插页:4
字数:374 千字
ISBN 978-7-210-03929-7
版权所有　侵权必究
定价:80.00 元
承印厂:江西华奥印务有限责任公司印刷

上　建成于1898年的安源煤矿井口总平巷
下　1906年建成的汉冶萍公司萍乡矿务局办公楼

①

②

① 九江姑塘海关旧址
② 修建于清末的庐山赛珍珠别墅
③ 修建于清末的庐山天主教教堂
④ 吉安县禾河古道镇水塔（清）
⑤ 奉新柳溪石刻水契（同治）

① 清同治青花花鸟纹方瓶
② 清宣统青花坤宁宫祭器大盖罐
③ 清光绪藕荷地粉彩花鸟纹花盆
④ 清咸丰年间烧制的青花瓶
⑤ 清光绪青花天下第一泉字坛

总 序

钟起煌

世界上的很多事情都是由机缘而起因执著而成,包括我们这部《江西通史》。

说由机缘而起,是因为这件事情的发生几乎纯属偶然。2002年夏天,我和彭适凡、孙家骅同志谈到江西悠久的历史、谈到江西辉煌的文化,因而产生了组织专家编撰《江西通史》的设想,彭、孙二位当即认为此举当行而且可行。

说因执著而成,是因为一旦有这个想法,而且认为这是一件研究江西历史、弘扬江西文化的重要工程,就决心去做。为此,我征询了周銮书同志的意见,并邀请邵鸿和方志远同志共商此事,得到他们的热烈响应。2002年10月18日,在江西省文物局和江西师大历史文化与旅游学院共同举办的全省文博教育成果展示与经验交流会上,我向大会通报了编撰《江西通史》的意见,引起全体代表的热烈反响,大家用长时间的热烈掌声表示支持,认为这是贯彻"三个代表"重要思想、全面挖掘和整理江西传统文化、推进江西经济文化建设的一大盛事。有了这个共识,12月13日,准备工作进入实质性阶段。在我的主持下,召开了有关专家和编辑人员的联席会议,对编撰《江西通史》的指导思想、作者人选、工作日程、成果形式等具体问题展开了比较细致的讨论。2003年2月15日,召开了第一次编撰工作会,《江西通史》的编撰工作就此正式启动。

虽然说是机缘和偶然,但新的《江西通史》的编撰,实具备诸多因素和条件。

一、江西在中国历史上具有重要的地位。根据最新的考古发现,在江西这块土地上,人类的活动至少已有20万年历史,它是中华民族发展史和古代文明发展史的重要组成部分;唐末五代以来,随着全国经济重心的南移,江西遂为全国经济文化最为发达的省份之一,其物产之富、人才之众,举世瞩目;进入20世纪,江西又因为中央苏区的建立而成为全国苏维埃运动的中心。很难想象,在十分漫长的时段里,没有江西的中国历史将会是什么样子。

二、文献与实物资料丰富。江西既有"物华天宝、人杰地灵"之誉(唐王勃语),又素称"文章节义"之邦(宋司马光语)和"人文之薮"(清乾隆帝语),存世官修私撰文献极为丰富。近年来一系列的考古发现,既可弥补文字记载之不足,更可与文献资料相互印证,为编撰《江西通史》提供了可供参考的实证材料和科学依据。

三、前期成果丰硕、学术队伍整齐。老一辈的历史学家仍然健在,他们不但学术积累深厚,而且对研究江西历史有着强烈的责任心;中青年学者正趋成熟,他们继承了前辈学者的严谨学风,又吸收了新的研究方法和研究技术,思维敏捷,勇于创新。在他们的共同努力下,这些年来已有大批高质量的有关江西历史的学术成果问世,这些成果涉及江西历史的方方面面,为编撰《江西通史》奠定了坚实的学术基础。

四、政治环境宽松、经济形势发展。盛世修志是中国的传统。改革开放以来,政通人和,国泰民安,江西经济和全国一样,有较快速度的发展。这为编撰《江西通史》提供了自由的学术气氛和比较充裕的财力保证。近年来,江西的学术事业和出版事业取得了有目共睹的成就,连续获得中宣部"五个一"工程奖和国家图书奖、中国图书奖,给江西文化艺术界和学术界以振奋,也引起了各兄弟省市的关注。这些成就的取得,为我们组织大规模著作的编撰工作提供了经验。而周边各省如湖北、湖南、浙江以及其他省市新编通史的纷纷问世,对《江西通史》的编撰是有力的推动,也提供了有益的借鉴。

五、从我个人来说,当时也恰恰能分出一些精力和时间来抓这件事情。于是尽力协调各方面的关系,为作者们、编者们排除各种障碍,以保证这项重大工程的圆满完成。

四年来,《江西通史》的编撰工作得到了各方面的关心和支持。黄智权、吴新雄省长亲自过问此事并指示有关部门给予支持,省政协将其作为一件大的文化事业进行推动,省社联将其列为重大科研项目,江西师大、南昌大学、省社科院、省文物局、省博物馆和省考古所等有关单位也对参与编撰的专家们给予各种便利,出版部门派出了强大的编辑班子并准备了足够的启动和出版资金。特别要指出的是,各位作者在繁忙的教学和科研工作中,能够将《江西通史》的写作列入重要的工作计划并全身心地投入。我在第一次全体编撰会议上指出，《江西通史》的编撰是一项挖掘和弘扬江西历史文化传统的千秋事业，希望作者和编者将其视为自己学术生涯中的重大事业。事实证明，作者和编者们后来都是这样要求自己的。正是因为有了各方面的支持和全体编撰人员的共同努力，11卷的《江西通史》才能顺利地完成书稿并得到如期出版。

明代中期，随着区域经济文化的发展，修撰地方志成为一大文化现象。各省、各府乃至各县的省志、府志、县志大量涌现。此后遂为传统。盛世修志也不仅仅限于修前朝历史，更大量、更具有普遍意义的乃是修当地地方史。具有全局意义的江西省志也正是在这个时候产生的。自明中期以来，江西整体史著作已编撰过多部，其中著名的有：林庭㭿《江西通志》(37卷，明嘉靖四年)，王宗沐《江西省大志》(8卷，嘉靖三十五年；万历二十五年陆万垓增修)，于成龙、杜果《江西通志》(54卷，清康熙二十二年)，白潢、查慎行《西江志》(206卷，康熙五十九年)，高其倬、谢旻《江西通志》(163卷，雍正十年)，刘坤一、刘绎、赵之谦《江西通志》(180卷，光绪七年)，吴宗慈、辛际周、周性初《江西通志稿》(9编，民国三十八年)。20世纪末，又有许怀林的《江西史稿》(1994年，江西高校出版社)、陈文华、陈荣华主编的《江西通史》(1999年，江西人民出版社)问世。这些著作在保留江西历史遗存、挖掘江西历史文化方面作出了重要的贡献。如何在充分吸取前人成果的基础上有所发展、有所创新，是对新编《江西通史》的重大考验。

为了使新的《江西通史》更具有时代特色和历史价值，更具有划时代的意义，我们对这部著作提出了以下的要求。

一、中国历史是一个整体，我们在研究任何地方历史的时候，都不能脱离这个整体。因此，正确认识各个历史时期江西在全国政治经济格局中的地位就显得尤其重要，必须充分关注江西与中央、与周边地区的关系，不溢美、不自卑，不关起门来论江西，将《江西通史》写成一部与中华民族的整体有着血肉联系的江西历史。

二、《江西通史》是系统记述和研究江西历史的大型学术著作，由众多学者共同参与完成。一方面，各卷是作者的个人成果，是作者最新研究成果的结晶，可以也应该有自己的风格和特色，所以希望作者精益求精，使其成为各自领域的学术精品。另一方面，甚至更为重要的是，它又必须是一个整体，是一部"通史"，所以全书11卷必须有统一的体例和统一的要求，在文风上一定要力求简洁、明快。各卷作者务必服从整体、服从大局，使自己的作品成为整个《江西通史》的有机组成部分。

三、《江西通史》必须是一部真实、动态、有可读性的信史。所谓真实，是指史料翔实、言必有据。此"据"是经过考证后认为合理的，否则，"尽信书则不如无书"（孟子语）。这就需要每个作者既尽可能地系统爬梳和挖掘史料，又谨慎辨析和使用史料。所谓动态，是指用发展的眼光看问题，既将问题放在特定的历史背景之下，又特别关注它的演进过程，因为即使是同一件事物，其状态和作用也是随着时间的推移和社会的变迁而变化的。这就需要每个作者以历史唯物主义和辩证唯物主义的观点和方法去阐释历史、去探讨历史演进的规律。所谓有可读性，是指应该用流畅的文字、叙述的方法写作，展示的是作者的观点和结论，而不是考辨的过程，它的体例是史书而不是论文。无图不成书。图文并茂是中国出版物的优良传统和重要特点，《江西通史》应该在尽可能的情况下，收集能够说明江西历史各阶段各方面状况的历史图片，以加强其历史感和可信度，同时也使其更具有可读性。

四、以人为本，以民为本，以基层社会为本。所谓以人为本，指的是要写成人的历史，以人的活动为描述对象，即使是制度、习俗，也应尽可能地有人的活动。所谓以民为本，指的是尽可能地站在大众的立场上来叙述历史、看待历史，更多地叙述大众的活动。所谓以基层为本，是因为地方史本身就是基层乃至底层的历史，要尽可能地揭示基层组织和底层社会的活动状况。在此基础上，充分重视统治者和社会精英对社会的主导作用，重视自然环境、人文环境，特别是包括传统价值观念和现实政治制度等在内的上层建筑对个人、对大众、对底层的影响和制约作用，写成一部上层建筑与经济基础互动、国家权力与基层社会互动、社会精英与人民大众互动的历史。

11卷本《江西通史》即将付梓，我们希望它的出版能够成为江西历史研究的新的里程碑、能够成为江西文化史上的一大盛事。当然，能否达到这个目标，还要由读者和历史来检验。

【目录】

前言 /1

第一章
步入晚清之际的江西社会

第一节　晚清之际的内外环境 …………………… 1
　　一、扩张与开放的世界 …………………… 1
　　二、清王朝的逐渐衰落 …………………… 4
第二节　传统的经济形态 …………………………… 5
　　一、赋税与用度 …………………………… 5
　　二、稻作与经济作物 ……………………… 12
　　三、传统手工业 …………………………… 19
第三节　社会结构与社会问题 …………………… 29
　　一、省政与官僚体制 ……………………… 29
　　二、绅士与百姓 …………………………… 33
　　三、地主与农民 …………………………… 37
　　四、社会问题 ……………………………… 42

第二章
九江开埠与外国势力的契入

第一节　九江开埠与海关的设立 ………………… 47

	一、九江开埠 ……………………	47
	二、海关的设立 ……………………	51
第二节	通商口岸：直面世界的窗口 …………	57
	一、租界和避暑地的开辟 ……………	57
	二、洋行的设立 ……………………	63
	三、教会与西方文化的契入 …………	70
第三节	江西贸易中心地位的形成 ……………	74
	一、商路变迁与货流的逆转 …………	74
	二、传统市镇的衰落与九江 　　贸易中心的形成 ……………	80

第三章
太平天国在江西

第一节	太平军转战江西 ……………………	84
	一、太平军西征 ……………………	85
	二、南昌攻坚战 ……………………	86
	三、湖口九江争夺战 ………………	90
	四、石达开经略江西 ………………	94
第二节	太平天国在江西的乡政建设 …………	95
	一、地方政权的建立 ………………	95
	二、土地与税收 ……………………	99
	三、商业政策 ………………………	103
	四、文化政策 ………………………	104
第三节	太平天国苦撑江西残局 ……………	105
	一、天京内讧后江西的军事形势 ……	105
	二、九江保卫战与吉安失守 …………	107
	三、太平天国在江西的失败 …………	113
第四节	太平天国运动对江西社会的影响 ……	115
	一、太平天国运动影响下的 　　江西农民起义 ……………	115

【目录】

　　二、太平天国对江西社会经济的
　　　　影响 …………………………… 118

第四章
文化冲突与教案风波

第一节	洋教在江西的传播与文化冲突 ……… 123
	一、洋教在江西的传播 …………… 124
	二、文化冲突 ……………………… 125
第二节	教案风波 …………………………… 133
	一、南昌教案 ……………………… 133
	二、长江教案 ……………………… 136
	三、全省教案 ……………………… 137
	四、棠浦教案 ……………………… 139
第三节	教案对江西社会的影响 …………… 144
	一、正义的斗争 …………………… 144
	二、惨痛的代价 …………………… 146

第五章
江西的维新变革运动

第一节	江西的维新思潮 …………………… 148
	一、甲午战争失败后的江西社会 ……… 148
	二、江西的维新思潮 ……………… 153
第二节	戊戌维新运动在江西 ……………… 158
	一、政治领域的维新变革 ………… 158
	二、文化领域的维新变革 ………… 159
	三、经济领域的维新变革 ………… 160
第三节	清末江西新政 ……………………… 162
	一、实业政策的推行 ……………… 163
	二、现代政治权力机构的设置 …… 185

三、军政改革 …………………………… 200
四、文教改革 …………………………… 204

第六章
晚清统治在江西的终结

第一节 清末江西的民变 …………………………… 207
　　一、抗粮抗捐的斗争 …………………………… 208
　　二、各地会党的起义 …………………………… 210
　　三、"调查户口"的风波 …………………………… 212
第二节 革命组织的成立 …………………………… 214
　　一、易知社的成立 …………………………… 215
　　二、共进会的成立 …………………………… 215
　　三、同盟会江西分会的成立 …………………………… 216
第三节 萍浏醴起义 …………………………… 217
　　一、起义的酝酿与发动 …………………………… 217
　　二、起义的经过 …………………………… 219
　　三、起义的影响 …………………………… 220
第四节 辛亥革命在江西的胜利 …………………………… 221
　　一、九江独立 …………………………… 222
　　二、南昌光复 …………………………… 223
　　三、全省光复 …………………………… 225

第七章
晚清江西经济

第一节 产业结构逐渐转型 …………………………… 227
　　一、农业结构的调整 …………………………… 228
　　二、非农产业的变动 …………………………… 239
　　三、近代工矿业的产生 …………………………… 247
第二节 市场与流通 …………………………… 261

【目录】

	一、市场：结构与关系	261
	二、流通：进出口贸易	267
第三节	交通运输业的兴起	283
	一、轮船航运业	284
	二、铁路兴筑	285
	三、公路兴筑	296
第四节	财政赤字与财政制度改革	296
	一、晚清江西的财政赤字	296
	二、解决财政赤字的平衡举措	301
	三、宣统时期的财政改革	309

第八章
晚清江西文化

第一节	新式学堂的兴起	311
	一、教会学校的出现	312
	二、新式学堂的兴起	313
第二节	新闻业的出现	321
	一、近代报刊的出现	321
	二、近代报刊启迪民智	325
	三、近代新书发行机构和阅报社	327
第三节	学术研究的兴盛	328
	一、诗学	329
	二、经学	330
	三、史学	330
	四、数学	331
第四节	民俗文化与社会生活缓慢变迁	332
	一、信息的吸纳与传输	332
	二、"洋化"的时尚	337
	三、社会风气的变化	339

主要参考文献 346

前 言

晚清江西史,从1840年到1911年,前后共71年。在这70余年间,经历了鸦片战争、太平天国运动、甲午战争、维新运动和辛亥革命等全国重大历史事件,相承全国历史发展脉络,历史进程一体化。从全国而言,晚清既是清王朝逐渐走向衰亡的时期,同时也是中国社会不断转型的一个重要时期;就江西而论,它既是社会经济逐渐边缘化的时期,同时也是社会不断推陈出新的一个过程,许多重大的历史事件均与晚清江西的历史密切相关。在此总体发展的态势之下,晚清江西历史的发展大体可以分为三个阶段:

第一阶段为1840年到1858年,即第一次鸦片战争爆发到《天津条约》的签订。这一阶段,江西社会仍然处于原有的轨道上,依惯性的作用而运行。第一次中英鸦片战争的爆发及其失败,江西没有明显的波动,传统的农业、手工业、商贸和政治体制,仍然按部就班,井然有序,阶级矛盾依然是主要矛盾,会党和"盗匪"依然是江西社会不稳定的主要因素。在这一阶段的后期,经历了太平天国农民运动。从1853年初开始,太平军转战江西8府50余县,各地农民起义纷纷响应,太平军与清军在这块土地上进行了长时期的厮杀。连年不断的战争,冲击着传统的封建秩序,破坏了江西本已贫穷的经济,加剧了江西的贫穷与落后。要说这一阶段江西有什么大变化的话,这是唯一的大变化。

第二阶段为1858年到1894年,即中日甲午战争前的这一历史时期。这一阶段最突出的变化是西方资本主义势力对江西的侵入和蔓延。主要表现在九江开埠、划定租界、派驻领事、控制海关,开设洋行和工厂,倾销洋货和掠购原材料,设教堂以传教,等等。江西原有的社会秩序和经贸优势受到极大冲击,传统的封建自然经济受到极大破坏。由于九江的开埠和外国轮船的运营,江西传统商道不再辉煌,"自江轮通行,洋货由粤入江,由江复出口者,悉由上海经运内地,江西省输出输入之货剧减,樟树、吴城最盛之埠,商业亦十减八九"。①这一阶段的后期,全国洋务企业纷纷创办,江西一无开明封疆大臣,二无资金财力,因循守旧,不思进取,安于现状,坐失良机听任半殖民地化的加重,漠视落后面貌的加剧。江西在全国的地位逐渐下降,边缘化的趋势开始显现。

第三阶段为1894年到1911年,即辛亥革命前的这一历史时期。这一时期,江西求变欲望强烈,维新思潮迅猛,新政改革的实施,新鲜事物不断涌现,如新式学校、新式教育、新式企业、新闻报刊及西方科技的运用。其中最具影响的是萍乡煤矿的创办和南浔铁路的修建,这是晚清江西经济的两朵奇葩,对江西、对全国皆有重大影响。同时,在这一阶段,革命思想活跃,革命斗争频繁,最终导致了萍浏醴大起义,九江、南昌的独立及全省的光复。经济的衰败和革命的发展,导致了清朝统治在江西的覆灭,从此江西迎来了新生,虽然新生依然多灾多难,但毕竟结束了封建黑暗统治,人们看到了希望和曙光。

始终贯穿晚清江西历史的主线有两条,一条是民族矛盾构成江西社会最主要的矛盾,另一条是江西经济、文化地位逐渐下降。

其一,随着侵略战争的不断爆发,帝国主义侵略势力不断吞食中国,加剧了中国殖民地和半殖民地化,产生严重的民族危机。1858年,中英《天津条约》的签订,九江被列为通商口岸,西方资本主义势力通过九江逐渐渗透到在江西内腹地区,破坏了传统的自给自足的自然经济,加速了广大手工业、船运业的破产,造成大量的失业农民和手工业者,使江西感到空前的经济危机。教堂的设立和传教的自由,使基督教势力和西方文化渗透到江西每一个角落,尤其是传教士凌驾于中国官府和法律之上的特权和不少教民的为非作歹,造成江西教案风波迭起,以两次南昌教案为中心的反洋教斗争,在江西表现得既频繁又猛烈。传教士宣扬的西方民主平等思想和基督教文化,严重冲击着中国传统的君权思想和儒家道统文化,由此产生了强烈的信仰危机。三大危机的并现,是民族矛盾尖锐的集中反映,也是晚清江西社会剧烈动荡的主要原因。

其二,晚清时期,全国政治、经济格局正在发生日新月异的变化,江西在全

---

① 傅春官:《农工商矿纪略·清江县·商务》。

国格局的重新组合中,逐渐走向了边缘化的过程,这主要表现在:

首先,从独口通商到五口通商,再到长江流域的全面开放,全国经济格局发生了极大变化。从商路而言,由以前南北纵向的商路转到以长江流域为主体的东西横向商路的格局。江西在传统社会时期的过境贸易直接受到影响,江西传统的独特优势逐渐丧失。正如傅春官所言:"昔之所谓樟树、吴城最盛之埠,其商业十减八九,盖自天津条约立,长江轮船通行,洋货之由粤入江,由江复出口者,悉由上海径运内地,而江西商人之往来汉口金陵,不过本地土产,为数不多,输出输入之货减,故商埠寥落之形见。"①这种变化直接引起江西社会的边缘化。

其次,就江西自身而言,其也有个变化的过程,随着长江流域的全面开放,九江开埠,江西的贸易格局也在悄然的发生变化。以前由玉山—河口—赣江—梅岭—广州商道重要地位的丧失,逐渐转向以九江为中心面向长江流域的格局。江西境内主要的进出货物运输线路,虽仍走赣江水系,但已形成了以九江为中枢的赣州—吉安—樟树—南昌—吴城—湖口—九江的基本构架。这一变化,使得赣北在江西的地位逐渐加重,但由于九江处于次一级的口岸,它深受长江流域其他口岸的制约,总体经济形势处于边缘化的态势。

复次,文化也逐渐衰微。江西是以稻、棉为主要农产品生产的农业大省,在商品经济不断发展和新式企业不断涌现的近代化进程中,江西必然惨遭天演之变。经济的落后带来文化的衰败。有明一代,江西考取状元19人,官居宰辅23人,至前清,凡196年间,只有状元4人,宰辅6人,延至晚清,江西无一人中状元(光绪十八年,头名状元为江西庐陵人姚福桃,但姚氏当时寄籍广西,不属江西考额),无一人居相位,特别是同治以后,自胡家玉罢后,"垂三十年,江西无三品京官",较有名的陈宝箴,位居一品而官湖南,文廷式颇受光绪帝赏识,也只位居四品,陈炽倍受帝党青睐,却只位居五品。30年后的李盛铎、李有棻,虽位居二品,在中国历史舞台上却无足轻重。而独领风骚的文人墨客和著名科学家、教育家更是寥若晨星,新式学堂的兴办,也比全国乃至邻省整整晚了半个世纪。

综观晚清江西,在屈辱的殖民地化过程中有顽强不息的抗争,在积贫积弱的衰败中有近代化的端倪,压迫与抗争并举,落后与进步并存,内容丰富,层面

---

① 傅春官:《江西商务说略》,《江西官报》,丙午年(1906年)第二十七期。

多元,由"传统社会"转型到"近代社会",伴随阵痛,也有骄傲。

本书章节按历史发展时序编排,间或穿插重要专题编写,以叙述为主,略加简要的评论,重要历史人物,不以经传体描述,不以归类评价,而是让其在历史过程和重大事件中自然显现。本书共分八章,是集体研究的成果。其中第一章第一节第三节、第二章、第四章、第五章第一节第二节、第六章、第八章(大部分)由赵树贵撰写,第三章由曾丽雅撰写,第七章及第一章第二节中的部分内容由吴峰执笔,第五章第三节和第八章里面的部分内容由庞振宇执笔,他们对其所撰章节颇有研究。全书由赵树贵、陈晓鸣纂辑、统稿。

本书在撰写和定稿过程中,得到编委会及编辑诸多同志的悉心指点,尤其是邵鸿同志仔细阅读了全文,提出了许多宝贵的修改意见。江西人民出版社游道勤、陈晓蓉在出版该书时付出很多的辛苦,在此一并致谢。由于该书出于众人之手,文风较难统一,而且章节之间也难以平衡,同时也由于研究不够,书中难免出现谬误之处,诚请同仁和广大读者批评指正。

第一章
步入晚清之际的江西社会

　　本书所说的晚清,主要相对前清而言,时间从第一次鸦片战争(1840年)算起,到1911年辛亥革命爆发为止,前后71年。步入晚清之际,全球和中国的局势正在日益发生变化,但深处内腹地区的江西,其政治体制、经济形态、社会秩序等,大体上仍沿袭清朝前期历史的框架,本章就此作些简要的介绍。

第一节
晚清之际的内外环境

一、扩张与开放的世界

　　(一)西方资本主义的迅速发展

　　中世纪后期,欧亚大陆的三个世界发生了根本性的转变:一方面,强大的穆斯林世界和儒家世界急剧向下滑波;而另一方面,落后的欧亚大陆的西端的基督教世界经过一场空前的大变革而崛起。崛起的西方世界迅速建立了一个强大的资本主义世界,并积极地向海外开拓商品市场,展开了大规模的殖民活动。

　　15—16世纪,位于伊比利亚半岛的葡萄牙、西班牙,首先在海上崭露头角,耀武扬威,显赫一时。他们发现了新大陆,开辟了新航道,成功地进行环球航行。接着,又野心勃勃地在大西洋划定了世界第一条分界线,并在各自认为拥有的半个世界中建立起一个又一个的殖民地。他们足迹遍及三大洋,殖民地遍布五大洲。

到了16世纪中叶,尼德兰发生欧洲最早的资产阶级革命,成立了尼德兰共和国,利用其西朝英国和大西洋的优良港湾,又背靠巨大的法国内地的优越地理位置,尼德兰共和国很快取代葡萄牙和西班牙,成为当时世界上最大的殖民帝国。但是尼德兰毕竟国度太小,资源不足,经过17世纪与英、法两次交战,元气耗尽,进入18世纪以后,就不得不把殖民优势地位让给英国和法国。

英国和法国在18—19世纪疯狂进行侵略扩张活动,这有其深刻的经济、政治根源。英国于1644年爆发了资产阶级革命,1688年建立资本主义制度,为资本主义发展扫清了道路,创造了前提条件。17世纪中叶开始,产业革命在英国兴起,并迅速波及整个西欧国家。产业革命使西方资本主义国家的工业以突飞猛进的速度发展,资产阶级在它不到一百年的统治时期所创造的生产力,比过去一切世代创造的全部生产力还要多、还要大。以英国为例,到1835年,英国已拥有蒸汽机1953台,纱锭900万枚,年产生铁102万吨,煤3000万吨。随着近代西方资本主义工业的迅速发展,资本主义制度固有的不可克服的生产的社会性与占有制私人性之间的矛盾日趋尖锐,剩余商品日渐增多,国内市场越来越显得狭小。这样就形成了一种十分强烈的机制:西方资本主义国家必须疯狂地对外侵略扩张,以开辟新的商品市场和原料产地,以适应其资本主义经济发展的需要。正如马克思所说:"资本主义如果不经常扩大其统治范围,如果不开发新地方并把非资本主义的古老国家卷入世界资本主义漩涡之中它就不能生存与发展。"

18世纪的最大的国际事件,就是英法两国在美洲、亚洲、非洲争夺殖民地霸权的斗争,英国凭借着其强大的经济实力、迅速发展起来的工业以及相对于法国的海军比较优势,最终战胜法国,在世界各地建立了一个庞大的"日不落帝国"殖民体系,同时法、德、意、美等国也在各地纷纷争夺殖民地。这一扩张给整个世界后来的历史发展以极其严重的影响,它使西欧国家控制了外洋航线,征服了南北美洲和大洋洲的广阔地区并向那里大量移民,从而改变了世界各民族传统的地区分布。通过扩张,西欧资本积累的速度大大加快,财富迅速增加,实力强大,到19世纪中期,它们已渗入并控制了中东、印度和中国这些古老的欧亚文明中心。世界的一个小地区控制了其余的大地区,这是人类发展史上前所未有的。随着殖民扩张活动的开展,西方资产阶级开拓了世界市场,使得一切国家的生产和消费都成为世界性的了,过去的那种地方的和民族的自给自足和闭关自守状态,被各民族互相往来和互相依赖所代替,各国的联系越来

第一章
步入晚清之际的江西社会

越紧密,并逐渐成为一个整体。

(二)西方列强对亚洲的殖民活动

17世纪开始,西方资本主义国家便开始侵略亚洲,此后其对亚洲的殖民侵略活动,大致经历了三个发展阶段。

第一阶段,是原始资本积累阶段。从17世纪初欧洲资本主义势力侵入亚洲,一直到18世纪末、19世纪初产业革命,在几个主要资本主义国家取得重大发展之前,西方国家对亚洲的殖民扩张都带有原始资本积累性质。它们主要采用海盗式袭击、殖民战争、欺诈性贸易、赤裸裸地掠夺亚洲人民的财富,再把这些财富运回宗主国变成扩大再生产的资本。

第二阶段是自由贸易阶段。从18世纪末、19世纪初,延伸到19世纪末,随着产业革命的继续发展,工业资本家登上政治舞台,西欧主要资本主义国家进入自由资本主义阶段,需要进口廉价的原料以降低生产成本,进一步打开世界各地市场以扩大商品销路,于是自由贸易便成了它们的新经济政策。这一阶段,欧洲资本主义列强的扩张重点已从美洲移到了亚洲,它们对亚洲各国实行廉价商品的倾销和原料的掠夺,如果遇到抵抗就发动大规模侵略战争,迫使对方接受不平等条约,以实行其既定的国策。这种侵略触动了亚洲许多封建国家的经济基础,给亚洲各国原有的封建制度带来了严重危机,直接启动了亚洲各国社会从传统向近代的转型。

第三阶段是帝国主义阶段。从19世纪末开始,西方资本主义已发展到帝国主义阶段,它们对亚洲的侵略也相应地发生了变化,除商品的倾销和原料的掠夺之处,又开始进行资本的输出。在这一阶段中,帝国主义各国争夺向亚洲国家投资的机会,控制亚洲国家的经济命脉,对亚洲的殖民地、半殖民地实行分割和重新分割。

在遭受西方国家侵略的过程中,亚洲各国近代的命运各有自己的特点。印度、印度尼西亚等国,早在资本的原始积累阶段,就已经被英国、荷兰等资本主义国家的垄断贸易公司蚕食鲸吞,完全沦为它们直接统治的殖民地。奥斯曼帝国和波斯帝国,16—17世纪曾盛极一时,但到了18世纪后期,西欧资本主义国家利用"特权条约制度"在军事、政治、经济、文化各个领域,逐步地合法地控制了这两帝国。中国、日本、朝鲜是另外一类,在鸦片战争之前,这三个国家都没有沦为殖民地,也没有签订"特权条约",国门始终没有被打破。

清王朝的极盛之时是"康乾盛世",但到乾隆中晚年,由于帝王骄奢、和珅擅权、朝纲腐败、官吏贪黩,清王朝开始由盛转衰,国力虚空,各种社会矛盾开始激化,朝廷腐败没落之势已见端倪。直到道光,即第一次鸦片战争爆发,随之而来的是南京条约的签订,中国社会开始沦为半殖民地的境地,同时也开始融入全球化的发展框架之中。

二、清王朝的逐渐衰落

18世纪的中国政治、经济军事、文化各方面都达到了前所未有的水平。但是,如果将这些成就放在18世纪的世界文明之中和欧美的主要国家加以横向比较,那就会呈现出另一幅黯然失色的图景。18世纪的西方国家基于自己的传统,已经走出了中世纪,这些国家经过资产阶级的政治革命、工业革命科学昌明,进入了资本主义时代。而18世纪的中国还远未走完封建社会由量变到质变的过程。尤其是在乾隆年间以后,中国已经表现出明显的衰败迹象。

经济上,当时占统治地位的依然是封建的自然经济,农民以一家一户为单位,使用几千年前留下来的农具进行生产,生产力没有提高的迹象。从明朝中期开始,中国封建社会内部已经孕育着资本主义生产关系的萌芽,甚至出现过具有资本主义性质的手工工场,但是,中国资本主义萌芽发育先天不足,后天失调,进展得非常缓慢,直到鸦片战争之前中国的资本主义萌芽在封建自然经济的汪洋大海中,依然犹如沧海一粟。当时封建土地集中现象十分严重,大多数土地集中在官僚地主手中,由于地少人多,地租的剥削率十分严重,人民群众过着饥寒交迫的生活。

清朝的政治统治,当时也已经腐朽不堪。从朝廷到地方,各级官吏大都昏庸无能。当时有人说:清朝大小官吏除富贵之外,不知国计民生为何事;除结党营私之外,不知人才为何物;整个官场一片黑暗,贿赂成风。权臣和珅的例子就是一个典型,和珅在乾隆朝为官20年,非法所得共计8亿两白银,相当于清政府8年的财政收入的总和。当时民间流行的一句俗语:"三年清知府,十万雪花银"就是当时吏治腐败的生动写照。从皇帝到知县,封建统治体制超常稳定,整个政治领域,看不到任何民主政治的迹象。

从军事上看,当时清王朝拥有22万八旗兵和66万绿营兵,但不论是八旗兵还是绿营兵,都已腐败不堪,战斗力十分低下。从武器装备情况看,清军主要是刀、矛、弓箭等传统冷兵器,火绳枪、滑膛枪等老式火器都非常少,再就是一些笨重的铸铜炮和铁炮,水师用的战船不过是用薄板旧钉制成。问题不单是武器

第一章
步入晚清之际的江西社会

落后,而且清军连这些落后的武器的使用方法也不熟悉,甚至根本不知道。从军事的管理和训练的情况看,由于承平日久,无论是八旗兵还是绿营兵都缺乏必要的训练和严格的纪律,平日里三五成群,吃喝嫖赌,且大多数是"双枪兵",吸食鸦片。军官们不理军务,只知克扣军饷,花天酒地,这样的军队根本就不可能有什么战斗力。事实上,在第一次鸦片战争中,英国派到中国作战的兵力一开始只有6000人,最多时也才1.5万人,而清政府前后派出了80万所谓的精兵良将,结果英国势如破竹,清军一路惨败。

从思想文化角度看,清政府实行严厉的文化专制政策。一方面极力提高程朱理学,鼓吹孔孟之道、三纲五常,以八股文取士笼络知识分子,禁锢人们的思想。另一方面,又大兴文字狱,其凶残程度超过历史上任何一个朝代。乾隆时诗人沈德潜曾写咏花诗"夺朱非正色,异种也称王"的句子,被认为是讽刺清朝的民族统治,结果遭到剖棺戮;胡中藻有一句诗说"一把心肠论浊清",就被凌迟处死。这种文化高压政策造成了思想文化的沉寂局面,知识分子普遍感觉到非常压抑,正如龚自珍在己亥杂诗里所说:"九州生气恃风雷,万马齐喑究可哀,我劝天公重抖擞,不拘一格降人才。"

从"康乾盛世"到"嘉道中衰",对江西的社会发展,不可能不产生深刻影响:一方面江西是整体中国的一部分,江西近代社会随着整个中国社会的发展而发展。另一方面也决定了江西近代社会转型,既是古老历史传统在新时代的骤然断裂和近代化因素的被动嫁接,又是以往历史传统在近代静悄悄的绵延,社会转型具有传统与近代互相交错、新与旧相互杂糅、社会转型不顺畅、不彻底的显著特点。

第二节
传统的经济形态

尽管世界格局在变,清王朝的统治也正面临变化。但是,江西的经济形态还在旧有的框架内惯性运行,其财政结构、生产方式基本没有大的变动。

一、赋税与用度

(一)税收

有清一代的税收,大体可分为四类:其一是人头税:计口纳税,称为丁赋,凡年满十六岁之男子起始抽税,六十告老,赋税义务终止;其二是收益税:有田赋、营业税(包括当税与牙税)、矿税三种;其三是消费税:包括盐税、茶税、酒税、渔税、土药税、厘金、关税等。其四是流通税:包括注册税、契税等。①

晚清之际,其税赋还比较简单。这四类赋税当中,以田赋及丁赋为基本岁收。而消费税和流通税相对较少,只是到了清末开始受到重视。现将其具体情况分叙于下:

地丁:田赋与丁赋合称地丁。在雍正之前,田赋与丁赋是分开征收的,且有一定的定额。康熙皇帝为简化手续,并丁赋入田赋,称为地丁。②由此可知,丁赋的负担与人口的多寡,原有直接的关系,以后成了定额,便不再变动;③而田赋则与土地的多寡相联,是计亩征收。

从丁赋来看,据光绪《江西通志》卷八三至八四《经政略·田赋》所载,江西通省丁银181819.85两,各府由于人丁多寡不一而有差别,其分府承担如下:

南昌府:21156.41两

瑞州府:7841.34两

袁州府:9892.95两

临江府:14971.23两

吉安府:28693.41两

抚州府:23197.21两

建昌府:9451.44两

广信府:13530.23两

饶州府:19931.13两

南康府:7898.15两

---

① 吴兆莘:《中国税制史》下,商务印书馆1937年版,第9—10页。
② 丁银摊入地亩:康熙五十二年谕丁赋勿增勿减,永为定额;五十五年谕丁赋合并征收,原则为地赋一两,丁赋二钱。江西所属丁银拨入地亩屯粮完纳,凡地赋一两合摊丁银一钱五厘六毫,屯地丁银二分九厘一毫奇;民赋田亩科银一厘三毫三丝六忽至一钱一分七厘一丝三忽奇。乾隆三十七年,丁赋统于田赋,不再编审。(见《大清会典·事例》,卷一五七;光绪《江西通志》卷八三,《经政略·田赋》)。
③ 康熙五十一年(1712)皇帝下诏曰:"各省督抚奏:编审人丁数目,并未将加增之数尽行开报。今海内承平已久,户口日繁,若按见在人丁加征钱粮实有不可。人丁虽增,地亩并未加广。应令直省督抚,将见今钱粮册内有名丁数,勾增勾减,永为定额。其自后所生人丁,不必征收钱粮。"(《东华录》康熙朝,康熙五十一年二月己亥)。

第一章
步入晚清之际的江西社会

九江府：7445.44两
南安府：5065.9两
赣州府：7988.98两
宁都州：4756.01两

从上述可知，承担丁赋最多的是吉安府，为28693.41两，次则为南昌府，为21156.41两；最少的是宁都直隶州，仅为4756.01两。从中可以看出，14府州的人丁是否兴旺，间接测知其经济力量。大体而言，赣抚平原、吉泰平原地区的人口比较集中，人力资源与经济力量较大，而赣南山区则相对贫乏。

田赋：从清初年到光绪年间，耕地是在不断增加。但是田赋依照定额征收，耕地虽有增加，政府所得并无改变。定额所以不增，一方面是政府的态度消极，没有实地丈量土地；另一方面，土地所有者，不仅不升科报备，往往反而报荒要求剔除原额。①田赋的征收，一为征银，一为征粮，②据光绪《江西通志》八三《经政略·田赋》所载：晚清之际江西实征银1697106.59两，征收田粮约940839.54石，各府的负担不一。

消费与流通税：江西税收除了地丁之外，便是盐引。江西境内不产盐，依照户部的规定，南昌、瑞州、袁州、临江、吉安、抚州、建昌、饶州、南康、九江等十府食淮盐，广信府食浙盐，南安、赣州、宁都等三府州食粤盐。全省食盐消耗，在嘉庆十年为277291引，道光七年增至277299引，相对比较稳定。③如果按每引征税银2两，共计年入可达55万余两。

关税：也谓之榷关，就是在关津之地设关征税。为了区别于近代海关，也把传统的榷关称之为常关。④由于征收科目及所属关系不同，又有户部关和工部关之分。"江右一省额设二关，赣关抽收江粤往来商税，九江关抽收江楚往来船

---

① 光绪《江西通志》卷八三，《经政略·田赋》：自顺治十年迄同治十二年，旧荒续荒升除抵补计实荒田地山塘一万八千九百四十二顷五十六亩一分四厘。
② 亦称条银及九厘饷。
③ 光绪《江西通志》卷八六，《经政略·盐法》。
④ 高柳松一郎："户关、工关之名称，在清代亦未能通用于全国，因地方之不同，而有所谓的钞关、老关、旧关、大关之名称"；"常关税为中国固有之最古的国内关税。要而言之，除外人管理之海关以外，凡以关名之征税机关，均应包括于今之常关中者也"。笔者从高柳松一郎的观点。（参见高柳松一郎著：《中国关税制度论》，商务印书馆1924年版，第41页。）

税"。①从乾隆二十二年(1757)至五口通商(1842)前,赣关每年总税收入均在9.6万两以上;②九江关的常年税收在晚清之际却是不断增加。江西巡抚刘坤一在追述当时九江榷关繁忙景象时评说:"从前(九江)民丰物埠,船货流通,收税畅旺,递年加增","旺收之年,……征银至五十余万(两)"③。在长江中下游是令人十分注目的。下表所列为九江关从清乾隆年间至道光年间的税银收入:

清代九江关税银收入表(单位:两)

年份	税收	年度	税收	年度	税收
乾隆三十六年	545639	乾隆五十五年	690970.414	嘉庆二十年	496809.991
乾隆三十七年	639438	乾隆五十六年	703304.614	嘉庆二十一年	520566.741
乾隆三十八年	651767	乾隆五十七年	704056.81	嘉庆二十三年	542679.118
乾隆四十年	661384	乾隆五十八年	612990	嘉庆二十五年	530623.188
乾隆四十一年	662129	乾隆五十九年	534651.056	道光元年	584565.218
乾隆四十二年	655919.206	乾隆六十年	546347.827	道光二年	584687.79
乾隆四十三年	667890.698	嘉庆四年	567054.4	道光三年	579403.747
乾隆四十四年	684722	嘉庆五年	567821.26	道光四年	584127.27
乾隆四十五年	647753.45	嘉庆八年	542951.32	道光五年	540674.56
乾隆四十六年	687113.54	嘉庆九年	561520.396	道光六年	523121.571
乾隆四十七年	704556.82	嘉庆十年	492187.13	道光七年	526917.1
乾隆四十八年	734467.639	嘉庆十一年	528760.39	道光八年	539493.426
乾隆四十九年	742077.329	嘉庆十二年	552154.465	道光九年	600008.521
乾隆五十年	743103.539	嘉庆十五年	514948.258	道光十年	541493.976
乾隆五十一年	743310.027	嘉庆十六年	514948.258	道光十四年	522468.632
乾隆五十二年	701890.042	嘉庆十七年	492123.389	道光十五年	531621.97
乾隆五十三年	658986.166	嘉庆十八年	582486.949	道光十六年	599670.298
乾隆五十四年	702220.052	嘉庆十九年	581323.657	道光十七年	603039.464

资料来源:《文献丛刊》;宫中档,朱批奏折乾隆、嘉庆、道光时期等资料综合制成。

---

① 档案:乾隆十四年五月十九日唐绥祖折。
② 参见黄志繁、廖声丰《清代赣南商品经济研究——山区经济典型个案》,学苑出版社2005年版,第157页。
③ 光绪《江西通志》卷八七,《榷税》。

第一章
步入晚清之际的江西社会

可见,在江西产生的盐税和关税,共计也有100余万两,在晚清之际是一笔相当可观的收入。但它均作为清王朝的税收,其地方是几乎没有存留的。

除此之外,尚有茶税、酒税、矿产税及租税课等项,在晚清之际该项收入极为有限,只是到了清末为解决财政困难征课始有上升,且成为重要的税收来源之一。

晚清之际,江西财政规模有多少呢?仅就田赋丁赋及各种杂税,据光绪《江西通志》卷八三《经政略·田赋》所载:

> 江西通省原额官民田地山塘禾仓官树四十七万八千二百七十四顷五十六亩九分七厘二毫一丝四忽一微三……原编起存各款并加增九厘地亩银共二百四万七千九百六十两二钱四分五厘九毫八丝。(扣除各种豁免)……见在成熟田地山塘四十六万一千七百六十三顷四十一亩二分三厘……实征银一百六十九万七千一百六两五钱九分二厘,带征丁银一十八万一千八百一十九两八钱五分一厘,匠班折色、本色时价正脚及核减本色新增时价凡二万七百六十三两六钱二厘,商贾、茶、酒、租税课钞正脚凡一万一千五百七十九两六钱六分九厘,留抵虔标兵饷,赣关桥税入门税新增桥税续增铜价凡四万一千一百二十四两五钱三分,兵粮耗费六千四十三两一钱三分三厘,计共额征起存正襍银一百九十五万八千四百三十七两三钱七分七厘,遇闰月加银二万三千三百三十八两一钱二分八厘。原额漕南正副耗米一百四十二万三千七十三石四斗六升四合三勺七抄四撮。(扣除各豁免)……凡实征米九十四万八百三十九石五斗四升一合五勺八抄九撮。

可见江西一年征收田赋丁赋及其他杂税共计1958437.37两,遇闰月加银23338.12两;征米940839.54石。兹据光绪《江西通志》所载各府州情况列表于下:

晚清之际江西田赋杂科分府情况一览表（含丁赋）

府州	成熟田地山塘（顷）	征熟粮（石）	征正银（两）	征杂银（两）	正杂共计（两）
南昌	67928.722	234408.98	195743.42	27556.1	223299.52
瑞州	36809.836	69191.18	73365.97	9070.69	82436.66
袁州	23751.97	8034.13	92184.58	21957.36	114141.94
临江	28930.82	92203.69	140185.04	17069.44	157254.48
吉安	49416.93	164135.42	267336.65	33757.32	301093.97
抚州	49867.18	83509.09	216255.92	27504.46	243760.38
建昌	17046.84	40761.83	88364.43	11499.03	99863.46
广信	45727.56	52440.73	125995.21	16694.93	142690.14
饶州	69996.89	125539.22	186257.18	23582.14	209839.32
南康	18573.04	41692.12	73968.98	9737.75	83706.73
九江	12749.37	4407.32	69869.88	9680.51	79550.39
南安	7407.25	—	47783.93	5583.43	53367.36
赣州	20447.68	10331.55	75120.85	52253.82	127374.67
宁都州	13109.71	14183.23	44674.47	5383.55	50058.02

资料来源：光绪《江西通志》卷八三至八四《经政略·田赋》。附说明：1. 表中数据均是实征数，而不是原定额数，其中扣除各种豁免；2. 正银即地银，杂银包括丁银、匠班折色本色、商贾、茶、酒、租税等税课。

(二) 财税与地方发展

清代赋税，无国税与地方税之分，而中央财政仰给于各省，有所谓"解款制度"。所有税收，理论上完全属于中央，再由中央指拨用度。①中央与地方的划分，每年都有"冬估"，若干该"解"、该"协"，若干"存留"，隐含现代财务行政之岁计制度作用。②江西是"有余"的省份，除了解款之外，还要协济他省。大体而言，"起运"项下，包括中央解款及对他省的协款。"存留"才是地方的经费。③虽然如此，久而久之，"冬估"就成了一种形式，每年只讨论新的用度，解、留各项，已成定额。大约起运占80%左右；存留占20%左右，地方经费极其有限。以

① 吴兆莘：《中国税制史》下，商务印书馆1937年版，第5页。
② 彭雨新：《清末中央与各省财政关系》，载吴相湘编《中国近代史论丛》第3辑，第5册，第5页。
③ 《钦定大清会典事例》卷一六九；《钦定户部则例》卷二十，《库藏篇》。

第一章
步入晚清之际的江西社会

有限的存留,仅敷支应官役俸给,其他均无着落。① 这是地方不能发展的根本原因。地方用度不足,必须向中央请求补助,不得私自作主。② 地方要想充实财政,只有加重耗羡,中央虽不正式承认,亦不得不默许。③ 但动用耗羡5万两以上者,仍须得到中央的批准。兹据光绪《江西通志》所载的起运与存留情况列表于下:

晚清之际江西的起运与存留(单位:两)

起运	地丁银	1514263.92	存留	驿站银	66778.80
	驿站银	43218.31		经费银	118039.89
	脚耗银	12044.67		其他	169434.98
	折色物料正垫脚银	34656.72			
共计		16041836.20	共计		354253.75
	占总额的81.91%			占总额的19.09%	

资料来源:光绪《江西通志》卷八三《经政略·田赋》。

总之,晚清之际,江西作为全国重要赋税征收之地,对清王朝的稳定和全国经济发展都具有举足轻重的作用。清王朝除在江西征收160余万两地丁银外,每年还在江西征粮95万余石,同时尚加盐税50余万两,以及在江西境内发生的关税约60万~70余万两,其数目是十分惊人的。所以《清史稿·食货志》称:"天下财赋,惟江南、浙江、江西为重"。在1854年以前,清王朝每年还在江西额征漕粮57万石,仅次于江苏、浙江,在有漕八省中居第3位。

尽管如此,江西的税赋也还有很大的发展潜力。这一点可以从户均负担和人均负担看出。江西从乾隆到道光时期人口保持在1700万~2300万左右,下表所列是江西各时期人口状况:

---

① 传统的财政支出,90%为俸给,所余10%,供教育、祭祀、典礼、驿站、赏恤之用。几乎没有物质建设的项目。旧日的修桥补路,兴修水利,为士绅的义务,地方官鲜有过问者。参见王业键:《清雍正时的财政改革》(《中央研究院史语所集刊》,第32册,第51—52页);邓青平:《清雍正年间的文官养廉制度》(《新亚学报》,卷10,第1期)。

② 罗玉东:《光绪朝补救财政之方策》(《中国近代经济史研究集刊》,卷1,期2,第263页。);王业键:《清雍正时的财政改革》(《中央研究史语所集刊》第32册,第51—52页。)

③ 彭雨新:《清末中央与各省财政关系》,吴相湘编《中国近代史论丛》第2辑,第5册,第6页。

各时期江西人口状况一览表

年　份	户　数	丁口数
乾隆四十七年	3747335	17632743
嘉庆七年	4063693	21112210
道光元年	4316603	23090291
咸丰元年	4574076	23874604
同治八年	4564916	23850811

资料来源：光绪《江西通志》卷四七《舆地略·户口》。

如果按户口状况来平均的话，以道光元年户口数量为例，其一年征收田赋丁赋为1958437.37两，征米940839.54石，其户数为4316603户，平均每户均摊田赋丁赋为0.4537两，每户均摊田粮0.2179石；如果按人口均摊田赋丁赋则为0.0848两，即不到一钱；按人口均摊田粮则为0.041石，即不到一斗。可见晚清之际江西负担情况是不算严重的，从理论上说百姓生活应该是比较富足的。但史家往往谓"人民不堪负担"，所指当为清中叶以来的浮收、滥收。百姓最不堪者，为税吏的予取予求，此详后叙述。

二、稻作与经济作物

江西的自然环境有一个重要特点，就是"宜农性"。江西的中北部和五大河下游是一片地势平坦，河流交错的鄱阳湖平原，其范围北起长江，南到新干、临川，东抵贵溪，西至新余、上高，地跨25个市县，面积3.6万平方公里。在平原的外侧，是平缓的红色丘岗，较早开辟为旱地和水田。在平原的内侧是海拔50米以下的滨湖圩区，整个鄱阳湖地带，河湖密布，阡陌纵横，草洲滩地连片，池沼稻田相间，土壤肥美，气候四季分明，温暖湿润，日照充分，雨量丰沛，自秦汉以来就有中国"鱼米之乡"之美誉。优越的地理环境，孕育了古代江西繁荣发达的封建经济，魏晋南北朝以来，江西已成为重要的粮食基地。

延至清代，江西的农业生产有了进一步的发展。顺治年间及康熙初年，清政府曾多次发布招垦令，令民开垦荒地，并以开垦荒地的多少作为各级政府官员的升降的标准。如康熙元年政府规定："各省荒地，道府一年内开垦千顷以上者记录一次，三千顷以上者加级，四千顷以上加一级，纪录一次六千顷以上者加二级；州县官开垦百顷以上者加一级，纪录一次六百顷以上者加二

第一章
步入晚清之际的江西社会

级。"①在"三藩之乱"平息之后,清政府继续大规模招垦,闽粤二省人口(以客家人为主流)大量迁入江西,促使江西各地荒田及山区得到进一步的开发。以下为清中前期江西的垦荒数:

清代中前期垦荒数量表(单位:亩)

年 份	户 数	丁口数
顺治十八年(1661)	444303	《清文献通考》
康熙二十四年(1685)	451610	康熙《会典》
乾隆十八年(1753)	485577	雍正《会典》
乾隆三十一年(1766)	467064	乾隆《会典》
乾隆四十九年(1784)	472740	《清文献通考》
道光二年(1822)	462187	《嘉庆一统志》

荒地的大量开垦及山区的开发,使江西耕地面积有所增加,到乾隆、嘉庆时期已达到47.8万余顷,对清代江西农业的发展起了重要的作用,稻谷与其他经济作物得到普遍种植。

(一)水稻种植

江西水稻种植十分普遍。18世纪末江西开始有间作稻,即双季稻。清道光十三年(1834年)李彦章《江南催耕课稻篇》中有:"早稻既种,旋以晚稻参插其间,江西的袁州、临江等府盛行之。"光绪二十九年(1903年)何刚德著的《抚郡农产考略》亦提到"刈去早稻,重复插秧"。"获稻后将其田复栽二遍秧",即指双季连作稻。同时"亦间有早粘未刈之时,插秧其中者"。多熟种植(双季稻)肯定比单季种植增产,这给农民带来了好的收成。据《抚郡农产考略》中记载,清末早稻(西乡早)亩产3石谷;连作晚稻(抑叶早二淮,衮脚老)的产量高的为3石,一般为2石,低的1石,平均为2石谷;间作晚稻产量为3石谷;单季晚稻(八月白、晚白、金包银)上地约可收4石谷。据此可知,连作稻的产量为5石谷,间作稻的产量为6石谷,分别比单季晚稻增产1至2石谷,即增产25%~50%。

水稻产区划分方面,前清及晚清江西对水稻产区区划无明确划分概念,但不同地域的劳动人民在长期生产实践中,针对不同的土宜、光温、水肥等自然条件来确定最适种植的稻种类型,自发地形成了种植小区区划。乾隆十六年

---
① 《清会典侧例》卷十五,《田宅》。

(1751年)《泸溪县(今资溪)志》记载:"泸邑早白所种少,迟红所种多,以其地宜然也。"同治九年(1870年)重修本又说:"泸邑土宜所种晚稻多,早稻少,春社日浸种,莳于立夏前后。"《大庚县志》亦有对该县稻种分区的说法;"庚邑山高地阴,平阳两收之田较他邑独少,早稻所种无几,晚稻种类不一,自冬徂夏,无非纳稼之日,故三秋望雨比春夏更切。"清光绪年间,临川知县江召棠著《种田杂说》对地处丘陵河谷的临川的生态条件与种植区划描述得更为详细:"临川南乡,山多而田高;外西乡最低,内西乡田仍高;东乡高低田各半,北乡即高者少,低者多。高田苦旱,低田苦潦。"水稻生产则根据生态条件作最适安排。"高田以十分之八种早稻,余则以种棉、种芝麻,以春雨足地高又无水患也;秋季则以八分种豆及各色杂粮,以秋雨少而豆又不如晚稻之畏旱也。低田除极低者种大禾,水后田肥,必获倍收之利,故农人虽春耕不获一粒,而终不悔种早稻为多事"。据此,临川水稻产区划分是:"大抵高田宜种早稻,晚季则利在杂粮,低田则种早稻间或有收,而大禾却靠得住。"

江西栽培的水稻品种众多,据《江西地方志农产资料汇编》(1963年出版)统计,江西61县栽培的水稻品种共有1213个,其中籼稻795个,糯稻418个。清末《抚郡农产考略》(1904年)载临川水稻品种38个,早、晚籼稻为27个,糯稻11个,糯稻品种占三分之一。从历史上看,江西的水稻类型并无多大变动,虽经籼改粳、减糯增籼等改革,但仍是籼稻为主,粳稻、糯稻所占比重不大、早稻极少的格局。但经过长期栽培与自然条件影响之后,水稻的熟期类型与品种更加丰富,分化出特早熟、早熟(早熟中又有早、中、迟熟)、中熟、晚熟(晚熟中也有早、中、迟熟)等多种的气候生态型,也使江西在晚清时间成为重要的粮食产销基地。

(二)经济作物

除了水稻种植之外,其他经济作物在江西也得到普遍种植。我们可以从以下几种主要的经济作物的种植,来考察晚清之际江西经济作物的发展状况:

烟草:烟草传入赣南后,发展很快,"赣南邑遍植之",[1]而瑞金则成为赣南的主要植烟区。到道光时期,已是"无地不种,无人不食,竟为日用必需之物"。[2]新城的种烟业发展很快,到嘉庆年间已是"家家种烟,禁不能止"[3]广信府烟叶种

---

[1] 乾隆《赣州府志》卷二,《物产》。
[2] 道光《瑞金县志》卷二,《物产》。
[3] 同治《新城县志》卷一。

第一章
步入晚清之际的江西社会

植也很出名,乾隆《广信府志》载:"广丰烟叶盛行于闽",①铅山县也"人多植之"。②

甘蔗:随着闽、粤流民在赣南活动的加强,赣南的甘蔗种植业也迅速发展起来。"甘蔗,城州各邑皆产,而赣县、雩都、信丰最多"。③抚州府甘蔗的种植较多,如东乡,"果之属,以蔗为多,种者常以亩计,煎为锡霜,较胜赣产"。④泰和县在道光年间也开始种甘蔗,当时"赣人寄寓,携植此种,近今沿河遍植矣"。⑤铅山则"所在皆种",且以"石塘中洲所出尤佳"。⑥乐平开始主要植于"三十三都、三十四都",后来则"沿河各乡多种之"。⑦建昌府也有种植,在南丰,于"东郊外沙地与县西二十里种之"。⑧

蓝靛:清以前,其种植主要集中在赣南。清以后,蓝靛的种植几乎遍布全省各地,乐平县"随地皆有,大河水者佳",⑨新城也于"田之跷者种蓝",⑩泰和县在明代就有了种植。赣南的蓝靛在明代基础上继续发展,种植面积进一步扩大,"山谷尤多"。⑪在兴国,蓝靛已成为重要的经济作物,所获"蓝利颇饶"。⑫同时,蓝靛也是抚州重要经济作物之一,东乡种蓝靛较集中,"东乡源取多蓝靛,比户皆种"。⑬

苎麻:在全省种植较广泛,"抚州、建昌、宁都、广信、籁州、南安、袁州苎最饶,缉纩织线,犹嘉湖之治丝"。⑭袁州府"山陬郁郁多白苎",⑮种植颇多。抚州府各县普遍种麻。宜黄"产苎麻甚盛"⑯乐安"环境皆山……尤多种麻"。⑰庐陵"苎

---

① 乾隆《广信府志》卷二,《物产》。
② 同治《铅山县志》卷五,《物产》。
③ 乾隆《赣州府志》卷二,《物产》。
④ 同治《东乡县志》卷八,《风土》。
⑤ 乾隆《赣州府志》卷二,《物产》。
⑥ 同治《铅山县志》卷八,《物产》。
⑦ 同治《乐平县志》卷一,《物产》。
⑧ 同治《南丰县志》卷九,《物产》。
⑨ 同治《乐平县志》卷一,《物产》。
⑩ 乾隆《新城县志》卷七,《风俗》。
⑪ 康熙《赣州府志》,《物产》。
⑫ 道光《兴国县志》,《物产》。
⑬ 同治《东乡县志》卷八,《风土》。
⑭ 吴其睿:《植物名实图》卷十四。
⑮ 《施愚山诗集》卷十九,《麻棚谣》。
⑯ 周炳文:《江西旧抚州府田赋之研究》,第2章《抚属六县田赋之概况》。
⑰ 何刚德:《抚郡农产考附跋》,光绪二十九年。

麻各乡地俱艺之"。①分宜县"邑北山地多种苎,其产甚广"。②早在明中叶以前,赣南就有苎麻的种植,入清以来,赣南的苎麻就有了更大的发展。宁都"州俗无不绩麻之家"。③

棉花:主要集中在赣北地区。由于土壤和气候条件的因素,九江府属的德化、湖口、彭泽等县原来就是传统棉花种植区域。从明朝以来,九江的封郭、桑落二洲所产的棉花就以核小绒多而著称。④从一些竹枝词中的材料亦可以看出这一点:如清乾隆时人李天英就在《龙城竹枝词》描写彭泽植棉的情景时载道:"木棉如雪满江乡,一岁能储两岁粮。其道近来花价好,明朝苏客又开装";"官粮不欠是神仙,大麦才收又种棉;好在邻家新酒熟,三三五五叠猜拳"。⑤其出产的棉花多是小农与布相互交换的产品,是建立在狭小规模的市场基础之上,因而数量极其有限。到清代后期,随着市场需求量之扩大,九江种植面积大增,同治期间(1862—1874年)《九江府志·物产志》载:"府属5县均产棉";同治年间九江府"洲乡宜粟,与黄豆并黍、稷、葛、秫、芝麻诸种号杂粮。近则木棉与杂粮各半。一以杂粮同时并播,艰于人工;一以木棉价值收成胜于他产,故凡值大有,洲乡视山乡尤丰。"⑥"木棉与杂粮各半"。⑦在吉安也有种植。庐陵"各乡地俱艺之"。⑧同治《南丰县志》载:"近有种木棉者,亦土所宜"。⑨新城"田之硗薄者……或种木棉"。⑩

茶叶:主要分布在山区地带,浮梁、德兴、义宁州(今修水)等地是江西著名产茶区。义宁州在古代就以产茶著名,清代"道光间宁茶名益著,种莳殆遍乡村"。⑪《时报》光绪三十三年四月二十四日报道:"义宁州茶工糜集,因春雨过多,不能采摘,致市上食米敷,群情鼓噪"。可见,采茶人数之多,种植规模也一

---

① 乾隆《庐陵县志》卷六,《舆地五·物产》。
② 同治《分宜县志》卷一,《物产》。
③ 道光《宁都直隶州志》卷十二,《土产》。
④ 同治《德化县志》卷九,《物产》。
⑤ 见《彭泽县志·艺文·诗》清同治十二年刊本。
⑥ 同治《九江府志》卷九,《物产》。
⑦ 嘉庆《九江府志》卷十六,《物产》。
⑧ 乾隆《庐陵县志》卷六,《舆地五·物产》。
⑨ 同治《南丰县志》卷九,《物产》。
⑩ 乾隆《新城县志》卷七,《风俗》。
⑪ 同治《义宁州志》卷八,《物产》。

第一章
步入晚清之际的江西社会

定不小。铅山的茶叶也很出名，史载："铅山物产，纸外惟茶"。[1]乐平茶叶"出名都，文山者尤佳"。[2]赣南也是产茶区，赣州府"各邑山阜园地皆产"，较著名的有赣县的"储茶"，安远的"九龙茶"。[3]

落花生：由于花生获利倍于稻谷，种者亦颇多，瑞金县"人多种之"。[4]到道光时期，宁都"种植亦多"，[5]抚州府各县"皆有之，惟崇、东二邑较多"。[6]新喻"落花生，果中佳品，近来处处有之，喻邑尤多，八月间成熟，塞满衢市常数日"。[7]

随着经济作物的普遍种植，某些地方开始出现了把稻田改种经济作物的现象。瑞金县"膏腴之田，半为烟土，半为稻场"。[8]大庾县在康熙以后也是"种谷之田半为种烟之地"。[9]新城的烟草种植业也发展得很快，据统计折算，到嘉庆年间，烟田所占耕地面积大小户合计约有三、四万亩。[10]另一种种植面积较大的是甘蔗。在赣南的产蔗中心南康，甘蔗的种植"始于苦确，终及膏腴"，"嘉道以来，种植繁多，浮于禾稼"。[11]在大庾县"经亘数千里……种蔗不种麦，效尤处处是"。[12]九江府"洲乡近种木棉与杂粮各半"。[13]

随着种植面积的扩大，出现了一些经济作物的集中产区，上述经济作物的发展概况反映，广信府的广丰，建昌府的新城及赣南的大部分是烟叶的主要产区，而以瑞金为最。抚州府、袁州府、赣南地区是苎麻的集中产地。木棉产地主要是九江府，而饶州府及义宁州则以产茶著名。甘蔗则主要产于抚州府及赣南地区。综合来看，江西最主要的经济作物产区当推赣南地区。

随着清代江西部分地区经济作物的大规模发展，在一些经济作物的集中产地和产区，一些农户不断地扩大经济作物的种植面积，经济作物所获得的收

---

[1] 同治《铅山县志》卷五，《物产》。
[2] 同治《乐平县志》卷一，《物产》。
[3] 乾隆《赣州府志》卷二，《物产》。
[4] 乾隆《瑞金县志》，《物产》。
[5] 道光《宁都直隶州志》卷十二，《土产》。
[6] 何刚德：《抚郡农产考略》卷下，光绪二十八年。
[7] 同治《新喻县志》卷二。
[8] 康熙《赣州府志》，《物产》。
[9] 乾隆《大庾县志》，《物产》。
[10] 同治《新城县志》卷一，《风俗》。
[11] 同治《南康县志》卷一，《土产》。
[12] 乾隆《南安府志》卷二十一，余光中《勘灾道中诗》。
[13] 光绪《江西通志》卷四九，《舆地略·物产》。

入逐渐形成了他们家庭收入的主要部分。由此,出现了一些经济作物的专业种植者。在瑞金的一些地方,"缘乡比户,往往以种烟为务"。①一些流民往往靠专营经济作物起家,康熙《瑞金县志》载:"自闽人流离于瑞,以莳烟为生,往往徒手起家,骤拥雄资"。②嘉庆年间,新城也有一批"无恒产者","专靠赁田栽烟"的农户。花卉种植业在赣南地区的发展过程中也出现了专业性的经营。据乾隆《赣州府志》记载,民间种植茉莉花"有专业者,圃中以千万计"。③

专业种植者的出现,表明经济作物的种植水平有所提高,种植规模有所扩大,这是清代江西经济作物取得较大发展的重要标志。

(三)农业灾害

江西地处长江中下游,气候温暖,雨量充沛。境内有2400多条大小河流纵横流淌。因而,每当春夏之交的梅雨季节,由于雨量集中,往往河水暴涨,山洪暴发,造成水灾。而盛夏或冬雨量少时,则往往形成旱灾。与水、旱灾相连的还有疫灾、蝗灾。此外,还有霜灾、雹灾等。因此,江西是一个自然灾害频发的地区。

江西最早有明确文字记载的自然灾害始于东汉,从东汉至清末的1900多年间,江西农业比较严重的自然灾害粗略地估计有800多次,明清时期则发生584次,占78.5%。东汉至北宋末年这1100多年间,江西境内的农业自然灾害种类较单一,以水、旱灾害为主,还没有冰雹和"冰凌"的记载,灾害发生的频率也不算高,每16.65年有一个灾年。南宋、元期间,江西境内的农业自然灾害已呈多样化和高频率,除水、旱、蝗饥灾之外,已有冰凌、冰雹、风灾、疫灾的记载,且每2.1年就有一个灾年。明至清末这543年中,江西自然灾害的特点是多样性、高频率、连续性和严重性。

晚清江西自然灾害中,水旱尤为严重,共发生水旱灾难71次,其中洪灾共57次,干旱共24次。社会上下尽最大努力进行水利建设,不断扩大旱涝保收面积,然而仍是下雨便涨水,涨水就成灾;雨停又转旱,出现大范围的缺水枯干地区。表现出频度高、危害面广、强度大、破坏性强、群发性和继发性的特点。

据统计,在1862—1911年的49年间,江西82县中只有靖安、莲花、遂川、金溪、玉山、信丰、会昌、安远、龙南、石城、上犹等11县没有水灾;而南昌、瑞昌、波

---

① 道光《瑞金县志》卷十一,《艺文》,谢重拔《禁烟议》。
② 康熙《瑞金县志》,《物产》。
③ 乾隆《赣州府志》卷二,《物产》。

第一章
步入晚清之际的江西社会

阳、余干颇多,都在10次以上。根据专业部门对水灾等级的划分,①1862—1911年间,在洪灾中,大洪灾共发生4次,分别在1862年、1881年、1884年、1901年,特大洪灾共发生6次,分别在1868年、1869年、1870年、1876年、1878年、1882年。例如:1848年,南昌、新建发生洪灾,损失惨重;6月,"淹毙者无算";7月,"淹人口无算"。新建自4—6月大水,7月,江水愈自湖口西溢,赣水莽不下泄。西望惟见厌原(西山)为岸,余三面江湖泱漭,不惟田禾淹没,即圩堤之高者水深数尺,低者水深丈余。中旬内三日,狂风连作,或波荡屋檐,或浪翻屋脊,墙垣栋宇倾,大村不惟减半,小村一扫无存,人物纷纷与水涝长逝,浮尸或散或连,连者多至十七。死亡无由按数而稽,遗民号哭之声百数十里相接,从来水灾无此严重。9月中旬,水稍落。第二年3月18日,大风雨雷电,雹大如鸡卵。引发大水,比上年高4尺余,"被灾愈极"。②1878年,南昌、临江、吉安、瑞州、抚州、南康、九江等府大水,以饶州、广信二府尤甚。滨湖各县受灾较重,圩堤多处损坏,巡抚李义敏紧急奏借银元71200枚,修复圩堤。1901年,赣江、袁水及修河大水。宜春、分宜、新余5月倾盆大雨,袁水陡涨,德安连续7次山洪暴发,乌石门整月通街行船,沿河庄稼颗粒无收。

另外如旱灾、雪灾、蝗灾也时有发生,但不如水灾严重。例如:同治元年(1862年)冬,新淦春雪,严冰5天,三湖一带柑橘树木根株尽坏;乐平、湖口、南丰、宜春、余江县等大雪,橘、柚、蔬菜等皆冻死。咸丰七年(1857年),高安、永修、宜春等地飞蝗蔽日,拥食晚稻及杂粮,粮产大减,灾民遍野。可见,农业灾害的频发,是江西传统农业发展停滞的主要原因。

三、传统手工业

清代康熙、雍正、乾隆三朝的社会经济,有一个较大的发展,晚清之际,江西的手工业达到了历史的高峰。现就几种主要的传统手工业简要地介绍。

(一)制瓷业

江西省素以产瓷著称,其主要产地为景德镇,其因制瓷历史悠久(从汉代

---

① 见江西科学技术出版社1995年版《江西省水利志》水灾等级标准划分,该志第183—184页写道:"水灾灾害程度轻重不等,等线划分向无明确的统一标准。按范围大小、历时长短和灾情轻重,将历史水灾年份划分三个等级:凡史料中有'江西大水'、'全省大水'、'江西诸郡皆水'、'全省十三府大水'等记载,定为大水年。其灾害程度近似建国前后发生的特大洪水,如1915、1931、1954年,定为特大洪水年。其他水灾年份定为一般洪水年。"

② 同治《新建县志》,卷2。

开始),被世人誉为"瓷都",名噪一时,享誉中外,也为中国的一大骄傲。

明代,景德镇已成为全国制瓷业的中心,它不仅要满足国内外市场的需要,而且还负担宫廷御瓷和朝廷对内、对外赐赏和交换的全部官窑器的制作。明末清初,景德镇也和江西其他市镇一样,社会经济蒙受战乱的破坏,窑业受到惨重的打击,瓷窑仅剩"十仅二三"。经过清初的恢复,江西的经济社会得到发展,商品经济逐渐活跃,景德镇的制瓷业也逐步得到恢复,达到了封建社会时期景德镇制瓷业的繁荣阶段。青花瓷始终占据着彩瓷生产的主流地位,它釉上彩丰富多彩,创新颇多,约略可分为民间五彩、珐琅彩、斗彩、素三彩等品种。色釉在明代的基础上有了很大的发展,其成就主要反映在景德镇御厂的官窑器上。特点为,一是色釉名目繁多,品种多变:红釉就有铁红、铜红、金红之分,蓝釉亦有天蓝、洒蓝、霁蓝之别,绿釉更有瓜皮绿、孔雀绿、秋葵绿之异,此外,尚有茄皮紫、乌金釉等等。二是烧制技术突飞猛进,在所有颜色釉中,高温铜红釉是烧制难度最大的一种;清代初期铜红釉的烧制技术达到了历史上的最高水平。传统的青釉烧制技术到雍正时趋于稳定。

景德镇制瓷以小型民营手工工场为主,也出现了联合烧造的较大的手工工场。清中期,景德镇瓷器的产量有大幅度的增长,年产量约30万担左右。

陶瓷贸易在晚清也有较大提高,所产陶瓷除进贡朝廷大都出口。明清时期,景德镇与樟树镇、吴城镇、河口镇共称"江西四大镇",是工商业最昌盛的市镇之一。其沿河建窑,沿窑成市。全镇"民窑二三百区,终岁烟火相望,工匠人夫,不下数十万余万",南洋欧美及国内外各埠驻镇办瓷行庄约有百余家。鼎盛时代,输出总值曾达一千四五百万元。成为九江开埠通商以后江西的一大出口商品。

到19世纪中叶,欧美各国及日本对陶瓷的研究和开发进一步重视,洋瓷充斥市场,景瓷国际市场销路日窄;交通不便,瓷器辗转搬运,破损较多;加上各地厘卡林立,致使大批瓷商因而裹足不前。景德镇瓷器的国内市场也每况愈下。据统计,清同治三年(1864年)九江瓷器输出数尚有66000余担。但至光绪五年(1879年)则降为5046担,成为最低点,前后年份多为一万余担。景德镇的瓷业到19世纪中叶呈现逐渐衰落之势的原因主要是:西方侵略者凭借其经济、军事实力和在华不平等条约,向中国倾销大量洋瓷;税目繁多,货经一地必纳一次税,致使瓷价倍增,"景德镇瓷器昔年售价值五百万金,近乃愈趋愈下,岁不及

第一章
步入晚清之际的江西社会

半。论者以制法不精,税厘太重之故",①这造成瓷业主为了同洋瓷抗争和抵消税捐的盘剥,便偷工减料,粗制滥造,因而使景德镇的瓷器质量与昔日相比,大为逊色;日本回购白坯,精绘饰制,再转销于各国;景瓷"行销中国之货,恒多拘守旧式,不求精美,贬价出售,以故获利甚微"。②

20世纪初期,中国民族资本主义有了初步发展,1903—1908年间3个瓷业公司兴建,其购置机器生产,采用新法。使景德镇瓷业也迎来了复兴和发展的极好机遇。

(二)手工制纸业

中国产纸区域遍及闽、湘、皖、浙、赣等省,但产量与质量各省均不如江西。晚清江西所产的纸品种多、质量好,较前期有很大进步。产纸区域也分布较广。生产方式已由单纯农村副业的手工造纸发展为将手工业者联合起来的工场手工业造纸。

造纸的材料有毛竹、树皮和稻草等,其中竹纸产量占首位,这主要是南方盛产毛竹。江西所产纸之种类有200种以上,可分为粗纸、细纸两类。细纸有连史、毛边、贡川、奏本、谱纸、宣纸、皮纸及仿造洋纸等;粗纸有蓬纸、火纸、把纸等。产纸区在全省81县中已遍及53县,而以"旧吉安府、南安府、赣州府、宁都州四属为最;袁州府、广信府、抚州府、建昌府四属次之。其产额较多之县份为石城、永丰、铅山、德兴、广丰、高安、宁都、万载、宜春、宜丰、贵溪、遂川、泰和、吉安、安福、赣州、黎川、金溪、河口镇、奉新、靖安等县"。③万载、宜春以造表芯纸、粗纸为主,石城产重纸,永丰、吉安、龙泉、泰和、河口产毛边纸,这其中泰和产毛边纸品质为最佳,石塘镇的观星岭所产官堆纸也很著名。铅山"唯纸利天下,故四山皆以煮竹为生,小民借以食其力十之三四",所产连史纸,洁白细腻,厚薄均匀,久不变色,纸面带有竹帘纹印,且有着墨鲜明、吸水易干、防蛀耐热的特点,行销最广。赣西北一带的农民,用竹造纸,在20余方里中,有造纸槽150多所,据估计一年可产把纸1.2万担。"他们虽也耕种了几亩土地,可是大都是靠卖剩余血汗来寻些用度的",④造纸便是他们"寻找用度"的一大副业。

刻书业的发展使江西纸业的一度兴旺,细纸需要量显著增加。再加上江浙

---

① 光绪朝《东华续录》。
② 《清朝续文献通考》卷三八五,《实业八·工务》。
③ 张景瑞:《游客话江西》,第148页。
④ 《经济周报》第七卷,第11期14页。

各地商号喜用河口连史纸包裹绸缎各物，使铅山纸十分畅销。铅山一地手工造纸人员就占全县人口十分之三四，槽户多达2300余户。"纸张一项，昔可售银四五十万两"。石城坪山也以纸料坚白，未停科举以前，销路甚广，昔年出口，不下百万之数。由于竹纸销路好，19世纪80年代以前，江西造纸业仍在扩大。有的读书人也因建棚造纸和自运省城售卖，每年出纸20万石而成大富。全省"倚种竹造纸以为活，以安家业，而长子孙者，岁以将及万人"。

江西所产纸张，除40%供给本省之需要外，其余均运往外省出售者，是江西省大宗输出品之一，与瓷器、夏布鼎足而立。中国各省，大都可以有江西纸的踪迹，其行销范围之广，是其他产品无法比拟的。运往外省的，细纸主要销往上海、浙江、南京、汉口、广东及长江流域，粗纸则以南京、上海、安徽、山东、河南、河北等省为主要市场。运输方面，东路系由玉山运往浙江，再由浙江分销江苏，故多以杭州为集散地。北路由南昌或吴城运往各需要地，以九江为总汇。此外，南路则由赣南运销广东，西路则由萍乡运销湖南。

在纸张出口方面，除行销全国外，并有多量运销日本、南洋等处。国内外市场的需求，使江西手工纸业迅速发展起来。据莱德(Staneg Wright)在民国初年所著《江西之贸易与租税》中估计，每年由九江海关输出者为12万担，由大姑塘常关输出者每年在70万担以上，再加本地所消费者连同计算，江西每年产量在100万担以上。

但江西造纸纯为农村家庭手工业，技术落后，资本微薄，所产纸韧度差，只能一面书写或供手工印刷，不适应文化、教育、新闻发展要求，用作包装也不如外纸牢固。于是，19世纪末20世纪初，土纸便败于洋纸。此阶段输入江西的洋纸主要是日本机制纸。日本纸用以印书，两面均可用，价格低廉，故而土纸销售市场渐为其所夺。如铅山纸"其价较贱，江浙绸绢布匹各店，均用铅邑纸张包裹"。[①]洋纸盛行后，日纸虽不如土纸之光滑细腻，然商号考虑到价廉，乐于购用，因此铅山纸迅即滞销亏折，至光绪三十年(1904年)因洋纸倾销，形成铅山纸售价不满十万。于是当年，黄大壩等商人认为，纸张为江西出口之大宗，近来洋纸盛行，销场已停滞，而价值反而增高，很难抵制。如果不设法改良，有时会尽无。他们建议集股开办"江西机器造纸公司"，以实现振兴土产，抵制日货的目的。

---

① 《江西农工商矿纪略》，《铅山县·工务》。

第一章
步入晚清之际的江西社会

驰名全国的连史纸,至1910年,年产仅约万余担,售银、产量仅及盛时的二十分之一。其他产纸之处也是这种情况,瑞金毛边纸"销路极滞"。石城造纸户"歇业者十居八九"。①原来江西万载、宜春的表芯纸,关山纸都是有名的手工纸,原来行销很广,但由于洋纸盛行,难以抵制其竞争和受1894年甲午中日战争影响,纸商不敢将货物运往北方销售,"以致江西素有产纸有名之区,多有作糟因此辍业者"。至宣统三年(191年),江西之"粗纸向销于长江各埠,近年则因洋纸价廉物美,大受打击,故纸业尤为失败"。②总之,江西造纸业在洋纸打击下,于第一次世界大战前,已经奄奄一息。

(三)手工纺织业

在江西的农村,也和全国广大农村一样,一直是"男耕女织",以自给自足的小农经济为主。纺织生产作为农村的副业,一直延续了2000多年。正如马克思说"织布业是工场手工业的第一产业",③它对国民经济的近代化至关重要。在明清时期,江西已成为全国较重要的纺织区。

夏布是江西纺织业中的一大重要产品。宋以前,麻是主要的纺织原料之一。而到宋代,就全国而言,苎麻的大众衣料地位被棉花取代,但在江西,一直到清后期甚至民国时期,夏布仍然大量生产。这主要是因为当时江西全年衣被所需棉花约60万市担,而本省所产棉花仅为15万市担,为补充棉花之不足,便利用苎麻加工夏布。织夏布的苎麻线购自乡间或在作坊店前收购,使之成为晚清江西一种极普遍的农村手工业。江西夏布生产方式有两种,一种是农户自己织布,自己留存一部分自用,其余卖给夏布庄主或贩子,还有少部分农户无机织布,便用自家材料请织匠织布,付给适当工钱。这种方式是夏布生产的主导。另一种是在商业资本支配下的夏布生产,少数资产者备有织布机,雇佣男工,织工所得的报酬是计件的,一般织工每日工资约500文。

晚清夏布生产,大部分农户都是自己种麻,自己理麻与织布,"农夫植麻,女绩为缕",在宁都县"俗无不缉麻之家",④石城县的夏布生产,成为"女红之利",⑤部分无织机农户,将自己理好之麻请织匠织布,以解决家庭衣被之需要。

---

① 《清朝续文献通考》卷三九二,引自《江西商务纪略》。
② 彭泽益编:《中国近代手工业史资料》,第二辑第483页。
③ 《德意志意识形态》,《马克思恩格斯全集》第3集第6页。
④ 道光《宁都直隶州志》卷十二。
⑤ 道光《石城县志》,《物产》。

"农夫植麻,女绩为缕"的家庭遍于乡间。德兴县的农村到处都见家庭加工夏布,"篝灯四壁,机声轧轧,卒岁之谋,常取具于是"。①机杼之声在万载县也处处可闻,全县有100多家作坊从事夏布生产。上高县最盛时每年都有百万元的夏布进行交易,宜黄则为"各处夏布集中之地"。②

江西全省83县,除赣粤边界及赣北鄱阳湖附近各县外,均盛产夏布,其中以上高、万载、宜黄、宁都等19个县区最为普遍,所产夏布最多。所产夏布除供本省需要外,国内主要销往无锡、芜湖、常州、苏州、海门、上海、北京、山东等地,仅石城一县每年销往外地的就达10万匹,九江开埠通商以后,成为土货出口的重要商品之一,行销朝鲜、日本、美国等国。

江西生产的夏布,以粗夏布、细夏布、漂白夏布三种为主,粗夏布一般用于做蚊帐,而细夏布光滑清亮,一般用于做衣服。夏布的特点为:韧性强固,耐洗濯;光泽洁白;硬挺平直;透风避暑;不粘体。因其有此种种特异优点,把它当作夏季服装的原料,实为至上之品。其他若蚊帐、手帕、桌布、窗帘等,以夏布为之均组致洁白,美观耐用。

关于手工织布业中棉布,农户每年所织棉布除自用外,还有一定数量外销。九江开埠后,洋货倾销。虽然洋布没有土布耐用,但柔软美观,价格低廉,因而人们开始使用洋布。洋布进口势头迅猛。据海关资料,至19世纪80年代末,洋布的进口量增长了1倍以上,绝大部分销往南昌、吉安、赣州等地。由于洋布的竞争,土布逐渐走下坡路。我们可从吉安、铅山、南昌可见一斑。吉安县"向产棉布,销售甚广,近因洋布盛行,土布滞销","有专治粤庄者,及暮即成。其积勤如此,故又谓之鸡鸣布。十数年来,纺车朽蠹,而机杼不减于旧,盖业布者市洋纱为之,贫妇计段责值而已,其缕不出于女红,纺废织存,妇织日堕,斯则外货之为害也。又其染时,或杂以洋靛,而布色易换,即粤庄亦渐衰矣"。③铅山县河口镇,"系浙闽通衢,米粮之外,布帛为其大宗,而铅土宜棉,妇工善织,人所共知。今家无尺布之机,女无寸丝之缕……即以河镇所售之湖北巴布而论,岁销数十万金,洋布且更倍之"。④南昌县有名的筘布也备受打击,原来该县"乡村百里无不纺纱织布之家,勤者男女更代而织,鸡鸣始止,旬日可得布十匹,赢利足两贯余,耕

---

① 《德兴县志》,《物产》(民国八年刊本)。
② 《江西特税记要》(调查)第14页。
③ 李文治:《中国近代农业史资料》第一辑第505页。
④ 张赞霖:《拟办鹅湖织布公司条议》,《江西官报》甲辰年(1904年)第十七期,函告。

第一章
步入晚清之际的江西社会

之所获不逮于织。耕以足食,织以致余,农家未有不勤织而富者,寡妇以织养舅姑、抚儿女者多有"。但是,"光绪中岁以后,筘布之业寖微,妇女愁叹坐食,机杼不闻;间有织者,以洋纱为经,或经纬皆用洋纱,求昔之寇布无有矣"。①从这里我们可以看出,洋布挤占土布,使传统的耕织结合一变而为耕织分离,家庭经济出现危机。到1890年后,洋布入销量的增长势头逐渐为洋纱所取代。洋纱开始大量涌入江西。尤以英国为最(主要是其殖民地印度的棉纱)。机制纱初时只销售于九江、南昌、广信、赣州,后全省皆已流通。洋纱的涌入,使纺织业受到了严重的打击,土布几乎完全从生产中和市场上让位出来。九江口岸从1894年起,根本不见国纱的踪迹。到20世纪初,江西各地开办的一些官办、商办的新兴纺织企业,几乎都用洋纱,有的地方甚至由县官出令劝谕,"民间改用洋纱,以期细密精匀"。

洋纱能如此广泛、迅速地排挤土纱,占领市场,原因在于价低、质细、工省。"内地人民有尽用洋棉纱织成土布款式,取其工省,而价亦较土棉纱为廉,且较买市肆洋布,更为便宜"。抚州地区:"洋纱浸灌郡境,日盛一日,故棉花销路遂滞。棉花二斤四五两,可织成棉布一匹……同治间(1862—1874)棉布价高,一匹值钱二千。贫家妇女,恒持纺织以自活。自洋纱盛行,棉布之价遂日落。近日洋纱一称,可成布五匹,匹价不及七百钱。妇女手工出纱,不如机器出者之匀细。上等布仅高二百钱,低者或不及之,往往不能偿其本,故相率罢织。十年前(1892—1893)郡门一灯荧然,机声彻晓,今无之势。"②洋纱的盛行造成手工纺织业渐形衰退,进而导致棉花种植面积和产量下降。土纱从纺织中被排挤出来,导致了传统的纺织结合变为纺织分离。另外,因土布业的衰败,与它相关的轧花、弹花和土染业也遭受重大打击。

(四)手工制茶业

江西为中国主要产茶区之一,茶叶种植遍及全省各地,有30余县区出产茶叶,主要的产茶区有浮梁、修水、武宁、铜鼓、上饶、广丰、婺源、玉山、德兴、铅山和横峰等。江西茶农都懂得种茶、采茶、造茶、贮茶等。茶叶加工,以浮梁、修水、铜鼓、武宁、上饶、玉山、广丰、铅山、婺源等地最为普遍,质量最佳。婺源绿茶加工精美;修水、铜鼓、武宁三县的红茶叶加工最负盛名,统称宁红茶;铜鼓红茶,

---

① 光绪《南昌县志》卷五六。
② 转引自彭泽益《中国近代手工业史资料》第二册第219—220页,中华书局1962年版。

无论在品质还是制造，均较修水、武宁红茶精细，其价格亦高。

赣茶加工者以茶农为主，他们"多以茶为副业"，制茶习俗相沿，皆为随采随制。这种茶农遍及全省各地，生产者从采摘到制成干茶，每人一天只能制5斤左右，其加工方法是手揉脚踩，加工设备简陋，只需饭锅、布袋、簸箕、水缸，便可加工成红、绿、青各种茶，家庭加工茶生产，规模小，加工时间季节性强，年生产日期只有二三个月。拣茶业吸纳了大量女性就业，是重要的社会变动趋向之一。《点石斋画报》分析这是利益的驱动："商人之雇佣女工也，以其价廉也；而妇女之乐为所用也，则视寻常女红尤为利市"，妇女对拣茶的热情来自于比做女红更丰厚的利润，这是向传统农业社会生活方式和伦理习俗提出的挑战。

在产茶区形成了一批以手工加工茶为主要生产的茶号，又称茶庄，其任务主要是收购茶户后加工成的毛茶加以精制销售，这些茶号一般都是就地设栈招工，就地制作，工费较省，成本低，利较前时增多，赣县"各乡亦有艺茶为业者"。家庭作坊形式的茶号，产量少，一年只产三四十篓左右，资金也不多，但他们生产的茶作为商品流通于城乡，也有相当部分是销往国外。由于江西手工制茶业的雄厚基础，在九江开埠通商以后，赣茶不仅在相当长的时期内占据赣省出口土货货值的首位，而且在全国也占有20%~30%左右的份额。

从19世纪末起，江西茶业开始衰败，九江和河口的茶庄纷纷倒闭和修水茶的急剧衰退。《农学报》曾载"九江城厢内外，往年茶庄林立，或五六十家三四十家不等。后来仅存十余家。今年各茶商来者，更属寥寥，仅四五家耳。利源日绌，可为慨然也"。①铅山县河口镇的情况更惨。"从前河口镇开设茶庄四十八家，可售价四五十万元。近年一蹶不振，刻下河口仅止茶庄一家"。产茶区义宁州，衰退更为严重，茶商锐减。

这种衰败主要是因为手工制茶的制作方法一直未加改进，生产成本高昂，而且税捐繁重（茶叶贸易负担的子口税和出口税沉重，"全部税款在生叶价值的50%以上"，②）加之印度、锡兰、喳勿茶叶崛起，华商失去国际市场的独占局面。外国茶叶采用机器制茶，工省费轻，颜色鲜明，气味纯美，不但价值不贵，而且运装简便。江西巡抚松寿曾慨叹："茶叶一项，近来印度等处，所产甚夥，精制

---

① 转引自《中国近代对外贸易史》第三册第1475页，中华书局1962年版。
② 姚贤镐《中国近代对外贸易史资料》第2卷，第1207—1208页。

第一章
步入晚清之际的江西社会

畅销,利被侵夺,致中国茶叶疲滞,茶商年年亏折,裹足不前。"①再加上整个茶市受洋商操纵,"洋商之抑勒太甚",茶叶价格太低,种茶无利,生产者因此失去了积极性,加速了茶业的衰败。

(五)制糖业

江西位于北纬25°~30°之间,适于甘蔗的生长,故全省各县均有甘蔗栽培,尤其以赣南、赣东居多。在制糖业方面,清中叶以后,赣南成为江西蔗糖重要产区,以南康、赣县、雩都、大庾、信丰最多,出现"西北巨商,舟载交易,其利数倍"的局面。宁都"农家出糖多者,可卖数百金"。后来,种蔗技术传入泰和,泰和、吉安成为江西新的蔗糖产区。清晚期,东乡、乐平、余干、金溪等地,陆续将蔗试榨,熬成红糖多为农村自用,部分出售。由于产糖县份增多,江西成为全国第三位的产糖大省。但多数品质不佳,行销不远。

19世纪末,洋糖以其"色泽莹白,人咸爱之"大量输入,江西"旧日之糖,销路日微"。同治年间,江西"各糖行多有亏折……大为减色"。光绪年间,江西糖行"诸多亏本歇业,植蔗田亩纷纷改种杂粮"。赣江上游赣县各地运至下游及鄱阳湖之糖几至绝迹,赣南各地制糖业大受打击。

20世纪初叶,江西制糖业在"清末新政"影响下,也有振兴之举。如大庾县各乡将所产甘蔗选雇善于制糖匠师,榨汁煎糖,"一年约计出糖三四千担,有冰花、雪白、仁砂各色,每石价值洋银八九元至十元不等,有商贩来县收买,运赴饶州广信两府销售"。金溪乡绅"集资置买糖榨,设厂开办,提升白糖,获利颇丰"。东乡红糖皆乡民自煎,白糖自雇贵溪人为糖师,"色味不佳"。1904年,余干李戴各绅招股集英洋3000元举办质进种植公司,熬糖售买。

但当时洋糖输入江西仍有增无减。1904年输入155076担。1907年,则增为227911担,增长约30%。以后虽有增减,但一直维持在170000多担。洋糖的输入,构成了对江西制糖业的沉重而持久打击。②

另外,在龙泉县西南的大汾墟,制扇业十分发达。明时其油纸折扇推为贡品。1905年11月,龙泉县令罗大晃表称"县属大汾墟地方向造油纸折扇,行销下江一带"。③制扇所需扇纸及熏烟等原材料需从上饶、崇义等地购入。此时制扇

---

① 清代钞档:《光绪二十六年八月二十六江西巡抚臣松寿奏》,转引自彭泽益《中国近代手工业史料》第二册第186页,中华书局1962年版。
② 陈文华、陈荣华主编《江西通史》,江西人民出版社1999年版。
③ 《经济旬刊》1952年第4卷第6期。

业分工较细,由粗胚工购集竹纸等项,做成粗胚,售给漆画工;漆画工加以整修,绘图装饰完毕再售与扇行,然后装封成篓,运销外地。除行销本省外,尚销于镇江、南京、芜湖等处。春秋两季,多由丰城帮布商收买至南昌出售。制烟业在瑞金、玉山等地的兴起,这基本上都由来自广东和福建的商人投资兴办起来的,"闽人之来玉者,率业此起家"。①商人们在烟熟季节来到江西,收购烟叶,刨制烟丝。"瑞近于漳,土性所宜,不甚相远。……故漳泉之人,糜至骈集,开设烟厂。"②雇工也大多来自闽粤两省。瑞金的烟厂"每厂五六十人,皆自闽粤来"。玉山的烟厂规模颇大,"日佣数千人以治其事"。这些烟厂多属于季节性生产,季节过后,雇工即散去,常年性生产者较少。直到民国时期,还有福建人在江西从事制烟业。

传统手工业是在自然经济指导下的生产,农家利用农闲,以家庭为单位,生产目的是解决自家之需要,剩余部分出售于市场,以贴补家用,生产依附于农业,属于农村副业的性质。其生产力以妇女、老人、小孩为主,他们利用农闲、寒冬、雨天、夜间等一切空余时间,从事手工加工生产。衣食两种产品生产的结合,是农村经济的基础,"农民不但生产自己需要的农产品,而且生产自己需要的大部分手工业品"。③

传统手工业生产方式的存在并贯穿于整个近代江西经济的原因,是传统手工业生产方式在前清生产的基础上仍然存在,在19世纪中后期,中国封建社会的自然经济对外来侵入的资本主义经济有一定的抵制作用,国外商品输入不可能对一个幅员广大的自然经济占主导地位的中国产生极大的破坏性,不可能刺激中国商品的生产大幅度发展,广大农民不仅能制造自己所需的各种生活必需品,而且还将剩余产品售于市场,抵制了国内外商品输入量。全国进口值1851年是36080千元,比1845年的32220千元只增加了4000元。④1840年前,江西由于四面环山,交通不便,帝国主义的侵略还没有彻底破坏广大农村的自给自足的自然经济,广大农村仍然是以一家一户为生产单位,男耕女织,以自家劳动产品以换取自己家之温饱,不需要很多外来之物,手工业生产以解决自家需要为主,商品化程度很低。

---

① 同治《玉山志》卷一,《地理志》。
② 道光《瑞金县志》卷二,《物产》。
③ 《毛泽东选集》第 2 卷,人民出版社 1991 年 6 月第 2 版,第 623 页。
④ 《刘坤一遗集》。

第一章
步入晚清之际的江西社会

第三节
社会结构与社会问题

一、省政与官僚体制

晚清的江西省，其行政区划大体与前清相同，下辖府、州、县、厅等级机构。

晚清省的行政结构本为三级制（省、府、州县）。但州的地位则较为复杂，有时与府相埒，有时又与县平行，这要看其是否为直隶州，或有无属县。直隶州必定有属县，地位与县相等。非直隶州而有属县，虽上承知府的命令，地位仍稍高于县。惟散州则完全与县无异。由此可见州的地位使地方行政系统有混乱的现象。因此，在传统的演进中，州的地位或升或降，不与府平行，则列为与县相等的单位，仅保持传统的名称而已。

府一级的单位仍为明朝时期的13个，即：南昌、瑞州、袁州、临江、吉安、抚州、建昌、广信、饶州、南康、九江、南安、赣州；直隶州一级的单位只有1个，即宁都州，另散州1个即义宁州，厅一级的单位有点变化，乾隆八年（1743年）只设有莲花厅，乾隆三十八年（1773年）升定南为定南厅，光绪二十九年（1903年）增设虔南厅，光绪三十三年（1907年）再增铜鼓厅。州、府一级相当，县、厅一级相似，县略比厅高半级。县以下按乡镇划分，乡以下设里，再下有村、社、寨、坊等等。江西地方行政区划，自秦汉以来不断分合增减，日趋完善，至清代基本定型。后面有点变动，也只是名称略有更改，实际州县数则没变。当然，不包含民国时安徽婺源县划归江西的唯一变动。

兹据光绪《江西通志》所列各府州所属县治如下：

南昌府：南昌、新建、丰城、进贤、奉新、靖安、武宁、义宁（州）

瑞州府：高安、上高、新昌

袁州府：宜春、分宜、萍乡、万载

临江府：清江、新淦、新喻、峡江

吉安府：庐陵、泰和、吉水、永丰、安福、龙泉、万安、永新、永宁、莲花（厅）

抚州府：临川、崇仁、金谿、宜黄、乐安、东乡

建昌府：南城、南丰、新城、广昌、泸溪

广信府：上饶、玉山、弋阳、贵溪、铅山、广丰、兴安

饶州府:鄱阳、余干、乐平、浮梁、德兴、安仁、万年
南康府:星子、都昌、建昌、安义
九江府:德化、德安、瑞昌、湖口、彭泽
南安府:大庾、南康、上犹、崇义
赣州府:赣县、于都、信丰、兴国、会昌、安远、龙南、长宁、定南(厅)
义宁州:瑞金、石城
另光绪二十九年(1903)设虔南厅,光绪三十三年(1907)设铜鼓厅。
以上共13府2州4厅,共80个单元。

江西各级官员的设置与职守,大体仍袭清朝前期的框架。无论巡抚或总督,在本区仅为军事上的设置,其民政长官为布政使。但是由于督抚分别加兵部尚书或左右侍郎,兼右都御史或右副都御史衔,以表明其管理军事监察地方的身份,地位崇高,布政使就退处属下的地位。

省内大政要政由两江总督总揽。两江总督全称为江南江西总督,治辖江苏、安徽、江西三省,职级为正二品,授兵部尚书兼都察院右都御史衔。一般省政由巡抚总管,职级为从二品。巡抚和总督的关系,在清朝前期,前者受后者节制,道光十年(1830年),清廷曾专门讨论江西事务是否还要继续归两江总督总揽,虽然最后结果是依照原制,但从此以后,总督基本上是江西监理性质的机构。①咸丰以后,巡抚亦受命指挥镇协武职,独当一面,又与总督负责置考会题、核阅防剿、职责渐渐提高,光绪时已与总督相埒。②

巡抚下设有布政使司(俗称藩司)、按察使司(俗称臬司,光绪三十二年改为提法使司)、提督学政(又名提学使司);传统政治的三大功能,为"教化万民、催科田赋、确保治安"。布政使既因巡抚的关系而退居部属地位,其功能由"掌一省之政"而"专司钱谷之出纳",变为一省财政的主管;按察使"掌省内刑名案件",即管理驿传、司法和监督各级审判,是司法与保安的混合体;学政在官秩上为正二品,非进士出身不能简用,地位原比布政使、按察使优崇,这与儒家的正统思想有密切关系。但由于仅仅主持学务及岁科两考,政治上的实权反而不如布、按两司。惟三足鼎立之势,各司其职。1910年,增设交涉使一员,专职与外国交涉。

---

① 《江西通志》卷首之三,《训典》。
② 赵尔巽:《清史稿·职官志》。

第一章
步入晚清之际的江西社会

府州县的功能,仍以教养百姓、催科田赋、确保治安为主。唯治理广狭不一,各有承属关系。一府之长为知府,正四品;一州之长为知州,从四品或正五品;一县之长为知县,从六品或正七品。

地方组织中尚有道之设置。道有地区及事务性质之不同。因地区之需要而设置者,类乎省与府之间的行政机关;以事务性质而设置者,则为布、按两司的下属组织。① 据光绪《江西通志》所载,在江西主要设有分守道、提学道、分巡道、粮储道、驿盐道、关监督等,这些部门的主要任务是监管和督促,其职责主要是主管监察、监督、司法、财政、教育、军事等各方面专门事务。在其中工作的多为各方面的专员,他们协调地方政权在日常运作中解决那些最重大的问题。

兹据光绪《江西通志》所载各道设置情况分列于下:

督粮兼分巡南抚建地方道:驻南昌府,初名粮储道,顺治十六年罢,寻复康熙十年,改为督粮道,雍正九年以南昌、抚州、建昌三府属焉,乾隆二十三年兼水利衔,四十三年议定粮道有分巡地方者,仍管所属之驿。

督理能省盐法兼管袁临地方道:驻南昌府,初为驿盐道兼理驿传。康熙九年复设驿盐道,雍正九年以袁州、瑞州、临江三府属焉,乾隆二十三年兼水利衔,四十三年议定盐道有分巡地方者,仍管所属之驿而总其成于按察使司,遂称盐法道。

分巡广饶九南兼管水利兵备道:驻九江府,初设分守分巡二道。守道驻饶州府,巡道驻九江府,康熙四年以巡道管九江钞关事。六年罢守巡二道,九年复巡道改为饶南九道,驻饶州府。雍正九年以广信府属焉。乾隆二十三兼管水利,三十二年加兵备衔,四十三年分管所属驿站,自饶州移驻九江府兼督九江关税、窑厂。

分巡吉南赣宁兼管水利兵备道:驻赣州府,顺治初年设岭北守巡二道,十五年后罢巡道,康熙四年以守道理赣州关事。六年并罢守道,九年复设,改为分巡赣南道,雍正元年兼理赣州钞关,九年以吉安府属焉,乾隆十九年兼辖宁都直隶州,二十三年兼管水利,三十二年加兵备衔,四十三年分管所属驿站。

分守南昌道:康熙六年罢。

分守南瑞道:康熙二十一年罢。

---

① 李国祁:《明清两代地方行政制度中道的功能及其演变》,台湾《中央研究院近代史研究所集刊》,第3期(1972年7月);沈任远、陶希圣:《明清政治制度》,第95页。

分守九江道:康熙六年罢。

分守湖东道:康熙六年罢,十四年复设,二十一年罢。

分巡湖东道:康熙元年罢归守道兼理。

分守湖西道:康熙六年罢,十四年复设,二十一年罢。

分巡湖西道:康熙元年罢归守道兼理。

分守岭北道:康熙四年兼理赣州钞关,六年缺罢。

清代官吏的任职期限,对于总督和巡抚而言,一向采取不久任的政策,俾避免总督、巡抚在地方上建立强大的势力。①江西情况也不例外。从1838到1908年,70年间江西巡抚换了30人,尚不含临时性的"暂署"、"护理"巡抚。平均二年要更换一任巡抚;至于知府、知州、知县的任期时间相对较长,平均每四年左右一个任期。下表所列的是江西巡抚任职情况表:

江西历任巡抚任职期限表

巡 抚 人 名	任职起迄年月
钱宝琛	1838—1841.7.17
吴文镕	1841.7.17—1848.7.28
傅绳勋	1848.7.28—1849.4.26
费开绶	1849.4.27—1850.9.28
陈阡	1850.9.28—1851.1.15
陆应穀	1851.1.15—10.27
王植	1851.10.27—1852.5.16
罗绕典	1852.9.19—9.28
张芾	1853.2.1—1854.2.9
陈启迈	1854.2.9—1855.8.14
文俊	1855.8.14—1857.4.9
耆龄	1857.4.9—1859.10.7
恽光宸	1859.10.7—1860.5.11
毓科	1860.5.11—1862.1.17
沈葆桢	1862.1.17—1865.4.19
刘坤一	1865.6.14—1875.1.12

① 魏秀梅:《从量的观察探讨清季督抚的人事嬗递》,台湾《中央研究院近代史研究所集刊》第4期(1974年5月)。

第一章
步入晚清之际的江西社会

续表：

巡抚人名	任职起迄年月
刘秉璋	1875.1.12—1878.8.20
李文敏	1878.8.21—1882.12.2
潘霨	1882.12.2—1884.11.4
德馨	1884.11.4—1895.9.11
德寿	1895.9.12—1898.7.12
松寿	1898.7.12—1900.9.12
景星	1900.9.12—11.17（未到任）
李兴锐	1900.11.17—1902.8.5
夏㝷	1903.7.7—1904.12.13
升允	1904.12.13—未到任
胡廷干	1905.1.10—1906.4.25
吴重熹	1906.7—12.17
瑞良	1906.12.17—1908.3.31
冯汝骙	1908.4.1—1911.10.31

资料来源：根据《清季重要职官年表》《清代徵献类编》等资料汇编而成。

清代地方官制极其详明严格，知县以上的官员，任职资格、经历皆有明确的要求，其委任、撤换统由朝廷掌管。各级官员的职守操行，每年考核一次，奏报朝廷。在高度集权制的政体下，省内大政、要政，必须上报朝廷，经得批准方可执行。不仅如此，省内民事上每一个案件狱讼的处理、军事上每一个站卡的添撤移动、乃至天灾人祸，都要上报朝廷。同样，在等级森严的封建社会里，各府、州、县官吏，遇事也要层层上报，未经请示批准的任何施政措施，皆不得实行。各级官员，处事没有主动性，缺乏生机和活力。《江西通志·宦绩录》所列各级官吏的政绩，大体上都是防盗断狱所表现的"清正廉明"，再就是向上要求蠲免当地钱粮所体现出的"爱民"，从未有什么新政方面的建树。这种集权制贯穿上下的政体，一直延续到清朝灭亡。

二、绅士与百姓

自科举制度创立以来，学校与科举有不可分的关系，尤其经科举而获得功名者，享有特殊权利，形成绅士与百姓的两极社会，形成明显的社会分层。按照张仲礼先生的理解,"绅士是一个独特的社会集团。他们具有人们所公认的政治、经济和社会特权以及各种权力,并有着特殊的生活方式"。①

绅士阶层的产生无疑与传统教育有着密切的关系。传统教育有官学与学校之分。官学系为满清宗室、八旗子弟及荫袭宗族而设,学校则为一般民众所建。本省无官学,学校则有府学、县学及书院与义学之分。②江西的传统教育及科举考试在晚清之际处在全国大体中游水平。

我们先来考察晚清之际江西府学与县学。按照清朝的规定,各府州县有一定的学额分配,大县22名,中县20名,小县18名。③但江西的学额分配却有不同,据光绪《江西通志》卷九十《经政略·学制》载:

> 雍正二年,定南昌、新建、丰城、高安、宜春、清江、庐陵、吉水、安福、临川、金豀、南城、新城、上饶、鄱阳、赣、宁都十七县照府学额各取进童生二十名;奉新、永新、宜黄、东乡、南丰、广昌、贵溪、余干、星子、都昌、建昌、德化、湖口、大庾十四县改为大学各十五名;萍乡、峡江、玉山、安仁、安义、瑞昌、南康、石城八县为中学各十二名;九年定江南棚民入籍二十年以上有田粮、庐墓者,准在居住州县考试童生,满五十人以上额外取进一名,百人以上二名,二百人以上三名以四名为率。……自咸丰八年后,江西历次捐输军饷奏请加广学额凡加广府州厅县文生学额六百九十三名,武生学额六百八十六名。

可见江西的学额分配是,经济和科举考试比较发达的县学额分配为20名,其他略少至15至12名。

其次,我们再来考察晚清之际江西书院和社学。经统计,在晚清之际江西

---

① 张仲礼著、李荣昌译:《中国绅士——关于其在十九世纪中国社会中作用的研究》,上海社会科学院出版社2002年版,第1页。

② 书院多得官吏与士绅的支持,程度较高,财源亦较丰富。义学、社学则不如书院,多设于乡村,不受重视。据《学政全书》记载,社学始于明,太祖命50户立一社学,聘请知名生员执教。满清入关,顺治九年(1652)命各乡立社学,雍正元年(1723)命各州县在较大之乡村立社学,俾12至20岁青少年子弟有机会入学。义学始于康熙四十一年(1702),是年于北京崇文门外立义学,3年后,为贵州苗人部落设义学,五十二年(1713)谕全国各地普设义学,供贫穷子弟就读。一般而言,社学与义学并无严格之区别,汉人的学校称社学,苗徭的学校称义学。另一种说法,谓社学为乡村之学,义学则乡村城市均有。详K.C. Hsiao, RuralChina, p.235—240。

③ 商衍鎏:《清代科举考试述录》,北京三联书店1958年版,第13页。

第一章
步入晚清之际的江西社会

有书院505所,社学义学及乡学298所。大体而言,书院较义学、社学更为发达。江西重书院而轻义学、社学,在人文发达的区域,书院多而义学、社学少。书院程度较高,而义学、社学则程度相对较低。从维持情况来看,经济较为发达的地区其书院经费来源比较稳定,而相对落后的地区,书院经费得不到保障。名誉上有505所书院,估计能够常年维续者却只有一半左右。而义学、社学则更不受重视。因义学与社学多为贫苦子弟而设,家有余力,则入书院而不入社学。同时中国一向有"富者不教书,贫者不读书"的风气,这也是义学与社学不甚发达的原因。所以,在江西的社会,很自然地形成了两级社会——识字与不识字。此与他省似无不同之处,19世纪以前的中国,80%左右人口为文盲。①这主要是由于有能力入书院学习者终究是极少数的缘故。兹将光绪《江西通志》所载各府州书院与义学情况列表于下:

晚清之际江西书院与义学(社学)一览表

府州	书院	义学、社学和乡学
南昌	86	10 67 2
瑞州	31	18
袁州	21	10
临江	20	10
吉安	98	27
抚州	48	21
建昌	43	33
广信	36	29
饶州	53	25
南康	13	5
九江	14	14
南安	9	4 16
赣州	28	23
宁都	5	2
合计	505	298

资料来源:光绪《江西通志》卷八一至八二《建置略·书院附社学》。

---

① 张朋园:《劳著:清代教育及大众识字能力》,载《中研院近史所集刊》,第9期,第455—462页。

学校本以授业解惑为宗旨。自科举制度建立,学校无疑服务于科举,凡入学者,其目的不在获得知识,而是博取功名,作为入仕的入门阶梯。宋明以来,江西的科举极盛一时,在全国也是名列前茅。而近晚清之际江西科举在全国的地位有所下降,就地区而论,也在发生变化,我们以光绪《江西通志·选举表》所载各府州嘉庆元年至道光三十年情况为例:

江西进士举人中额(不含武科)(嘉庆元年至道光三十年)

府州	州县厅数	进士数	每县平均进士数	举人数	每县平均举人数
南昌	8	116	14.5	563	70.38
瑞州	3	31	10.33	225	75
袁州	4	23	5.75	155	51.67
临江	4	14	3.5	88	22
吉安	10	34	3.4	257	25.70
抚州	6	55	9.17	261	43.5
建昌	5	78	15.6	439	87.8
广信	7	29	4.14	137	19.57
饶州	7	34	4.86	195	27.86
南康	4	18	4.5	124	31
九江	5	42	8.4	182	36.4
南安	4	7	1.75	30	7.5
赣州	9	16	1.78	77	8.56
宁都州	2	4	2	38	19
共计	78	501	6.42	2771	35.52

资料来源:光绪《江西通志》卷三五至三六,《选举表》。

以各府州进士与举人的中额情形,亦可以略窥江西文风高低不同。从上表数字我们可以看出,从区域来看以南昌、瑞州、抚州、建昌、九江等府中额较高,而赣州、南安、宁都等府州中额较低,而吉安作为传统的科举强盛之区也在逐渐衰微。再从城乡来观察,城市的中额较多,各府州首县人数突出,如南昌府之南昌县、建昌府之南城县、吉安府之庐陵县、九江府之德化县等,此或与经济与商业发达有关系。落后贫瘠的地区,则相对中额较少。

任何社会均有层次之分,中国传统社会也不例外,儒家的思想有"君子"、

第一章
步入晚清之际的江西社会

"小人"之别,有劳心者治人,劳力者治于人的主张,显然也承认了社会阶级阶层的存在。儒家以为只有教育才可以使人平等,但自科举与教育相连接,有功名者享有某些特权,非一般人所可企及。尤其功名成为入仕的进阶,一旦获得一官半职,便成为劳心者——统治阶级。获得功名而未入仕者,便成为绅士,在地方政治中发挥重要作用。组织团练、兴修道路等地方建设,由绅士领导;乡约、乡饮酒等社会化仪式,由绅士主持。一般乡民唯绅士的马首是瞻。这是中国传统社会的基本模式,也是江西社会结构的基本范式。

三、地主与农民

中国的传统社会,就统治者与被统治者的观念而言,是士绅与百姓的两极社会;就经济的分配观念而言,则为地主与佃农的相对社会。

汉唐以后,"富者田连阡陌,贫者无立锥之地",土地问题业已成为社会的基本矛盾,贫富已经有了明显分化。直到鸦片战争前夕,这种局面也没有得到改善。江西的地主,虽然仍以中小地主居多,但拥有田地数千乃至万亩的大地主并不少见,兹据章有义《中国近代农业史资料》关于江西一些县份土地占有状况分列于下:

贵溪——收租有六七千担者,中小地主亦多……

武宁——全县拥田七千亩之地主一家,千余亩之地主十余家,数十亩至百亩者颇多。

宁都——有陈、赖两家,曾收租亦各五六千担,武村肖家有十万富,曾收租万担。

广昌——拥田一万亩者一二人,二千余亩者十余人,数十亩至百亩者甚多。

江西土地分配不均的发生原因甚多,大体而言有如下几点:

第一,移民的结果。明末清初招垦,迁入江西的移民很多。进入赣西北、赣中和赣南山区的大都是闽西和粤东客家人,而进入赣东北的则主要是闽南沿海的福建人。应垦者赤手空拳到来,有限的无主土地为先来者所据,后到者,只有佃耕。

第二,北方资金南移,土地尽为富人所有。丁廷之指出,中国的佃户南多于北,原因有三:经济方面,南方新地多,物力富,资本易于发达,土地投资的利益大,故南方佃租制发达;自然方面,历来水旱之灾,北多于南,土质雨量,南优于北,田主多舍北而就南,故佃农南多于北;社会方面,人口大都会南多于北,历代京城多在北方,古时外患亦多在北方,人谁不恶乱求逸,故田主均愿在南方购地,这就是南北佃农差异的原因。①

第三,观念的影响。传统社会,土地为财富的象征,"以末至财,用本守之",人人争购土地。清初的土地买卖,上田每亩银7~8两,下田1~2两,到了乾隆初年,上田接近20两,下田也升到7~8两。"贫而后卖,既卖无力复买;富而复买,已买不可复卖。"②

传统社会中,地主与佃农的存在,即为不争的事实,那么,究竟有多少地主,有多少佃农呢?如新城县:"新城之民,农之家什九,农无田者七。耕人之田而输其谷曰佃。"③这可能是比较高的县份。一般情况下佃农、半佃农大约维持在50%左右的水平。现将民国年间农商部统计数字列表于下:

全国佃耕与自耕比例

省　别	自耕农	佃　农	自耕农兼佃农
河　北	72.8	13.5	13.9
河　南	56.3	26.0	17.6
山　东	70.0	13.1	16.8
山　西	70.5	15.0	13.8
陕　西	57.7	22.8	19.3
甘　肃	64.3	17.5	18.1
安　徽	46.2	34.5	19.2
江　苏	45.8	31.6	22.5
浙　江	46.2	34.5	19.2
湖　南	19.9	69.9	10.1
湖　北	42.5	36.2	20.9
江　西	42.1	30.5	27.2
福　建	34.1	34.1	31.6
广　东	35.5	37.3	29.1
辽　宁	40.6	26.7	29.2

---

① 丁廷之:《中国佃农百分比率差异之原因》,《地政月刊》,卷一,期4。
② 贺长龄:《皇朝经世文编》,卷二九。
③ 同治《永新县志》卷十五。

第一章
步入晚清之际的江西社会

续表：

省 别	自耕农	佃 农	自耕农兼佃农
吉 林	46.7	30.6	22.6
黑龙江	55.7	25.3	18.7
平 均	49.83	29.35	20.59

资料来源：《农商部统计》(1917年)，转见郑震宇《中国之佃耕制度与佃农保障》，《地政月刊》，卷一，期3—4(1933年3—4月)，第295页。

从表中数据可以看出，江西自耕农占42%左右，佃农、半佃农约占58%。其佃农、半佃农的数量，同全国其他省份相比较是比较多的省份之一。

地主与佃农的存在，由于经济上的利益分配不均以及双方所处的地位不同，构成中国农村社会的一个基本矛盾，亦往往为社会不安定的因素。由于土地的相对集中，在农村地区的租佃关系相对复杂。主要有如下几种：

1.押租制。所谓的"押租"，就是佃农和地主在缔结租佃契约时，地主预收佃农一笔租佃保证金，当佃农欠租、抗租时，地主便扣抵保证金，以保证地租的实现。在清代雍正、乾隆时期，押租制在南方各省已普遍存在。据刘永成先生统计，乾隆元年至乾隆六年间刑科题本中有押租案件共211件，其中广东占38件，湖南占31件，浙江占23件，江西占22件。①押租制或押租钱在江西各地的俗称不一，有所谓"坠耕钱""顶耕钱""脱肩钱""顶首钱"等称，并且每亩收取押租钱的多少也不同。

乾隆年间江西押租制的基本状况

年代	县名	姓名	押租钱(俗称)数量	租地数量	双方约定
乾隆十五年	上饶县	邓文祥	脱肩钱八千文	祀田一十八石	布约载明还田清钱
乾隆三十四年	会昌县	杨其链	八千文	祭田八十石	秋收收纳租谷二十石，如欠租以钱扣抵
乾隆三十四年	会昌县	杨步翰	坠耕钱二十四千文	荒山	揽耕合同载明每年纳租八十三角，木油一十三斤
乾隆三十五年	玉山县	陈昆山	顶耕钱十千五百文	田三亩三分	

资料来源：《清代地租剥削形态》第159、437、467、389页。

① 刘永成：《清代佃农抗租斗争的新发展》，载《清史论丛》第一辑。

2.永佃制：永佃制，就是佃农对一块土地拥有长期耕作甚至是永远耕作的权利。这是中国古代土地租佃的特色之一。中国永佃制的产生，大体有以下几种情况：一是从宋代开始，地主出卖土地时，往往将原佃户姓名开列于土地买卖文契上，表示新买主承认原佃户的承佃权，即所谓"随田佃客"，久而久之形成了永佃制。

3.一田二主：清代江西的土地租佃中有一种特殊且普遍的现象，这就是盛行一田二主，即土地所有权和土地耕作权各有其主，这两种权利可以分开买卖和转租。

从有关资料看，清代江西各地就普遍存在一田二主，并成为"乡规""俗例"。乾隆年间江西布政使司刊行的《西江政要》载："有江西积习，向有分卖田皮田骨、大业小业、大买小买、大顶小顶、大根小根，以及批耕、顶耕、脱肩、顶头、小顶等项名目，均系一田二主。"所谓大业、大买、大顶、大根即田骨（土地所有权）的买卖，而小业、小买、小顶、小根、批耕、顶耕、脱肩即田皮（土地耕作权）的买卖。乾隆年间的建昌府"田皆主佃两业，佃人转卖承耕，田主无能过问"。① 在一田二主的状况下，"业主只管收租，赁耕转顶权自佃户，业主不得过问"。② 也就是说，掌管田骨的业主只管收租，而耕作权的转租或转卖则由掌握耕作权的佃户决定。如果是从拥有田皮的佃户手中转租土地耕作者（赣南称"借耕人"），则"借耕人既交田主骨租，复交佃人皮租……大概以三分之二作皮骨租，皮多骨少，递使一般农民趋重田皮"。③

一田二主形成的主要原因是由于清代江西人口增长过快，人多田少，为得到一块土地耕种，佃农不得不以高额地租从别的佃农手中转租土地，或花价买耕作权。

复杂的土地租佃关系，导致晚清之际江西佃农所受的征剥加重。佃农对地主最感不堪的是租金太高。从地租的剥削率来看，有不断上升之趋势。

早在南宋时，江西人洪迈在他的《容斋随笔》中谈到南宋初江西的土地占有关系时说："或耕豪民之田，见税什伍，言下户贫民自无田而耕垦豪富家田，十分之中以五输本田主，今吾乡俗正如此，目为主客中分云。""予观今吾乡之俗，募人耕田，十取其五，而用主牛者取其六，谓之牛米"。地主与佃农的分成，

---

① 《切问斋文抄》卷十五，《江西新城田租说》。
② 凌涛：《西江视臬纪事》卷二。
③ 同②。

第一章
步入晚清之际的江西社会

一般是地主占收获量的一半以上。从清代雍正、乾隆时期开始,尽管佃农和地主的关系在走向松弛,然而,封建地租额并不是走向减少,反而比以前历代都高。《乾隆刑科题本》中有关江西的案例可以说明这一点:

乾隆年间江西田租征剥量

年代	县名	姓名	租地数量	田租形态	年收租量
乾隆初年	会昌县	陈公辟	山岗	油	十八斛
乾隆五年	贵溪县	方信臣	田19亩	谷	26石
乾隆十一年	新喻县	傅别八	田4亩5分	谷	6石
乾隆十四年	德兴县	董癸生	田1亩	谷	1石6斗

资料来源:《清代地租剥削形态》,中华书局1982年版,第34、66、106、558、175页。

从上表可知,稻田的地租以租谷为主,山地的地租则视山所出而定。贵溪县的田租每亩高达1石4斗;德兴县则更高达每亩田租1石6斗;官田的租佃也是以实物定额租为主,如雍正十三年,"(安远县)营霸地等处官田二十亩一分零,园地田亩四分零,共计田九百八十把,招佃承垦,无分丰歉准赁,每岁备佃,共纳早谷三十四石三斗六升"。①平均每亩收租高达1石6斗多;又如上饶县"学田原额一顷三十亩八分三厘五毫,坐落本县六都十都七都社林黄沙库前等处,计租二百一十七石"。②平均每亩收租也达1石6斗多。同光时期,江西的地租率一般是占收获量的一半左右。同光以后,地租率在不断上升。至1930年前后,江西62个县地租对收获量总数的比率如下:③

50%未满	12县	50%	22县
55%	4县	60%	16县
65%	1县	70以上	6县

佃农在备极辛苦的情况下,自己仅得收获物的一半,或不足一半,生活的苦况可以想见。佃耕50亩以下的农家,大多入不敷出。遇上"风调雨顺"的岁月,佃租的压力或者尚能承受,碰到天灾人祸,则温饱顿失保障。往往因为粮食不足,未能节余明年的种子,不得不告贷播种,背上利息。

佃农经济受剥削,生活穷困,社会地位亦为之沦落,此在乡饮酒礼中可以

---

① 同治《安远县志》卷二六四,《寺观》。
② 同治《广信府志》卷四〇〇,《学校》。
③ 章有义:《中国近代农业史资料》,第二辑,第8页。

得见。乡饮酒是农业社会的一种聚会,清朝利用为社会控制。大清律例中规定:"坐次之列,长者居上,如佃户见田主,不论齿叙,并行以小事长之礼。"① 显然佃农低人一等。正如陈登元所说:"八十老农见稚臭田主之时,亦得行以少事长之礼,而先施拜揖耶?佃农在社会上的地位,不将沦为奴耶?"② 事实上,地主与佃农,形同主奴,晚清之际已是如此。迫于高额的压榨,佃农也往往起来反抗。如宁都州的佃农"要以三分之二作皮骨租","佃人尤复抗租"。③建昌府:"乡民率多山野佃户,抗租之风最炽。"④在宁都直隶州,地主为了对付佃农的经常性欠租和抗租,采取了驱逐佃户的办法:"刁佃欺诈抗租。查粮从租办……如敢刁抗,许田主禀究,现年之租,即将佃户责惩勒限清还,欠至二、三年者,枷号一月,重责三十板,仍追租给主。欠至三年以上者,将佃户枷号四十日,重责四十板,俟追租完日,驱逐出境。"⑤《乾隆刑科题本》中有关江西的案例说明,清代江西各地的佃农欠租、抗租是很普遍的。

四、社会问题

步入晚清之际的江西社会问题也比较复杂,比如社会秩序、民众生活、溺婴与育婴、社会保障等等,我们仅就社会秩序与百姓生活作简要地介绍。

(一)社会秩序

鸦片战争前后的江西社会,民风强悍,盗贼横行,械斗不断,讼案频繁,是一个比较混乱的社会,也是全国比较闭塞的内陆省份。

江西自宋明以来,就有"好讼"的风尚。"好讼",并不代表江西人民的法律意识强,而是民风强悍,社会秩序复杂、社会治安混乱的结果。江西每个县区,民风大致相同,史料记载,赣南"习俗强悍",⑥鄱阳湖"邑俗强悍,好斗,或聚族党至千百人,相仇杀";⑦乐平县"邑民俗好勇,一械斗死者以百数十计","民不畏死"也。⑧这一点在全国也很有影响,皇帝上谕也承认:"江西民情多悍,械斗

---

① 《大清律例汇辑便览》,卷十七。
② 陈登元:《中国土地制度》,上海商务印书馆1930年版,第392页。
③ 道光《宁都直隶州志》卷十一,《风俗》。
④ 魏锡诈:《盱江治牍》。
⑤ 1920年《民商事习惯调查报告录》第一册,第423页。
⑥ 光绪朝《江西通志》卷一三三,《宦绩录》。
⑦ 同⑥。
⑧ 同⑥。

第一章
步入晚清之际的江西社会

成风"。①江西民间械斗原因很多,但主要是为了争水源、争山林、争沙洲,间或为了婚嫁之事争吵,双方家族也会聚斗,但这类聚斗规模小,容易调停。而为村产的争斗,则是真刀真枪的械斗,双方倾巢而动,各持刀棒,聚集而斗,规模大,而且激烈。按乡约族规,伤残者,众人共养,致死者,实行公葬,其家小由村社负担,或由众人接济,这种接济被认为是每个村民应尽的义务,因而参加械斗的村民,无后顾之忧,更添械斗的激烈程度。像鄱阳湖区的袁姓与朱姓之间为了争洲滩的械斗,几乎年年爆发,从嘉庆年间到光绪年间,四五十年,械斗不断,"相互残杀甚众"。②事前官府无防范措施,事中劝架无力,事后断案无据,只是抓捕双方"首犯"关押了事。1848年,"王鼎从等与袁东福等因争山涉讼有嫌,一崋相因,互欧致毙"③审理数月而各责五十板。可想而知,官府在处理此类案件时是无奈而棘手的。

械斗只不过是族群村社之间的争斗,范围小,影响也有限。而盗贼土匪横行则不同,其活动范围远远超越村界,也超越县界,甚至超越省界。江西"境多崇山,盗贼蜂聚",④白天藏匿山林,夜晚益抢村寨,或昼夜设卡明抢,这种占山为王的"土匪",遍布全省各地,尤以赣南、赣东北居多。赣东北有一座大山(现名武夷山),与浙江、福建相连,因官府一直封禁,得各封禁山。乾隆年间曾一度解禁,即有人上山伐木作炭,建棚垦地。道光二年(1822年)再度封禁后,却成了盗贼土匪的聚居地。临山的上饶、广丰等府县,不得太平,地方官府年年剿捕,收效甚微,多次请求省府派兵助剿,也难竟其功。当时江西全省只有12000标营兵,不敷调用,上奏朝廷,要求增添兵勇,又未允准,拖延日久,匪情有增无减,江西籍御史黄爵滋不忍家乡人民连年遭殃,曾于道光十二年(1832年)上奏朝廷,弹劾江西地方官员,称:"江西盗匪繁多,咎由地方官查办不力所至",以期引起朝廷的重视,加快江西肃清匪患的力度。⑤

从众多史料分析,当时的江西,匪情虽然严重,但还只处在分散的游击状况,不成气候。而活跃的会党,却是有组织、成规模地活动,直接威胁着江西的封建统治,给江西的社会治安带来很大的影响。会党组织是明末清初成立的以

---

① 光绪朝《江西通志》卷首之五,《训典》。
② 光绪朝《江西通志》卷一二八,《宦绩录》。
③ 《清实录》第 39 册,第 829 页。
④ 光绪朝《江西通志》卷一三〇,《宦绩录》。
⑤ 光绪朝《江西通志》卷首之三,《训典》。

"反清复明"为宗旨的秘密社会团体,主要活动区域在江南,如福建、广东、江西、湖南等省。江西的会党组织主要是天地会,也有白莲教。天地会在江西名系很多,有三合会、三点会、洪门会、千刀会等等,后来又出现规模最大的哥老会。江西会党的活动区域,主要在赣南,而且与福建、广东会党联通一气,形成一股有规模、有影响的社会势力。道光初年,赣南、吉安一带,经常出现烧香结盟的团伙,他们人人带刀,故名添刀会(又名千刀会),①还有的私立洪二和尚木主,团体朝拜,取名洪门会。会党组织为了最初的生存,经常抢掠商贾,洗劫富豪,聚则以千百计,散则藏匿无踪。江西各级官府面对会党"纠众肆掠"、"聚散无常"①的行为,一筹莫展。久而久之,会党势力成为江西社会不稳定的最重要的因素之一。

(二)日渐贫穷的民众生活

鸦片战争前,江西农业发达、商贸兴隆,百姓安居乐业,生活尚属稳定。鸦片战争后,江西地少人多,不仅封建剥削加剧,而且深受外国资本主义经济的剥夺,民众生活日渐贫穷,由此滋生了许多不稳定的社会因素,加剧了江西近代社会动荡的局面。

康熙年间,江西人口210万左右,耕地为4500万亩以上,人均耕田21.24亩,亩产粮食2到3石之间,而上交田赋则每亩为0.04两银,粮食2.05升,②百姓生活尚属安足。康熙后期,试行"滋生人丁,永不加赋"的国策,随之的乾隆朝又在全国推行"摊丁入亩"政策,取消人丁税,导致全国人口激增。乾隆三十一年(1766年),江西人口即增至1154万余口,嘉庆二十五年(1820年),续增至2512万余口。至鸦片战争后,人均耕地只有1.9亩左右,即史书叹惜的记载"人不及在二亩"矣。③而此时国力日衰,转嫁给农民的田赋则越重,地租按上中下三等征收,"上则亩上二石,中或一石五六斗,下则亩率一石"。④地租率高达田产的50%~70%。沉重的地租里面,包含有官府的田赋定制,更主要的是地主的随意加租,残酷剥削。百姓生活普遍是食不果腹,衣不遮体的悲凉境况。

江西是清政府的田赋上交较多较重的大省。鸦片战争前,江西一般每年上交田赋170万两银左右,而鸦片战争后,田地不增,而上交赋银却达到229万两,

---

① 光绪朝《江西通志》卷一三三,《宦绩录》。
② 梁方仲:《中国历代户口、田地、田赋统计》,上海人民出版社1980年版,第392页。
③ 道光《宁都直隶州志》卷十一,《风俗志》。
④ 《清皇朝经世文编》卷三二,陈道《江西新城田租税》。

第一章
步入晚清之际的江西社会

而且逐年上升，详见下列表：

鸦片战争前后江西人口、田地、田赋表

年份	人口（丁）	田地（亩）	田赋	
			赋银（两）	赋粮（石）
康熙二十四年（1685年）	2126407	45161071	1743245	925423
雍正二年（1724年）	2172587	47863166	1179476	127452
乾隆三十一年（1766年）	11540369	46100620	1939126	899836
嘉庆二十五年（1820年）	25126078	46565553	1920182	962886
道光二十一年（1841年）			2292360	
光绪十九年（1893年）			2388130	

资料来源：据梁方仲《中国历代户口、田地、田赋统计》编制。

资料统计，江西上交清政府的田赋占全国的7.18%左右。为了应对田地不增、赋税上扬的压力，江西官府每亩加征银4钱，即由原来定例每亩征收银1两，随征耗银1钱，变为每亩征银1两5钱，仅此浮征即增银两70余万（清初每亩征银0.04两）。此等伤民病绅之举，多次遭到江西籍人左都副御史胡家玉的弹劾，清皇帝对此装聋作哑，拖延不决。[①]江西广大农民不仅在受官府和地主的两重压榨，还要承受连年不绝的水涝旱灾的天祸。江西有五大河：赣江、抚河、信江、饶河、修河，由于财力不足，堤防年久失修，雨季一来，十有九涝。江西地属丘陵地带，许多土地靠上天下雨保收的"望天丘"，在无雨时日，干旱特别严重。《江西通志》所载，从道光十一年（1831年）到光绪元年（1875年），前后44年，水灾、旱灾较严重的就发生了38次，[②]灾害的直接受害者是广大农民。在田赋重，灾难多

---

① 蔡冠洛：《清代七百名人传·胡家玉传》，台北明文书局1985年版。
② 《江西通志》卷首之五，《训典》。

的窘迫下,广大农民往往是寅吃卯粮,常常以野莱充饥。实在熬不过去,有的饥民被迫以偷盗抢劫渡过难关,更多的饥民只好向地主富户借粮,为此,江西官府出台"江西质谷章程",规范借贷关系,明文规定借粮一石,纳息三斗。借息高达30%,而且限期又短,来年还清,延期不过2年。①

江西修谱之风始于六朝时期,至宋明时期兴盛,前清时期,受文字狱的影响,修谱锐减。至晚清道光时期,修谱之风又兴盛,几乎"无族不谱"。常理而言,盛世修谱,而道光时期的江西,即非盛时,百姓生活甚于贫困,以婺源为例,县境多以茶为生,本属殷实,然"自迩来粤东兵变,贩茶者人货俱滞岭海。""则薪水米盐营生日且不暇",在"颇啧啧有烦言"的情况下,依然修成多家族谱。②

广大农民生活日渐贫穷,而广大漕丁水手生活同样艰难,直至失业流离。江西是全国的纳粮大省,每年上交田粮80余万石,漕运至直隶通州,路远关多,每年往返只能一次。

清初江西有漕船1003艘,为当时全国漕船总数10455艘的9.6%,后来逐年裁减,到鸦片战争前后,江西仍有漕船638艘,漕运运输量居全国第三位。每条漕船雇用民工8~10人,每船运费官府拨银450余两。按正常开支,漕丁尚有节余,无奈运途关卡众多,公差苛索刁难,意外开支层出不穷,漕丁为了不误运期,免遭鞭挞坐牢之苦,只好忍痛接受种种勒索,一年下来,风餐露宿不说,身无分文回家,何谈养家糊口,运途的遭遇导致"运丁避金运如避虎",漕丁"富者转贫,贫者更贫"。③官府为解决漕丁的问题,一直是强雇强征,抓夫派差,以维持漕运。太平天国时期,漕粮改征折色,以钱代粮,漕运终止,而广大漕工,或失业在家,或流为"盗匪",或转业长江、内河航运业。当时江西航运业主要靠的是木帆船,在外国列强轮船开进江西后,木帆船的生意受到挤压,一落千丈,失业人员不断增大。江西百姓的生活,普遍感受压力,比鸦片战争前更差、更苦。

---

① 《江西通南》卷首之三,《训典》。
② 《尚书方氏宗族·序》,清道光二十二年。
③ 任承载:《恤军救民疏》,引自《江西内河航运史》,第66页。

第二章
九江开埠与外国势力的契入

第一次鸦片战争后,江西社会没有明显的变化,传统的封建自然经济仍占主导地位。官僚政体一成不变,社会秩序依旧混乱。第二次鸦片战争后,签订条约,事涉江西,江西门户——九江,被强行划为帝国主义的通商口岸,海关权丧失了,洋货大量倾销内地,尤其是罪恶的鸦片贸易也合法了,航运业也被外国资本主义垄断了,传统的封建自然经济的主导地位动摇了,闭关锁国的封闭历史结束了,江西人民直接感受到丧权辱国的切肤之痛,江西社会从此走向殖民地半殖民地社会。

第一节
九江开埠与海关的设立

一、九江开埠

英法等国不满足于第一次鸦片战争所签订的不平等条约,数度要求"修约",被清政府婉言拒绝,遂于1856年10月,悍然发动了第二次鸦片战争。英、法联军兵占广州后,北上攻陷大沽炮台,再进犯天津,一路势如破竹,并扬言要攻占北京。清政府迫于无奈,接受俄、美的调和。1858年6月,以清政府与英、法、俄、美分别签订中英、中法、中俄、中美《天津条约》而告一段落。《天津条约》答应增开通商口岸,规定通商、传教自由,外国商船可在长江各口往来,取消常关税,洋货入内地只征百分之二点五的子口税,等等。《天津条约》是晚清政府继《南京条约》之后签订的又一个不平等条约,它进一步破坏了中国的主权,加深了中国社会的半殖民地化。

中英《天津条约》第十条明文规定:"长江一带各口,英商船只俱可通商;惟现在江上下游,均有贼匪,除镇江一年后立口通商外,其余俟地方平靖,大英钦差大臣与大清特派之大学士尚书会议,准将自汉口溯流至海口各地,选择不逾三口,准为英船出进货物通商之区。"①

1858年11月,亦即《天津条约》订立后不久,英国全权代表额尔金(J. B. Elgin)"获得直溯扬子江而上游历汉口的种种便利,以便使他能够选定三个口岸,当一旦沿江'贼匪'肃清的时候,辟埠通商。"②便带兵船四艘溯江而上,以考察适宜开埠通商的地点。此行曾于11月29日停靠九江,次日赴汉口。12月22日,复回九江,26日额尔金以"八里江一带水浅,大船不能过去,暂泊九江河下守候,来春水涨开行"为由,留下两艘大船和船上367人,而另率两船离去。③留守两船泊于九江近一月,至1859年1月才离开。额尔金此行,对于后来英国人选定九江作为其首先开埠之区,起了决定性作用。

1860年10月,清政府分别与英、法互换了《天津条约》批准书。同年11月,英国驻华公使普鲁斯(F. W. A. Bruce)即照会清政府恭亲王奕䜣,提出依据《天津条约》,先赴汉口、九江两处开埠通商。此事得到清政府的"允准"。并委任江苏巡抚薛焕署理钦差大臣,督办沿海五口及长江三口通商事务,并指令薛焕会同湖广总督官文、江西巡抚毓科筹办汉口、九江通商事宜。"唯汉口、九江两处,系通商创始,所有一切章程,必须按照条约,与之妥为商定,毋令别生枝节,以期永远相安"。④江西巡抚毓科亦觉事关重大,于1861年1月,向清帝奏报:"九江通商,事属创始,关系甚巨,恐非九江关监督一人所能办理。"⑤因此,清廷委派

---

① 王铁崖编《中外旧约汇编章》,生活·读书·新知三联书店1982年版,第1册,第97页。
② 马士著、张汇文等合译:《中华帝国对外关系史》,上海书店2000年版,第604页。
③ 《江西巡抚耆龄奏英船停泊九江情形片》,见《第二次鸦片战争》第3册,上海人民出版社1978年版,第579页。
④ 《军机大臣寄钦差大臣官文等已准英国先在汉口九江通商著悉心妥办上谕》,同上书,第308页。
⑤ 《江西巡抚毓科奏英船抵浔派藩司前往会办通商折》,同上书,上海人民出版社1978年版,第431页。

第二章
九江开埠与外国势力的契入

江西布政使张集馨前来九江,会同筹办开埠事宜。

1861年2月24日,英国驻华使馆参赞巴夏礼(H. S. Parkes)和海军中将贺布(James Hope)受其公使委派,带着领事许士(P. J. Hughes)等"这个内中包括有上海英侨商会代表们的远征团体"①乘船驶往长江中下游,察看镇江、九江、汉口一带江面情形。一行于3月3日、8日、9日先后到达九江。巴夏礼与许士赴广饶南九道署,向道台兼九江关监督文恒、署九江府知府程元瑞、陈明在九江租地、派领事官许士留驻九江以办理通商等事项,并提出前往南康(今星子县)、饶州(今波阳县)一带查看水势及地方情形的意图。随后巴夏礼与贺布先去汉口办理通商事宜。

1861年3月16日,江西负责全权办理九江通商事务的张集馨到达九江。不久,巴夏礼亦于汉口返浔。双方"会商租地立市,合文立据各情",②进行了初次接触。23日,巴夏礼借口察看九江上、下游一带地势为由与张集馨及其随员南安府同知唐廷铨、省布政司理问马长康至湖口,"以湖境扼要鄱湖,为江省咽喉,上通吴城,下达江皖,控踞形势"为由,"欲在该处立市"。③马长康据理力争,指出:湖口城内,"地多乱石"城外"俱系沙土",难造楼房货栈;且湖口风险浪恶,商船停靠困难,必不愿来;对岸安徽又常有太平军活动,不如仍在九江开埠,这样也符合《天津条约》原议条款。由于清代表的坚持,巴夏礼才放弃在湖口开埠之议。

3月25日,英国人勘定"九江府西门外地方,自龙开河起,沿大江往东,至思口之西十三丈止,量得共长一百五十丈,进深六十丈","立明四至,共合地基一百五十亩"④的一片土地,作为英国"永租地"。当日,英代表巴夏礼以"大英钦差大臣右参赞兼领事官事务"的身份,清代表张集馨以"大清钦命江西等处承宣布政使司"的身份,签订了《九江租地约》。这样,英国终于完成了其在九江口岸开埠通商的准备活动。

英国选定九江作为长江第一批开埠通商的口岸,主要基于下列因素的考虑:

---

① 姚贤镐:《中国近代对外贸易史资料》,中华书局1962年版,第2册,第747页。
② 《筹办夷务始末》(咸丰朝)卷七五。
③ 《江西巡抚毓科奏英船抵浔派藩司前往办理通商折》,见《第二次鸦片战争》,上海人民出版社1978年版,第5册,第431页。
④ 《九江租地约》,王铁崖:《中外旧约汇编》,生活·读书·新知三联书店1982年版,第1册,第157页。

第一，传统因素的影响。如前所述，在传统社会，九江作为沟通长江上下游的重要商埠，发挥着全国重要的货物集散作用。鸦片战争前后，在英国市场最为畅销的中国货便是茶叶与瓷器。而江西景德镇的瓷器以及修水、武宁等地的茶叶，除经广州出口外，其中也有相当部分是从九江港水运至英国，如此重要的地位，在九江开关也就成为顺理成章的事情。

第二，地理位置优越。九江位于长江中下游交切点，跨赣、鄂、皖三省，是著名的通都大邑。史谓："北负大江，据江湖之口，为噤喉之地"；①"北阻长江，南屏庐阜，上控武汉，下扼皖吴，截天堑之中流，据溢口为门户"。②所谓吴楚噤喉，江右冲要，在长江上的地理位置十分重要；日本人林安繁在《扬子江》一书中亦说："九江商埠，则远镇长江上下之中心，近扼鄱阳湖之顶项，诚南北交通上之机关，有一无二地势也。"又因背靠江西腹地，水陆交通便利，是长江中下游主要物资集散地之一。在长江经济链中，长期发挥着重要作用。作为西方资本主义势力深入长江，九江具有承上启下的意义，是不可或缺的重要一环。

第三，腹地广阔，资源丰富。江西省资源丰富，地理条件甚好，可称全国的富庶之区，其茶叶之丰，"米谷之饶，瓷器夏布之工，则又天下著名者也"。③扼鄱阳湖口，是江西省出江入海的咽喉，深入江西腹地的孔道。而且这里商业贸易繁华，经济腹地广阔。江西北部、湖北东部、安徽西南部出产的大米、茶叶、瓷器、棉花、油料等，均可经九江集散。这里又便于循水路与鄱阳湖和赣江水系连系，开辟更大的商品市场。因而，在九江开埠通商被外国资本主义视为进行原材料收购和洋货倾销的理想场所。

第四，港口条件良好。九江港航道顺直，江面宽阔，水深适宜，终年不冻。据总税务司署扬子江技术委员会对长江的一次测量结果，九江港每日平均流量22.5亿立方米，同时期的汉口每日平均流量为22亿立方米，湖口每日平均流量为28.6亿立方米，以流量计，九江略大于汉口而小于湖口。以流速计，九江冬季每秒平均为0.53米，夏季每秒平均为1.77米，与汉口的0.565米和1.77米差不多，比湖口的0.495米和1.71米则稍大。④从航运的角度上说，其流量与流速都是很理想的。港内既可靠泊大小商船，上下客货；又可靠泊军用舰艇，选作军事基

---

① 清顾祖禹：《读史方舆纪要》，卷八五，《江西三》。
② 《清朝续文献通考》卷三一四，《舆地十》。
③ 同②。
④ 九江海关档案：《扬子江技术委员会第三期年终报告：测量报告》，1924年。

第二章
九江开埠与外国势力的契入

地,以保护租界安全。

二、海关的设立

近代九江海关,于1861年设立,1862年12月21日正式开关征税,是中国近代海关中推行税务司制较早的海关之一。

九江和汉口两个海关初设之时,只有对进出口岸贸易的商人行使监督之责,而无征收关税之权,进出于两个口岸的所有税钞,均由上海关代为征收,然后转拨给江西、湖北两省。但是,由于鄂、赣两省受太平军活动的影响,财源日渐枯竭,需尽快寻求经济出路,对上海关代征关税的现状自然不满。在这种情况下,1862年1月,湖广总督官文与江西巡抚毓科等,便奏请总理衙门,要求在江汉海关和九江海关直接征税。总理衙门准鄂、赣两省所请,委派赫德(Robert Hart)前往会同办理。赫德于7月10日到达汉口,随即与官文及江汉关监督邓兰等筹议关税征收事项以及长江通商"防弊堵漏之法",拟订了江汉关征收正税、子口税等章程。12月28日,赫德顺流而下来到九江,以江汉关征税章程为基础,与江西及九江的有关地方官员议定了九江海关正式开关征税的有关事项。与此同时,湖广总督官文急将江汉关的有关税务章程逐项开列,咨行江西巡抚沈葆桢及九江海关监督廷曙"循照办理,以免歧异"。①

至此,在赫德的直接策划下,九江海关正式开关征税。近代九江海关就这样诞生了。因为它不同于原来征收船钞的权关,又因为它是征收洋货关税和有洋人充当关员的海关,所以,人们便把原来征收船钞的户部关叫做"常关",而把海关叫做"新关"或"洋关"。

根据规定,各口海关是单一的整体机构,它的管理活动中心是各口的海关监督署。九江关监督署(附设九江道府之内)始设于1739年(清乾隆四年),是专门征收盐捐、货厘、船钞的机构。在清朝时,其监督以广饶南九兵备道员兼任,不另派员。它是九江海关的最高管理机构:既是负责征税的海关行政部门,又是负责海关设档登录的监督部门。但自九江海关税务司使署成立后,海关主要职能——征收洋税以及行政管理工作,就被全部纳入税务司使署所设计的轨道,而各口的关税行政权又必须集中统一于总税务司署,实行垂直领导。这样一来,各税务司就成了总税务司在各关的代理人。九江税务司就是总税务司在

---

① 《筹办夷务始末(同治朝)》,卷十二。

九江海关的代理人。他承办总税务司所派之事,向总税务司负责,"各种公事务以总税务司之示谕是听。"①凡商民诉辩之事,与中国官员晤谈及来往文信、海关总巡、理船厅的工作报告等,都必须及时向总税务司汇报,形成了一个不受或少受地方政府干预的独立的权力系统。从而把海关监督排除在处理重大关务之外,"监督仅在署内,依据税务司之报告以办理登录报告之事务而已。"②关监督署内部设施,除办理常关税务机构外,为便于与新关联系,另设有交涉科和总务科。

海关这种组织管理体制,对于摆脱地方政府干预,提高海关工作效率,集中控制财政税收是有一定的积极作用;但也应该看到,这套制度,使清政府失去关税自主权,税务司把持的海关亦成为执行不平等条约的得力工具。

海关建立以后,其职权范围非常广泛,正如总税务司赫德所言:"虽然叫做海关,但是它的范围是广泛的,它确实是一个改革所有海关分支机构行政管理和改进一切帝国行业的应有的核心组织。"③九江关税务司使署内设内班、外班、海班、理船厅、灯塔处等机构,分别管理税务、航运、缉私防漏等方面事务。其具体职责有如下几个方面:

(一)征收关税

九江海关关税的征收是根据"九江关税则"④规定执行的,其主要内容为:其一,船货征税办法:以1858年"长江通商章程"的有关规定为准,大约值百抽五;金、钱、钱锭、杂物等类物品,均免税。其二,船钞,即吨位税:凡装载逾一百五十吨的船只,要交纳钞银四钱;仅一百五十吨或不足此数的船只,则只要交纳银钞一钱;既经交纳银钞,限四个月为有效期,逾期仍按原定办法纳钞;三板小船和雇用的中国民船,概不例外。其三,凡进口货物,准一次纳税,免各子口征收纷繁。土货则在首经的子口输交;洋货则在海口完纳。综算货价,每百两征子口税银二两五钱,是为半税。其四,凡土货由本埠出口者,征出口正税,洋货从本埠进口者,征进口正税。请领单照赴内地买卖,沿途不纳厘税,但征子口半税。在他地买土货复进口者,征复进口半税。凡船载货物,交纳正半两税后,若要运往海外,经报江海关给照但未验准者,仍留所纳半税,以抵其后应纳税银。其五,解交税收数额,以满三个月为"一结"上报,一年为"四结"计收。关税开支

---

① 九江海关档案:《新关内班各项诫程》,《新关内班章程·税务司》,第26页。
② [日]高柳松一郎著,李达译:《中国关税制度论》,商务印书馆1929年版,第36页。
③ 1885年8月15日总税务司通札(第二类)第317号,转引自《厦门大学学报》1980年,第1期。
④ 光绪《江西通志》卷八七,《经政略·权税》。

第二章
九江开埠与外国势力的契入

数额,则每"四结"为一次上报注销。

九江海关的征税范围:1864年划为上至湖北武穴,下至江宁府(当时江苏省治,今南京市)。1883年重新划为上至湖北田家镇半壁山,下至安徽省安庆。1901年,为清偿《辛丑条约》的"赔款",清政府同意海关兼管五十里之常关。因而,九江的姑塘关亦划归海关管理。九江海关的关税收入从设关之初1863年的不足50万两到1900年的100多万两,呈不断上升之趋势。其具体情况详见下列附表:

九江海关历年关税收入表

年份	关税收入	年份	关税收入	年份	关税收入
1863	478266	1880	727413	1897	944247
1864	579864	1881	804356	1898	931568
1865	490920	1882	863755	1899	1013657
1866	491411	1883	785682	1900	880182
1867	470120	1884	789976	1901	828201
1868	528982	1885	782526	1902	790941
1869	513472	1886	849694	1903	687277
1870	528458	1887	959747	1904	743129
1871	544752	1888	1107048	1905	671119
1872	448726	1889	1055225	1906	684080
1873	538783	1890	1126805	1907	756026
1874	723593	1891	1180937	1908	698146
1875	675431	1892	1027899	1909	696566
1876	703221	1893	1034250	1910	692357
1877	680537	1894	1000198	1911	686639
1878	753052	1895	1044465		
1879	726595	1896	1030628		

资料来源:根据汤象龙《中国近代海关税收和分配统计》(1861—1910)第102表《全国各海关历年各项税收统计总表》,中华书局1992年版第69—75页;1900年以后根据实业部国际贸易局编《最近三十四年来中国通商口岸对外贸易统计》(1900—1933)第9表《三十四年来中国中部通商口岸海关税收分类统计》,商务印书馆1935年版,第247页。另说明:1863—1899年税收单位为库平两,1912—1933为关平两;其中小数点后面尾数采取4舍5入的方法计算。

(二)兼管港口

九江海关除了征收关税外,还掌握着港务、港政管理权。九江海关下设理船厅(即港务司)负责港口全部事务,主要职责为:掌管指定船只停泊处所,审批建筑码头及驳岸,稽查出入船只,考查检验船员证书,丈量轮船吨位,检查浮标,指示航路,选用领港引水,管理火药及爆裂物储藏所,兼管防疫所、守望台和水巡等项事务。① 九江海关为了加强对港口的控制与管理,曾于1914年制订了九江港《趸船上下货条例》,② 1918年7月3日,九江海关公布了经中国政府外交部核准、由税务司单尔(P. De Tamer)签署的《九江港口管理船只章程》,这是近代九江港第一个正式港章。③ 自轮船出现在九江港,港口的外部形态发生了很大的变化,适应轮船停靠的码头设施的出现,标志着九江港步入近代发展的重要时期。下面所展示的是1906年九江海关所绘制的九江港草图:

---

① 参见《交通年鉴·总务篇》,第1章,1935年版。
② 据关赓麟《交通史·航政篇·九江关》附录九江港《趸船上下货条例》,大体内容摘要如下:轮船运货进口,无论是起上趸船或是起货上岸,均须先向海关理船厅请领起货批单,方准开仓起货;出口货物由船驳下轮船,或先进趸船再装轮船,均须在完清出口税银后,请领海关下货批准单,方准装仓;各码头趸船应在海关指定处所停泊,不准擅自移动,如必须挪移,请领批准单,应先向海关报明,发给批准单方准挪移;趸船未向海关不准将锚链、桩索等拖至岸,趸船与江岸之间的内档,不准停泊驳船,并按海关规定铺设木板栈桥连接到岸。由此可见,九江海关兼管港口权力之大,事无巨细皆须海关定夺。参见《交通年鉴·总务篇》,第1章,1935年版。
③ 该章程共计29条,另附则3条:规定了九江港港界:上游至铁路驳岸终点,下游至九华门止;规定了各类轮船指定停泊区域:一般船只应在上述港内停泊,载石油类船只限停泊在港界之外,即下游钢窑坡油池旁,上游铁路驳岸终点之外,装载军火、爆炸物的船只限停泊在港界之外,下游江北岸,应检疫船只限在港界之外的下游,距离江岸至少370.64米处停泊。规定了港内船只指令泊所(即船只调度指挥权),由港务长负责;规定了港务长的其他权力:装运军火、爆炸物批准权;船舶检疫权;码头修建驳岸、安设趸船、填筑河滩、占地和兴修江堤批准权;港口浮标设置、管理、移动权等。《章程》还对港内航道疏浚、碍航沉船打捞、水域环境保护、港内航行安全、码头安全管理等,作了比较详细的规定。

第二章
九江开埠与外国势力的契入

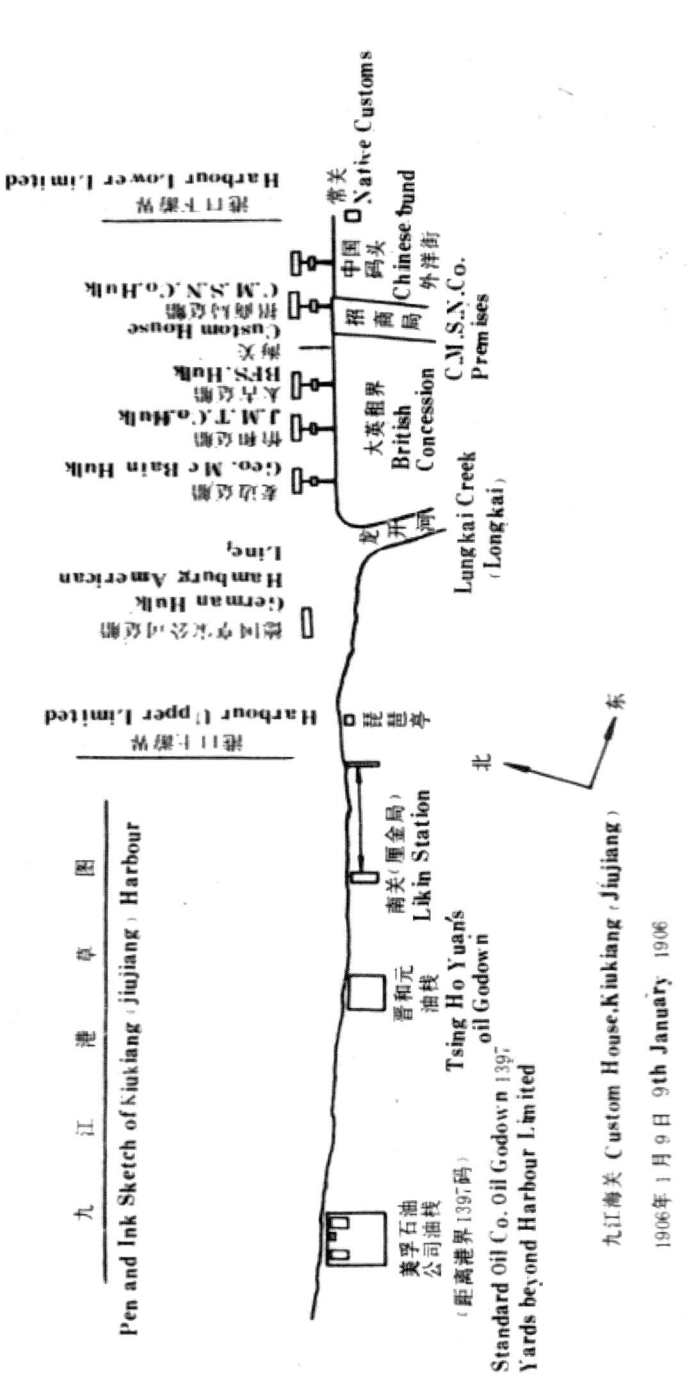

1906年九江港草图

资料来源：1906年1月九江海关绘制。
图片来源：孙兆诚主编《九江港史》，人民交通出版社1991年版，第87页。

(三)治理航道

1868年海关部署设立海务处,负责沿海及长江航道、港口等事务。由此长江沿岸开埠城市的海关分段负责管理长江航道,诸如水位观测、设立水线航道的机械疏浚、设立航标等日常工作也纳入统一规范管理。九江海关相应设立了灯塔管理处专理其事。1903年,九江海关配备了一艘巡江艇"春星号",并派出一名航道主管人员驻九江工作。1906年2月,正式任命一名巡江司及一名驾驶员主管"春星号"巡轮。巡江司专管测量、检查航标和指导各巡江事务段的工作,这是九江最早的航道管理机构。

1911年5月调整机构,镇江、芜湖、九江、汉口被定为4个航标管理区段,九江巡江司兼有九江和汉口地区的航标管理权。1920年,巡江司下设巡江事务处,并由一名段长负责九江巡江事务。这样,巡江司还正式开展了长江上最早的航道测量工作。1922年,巡江事务处由九江迁至汉口。[①]

为维修和建造助航设备,1910年海关在龙开河左岸一块空地建立了灯标修理厂,雇用工人14名,负责汉口和九江区域的小船修理和标志船、趸船、灯房的建造等。1921年,九江修理所建造了12艘木灯船,从而改变了长江下游依赖租用民船作灯船的状况。[②]1927年后,修理所被毁,九江段的日常维修工作只得在江边进行。

航道管理机构的设置与有序运作,对长江干流全年通航是重要的保障。推进轮船航道的开辟,使九江及沿岸城市贸易纳入中外海上贸易网络。

九江关税务司使署初设之时,规模较小,华洋关员共30余人。随着管理事务的逐渐增多,管理职权的不断扩大,九江海关的机构亦渐次扩充,人员不断增加。1876年超过80人,1884年超过100人,1899年超过150人,1926年则更达到296人,同开关初期相比增加了近10倍。但增加的关员绝大多数是外班和理船厅的低级职员和杂役人员,而洋员的增减幅度很小,变化也不大。详见下表:

[①] 《长江航史通讯》译载[英]H.E.希尔曼《海关巡江事务处长江中下游工作概述》,转引自孙述诚主编《九江港史》,人民交通出版社1991年版,第76页。

[②] 第二历史档案馆九江海关档案:《代理巡江事务长L.R.卡乐尔先生关于灯标修理厂的报告》,全宗号679,案件号20922。

第二章
九江开埠与外国势力的契入

九江海关华洋关员情况表

年份	内、外班			理船厅、灯塔处			总计
	洋员	华员	小计	洋员	华员	小计	
1876	14	51	65		18	18	83
1884	16	65	81		20	20	101
1899	21	94	115		38	33	153
1926	14	111	125	4	167	171	296

资料来源:根据九江海关档案:《历年新关题名录》整理。转引自《江西近代贸易史资料》,江西人民出版社1988年版,第34—35页。

先后在九江海关任职过的外国关员,分别来自15个国家。这些国家是:英国、法国、德国、俄国、丹麦、美国、挪威、荷兰、瑞典、意大利、奥地利、葡萄牙、比利时、土耳其和日本;与税务司一样,英籍职员占绝大多数。以1893年至1927年为例(不包括税务司),英国为165人,法国为11人,美国22人,德国32人,丹麦10人,挪威11人,荷兰3人,瑞典7人,意大利7人,俄国10人,奥地利3人,葡萄牙5人,比利时1人,土耳其1人,日本7人,是名副其实的洋人控制的海关。

第二节
通商口岸:直面世界的窗口

一、租界和避暑地的开辟

(一)租界的设立

1861年3月25日,英国根据不平等条约强迫清朝政府签订了《九江租地约》规定:"所有界内民房、铺户、棚寮等间,即应计明间数开册。自定此约之后,不准民人在界内再造铺屋等间。俟领事官用地之日,即会同本府、县随时传集本房屋地主,呈验地契,当面核算,分别地基、房间大小等次,由官按照地势定银若干,不准百姓抬高价值,亦不准英商任意发价勒买,总以两不吃亏,而昭平允。"同时,还规定:"永租与英国官宪,分为英国商民建造房栈居住",并"永为英国之业"。又规定:对于租界内"所应如何分段并造公路,管办此地一切事宜,全归英国驻扎九江府领事官专管,随时定章办理"。九江英租界东至九江府城西门外大街之功叙坊口,西至龙开河,北至长江江岸,南至接官厅及溢浦港,以木桥(赵公桥)与府城正街相连。

1892年,九江英租界进一步扩充地盘,将界内溢浦港填筑为陆地,辟为洋人公园和小学用地,还建起球场,供洋人享用,在修建下水道时,英国人又将与府城正街相通的赵公桥挖除。在租界各个通道路口砌上砖墙,安设栅门。具体情况详如图示:

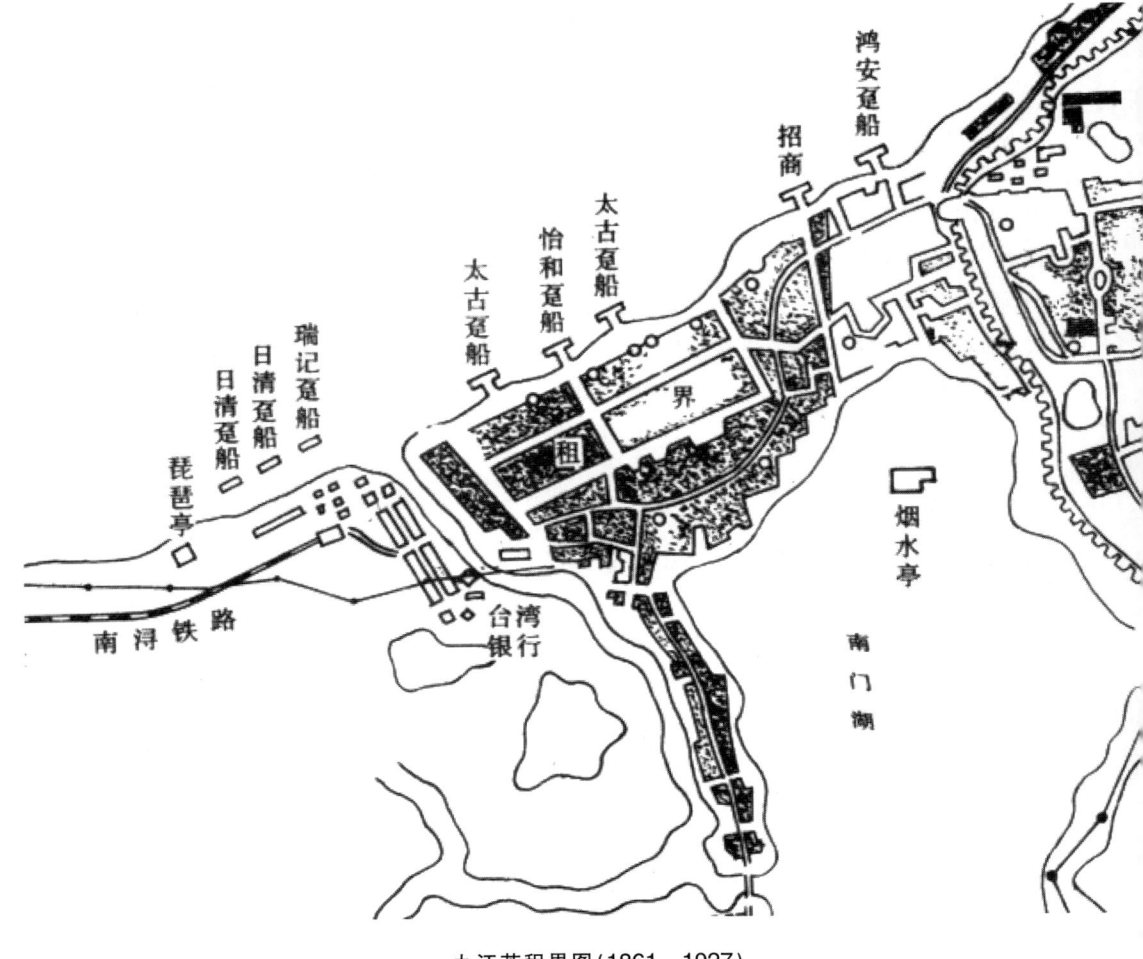

九江英租界图(1861—1927)

图片资料来源:日本东亚同文会编《支那省别全志·江西省》,1918年版,页首插图(部分)。

第二章
九江开埠与外国势力的楔入

为了管理九江租界，英国确定与实行了完全独立于中国行政系统和法律以外的另一套统治制度，设立了租界管理机构。

一是设立工部局，行使租界的立法权与执行权。工部局的成员是从租界内有资产的洋人中选举出来的，但规定英国人必须占半数。这种名为民选的自治机关，在英领事官的监督下，负责租界的道路、卫生、教育、公营事业、征收捐税、任免人员等行政事务。

二是设立巡捕房，负责维护租界的公共秩序。它的头目由英国人充任。当巡捕的人，以雇佣来的英属印度人为多，其中也有少数华人。

这一整套机构的设立，使九江租界成了中国行政与法律不能行使的特殊区域——"国中之国"，成为西方势力楔入九江的桥头堡。英国、美国、法国、德国、俄国、丹麦、荷兰、西班牙、比利时、意大利、奥地利、日本等10多个国家的商人，经常往来于九江。他们的人数多少不一，商务多寡不同。为了保护他们在九江的政治、经济特权，上述国家的政府，不是常设领事，就是指派其他商埠的领事代表该国政府办理与交涉在九江口岸的有关事务。

在九江设置领事馆和常驻领事官的国家，开始只有英国。它于1861年3月在九江设立领事馆，并派出许士为第一任领事官，参与英租界和商埠的开辟。其后的领事官，有名可查的先后有佛礼赐、海格士、乐民乐、狄隆、倭纳等。

美国、法国、德国、俄国、丹麦等国，都没有领事常驻九江。美国在九江的所有通商与交涉事宜，均由其驻汉口总领事、领事兼管。其他国家的有关事务，以1903年前后为例，法国由驻上海总领事巨籁达兼管，德国归江宁领事盖萨时兼管，俄国则由驻汉口领事负责；丹麦以驻上海领事厉克司密甫兼管九江等口事务，1906年该国在汉口设立副领事署，"将汉口、九江、岳州、沙市、宜昌各通商口岸，一并归该副领事署管辖，并派驻扎汉口丹国商人卜琅德办理副领事事务。"①

荷兰曾于九江设立副领事。但副领事一职，在1903年前后，是由英国商人兼充的，"其人亦来去靡常"。②

日本进入九江较他国晚些。该国事务，1895年由驻上海总领事珍田舍已兼管。1897年由"驻扎上海兼驻杭州二等领事小田切万寿之助，兼辖镇江、芜湖、

---

① 九江海关档案：《总税务司通告：1905—1906》总字第188号。
② 《派办处准广饶九南道瑞咨移各国领事洋商行栈名号文》，见《江西官报》甲辰年（1904年）第11期，奏牍。

九江、宁波、温州等处"①事务。1903年则由驻汉口领事矢由兼管。从1912年起，日本在九江设立领事府，此后派常驻领事，任该职者有河西信等人。

租界设立后，一些机构亦相继设立，据《在九江帝国领事馆管辖区域内事情》记载，先后有：英国领事馆、英国巡捕房、日本领事馆、九江海关、九江邮政局、亚细亚洋行、美孚洋行、怡和洋行、太古洋行、台湾银行、日清汽船株式会社、顺丰洋行、阜昌洋行、英美烟草公司、税务司公馆、巡江司公馆、天主堂、天主堂医院、九江俱乐部、以及日本人俱乐部、海关俱乐部、内地会、副税务司公馆等等。②

(二)庐山租借地的开辟

1887年1月(光绪十二年十二月)，英国教士李德立游历庐山，与当时的德化县举人万和庚等签订了购买牯岭长冲、高冲、女儿城、大小校场和讲经台等处的公地契约，拟建避暑用房。事情发生后，地方当局曾不予承认。经过交涉，至1895年12月31日，才在清政府总理衙门和英驻京公使的干预下，由德化当局与李德立订立租约，将"水流萦绕，地势极佳，合建屋避暑之用"③的长冲公地租给了英国教士李德立，李德立得地之后，"辗转租与牯岭公司分别出租，盖屋避暑"。④

李德立开庐山租地之端后，随后外国租地逐渐扩大。俄国东教堂于1898年租得星洲、芦林等处空地，美国传教士海格思在庐山的医生洼租得土地。1904年，英国领事与广南九南道道台再订《庐山草地坡等处议租地条约》议定：毗连原租长冲地方之草地坡、下冲、猴子岭、大林寺冲以及医生凸等处土地，使庐山避暑地的面积进一步扩展，形成牯岭、芦林两大避暑地，称之为"特区"，⑤其扩充以后的租借地如图示：

---

① 九江海关档案：《总税务司通告：1896—1897年》总字第2245号。
② 日本外务省通商局编：《在九江帝国领事馆管辖区域内事情》，1923年版。并见于日本东亚同文会编《支那省别全志·江西省》，1918年版。
③ 吴宗慈：《庐山志》第六册，1933年铅印本。
④ 《九江道瑞与驻英领事乐订立庐山租地条约》，见《申报》1905年2月23日。
⑤ 据吴宗慈：《庐山志》纲之三，《山政·各租借地交涉案汇考》载："特区者，即长冲、下冲、草地坡、猴子岭、大林寺冲、医生凸、医生洼各租借地之总名也。该租借地本统括名之曰'牯岭'，外人避暑地收回警察行政权后，乃名之曰'特区'"。

第二章
九江开埠与外国势力的契入

图片资料来源:《费成康中国租界史》,上海社会科学院出版社1991年版,第319页。

据《申报》记载:庐山避暑地由英、美、德、法、意、挪威、日本等七国组成,南北长约三里,东西宽约二里。避暑地以内,有外人住宅三百余所。并由此三百余家组一自治机关,经理界内土地买卖、房屋建筑修理、收税、道路工程、卫生、警政、教育、慈善事业及一切事宜。其法以界内土地,除先经购买外,悉归公有,而定价出售之,每长二十五丈,宽十二丈五尺价三百元。建屋则每所年纳税二十元至三十元充界内自治经费,租界内之外国人与外国人偶游庐山入此界者,皆须年纳税一元,充界内筑路费。

其自治机关额设董事十二人,为名誉职。由此三百余家互举之,无房屋不纳税者无权参与,是为机关之主体,每年六月开常会,此十二人中,规定至少须举常驻界内者三人。设警察二十名,夏时令站岗,平时则督工,或令其保管房屋。夏时饮料及市售食物皆须受自治机关卫生员之检查,严禁倾弃污秽之水与一切物于溪内。

界内有小学校,礼拜堂,医院,以及公共运动场。但见道路桥梁修治平坦,绿阴夹道,溪深水清,方罫整齐,气疏以达,自治之总办策马巡行于其间,百工各外,俄人租界一区,地较小,房屋仅四所,未有经营成绩。这些西式的管理方式,使庐山避暑地经营颇有特色,"入其境者,恍游欧美焉"。①

租界和避暑地的开辟,使九江常住外国居民不断的增加,在20世纪初常住和来往旅客多在1000余人。②后来由于牯岭市政之扩张,其规模和设施的不断改善,而有不断增多之趋势。到20世纪20年代则达2000余人。③这些外国居民,大多是来庐山避暑度假者为多,但来九江经商和投资的也为数不少。

九江租界和避暑地建立后,外国势力在长江中、下游的结合区取得了一个稳固的,并且十分重要的据点。正如西方人在谈论通商口岸的优势时说:④

> 通商口岸所具有的利益而为非通商口岸所无者,就是外国人可以拥有土地房屋并在那里居住,外国商船可以在那里装卸货物,外国和中国商品可以在交纳一定的关税后进出口,外国货可以由这些口岸有洋关征收关税,洋关的人员全部为欧洲人,而且直接由北京领导,因此完全不受省政府管辖。所有轮船以及洋式船只上的贸易,无论国籍,甚至悬挂中国国旗的船只,洋关也有权监督。这些船上所载的一切货物,无论其货主属于任何国籍,一经进入口岸,都要受这个机关即所谓洋关的管辖。因此中国进出口商与外国商人在纳税方面是处在同样的地位。

在这种种有利的条件下,九江租界不仅成为外国势力在华投资经营、集居的中心地;而且以九江为跳板,外国势力还可以深入江西腹地及邻近地区,进

---

① 见《申报》,1914年4月9日。

② 据九江海关档案记载:"(1913年)在扣除了离开码头的人数后,每年有1200百多外国旅客到达,住宿在九江。这样,在十年里,这个九江港的人口就可达到13000。其实外国常住人口(包括牯岭和九江)每年并没有什么变动。轮船公司声称,他们不可能提供出外国旅客的正确数字。这样,外国人进来数字不断增加,而实际上整个数字一直很稳定。"见九江海关档案:Kiukiang Trade Reports.转引自《江西近代贸易史资料》,江西人民出版社1987年版,第19页。

③ 如1922年8月18日《申报》记载:"今夏江西战事,于避暑西人毫无影响,即九江兵变近在咫尺,亦无丝毫关系,去年来牯岭避暑西人,男女老幼共二千三百七十六人,今夏则有二千四百九十七人,去年西人所雇华仆共一千三百四十七人,今夏则为一千六百四十五人,是夏牯岭人口除华人外,就西人及其雇仆计,已有四千一百四十二人,其中美人居一千零三十二人,英人七百三十六人";另据吴宗慈:《庐山志》纲之三《山政·行政》记载:"牯岭人口据1931年西人统计,在租借地区内,中外人凡2840,佣仆等1086。非租借地,约当其半"。其数亦大体相当,为2000人左右。

④ Byron Brenan:Report on the Stateof Trade,at the Treaty Ports of China,1898,p2-3。转引自姚贤镐:《中国近代对外贸易史资料》第2册,第734—735页。

第二章
九江开埠与外国势力的契入

行经济渗透。当然,租界的建立,客观上也提供了刺激中国资本主义成长的温床,成为九江近代化的发轫地。19世纪后半期,外国航运企业纷纷在租界内建立机构,在租界的沿江地带设置趸船、栈桥、修建货栈、码头。租界附近的江面逐渐成为轮船停泊区,这为九江对外贸易的进一步发展奠定了良好的基础。同时,租界的一市两治,也为九江城市市政建设提供了模式,这对以后九江城市的发展奠定了一定的基础。

二、洋行的设立

伴随着租界的建立,外国公司和洋行亦纷纷涌入九江通商口岸开展业务。自1862年始至抗日战争前,先后有美国的"琼记"、"旗昌"、"美孚",英国的"怡和"、"太古"、"亚细亚"、"德士古"、"祥泰"、"宝顺",俄国的"顺丰"和"新泰"两大砖茶厂,法国的亚洲航运公司,日本的"日清"、"东京公司"、"藤田"、"伊藤"、"铃木"、"东亚"、"邮船"等会社以及来自不同国度的"享宝"、"鸿安"、"东方"、"美最时"、"美星"、"三北"、"五成"、"顺发"、"中信"、"卜义门"、"瑞记"、"新义太"、"麦边"等外国公司与洋行。由于史料关系,现把有比较确切记载的有关洋行、公司列表于下,以窥一斑。

开埠通商以后九江外国洋行、公司进驻一览表

国 别	名 称	开设时间	经 营 范 围
美 国	旗昌轮船公司	1862	轮船运输、货栈、进出口贸易
美 国	琼记洋行	1862	进出口贸易
俄 国	丰顺砖茶厂	1863	茶叶收购与加工出口
英 国	怡和洋行	1864	轮船运输、货栈、进出口贸易
英 国	太古公司	1873	轮船运输、货栈、进出口贸易
俄 国	新泰砖茶厂	1875	茶叶收购与加工
英 国	汇丰银行	1879	金融、汇兑、存贷业务
英国(合资)	鸿安商轮公司	1888	轮船运输、货栈、进出口贸易
日 本	大阪商船株式会社会	1898	轮船运输、货栈、进出口贸易
英 国	顺昌洋行	1899	进出口贸易
德 国	瑞记洋行	1900	轮船运输、进出口贸易
日 本	东京公司	1900	收购加工鸡蛋出口

续表:

国 别	名 称	开设时间	经 营 范 围
俄 国	阜昌砖茶厂	1901	茶叶收购与加工
英 国	英美烟草公司	1902	收购烟叶、推销香烟
法 国	亚洲航运公司	1903	航运、进出口贸易
日 本	日清汽船株式会	1907	长江及江西内河轮船运输
美 国	美孚石油公司	1910	煤油经销
日 本	台湾银行	1913	金融、汇兑、存贷款业务
英 国	亚细亚火油公司	1915	煤油经销

资料来源:根据《申报》《江西近代工矿史资料选编》《九江经济调查》《九江百年》《九江老字号》等资料综合制成。

率先进入九江口岸是美国的旗昌、琼记洋行。[①]早在九江开埠前,美商旗昌洋行就先来九江"租赁民房,设立行栈。"[②]1862年,旗昌轮船公司在上海成立,当年即在九江设立分公司。旗昌九江分公司的地址,位于九江府城西门外张官巷义和里,占地面积为193.17平方丈,合3.2195亩。[③]地界自张官巷起,沿大街东行,大街南为旗昌九江分公司及货栈,北滨江边为旗昌九江分公司码头,码头为浮趸——木栈桥式。旗昌还在龙开河西琵琶亭(今北径路、通江路一带)占地一块,约5142平方丈,同租界基本连成一片。[④]美商旗昌轮船公司是第一家在九江设立分支机构的外国轮船公司。

[①] 同治二年元月江西巡抚沈葆桢奏:"又有美国琼记、旗昌、美孚等洋商,到浔租地起造,亦往廷曙等督同府县,暨美国领事毕理格,勘定郡城西门外偏僻街市地基九亩三分六厘九毫九丝,该地向无完地丁兵米,租价比英国加倍,系由该国商人自向各业户分别丈明,立约清租。又于龙开河西岸,丈量濂溪书院空地五十亩,每亩租价五十串,共钱二千五百串,经毕理格扣成漕平银一千七百两,交存九江府库,以为地方公用"。见《筹办夷务始末》(同治朝)卷十三。

[②] (清)夏燮:《中西纪事》,卷十七,《长江设关》。

[③] 第二历史档案馆馆藏"招商局档案",全宗号468,案卷号552。

[④] 同②。

第二章
九江开埠与外国势力的契入

九江租界内码头全景(码头工作最多时达10000人)。

旗昌轮船公司资本雄厚,运力充足,且在停靠港口设有自己的码头和货栈,凭借不平等条约的保护,发展极为迅速,成为早期长江势力最大的航运集团。1864年,旗昌轮船公司拥有轮船8艘,60000余吨,1866年,增至12艘,17000余吨,1872年又增至地19艘,27000余吨。1867年至1872年间其获取纯利高达338万银两。

当时九江港是长江航线上海至汉口间4个通商口岸之一。19世纪60年代,旗昌轮船公司中途停靠九江港的轮船有"湖广号"(1339吨)、"山西号"(1006吨)和"四川号"(1006吨)等。旗昌轮船公司在九江设立分公司,独霸了早期九江航运业务。1877年,旗昌轮船公司高价售予中国的轮船招商局,九江招商分局接管旗昌公司在九江的资产。

其次进入九江的是丰顺砖茶厂,它隶属于丰顺公司。丰顺公司系俄国在华企业之一,"其汉口工厂位于俄界、占地甚大。在九江还另有一工厂。产品直接运往西北利亚。"[①]所谓"在九江还另有一工厂",就是指丰顺砖茶厂。

丰顺公司九江分公司砖茶厂,在九江当年的外资企业中,是属于设立时间

---

① 《商埠志》第716页,引自汪敬虞:《中国近代工业史资料》第二辑(上册)第283页。

最早、获利最多、影响最大的一间工厂。经理是莫尔尼考夫(D. M. Melnikoff)，在他领导下，"雇佣了为数很多的中国工人，在俄国茶叶专家的监督下，从事制造砖茶与茶饼。"①1882年的《英领事商务报告》中，称赞它是"可以对本埠的贸易有些推动作用"的"一种新的工业"。在19世纪80年代中期，其砖茶的制造规模很大，夏、秋二季的生产"十足开工"。至80年代末，"为俄国市场的砖茶制造业一年一年地重要起来了。末茶价格的低廉，生产成本的便宜，低的出口税率（如茶砖出口每百斤只纳税银六钱——引者注），以及俄国低的入口税，合起来使得这种贸易成功并很能获利。"②对此，日本的藤户计大在1901年出版的《扬子江》一书中写道："占本埠输出额首位(3000000两)之茶砖等与汉口者同为俄人所经营，工厂有三所，其产额年年在增加。"③至20世纪初，规模继续扩大，新建"高大宽深"的货栈几幢以供存放原料和产品。它专门"以中国茶末搀入锡兰茶制造砖茶，计成'小金砖'一千四百担，砖茶二万担。每日役工七、八百名"。④至辛亥革命前后，俄商曾拟将此厂停工关闭，后因汉口的砖茶厂被焚烧，才不得不改变原来的决定，而继续开工生产。

根据《关册》的统计资料，九江丰顺公司砖茶厂历年来的砖茶产量，如下表：

九江丰顺砖茶厂历年产值产量表

年份	产值或产量	年份	产值或产量	年份	产值或产量
1867	129254 镑	1877	9236 担	1886	34793 担
1868	43084 镑	1878	112855 担	1887	35821 担
1870	329979 镑	1879	14797 担	1888	49273 担
1874	93479 镑	1884	23000 担	1889	31409 担
1875	199985 镑	1885	19746 担	1890	15703 担

资料来源：根据 1870 年、1875 年、1884 年、1889 年、1890 年《关册》和九江海关档案：《英国领事商务报告》，1875 年中的有关资料制作。

另一组数据告诉我们，俄国人在九江的砖茶厂生产并出口的砖茶，19世纪

---

① 《商埠志》第 716 页，引自孙毓棠：《中国近代史工业史资料》第一辑（上册）第 62 页。
② 《关册》，1888 年，九江，引自孙毓棠：《中国近代工业史资料》第一辑（上册）第 63 页。
③ 孙毓棠：《中国近代工业史资料》第一辑（上册），科学出版社 1957 年版，第 63 页。
④ 《关册》，1915 年，九江，见汪敬虞：《中国近代工业史资料》第二辑（上册）第 284 页。

第二章
九江开埠与外国势力的契入

70年代为86128担,值银664512两;80年代为259268担,值银1894158两;90年代为342760担,值银2989622两,并第一次制造与出口了3700担茶饼,值银41000两。① 足见俄商在九江的砖茶厂生产能力还是很强的。

随之而来的还有英国的"太古"、"怡和"、日本的"日清"等洋行和公司。

太古洋行开办于1867年,隶属于英国伦敦"中国航业公司"。拥有轮船80艘,169000吨。辟有沪、汉、港三大干线,19条航路,常年航行在长江与沿海各通商口岸。在长江航线上,共有大小轮船9艘,计19436吨。② 九江港是该洋行在长江航线上的一个重要的停泊站。1875年,清湖广总督李胜脱为太古轮船公司在九江租买地皮,设立分公司。并在英租界内滨江路安设码头。码头为浮趸船——木栈桥式。设铁质趸船一艘,名为"巴沙",长250英尺,宽40英尺,深13英尺。还建有办公楼和3座货栈,总容量为1300吨。③ 太古九江分公司实力强,业务兴旺。除从事航运外,还经营进出口业务。其出口大多是以茶叶、瓷器、鸡蛋、皮革为主;进口以棉织品和日用百货为主。并增辟南浔航线:"九江—湖口—南昌"。涉入江西内河航运。1906年,该行在这条航线上行驶的"沙市"号轮船,企图"在吴城设驳,并欲装土药"④。"沙市"意向,通过驻浔领事出面,向江西地方当局交涉。赣方以"有碍水道"、"杜偷漏土药"等内由,予以拒绝。

怡和洋行,成立于1877年,隶属于英国"印度中国航运公司"。1882年后,才开辟长江航线,开始了在长江的航运活动。总的航线与"太古"略同。拥有航行船50余艘,共计140000吨;其中,8艘专行驶于长江航线,计20489吨。⑤ 怡和轮船公司在九江所设机构名为"怡和轮船公司九江代表处",也叫九江怡和洋行。代表处共有办事员10多名。建有办公楼和货栈,仓库容量为17000吨。并在九江港设有码头一座,设有铁质趸船一艘,名为"永泰",趸船长275英尺、宽40英尺,深10.8英尺。怡和除从事航运外,兼营进出口业务,出口主要为茶叶、瓷器及土特

---

① 《海关十年报告·九江关》,1882—1891、1892—1901,分别见中国第二历史档案馆、中国海关总署办公厅编:《中国旧海关史料》,京华出版社2001年版,第152册第215页,第153册第344页,第152册第213页。

② [日]长野郎著、丁振一译:《中国领土内帝国主义者资本战》,上海联合书店1929年版,第174页。

③ 参见孙述诚主编:《九江港史》,人民交通出版社1991年版,第79页。

④ 《抚院复驻浔英领事函》,载《江西官报》丙午年(1906年)第八期,外交政纪。

⑤ [日]长野郎著、丁振一译:《中国领土内帝国主义者资本战》,上海联合书店1929年版,第175页。

产品,进口为棉织品和日用百货。

日清汽船株式会社,组建于1907年。这个公司开始只在长江航线上活动,后来拓通了华南沿海航线。共有轮船21艘,约计50000吨。其中,14艘行驶于长江航线,计32000余吨。①日清汽船会社本部设在东京,在上海、汉口设有支店,在芜湖、九江、长沙、宜昌、重庆设有子店,九江后升为支店。日清除经营长江航线外,还开辟了九江至南昌线。是继太古公司之后,把航运范围扩大到江西内河航运的外国轮船公司。

此外,进出口九江港的船只,还有亚细亚及美孚两煤油公司的轮船。1903年,法国的亚洲航运公司,开始用2艘轮船在长江上进行贸易活动,亦经常停泊九江港,装卸进出口货物。这些轮船公司还直接参与了江西的内河航运业的竞争。具体情况详如下表:

1923年在海事海关登记并准许驶往内陆地区的外国驳船一览表

注册号	公司名称	吨税	注册号	公司名称	吨税
中印3号	怡和轮船公司	69.00	九江3号	太古轮船公司	77.00
中印4号	怡和轮船公司	69.00	饶江号	亚细亚火油公司	70.00
中印5号	怡和轮船公司	69.00	远江号	亚细亚火油公司	70.00
日清81号	日清轮船公司	75.00	南江号	亚细亚火油公司	71.00
日清82号	日清轮船公司	86.00	长江号	亚细亚火油公司	71.00
日清83号	日清轮船公司	86.00	114号	美孚石油公司	89.27
日清431号	日清轮船公司	95.00	115号	美孚石油公司	89.27
九江1号	太古轮船公司	77.00	116号	美孚石油公司	89.27
九江2号	太古轮船公司	77.00			

资料来源:《关于洋式驳船及货船问题》,常关358号,1923年,3月14日,中国第二历史档案馆藏海关档案,全宗号679,卷宗号1912号。

从外国洋行进驻九江的总体情况来看,它包括航运、制造和金融等多种行业,但是,其中尤以航运业为主体。近代航运是资本主义国家争夺市场、倾销商品、掠夺原料的重要工具,亦就成为他们重点开发的对象。外国航业的介入,一

---

① [日]长野郎著、丁振一译:《中国领土内帝国主义者资本战》,上海联合书店1929年版,第175页。

第二章
九江开埠与外国势力的契入

方面排挤、打击了中国旧式航业;另一方面也刺激了中国近代民族航业的发展。国内民族资本亦纷纷介入九江,首当其冲的是轮船招商局。

1873年1月14日,轮船招商局在上海正式成立,以"承办漕运,兼揽客货",经营长江、沿海和东南亚航运业。当年,九江招商分局即在九江港建立码头,设囤船一艘,值规元六千三百余两。1874年,又租地设立货栈,储存漕米。至1875年,又添造囤船一艘,码头长度达300尺,初步形成了一套船只靠泊,上下客货的码头设施及至1877年,美商旗昌轮船公司将其全部财产高价售与中国的轮船招商局。九江招商分局得以接受该公司在浔全部财产,"码头仓库为数甚多"。[①]1899年,九江招商分局复向美商琼记洋行购进房产和地基。1907年,分局重建立九江码头,置囤船"江宁"号,另添置铁壳驳船两艘,码头设备更趋完备。1926年,又购进龙开河码头基地,和官牌夹空地一片。至抗日战争前,九江招商分局拥有码头四座,长度2744米,仓库三座,容量达12000多吨,大型囤船二艘,可以停靠大型客货轮船,并配有办公楼、煤场、电台、职工宿舍等生产、生活设施,占地面积达127.5亩。[②]

九江招商分局在九江的业务以客运和百杂货运输为主,在长江各分局中仅次于汉口分局,列第二位。招商局经常往来于九江港的客货轮船有九艘,船名及吨位如下:

招商局进出九江客货轮一览表

轮船名	吨 位	轮船名	吨 位	轮船名	吨 位
江安轮	4327	江顺轮	4327	江靖轮	1682
江裕轮	3090	江华轮	3090	江大轮	1682
江天轮	2012	江新轮	3327	建国轮	2868

资料来源:江西《经济旬刊》卷二(1933年)。

国营轮船招商局的创立和发展,打破了外国资本主义对长江航运的垄断局面。招商局九江分局,则成为和怡和、太古和日清九江分公司相匹敌的四大轮船公司之一,由此亦鼓舞了民族资产阶级兴办民营航业的信心。在第一次世界大战期间,又有大达轮船公司、三北轮埠公司和宁绍轮船公司等民营航业相继建

---

① 第二历史档案馆藏:招商局档案,全宗号468,卷宗号552,《九江局产》。
② 同①。

立,他们均在九江有一定的业务往来。但相比较而言,外国轮船公司业务量在总体上还是占据主体地位。以1879年轮船进出九江港统计就可看出这一点:

1879 年九江港进出口船只表

船籍国别	进口		出口		合计	
	艘数	总吨数	艘数	总吨数	艘数	总吨数
英国船	376	345495	376	345495	752	690990
中国船	256	244864	256	244864	512	489728
美国船	13	1772	13	1772	26	3544
西班牙船	7	818	7	818	14	1636
德国船	4	459	4	459	8	918
丹麦船	3	396	3	396	6	792
总计	659	593804	659	593804	1318	1187608

资料来源:根据《海关关册》第二历史档案馆馆藏全宗号一七八案卷号 45 整理。

另据1902年的调查资料统计,本年度在长江行驶的各轮船公司进出九江口岸的共有422119吨。内河小轮进出九江港者计902只,共24870吨,多系华商所有。①从绝对数量上还是外国轮船公司占优势。

外国洋行的大量进驻,不仅使九江的贸易性质发生了转变,同时也使九江的贸易地位发生了变化,成为直接面对世界的窗口,参与到国际经济大循环之中。

三、教会与西方文化的契入

从《天津条约》到《北京条约》订立,外国教会取得了在中国自由活动的权利。中法《天津条约》第十三条规定:"天主教原以劝人行善为本。凡奉教之人,皆全获保佑身家,其会同礼拜诵经等事,概听其便。凡按第八款备有盖印执照、安然入内地传教之人,地方官务必厚待保护。凡中国人愿信崇天主教而循规蹈矩者,毫无查禁,皆免惩治。"②中法《北京条约》中还由充当译员的法国教士私自加上了"任法国传教士在各省租买田地,建造自便"的条文。这样,中国原来

---

① 参见黄序鹓《海关通志》上卷,《九江关》,商务印书馆 1917 年版,第 102 页。
② 王铁崖编:《中外旧约汇编》,生活·读书·新知三联书店 1982 年版,第 1 册,第 107 页。

第二章
九江开埠与外国势力的契入

禁止外国传教士进入的大门被彻底打开。九江开埠通商以后，伴随外国洋行及外国商品而来的还有西方传教士。

由九江进入江西最早的传教士，是法国总理江西天主教务代全权大臣罗安当(A.Anot)。他于1861年12月到达九江,1862年1月17日，罗安当拿着总理衙门给的执照，带了六个随从至南昌，江西巡抚毓科委派候补知县夏燮负责接待。在这次会晤中罗安当提出在南昌扩建天主教堂的要求。"即就进贤门外天主教堂扩充基址，以便劝民入教，按期礼拜，并将筷子巷房屋作为育婴公所。"①结果得到江西当局的应允。这样，罗安当就成为清朝政府"禁教"大门被开以后首先进入江西的传教士。此后，各国教士纷至沓来,②跨过九江大门，遍及江西全省。

1865年开始，法国天主教，在九江以及赣北、鄂东各地，先后设立了天主堂、仁慈堂、医院、济世中学、济世小学等十余个教会团体和学校。

继天主教之后而来的是基督教。1867年美国传教士赫尔利(Dr Her Lea)与陶理(Driotege)奉美国美以美会(卫理公会)的派遣前来九江，在江边租房屋数栋，开始传教。两年后，又有数名传教士相继前来九江助理赫、陶两位牧师。他们从原来的江边逐渐发展到城内南门湖畔，兴建教堂和住房。他们以此为基地积极扩展自己的势力和影响，南向省会南昌及抚赣两河流域发展，北向邻省湖北所属黄梅、安徽所属太湖、宿松等地开拓。形成了以九江为中心的赣北、黄梅、南昌、抚河、赣江五教区，总称江西年会教牧区，总会设在九江。下辖建有甘南、化善堂、后街、小池、黄梅、孔垅、胡世柏、宿松、太湖、涵口、彭泽、沙河、瑞昌、饶州、景德镇、德胜、半步街、新民堂、志道堂、进贤、梅庄、李家渡、临川、南城、嵩市、黎川、南丰、丰城、樟树、峡江等共34个教堂。③并在九江召开了第一次年会。

1905年后，美国基督教会的中华圣公会、安息日会、循日会、英国伦敦会、浸礼会、内地会以及法国的巴黎外方传教会等也纷纷来到九江，建立宗教组织。

数十年来，外国人在九江建立的教堂计有大、小15所，分别属各个差会，如美以美会(又名卫理公会)、内地会、安息日会、圣公会、长老会、贵格会、伦敦会、还有兄弟会、姊妹会、小群家会处等。附设了各类学校10所以及医院3座，具体情况详如下列图表：

---

① 《筹办夷务始末》(同治朝)卷五，并见夏燮《中西纪事》卷二十一。
② 《申报》1891年6月14日各处闹教余闻记载："九江自中外通商，教堂林立，泰西男妇，聚族而居。"
③ 刘淑荣：《基督教在九江的传播及其创办的学校医院》，见《九江文史资料》第1辑，第217页。

九江教会所办学校医院一览表

名　称	建立年份	地　址	创　办　者	备　注
同文书院	1867	南门湖畔	卫理公会传教士库斯菲和翟雅各	1906年更名南伟烈大学、1917年更名同文中学
女子学校	1872	柴桑路红十字会内	美国传教士胡遵礼	后更名为诺立女书院、诺立神道学校。
桑林书院	1888	南门湖畔	美国传教士李惶悌、昊格矩	1898年更名儒励女并中附设小学
辅仁中学	不详	庚亮南路	圣公会创办	附设小学
同文小学	不详	塔岭南路	胡文连任校长	更名为第四小学
翘志小学	1908	大中路519号基督教化善堂	卫理公会美国传教士昊格矩	原名化善日学，1912年改为翘志小学。1952并入九江市第一小学
翘材小学	1908	卫理公会后街福音堂内	卫理公会美国传教士昊格矩	原名福音堂小学，民国初更名翘材小学1952年并入九江市第三小学
翘秀小学	1908	二马路南端	卫理公会美国传教士昊格矩	1951年更名九江市滨兴小学
翘德小学	1910	考棚路	卫理公会妇女服务部梅云英	原名女日校，1928年更名为翘德小学，1951年改称龙山小学
生命活水医院	1918	南门湖畔塔岭南路	美国基督徒裴敬思	现九江第一人民医院
但福德医院	1896	大中路	吴钜格、石美玉	现九江妇幼保健医院
圣约翰医院	不详	塔岭北路	圣公会创办	现171医院

资料来源：根据刘淑荣《基督教在九江的传播及其创办的学校医院》，黄真：《九江教会办的"四翘"小学》等资料整理，并见《九江文史资料》第一辑、第六辑。

由于洋行、教会等外国势力纷纷介入九江，使九江的城市结构发生了比较大的变化。其外国势力在九江的分布情况详见"进驻九江之外国势力分布图"：

还值得一提的是：九江是江西省的北大门，在教士们的心目中，九江既是他们活动的重要据点之一，也是他们向江西及其邻近省份腹地推进的一个理

第二章
九江开埠与外国势力的契入

想的跳板。一批批外国传教士来到九江,向九江英领事馆领取护照,然后转入各地"游历"。到20世纪初期,这种"游历教士"日渐增多。1903年的有关资料表明,这一年领照内游的教士达41人,其中女教士32人,还有两人带了家眷,护照上载明了他们将要活动的地域范围。详情如下表:

1903年持照外国传教士经九江游历情况表

发照日期	领照人 姓名	性别	游历地区
1903.1.9	岱约翰	男	江西、安徽、浙江、湖北、湖南、广东
1903.1.11	康淑贞等3人	女	江西
1903.1.15	梅占春	男	江西、湖北、湖南、山东
1903.1.19	蒋朋使	男	江西、湖北
1903.1.20	茅贵琳	女	江西、浙江、山东
1903.2.8	李思忠	男	江西、浙江、广东
1903.3.2	荣晃熙	男	江西、湖南、湖北、广东、浙江、安徽
1903.3.7	鲍哲俊(携眷)	男	江西、湖南、山东
1903.3.7	戴月娥	女	江西、安徽、江苏、浙江
1903.3.16	柳清芬等2人	女	江西、湖北、湖南
1903.3.20	莫若贞	女	江西、安徽、湖北、湖南
1903.3.20	和保恩	男	江西、湖南
1903.4.19、23	耿希忠等16人	女	江西、安徽、江苏、浙江
1903.7.13	王迩龀(携眷)	男	江西、安徽、湖南、湖北
1903.8.24	越美玉	女	江西、安徽、浙江
1903.9.1	金懿恩	女	江西、安徽、浙江、江苏
1903.9.27	马葆贞等5人	4女1男	江西、安徽、浙江、江苏
1903.11.24	施恩泽等2人	女	江西、湖南、湖北、山东

资料来源:《九江道瑞咨派办处洋商请领游历执照按年发销文》,《江西官报》甲辰年(1904年)第10期。

传教士们一方面执行其宗教的职务,另一方面则从事了许多非宗教性的活动,尤其是文教和医疗卫生等活动。九江相继出现基督教会等所组织的学会、医药及慈善机构。教会学校的开办,对于开启民智,发展现代教育,灌输西方科学知识,介绍学术思想等等都有一定的促进作用,甚至出现九江"独教会所设学校大发达"局面;①医疗卫生事业,输入了西方的医术和西药以及近代的医院制度,医学教育(包括护理教育),推广卫生常识,同时也造就了九江最初的一批西医、教育人才。据当事人回忆"目前九江市六十岁以上的女医生、护士、教师大部分都是诺立神道女校的校友。"②这种现象不仅在九江存在,就是在当时的中国亦普遍存在,20世纪以后国人承认:"中国新医学的来源,显而易见是教会医学,这是没有人能够否认的……教会医学校或医院造就出来的医师,大都为教会服务,被教会用为宣传教义的工具,由此教义由宣传愈广,教会医学传播亦愈普遍了。"③

但是也应该看到,近代基督教传入中国是在《天津条约》和《北京条约》等一系列由西方列强迫订的不平等条约保护下进行的,它本身的活动也与西方殖民主义侵华扩张活动紧密结合在一起。这使得中国人民因民族矛盾而排教,也使教会无法依靠宗教本身的力量与中国人进行心灵上的沟通。同时,近代来华的传教士又多半挟有战争打出来的民族优势,在19世纪盛行于西方的所谓"进步"观念的支配下,他们对中国文化知之甚少,甚至觉得无须尊重中国文化。传教士们站在西方文化本位上,向中国传播教义,但总是希望接受了教义的中国人与他们一样西方化。这种倾向,亦随着传教士们和九江民众直接广泛接触,引起的文化冲突亦从未间断。

第三节
江西贸易中心地位的形成

九江开埠通商,首先对九江的影响最为深远,其近代角色也随之发生转换,从江西经济的边缘而一跃成为江西的贸易中心城市。

一、商路变迁与货流的逆转

江西传统的商路是以赣江—鄱阳湖为主径,以信江、饶河、修河、抚河四大水系为支脉而组成的一个叶络状水运网络而构成的。其省际贸易亦十分频繁。

---

① 《浔阳小志》,见《申报》,1914年4月8日。
② 刘淑荣:《基督教在九江的传播及其创办的学校医院》,见《九江文史资料》第1辑,第219页。
③ 翁之龙:《中国的新医学》,载《文化建设》第一卷,第2期。

第二章
九江开埠与外国势力的契入

由传统四镇为中心,依托江西发达的水运网络体系,而形成了若干条重要的商路。(详见明清江西物产出口路线图)大体情况概述如下:

1.广东—大庾岭—赣州—樟树—吴城—汉口:这条商道在鸦片战争以前曾是国内长距离贸易的的黄金商道,也是江西省际贸易的主要渠道。其中赣州、樟树、吴城三地构成江西货流的主要出入口和集散中心。吴城又是赣江入鄱阳湖的咽喉,赣江流域各种农副产品及由大庾岭商路输入的洋广杂货北出长江,转销江汉皖豫诸省也要经过吴城转口换大船出江。有"装不完的吴城,卸不完的汉口"之盛誉。

五口通商前,在这条商道上外运的主要是赣货有米谷、瓷器、茶、夏布、纸、麻、木材、水产、豆类等江西特产;运入的主要货物是盐、糖、棉纱、海产品等商货。①以瓷器为例:独口通商时期,景德镇外销的瓷器,溯赣江而上,跨梅岭以入广州。"商多粤人,贩去与西人互市。"②由于外国人所需之瓷器,"式多奇巧,岁无定样",商人们为投其所好,则在景德镇烧造白瓷,"另雇工匠,依照西洋画法加彩绘","制成彩瓷,然后售之西商"。③这从一个侧面反映此商路之盛。

2.吴城—鄱阳湖—鄱江—信江—河口镇—玉山码头—常山码头—衢江—富春江—杭州。这条商路是以信江为纽带,以玉山、河口镇为集散码头,是沟通福建、浙江与广州联系的重要水运线。在五口通商以前,该商路极为发达,江浙一带的生丝棉产品均由该条商道进入江西,或于江西内地行销,或溯赣江而上入赣关转大庾岭商道而下广州出口。玉山有从事玉常大道转载业的骡马7000余匹、独轮土车20000余辆、挑夫5000余人,常年在这条商道上转运货物,每天运货万担以上,每天靠岸大小船只200多艘。明清时期运往浙中的货物主要是瓷器、夏布、烟丝、烟叶、茶叶等;运入的货物主要有食盐、丝绸、棉纺织品及日用品。④由于这些省份通过江西水路的过境物资的运输量占有很大的比重,据史籍记载,此时期通过信江、赣江两条运道航运为生的省内外挑夫、客店、小贩再加船民,"以此为生者,不下数千万人"。⑤

---

① 参见《江西贸易概况》,1938年江西省政府建设厅编印。
② 兰浦:《景德镇陶录》,卷二六。
③ 刘子芬:《竹林陶说》,引自陈柏坚、黄启臣著《广州外贸史》(上),广州出版社1995年版,第319页。
④ 参见《玉山县志》,江西人民出版社1985年版。
⑤ 黄赞汤:《请预防失业民夫疏》。

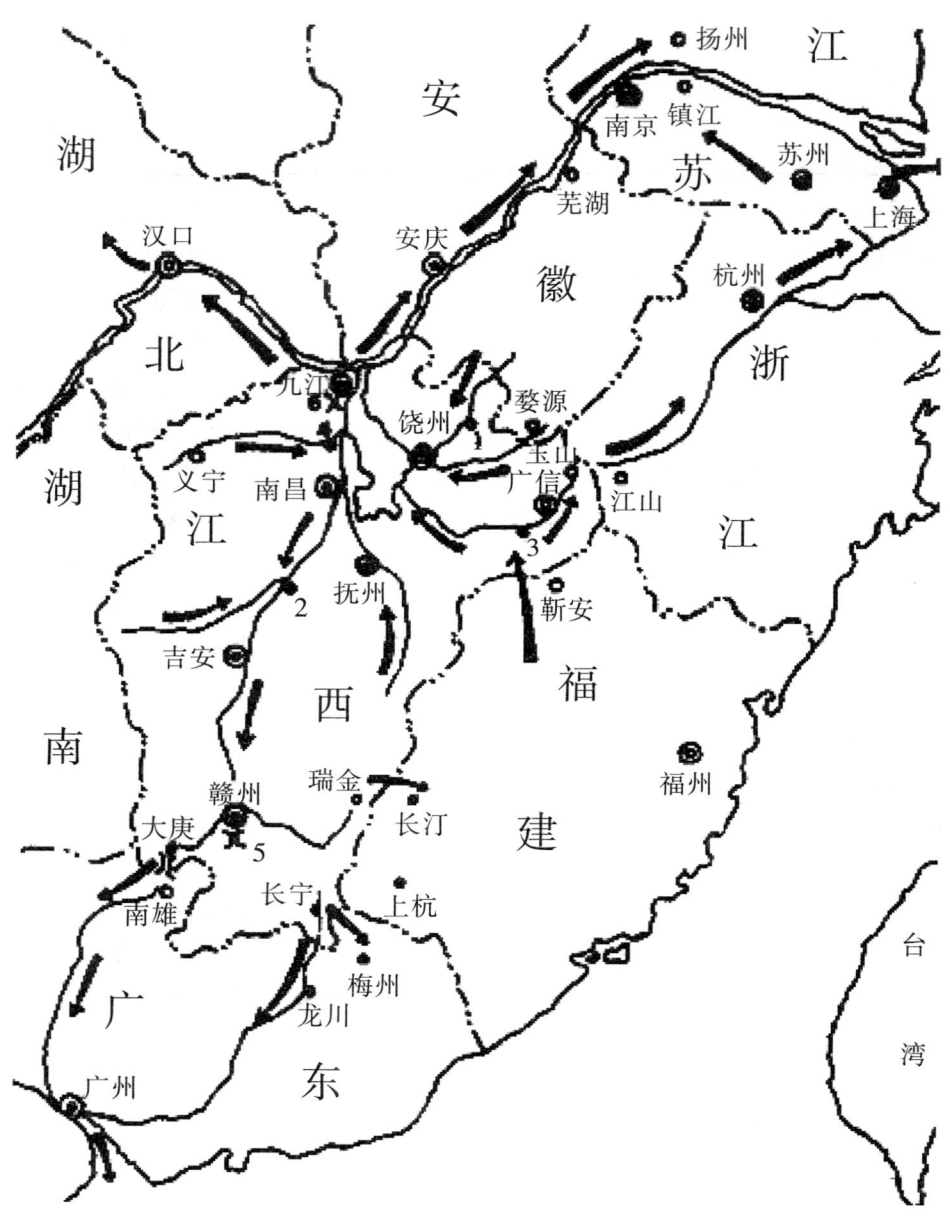

明清时期江西主要商路图

注：1.景德镇，2.樟树镇，3.河口镇，4.吴城镇，5.赣州关，6.九江关

第二章
九江开埠与外国势力的契入

3.赣县—贡水、绵水—瑞金、隘岭—汀州—汀江、韩江—漳州、潮汕。这是以万安十八滩以南的赣南区域的省际商路。这条商道是赣南地区连接潮汕、厦漳泉地区的重要商道,也是由赣关商品流通派生出的一条商道,汀州是主要的中继集散地。据史料记载:这条商路外运的货物有:石城、宁都、瑞金、会昌等县的农产品如稻米、大豆、烟叶、夏布,另外有吉安的布匹,樟树的药材,景德镇的瓷器也由上路运往福建长汀、广东潮汕;运入的货物有来自福建的纸品、果品,最主要的是来自闽、粤的盐。汀州"山多田少,产谷不敷民食,江右人肩挑背负以米易盐,汀民赖以接济"。①与这条商道相伴的线路是赣县—贡水—会昌—筠门岭—平远、下坝、罗塘、新铺—嘉应—潮洲,其交易物资与上一条商路基本相同,主要体现的是米、盐交易,会昌县南部的筠门岭是集散码头。雍正年间"广东之米取给于广西、江西湖广"。②雍正五年(1727年)"潮州米贵,每日千余人,在筠门岭及周田圩搬运。"在这条商路上有200多条船只,300~400挑夫。③

4.吴城—鄱阳湖—鄱江—鄱阳—昌江—浮梁—徽州(祁门、至德、休宁、黟县),这条商道是徽州地区两条重要出入商道之一,祁门等地的茶、纸、竹木、漆,浮梁县的景德镇瓷器、茶叶等货物以此路运出;运入的货物主要是大米。史料记载:徽州"农者十三,……即丰年谷不能三之一。大抵东人负祁水入鄱,民以茗、漆、纸、木行江西,仰其米自给"。④大体说明江西与皖南徽州地区的贸易情况,鄱阳是这条路线的重要集散地。⑤

5.吴城—赣江—樟树—袁江—萍乡—醴陵—株洲—湘江。这条商道是湘赣贸易的主要通道,主要靠袁江和湘江相连,萍乡是重要的集散地。从这条商路运出的货物主要有煤炭、宣表纸、夏布、土瓷、苎麻、牛皮;运入的货物主要有米谷、黄豆、药材、糖、绸缎、土布,以及销往万载的石硝、硫黄,这些货物中纺织品来自上海、杭州、汉口,经湖南转运而来,其他物品均产自湖南,相互贸易中原材料贸易是这条商道的特征,输入远高于输出。⑥

---

① 卞宝弟:《闽峤辅轩录》卷二。
② 《雍正批硃谕旨》,雍正四年七月二十四日。
③ 丁晓春:《家族与商镇——以筠门岭为个案》,江西师大1997年硕士论文(未刊稿)。
④ 《祁门县志》卷五,《风俗》。
⑤ 参见《江西米谷运销调查报告》第2章《米谷市场概况·鄱阳》、《中国十大商帮·徽州商帮》,黄山书社1993年版。
⑥ 刘家豪:《赣湘贸易调查报告》,载《经济旬刊》第7卷,第1期;《野田氏袁江流域调查报告》,载《地学杂志》第6年第2期。

6.南昌—抚河—李家渡—浒湾—新城(今黎川)—福建(邵武、建宁),这条商道运入的货物主要是海产品、食盐;运出的货物是纸、水烟、烟叶、米粮。黎川南津街经营这类货物的商户"视之甚小,而旧日皆年有数十万进出者";"从前闽赣土货交易多以黎川为中心,故大商甚多,富力甚厚"。①

以上货运较为集中的六条省际贸易路线,连接三个经济区域,即万安十八滩以北连接汉口、沪杭地区,万安以南连接福建的厦漳泉地区、广东的潮汕地区,江西的物产通过这些路线加入全国市场流通网。就江西自身而言,在地域上可以分成两个基本经济区域,万安以北处于长江经济区的边缘,万安以南处于以华南沿海为中心的华南经济区域的边缘,这两个基本经济区域都具有明显的区域分工的特点和作用。

就贸易量而论,以信江和赣江为主体的商路最为重要。以此形成三个商品流通层面:其一是以河口为集散中心的浙赣闽交易线。信江是沟通的纽带,尤其是浙江的生丝、福建的茶叶必须借道信江而入赣江出大庾岭而下广州出口,因而河口镇的集散作用十分明显。其二是吴城出入江西与湖北汉口的商路,赣江则担负着广东洋货入长江进入鄂、皖、湘、豫、山陕的输出以及鄂、皖、湘、豫、山陕的货物南下广东的输入,吴城为集散中心;其三是赣江为经的江西内河主运道,其起点为赣关,中经樟树,北出吴城。而这条商路以樟树为中心,负担江西地区的分销,吴为极点,担负起外销的任务。而赣州关,由于在独口通商的政策影响,外贸进出口货物均要以此集散。因而商贾辐辏,"或棨戟之出入,或钱贝之纷驰,从朝至暮攘攘熙熙"。②往来贸易亦十分繁荣。

第一次鸦片战争以后,清政府被迫开放连原有广州在内的厦门、上海、宁波和福州等五个口岸对外通商。从一口通商,到五口开放,这不仅仅是数量上的变化;而且在本质上,促使中国传统的贸易商路发生根本性的变化。自此十余年间,中外贸易格局发生一个明显的变化,即中国对外贸易的中心很快由广州转向上海。中国传统的贸易商路从运河而下,进入长江,再由鄱阳湖入赣江而逾梅岭而入广东至广州的"京广大水道"逐渐衰落。南北纵向贸易路线开始转向以上海为中心的长江流域为主体的东西横向路线。

与此相适应的是,江西的过境贸易亦开始逐渐衰落。以前江、浙、皖等省进

---

① 李璜:《江西纪游》1934年11月成书,台湾文海出版社,"近代中国史料丛刊"第8辑第79册第43页;《江西厘捐总局完厘简单》,载《东方杂志》第4卷(1907年)第3期《财政·各省财政汇志》。

② 乾隆《赣州府志》卷十六,濂溪书院赋。

第二章
九江开埠与外国势力的契入

出口货物多经赣江走大庾岭赴粤,"由南昌至广州计程二千余里,中隔大庾县之梅岭极其高峻,山路陡险",①全凭人力挑扛搬运。但至上海开埠,原先南下走大庾岭的商货纷纷改道经赣江趋九江转上海。"洋货广货亦由轮船运入长江,不复经由赣郡。"②"商贾懋迁趋利乘便,孰肯舍近图远再出广东,以致赣关绝无大宗货物经过,所收税课均属小贩零星,纵使竭力招徕,总不能照前畅旺,实为时势使然,莫能强求。"③以往"商贾如云,货物如雨,万足践履,冬无寒土"④的大庾岭商道顿显冷落。赣关关税"仅赖本省所产杉木、白糖、茶油等项以及零星土产"。⑤

随着货运流向的变化,江西境内主要的进出货物运输线路,虽仍走赣江水系,但已形成了以九江为中枢的赣州—吉安—樟树—南昌—吴城—湖口—九江的基本构架。⑥至1916年,南浔铁路告成,南昌成为内销之货的中心点,而九江为进出口总汇的格局。这一点,傅春官在《江西商务说略》中说得很明确:⑦

> 昔之所谓樟树、吴城最盛之埠,其商业十减八九,盖自天津条约立,长江轮船通行,洋货之由粤入江,由江复出口者,悉由上海径运内地,而江西商人之往来汉口金陵,不过本地土产,为数无多,输出输入之货减,故商埠寥落之形见。

同样,传统社会以进出口贸易主体的赣关亦随之衰落。由于过往货物锐减而导致税收短绌,以致当时赣抚亦不得不对赣关关税锐减作出详细说明:⑧

> 据张道孝荣禀称,赣关货税,向以丝茶为大宗。自各口通商以后,凡洋、广、

---

① 《江西巡抚钱宝琛奏》,见《鸦片战争档案史料》第三册,第103页。
② 《钞档》光绪十年九月初二日,江西巡抚潘尉题本。
③ 刘坤一:《赣关征四年分盈余银两邀恳援案减免折》(同治五年十月二十八日),《刘坤一遗集·奏疏》卷三,第38页。
④ 桑悦:《重修岭路记》,同治《南安府志》卷二十一,《艺文》。
⑤ 同②。
⑥ 戴鞍钢:《港口 城市 腹地——上海与长江流域经济关系的历史考察》,复旦大学出版社1998年版,第192页。
⑦ 傅春官:《江西商务说略》,《江西官报》,丙午年(1906年)第二十七期。
⑧ 《抚院胡请免赣关赔贴摺》,见《江西官报》丙午年(1906年)第7期,《奏牍》。

川、楚、闽、浙、苏、皖往来营运之货,商人利于便捷,皆用轮船装载,不从赣关经过,湖丝则归沪关代收,茶叶则分厘无收,遂因之骤绌矣。然光绪二十六年以前之不闻赔累者,初则因沪关代征丝税,收数较旺,继则因赣属厘金土药膏捐,均归关道经理,堪以挹彼注兹。近年厘金土药,均已派员专办,沪关丝税,又因洋商收买乾茧年短一年。外省之客税既无,而本省及广东之土货,亦多被邮政包裹、子口单、三联单、保商票侵占过半。

上述史料所反映的情况均充分说明江西传统商路的变迁,货流由赣关流通而转为由九江输出的客观事实。

二、传统市镇的衰落与九江贸易中心的形成

随着商路的变迁和全国商品流通格局的变化,直接的影响是江西传统贸易市镇出现了衰落的局面。昔日繁华的河口由于茶市出口路线的转变而呈衰落之势:"查铅山地物产庶蕃,人心明敏。海禁之会,茶商纸贩,麕集于斯。小民糊口非艰,谋生甚易,闾阎之殷富以此,习俗之浮惰亦以此。至今日茶市一蹶不振,纸业日见衰微。……窃谓河口一埠……今家无尺布之机,女无寸丝之缕,烟赌窃盗,游民遍壤,穷惰之害可胜言哉。"①又比如樟树镇和吴城镇,"昔时,江轮未兴,凡本省及汴鄂各省,贩买洋货者,均仰给广东,其输出输入之道,多取径江西,故内销之货以樟树为中心点,外销之货以吴城为极点。自江轮通行,洋货由粤入江,由江复出口者,悉由上海径运内地,江省输出输入之货减,樟树、吴城最盛之埠,商业亦十减八九。"②另一条材料亦很能说明问题:"在昔修、缭二水流域商品之运输,直径吴城出口……咸丰以后,海轮盛行,民船运输多被放弃,外省来吴城之货物,日见减少……以粮食一项而言,当南浔铁路未通车前,赣江、抚河、修水产品,大都必经吴城转运出口,通车后,赣江、抚河之粮食,南昌起而代之;修水流域之粮食,涂家埠起而代之,于是吴城粮食市场惨落矣。"③这均是传统商路变迁与江西市镇衰落的例证。

与此形成鲜明对照的是,开埠之后,九江作为江西唯一的对外开放口岸,成为旗昌、怡和、太古等外国洋行、公司的轮船在江西境内唯一的停靠之处,承

---

① 《拟办鹅湖织布公司条议》,见《江西官报》甲辰年(1904年)第17期,《函告》。
② 傅春官:《农工商矿纪略》,《清江县·商务》。
③ 农艺部农业经济组编制:《江西米谷运销调查报告》,第8—9页,1937年编印。

第二章
九江开埠与外国势力的契入

担着江西进出口货物的吐纳功能。在此之前,从广州运入之洋货及江西运往广州的土货都以樟树、吴城为集散地,樟树、吴城为全省贸易的枢纽。在此之后,从海外运往江西的洋货均自九江上岸,从江西运往海外的土产也从九江出口。因而九江取代了樟树、吴城的地位,从传统社会的江西经济的边缘而一跃成为江西的贸易中心城市,所谓"扼沪汉交通之咽喉,轮船接迹,铁轨交驰,赣省商业集中于此。森林矿产,靡不以此埠为转运屯积制造之所";[①]"本省一切输出物产,莫不以此为输运枢纽"。[②]九江成了江西土洋各货的销售场地,从而逐步发展成全省最繁荣的城市。

开埠通商以后,九江进出口贸易有了很大的发展。由于缺乏系统的贸易统计资料,很难从总体上对九江进出口贸易有一个精确的描述。但是,我们通过一些零星的贸易统计资料亦可窥出其中的一些大概。从进口方面而言,九江商埠在洋行纷纷涌入的同时,进口货值亦随之增加。具体情况详如下表:

1865—1894 年九江港洋货净进口货值表

年 份	洋货净进口	年 份	洋货净进口	年 份	洋货净进口
1865	2625535	1875	2758420	1885	2528474
1866	2678459	1876	2724676	1886	3026252
1867	2636381	1877	2505355	1887	3329937
1868	2869545	1878	2514302	1888	3619936
1869	2655606	1879	2675778	1889	3880037
1870	2844028	1880	2954286	1890	4183871
1871	2567449	1881	2829398	1891	4540524
1872	2723901	1882	2623118	1892	4755579
1873	2797841	1883	2250804	1893	4073202
1874	3209916	1884	2078805	1894	4296233

资料来源:姚贤镐:《中国近代对外贸易史资料》第 3 册第 1626 页。另注:单位:1873 年以前为银两以后为海关两。

从上述表格可知,在1865年的开埠初期为洋货净进口为2625535两,至

---

① 中央地学社编:《中华民国省区全志》第五编,第四卷,《江西省志》。
② 《工商通讯》(1937年)第一卷,第13期。

1894年上升为4296233海关两。最高年份的1892年更达4755579海关两。在长江各开埠通商口岸中排在第3位。当然，洋货净进口数仅是指直接从外国进口的货值，并不包括经由上海、汉口等其他口岸转口进口的商品。实际上转口进口货值较之净进口货值要大得多。

就出口方面而论，亦有长足的进步，各项货物出口总量累年增长。其具体情况详如下表：

1863—1899 年九江大宗出口货物数量表　单位：担

年　份	输出合计	年　份	输出合计	年　份	输出合计
1863	376189	1876	373362	1889	511989
1864	307101	1877	389321	1890	483936
1865	310257	1878	438309	1891	499986
1866	279735	1979	410874	1892	489957
1867	219467	1880	481440	1893	517830
1868	293929	1881	466568	1894	504273
1869	268000	1882	513749	1895	545930
1870	253292	1883	478914	1896	592522
1871	269441	1884	489552	1897	565414
1872	280406	1885	537901	1898	783751
1873	291801	1886	540503	1899	879378
1874	331812	1887	461781		
1875	343664	1888	517488		

资料来源：据民国22年（1933年）江西《经济旬刊》第2卷和民国23年《江西年鉴》第25编等相关资料综合整理。

从表中提供的数据，我们可以看出：九江开埠最初17年中，货物出口数量每年都维持在30万~40万担左右，比较稳定。进入19世纪八九十年代，九江出口货物由70年代的40万担，增加到50万~60万担。最高年份的1899年更达到87.9万担。

到20世纪二三十年代，由于九江成为江西进出口贸易的主要孔道，其经济已粗具规模，据1934年12月27日《申报》记载：

第二章
九江开埠与外国势力的契入

米谷、瓷器、茶叶、夏布、纸、竹木、钨以及植物油等,均有大宗出口,价值动辄百万,悉皆由此转入长江各口,行销国内外。九江各大码头及货栈,悉皆堆货垒垒,转运栈、报关行、押款钱庄,以及各种行栈庄客,林立栉比,较之南昌,有过之而无不及。

总之,九江开埠通商以前,受内向型社会生产、流通结构的制约,它虽拥有明显的地理优势,但与江西内腹地区缺乏直接的经济交往。江西内腹地区的货物集散以"四镇"为中心;而且受广州一口通商禁令的束缚,江西内腹地区的进出口货物流向是以赣关为集散,通过大庾岭道而趋广州,赣关成为进出的主要孔道。五口通商以后,全国对外贸易中心由广州而趋上海,以其量大面广的内外贸易商品吐纳,直接带动了覆盖整个长江流域市场网络的组合。九江开埠以后,成为江西的贸易中心,并成为以上海、汉口为中心的长江流域市场网络组合的中介口岸。从前由赣关经大庾岭道而下广州的物流大多改由九江经长江水运而趋上海。同时,随着九江开埠,租界、洋行和西方文化的楔入,以及随之而来的江西贸易中心城市的形成,使九江成为江西直接面对世界的窗口,近代的一切事物,开始缓慢地进入九江,并通过九江而传入江西内腹地区。

第三章
太平天国在江西

太平天国时期,江西是太平军与清军力量激烈交战的重要地区。太平军自1853年2月从武汉沿长江东下,占领九江、湖口、彭泽始,至1865年11月康王汪海洋、佑王李远继的部队最后自赣南退入广东为止,在10多年时间中,转战江西各地,多次进出江西,在起义高潮时曾占领过江西的8府50余县。太平天国时期的战火硝烟席卷了江西的大片土地,对晚清江西有着重要影响。

第一节
太平军转战江西

鸦片战争以后,外国资本主义势力入侵中国,中国人民特别是广大的农民群众受到更加沉重的剥削和压榨。中华民族与外来侵略势力的矛盾、广大农民与清朝封建统治阶级的矛盾空前尖锐起来,终于在1851年爆发了一场全国规模的太平天国农民起义。洪秀全领导的金田起义于1851年1月11日(道光三十年十二月初十日)爆发后,太平军迅速击溃了清军和地主团练的围攻阻截,兵出广西,所向披靡,一举攻取岳州、武昌后,接着太平军大军水陆并进,蔽江东下,逼近九江。太平军逼近九江时,九江只有2000守军,当得知武穴惨败和两江总督陆建瀛狼狈而逃的消息时,九江"文武弃城远避,兵勇闻风先

第三章
太平天国在江西

湖口大捷

散"。①于是,翼王石达开率领的先锋队伍不费一枪一弹,于1853年2月18日占领鄂、赣、皖三省门户之九江。清廷将江西巡抚张芾革职留任,九江知府刘炽昌革职。太平军在攻取九江后,接着攻克安庆,于1853年3月19日(咸丰三年二月初十日)占领南京城,遂改南京(清朝称江宁)为天京,定为太平天国首都,建立了太平天国农民政权。

一、太平军西征

1853年3月,太平天国定都天京以后,为了推翻清王朝,夺取全国胜利,即派出军队北伐。与此同时,也作出西征的决策,目的为夺取长江中上游各省,以巩固天京。江西地处长江中游,西通湖南,东连闽浙,南接广东,北界鄂皖,为东南各省之中枢。如果占有江西,则东南各省便可连成一片。江西的重要战略地位,使其成为太平军和清军双方必争之地,因而也就成为西征主战场之一。

太平军西征江西的主要目标,是占领江西省城南昌以控制江西全省。为了实现攻取安庆、南昌、武昌等地的西征第一步战略计划,太平天国于1853年5月

---

① 《向荣奏稿》卷一,见《太平天国》丛刊(七),神州国光社1954年版,第37页。

19日派出护天侯春官正丞相胡以晃、夏官副丞相赖汉英、殿左一检点曾天养、殿右八指挥林启荣、十二指挥白晖怀等率军西征。千帆竞发,溯江西上,长驱直入,直指安徽。6月10日,太平军占领安庆,西征军主帅胡以晃立大本营于此。主将赖汉英率领曾天养、林启荣、白晖怀等部近万人乘船继续西上,挺进江西。6月13日占彭泽,18日克湖口,22日进占南康府(今星子县),23日占新建县吴城镇等地,直逼省城南昌。

二、南昌攻坚战

当西征大军6月18日占湖口时,江西的大大小小清朝官员惊慌失措,南昌城一片混乱。"省城自候补州县至佐杂等官,先行逃走外县。"①驻守在永和门外"军装器械"整齐的900官团练勇,由于"讹传寇至"而仓皇溃散,"器械胥归乌有"。②江西巡抚张芾会同在籍团练大臣、前刑部尚书陈孚恩、南昌知府邓仁堃、南昌候补知府林福祥等急商对策,决定急调率军前往江南大营途经九江的湖北按察使江忠源来南昌协防。江忠源接到张芾等人的"羽檄"后,不待清廷之命,即率楚勇1300多名三昼夜疾驰400里,比太平军早一天,于6月23日到达南昌。江忠源是个有着丰富的作战经验的老将,他一到南昌,张、陈等"悉以军事委之",③协力布置城防。江忠源"甫坐定",即下令封闭城门,焚毁城外附城民房,意在"勿令贼据为巢,得籍以乘城,蹈桂林、长沙覆辙也"。④当时南昌城内外,"火光烛天,剥剥烈烈,怨声沸耳"。⑤连百里以外的丰城都可见到大火(滕王阁即于此时被烧毁)。接着,又重新调整城防部署,在当时南昌的7个城门,分别增派重兵把守,并将楚勇布防在首当其冲的德胜门和章江门。为稳定军心,又将怯战缒城逃跑的兵勇立斩不赦。当时,城中主客兵及新募壮勇全部不及万人。张芾惟恐兵单力薄,难于抵御,又上奏朝廷请求派兵速援,省内外的援兵也开始从四面八方陆续聚集南昌。

6月24日清晨,太平军分乘大小船只800余艘,沿赣江浩浩荡荡赶到南昌城

---

① 《太平天国资料》第59页。
② 《太平天国史料丛编简辑》(二),中华书局1962年版,第391页。
③ 同治《南昌府志》卷十八,《武备·兵事》。
④ 民国《南昌县志》卷五十四,《兵革》。
⑤ 彭旭:《江西守城日记》,引自杜德凤编《太平军在江西史料》,江西人民出版社1988年版,第510页。

第三章
太平天国在江西

下,在德胜门、章江门外沿河一带靠岸。此时城外大火尚未熄灭。太平军士兵纷纷上岸救火,并占领了章江门外文孝庙一带未尽焚毁之屋宇,实施攻击。太平军由于附城民房几尽毁,无掩护,大部兵将仍居船上,但凭借文孝庙三面筑垒,以翼蔽江中舟师。又在城东七里街一带和城西潮王洲各洲上建筑营垒,并在各洲间架设浮桥连通,沿江停泊了几百艘战船,对南昌城形成了包围之势。自翌日起,太平军实行环攻,守城军以大炮轰之。

6月26日,江忠源派百长李光宽等率楚勇400余人出城作战,自己与粮道邓仁堃、知府耆龄、林福祥等分路向太平军阵地出击,太平军佯为退却,李光宽穷追不舍,当追到太平军设下的伏击圈时,当即被伏兵击毙。太平军主动撤出战斗后,清军的残兵败将才狼狈逃回城里。清军不甘失败,几次派人"往烧文孝庙,坚固未能入,且多伤者"。①这时,来自饶州、九江等地的援军一二千人赶到,守城兵力得到加强。

7月6日,江忠源又派兵分两路从顺化门出城,由楚勇居后,江忠源亲自上城督阵,企图夹击城东太平军营垒。太平军绕着营垒主动转移,待敌攻来时,突然发动猛攻,"保信军溃,阵亡三十八名,抬枪尽弃以赍贼,经川、楚各勇分路堵截,始退"。②不过,停泊在章江门下的太平军战船,在守城军的火攻下,被焚毁多艘。

为了达到破城目的,太平军自6月24日抵达之后,下午即开始施用太平军攻城熟练方法——掘地道、埋地雷。尽管清军多方破坏,太平军地道挖掘成功、火药迸发、先后三次频于破城。6月29日夜,德胜门月城地雷爆发,轰塌城垣数丈,"登时堵筑,火炮齐施,贼不敢逼"。③由于赖汉英误记有第二雷,没有及时组织夺城,因而丧失了此次破城机会。7月9日清晨,大雨倾盆,太平军从德胜门外用地雷轰塌城墙六丈余,然后趁势夺城。江忠源督领几百楚勇抵御,同时赶紧用沙袋和房砖堵塞缺口,抢修城墙,并将各路援军聚集起来加强抵抗力。经过激战,太平军稍作退却后,复又援云梯登城,因伤亡较大,乃退出战斗。此次清军亦伤亡70余人。这时,天京派出国宗石祥桢、韦俊等率领的军队前来南昌增援。7月28日清晨,太平军又从德胜门原缺口西北和西南轰塌城墙15丈,顿时

---

① 《太平天国史料丛编简辑》(二),第393页。
② 同①。
③ 同治《新建县志》卷六五,《兵氛》。

"沙石蔽空",守城的清军官兵100多人陷在泥土中,"川勇、贵勇轰落不知处所者几半。"①太平军趁势"拥至城下,人戴一盆争先上","蒙死抗战,矢石交集"。由于敌人援兵大集,"并力死拒",太平军"死者山积"。②由于伤亡太大,太平军又主动撤出战斗。这场激烈悲壮的夺城战,太平军虽损失惨重,但也使清军付出了极大代价,单楚勇就死伤200多人,使它再也无法恢复元气。

江忠源与太平军接仗多次,深悉太平军攻城威力,忧虑南昌难守,于是恳请向荣、骆秉章、曾国藩(时正在籍训练湘勇)等派兵来援。骆、曾深知湘赣两省唇齿相依,南昌有失,长沙即受威胁,即遣湘乡知县朱孙诒、训导罗泽南率湘勇1000人自长沙出发,编修郭嵩焘从征,道员夏廷樾率镇筸兵600继之,又遣江忠淑率楚勇2000人经浏阳出发,全军总领为夏廷樾。是为湘军首次出省作战。接着,都司戴文澜、赣州镇总兵阿隆阿和九江镇总兵马济美所率兵勇也陆续到达。

在几次地雷轰塌城墙而没有破城的情况下,赖汉英与前来增援的石祥桢商量,认为仰攻坚城,兵家所忌,势难立刻见效,不如先攻城外的清军兵营。7月30日,太平军出动大批人马对永和门外九江营发动攻势,清军对突如其来的进攻不知所措,"欲立奇功"的马济美"经率所部研垒而入,困贼围",③战不多久,"中数矛,犹力战,后一矛刺洞胸,始落马阵亡"。④其子马炳南亦同时被击毙。击毙清总兵马济美,太平军士气大振。

这时,清军援兵陆续开到。8月中旬,从江南大营派来的援军1200多人由总兵德音布率领到达南昌,守城兵力大大增强。但是太平军在清军的优势兵力面前,仍没有放弃攻城战斗。8月28日,江忠源命"湘勇、镇筸兵、川贵勇、云南、九江兵"分兵四路再次大举向太平军营垒发动猛攻。湘军主将罗泽南素以悍勇著名,亲督湘勇奋勇征战。"太平军佯败退,引其追击,从后包抄,遂大败之,阵斩其营官七品军功谢挪翰、易良幹、罗信南、罗镇南等,皆泽南门人及弟辈也。滇军亦败北,湘军阵亡者数十人。"⑤在这次激烈的攻杀战中,虽然彼此死伤相当,互有胜负,但太平军毕竟守住了阵地,并击毙了几名湘勇重要头目,这对还在

---

① 同治《新建县志》卷六五,《兵氛》。
② 民国《南昌县志》卷五四,《兵革》。
③ 《太平天国资料汇编》第二册上,第127页。
④ 《太平天国史料丛编简辑》(二),第63页。
⑤ 简又文:《太平天国全史》(中)香港简氏猛进书屋1962年印行,第975页。

第三章
太平天国在江西

襁褓中的湘军来说，不能不说是一记重击。

8月底至9月中旬，太平军与清军双方互相仍不断有攻击战。清军既不能解南昌之围，太平军也久攻南昌不下。在这种情况下，东王杨秀清决定集中兵力西征皖北和湖北，便下令撤围南昌。9月24日，围城部队全部循来路回师北上。临行前，太平军为了迷惑清军，兵营中仍布满疑兵，依然点灯擂鼓。清军始未发觉，后远望营中泛有炊烟，派人近去探听，方知上当：原来看见不少躺着和坐着的兵将，不过是草人而已。

太平军进攻南昌之战，成为西征战场上与清军的第一个攻坚战。太平军进攻南昌的决策尽管正确，但战斗持续了3个月，而南昌却依然没有攻克。造成这次失利的原因，主要为双方兵力对比数量悬殊。清朝统治者非常重视对南昌的防守，一再发出谕令："南昌现尚被围……其地最关紧要，万不可稍有疏虞。"[①] 于是，省内外陆续调来增援军，共计8200余人，加上南昌原有守城兵力（包括官兵与官、绅团局、练勇）近万人，总兵力已达18000余人。而太平军开始投入的攻城兵力只有7000多人，以后队伍虽然有些扩充，但由于伤亡较大，故攻城总兵力不会有明显增加，7月底虽然陆续来了一些援军，但过不多久即相率离去，没有起到实际援应作用。因此，在数量上清军始终占有绝对优势。[②] 其次，太平军赖以攻城的方法遭到破坏，如清军事先焚毁了城外的附郭房屋，这就给太平军的攻城战带来了很大困难，一是没有可供栖息之所，二是没有可供挖掘地道时使用的掩体，使之只能在德胜门一处地方进行。清军还采取了多种破坏地道的措施，如"瓮听法"、[③]开城外明壕、引水灌入等等，使太平军擅长使用的地道战术很难发挥作用。

太平军进攻南昌的战役虽然没有取胜，但还是有所收获的。首先，打乱了清军的战略部署，捍卫了天京的安全和稳固。驻扎在天京城外孝陵卫的江南大营时刻威胁着天京的安全。而江忠源本来是奉命赴江南大营帮办军务的，只是因为西征军行将进攻南昌，他才改变原计划，率领楚勇由九江改道径赴南昌的。不仅这支楚勇被拖在南昌，而且在南昌战役的紧急时刻，他们还抽出音德布率领的江南大营主力部队赶来南昌增援。这样，不仅打乱了清军的战略部

---

① 咸丰《东华续录》卷二一。
② 参见杜德凤《一八五三年太平军进攻南昌之役》，《太平天国学刊》第一辑。
③ 据同治《新建县志》卷六五《兵氛》中曰："江忠源仿明戚继光瓮听法，于城根埋瓮，使人坐其中，侧听以伺声息"，当听到有掘土声，"即由内挖下，挖即通，即用铁球下击，并熬滚桐油稀粥灌入。"

署,也减轻了天京的压力。第二,沉重打击了清军"劲旅"楚勇。经过南昌战役的数次被击,江忠源所统率的1300多名楚勇只剩下一些残兵败将,以致先有田家镇的惨败,后又有庐州的被攻破,使猖獗一时的楚勇最后归于瓦解消灭。第三,获取了大量的粮食,缓解了天京供粮困难。太平军与清军在南昌攻守胶着不下时,8月上旬至9月中旬,曾派曾天养分兵进军南昌附近各州县,目的为四处裹粮助饷,并迎击援助南昌之清军。曾天养先后攻克了丰城、瑞州(高安)、饶州(鄱阳)、乐平、景德镇、浮梁、都昌等地,太平军从占领区获得大批漕粮及军需民用物资,除了支援南昌攻城军外,还源源不断运往天京。当时江西巡抚张芾就曾上疏言:"……长江自江宁至江西千数百里,毫无阻遏,贼船来往自如。前月初旬,江西贼船百余,满载米粮,远馈江南之贼,今值秋成宜迩,野有余粮,贼匪转输甚易,恐江南之贼永无坐困之期。"①

不过,太平军毕竟没有按预定计划攻克南昌,这就使当时困守南昌的大批清军得以绝处逢生,同时也延缓了太平军进军湖南的时间,使得尚在训练之中的湘军得以逐步发展壮大,并成为日后太平军在西征战场上的死敌。赖汉英则因南昌之役失利误了时间,打乱了整个西征计划而被革职调回天京。

三、湖口九江争夺战

9月24日夜,西征军扬帆北上,29日占领九江,委骁将林启荣长期镇守。然后一分为二:一支回安庆上皖北,于1854年1月攻克庐州,略取皖北州县;一支上取武昌,于1853年10月克汉口、汉阳二镇,旋退出。1854年2月,再克汉口、汉阳,又克岳州,进迫长沙,和湘军主力接触。此时,太平军水师进至靖港,派陆军袭湘潭等地,据上游以困长沙。4月,曾国藩自率一部分水陆军至靖港接仗,一触即溃。太平军虽取得靖港之战的胜利,但在同时的湘潭之战中却遭到惨败,于是被迫退守岳州。太平军退回岳州后,曾国藩乘机整顿湘军。1854年7月,湘军向太平军进犯,攻陷岳州。10月陷武昌、汉阳。湘军克复武汉,声势锐气达到鼎盛。曾国藩即筹划大举东征,以九江为第一攻击目标。

太平军奉东王杨秀清之令,在长江天险田家镇重兵设防,以遏阻湘军攻势,但遭到失败,田家镇于12月3日失守。这样,九江以上的太平军长江壁垒尽失,也丧失了全部精锐水师。曾国藩当时就认为,"逆贼经屡次大创,前后焚毁

---

① 李滨:《中兴别记》,引自《太平军在江西史料》,第400页。

第三章
太平天国在江西

逆船约计万余号,长江之险,我已扼其上游。金陵贼巢所需米、石、油、煤等物,来路半以断绝,逆船有减无增,东南大局似有转机"。① 可见,太平军在西征战场处于严重不利的地位,面临的形势异常严峻,九江之战的胜败,也关系到太平天国首都天京的安危。

当时,清军进攻九江的军队分为两路:曾国藩率湘军水陆师为南路,是进攻的主力;为确保攻陷九江,曾国藩又调湖北按察使胡林翼率黔勇2000和鄂军副将王国才、都司毕金科等率4000人从北路赴援九江。太平军方面也组成了强有力的阵营。天王洪秀全、东王杨秀清派遣翼王石达开为统帅,偕胡以晃率大军自安庆赶来湖口,主持战事。冬官正丞相罗大纲也自饶州(时正在此征粮)领兵来湖口协防,驻守湖口西岸梅家洲。燕王秦日纲自田家镇退出亦占据黄梅县城及九江对岸之小池口等地。18岁的骁将陈玉成自北岸渡江,助林启荣固守九江。九江、湖口、小池口三城形成一系,集中了太平军西征之主力,势力足以与敌军抗衡。12月8日,湘军水师前队彭玉麟抵达九江城下。次日,陆师塔齐布、罗泽南等渡过北岸田家镇,长驱东下,进攻长江。九江、湖口之战于此开始。

在战役的前阶段,太平军曾遭到挫败。曾国藩针对太平军的防守,令先至九江江面的湘军水师进攻九江,以牵制太平军力量;以陆师进攻黄梅,力图克复孔垅驿、小池口。12月14日,湘军水师李孟群等进攻小池口太平军营垒,获小胜。次日,李孟群督后营萧捷三等再战,焚太平军船30余只。太平军罗大纲部亦猛力迎战,沉湘军战船数只。这时,石达开自安庆派援兵抵达,会同罗大纲败赣军总兵居隆阿于小池口,毁其营盘。12月20日,湘军陆师在黄梅大河埔击败太平军,23日克复县城。31日,提督塔齐布、参将周凤山、道员罗泽南等全队分二路进攻孔垅驿,迫及小池口。次日,太平军被迫退出小池口。这时,石达开已偕胡以晃自安庆亲来督战,时任清兵部侍郎的曾国藩亦乘坐驾船至九江城外。湘军水师趁机锐进,力攻小池口至九江江面之太平军水师,肃清江面。罗大纲等退守湖口。次日,湘军水师又败太平军水师于九江,进至湖口,焚太平军船60余只。1月6日,屡毁九江、湖口间太平军船只营房。

鉴于太平军屡败,湘军声势正盛,特别是水师战斗力极强,石达开深知要战胜湘军,须以计取,难以力胜,并且主要在于战胜其水师。要战胜其水师,就必须战胜其精锐——轻捷的战船舢板。考虑到水师方面的不利形势,太平军首

---

① 《曾文正公全集》(二),卷首《奏议》,台湾文海出版社影印本,第671页。

先疲惫湘军以智取湘军水师,然后乘胜全面反攻的战略方针。于是,石达开亲守东岸湖口县城,以罗大纲守西岸梅家洲,各督水陆师严密扼守;湖口内扎大小木排各一座,东岸筑土城,西岸立木城;营外广布木桩竹签十余丈,掘壕数重,内埋地雷,上用大木横斜搭架,钉铁蒺藜于其上。防务严密以后,太平军陆师每夜用火毯火箭惊忧敌人水师,"以小船百余号,或二三只一联,或五只一联,堆积柴草,实以硝药,灌以膏油,分十余起,纵火下放,炮船随之。两岸出队千余人,呼声鼎沸,兼放火箭火毯。"①此举使敌人彻夜戒严,不敢安枕,疲惫更甚,急于求战。这样,战场上的主动权就基本上掌握到太平军手中。

在这一相持阶段中,从1月9日至18日,湘军水师曾三次大举进攻九江,均被林启荣、陈玉成等击退。曾国藩见屡攻不克,便将主力胡林翼、罗泽南部调往湖口,塔齐布、周凤山一部仍留九江牵制太平军。赴湖口之湘军得水师响应,于22日到达湖口附近,企图夺取梅家洲。23日,分三路攻击,被驻守梅家洲的太平军罗大纲部击败。27日,湘军陆师又猛攻梅家洲,罗大纲再拒败之。湘军水师乘陆师进攻梅家洲之机,即以战船环攻湖口太平军,用炮轰击横亘鄱阳湖口的大木排,击中排上的火药箱起火,坚守木排的太平军英勇搏斗,悲壮激烈,与排同归于尽。湘军水师向太平军水师发起进攻,石达开令凿沉大船堵塞湖口,仅在西岸留一个小小进出口,用篾缆拦阻。彭玉麟率舢板快艇斩缆冲入湖口,焚烧太平军船300余只。

面对强敌,石达开采取诱敌入鄱阳湖以分割湘军水师的战术。为了使湘军水师就范,石达开佯撤湖口的防御。湘军水师因胜而骄,中了石达开的计谋。1855年1月29日,湘军水师营官肖捷三等"突挥轻舟百二十余号,精卒二千余人,冲入鄱阳湖内"。②石达开即令罗大纲重新在湖口设卡筑垒,断其出路,把湘军水师分割为内湖外江两部分,而长龙、快蟹笨重大船被隔绝在外江。当夜,太平军以轻舟突袭外江之湘军水师,"火箭、喷筒,迷离施放,呼声震天"。敌大船因无灵活快速的舢板助战,战斗力大为减弱,"运掉不灵,如鸟去翼,如虫去足,实觉无以自立"。"被焚大战船九号,小者数号,杂色坐船三十余号。"③阵毙都司史久立,其余败退九江。太平军得此机会,开始反击,水师分两路驶向上游,湖口陆师亦展开攻势。2月2日,太平军一支渡江,夺回小池口。

---

① 《曾文正公全集》卷首《奏议》(二),第734页。
② 《太平天国全史》(中),第1127页。
③ 《曾文正公全集》卷首《奏议》(二),第763页。

第三章
太平天国在江西

为了彻底打垮湘军水师，石达开与胡以晃、罗大纲商定于1855年2月11日向湘军水师发动一次歼灭性的进攻。是日深夜，水雾布满江面，一片漆黑，万籁俱寂，唯闻滔滔江水声。这时，林启荣和罗大纲分别从九江、小池口驾轻舟百余只"乘月黑迷漫"，徐徐驶来，当接近敌水师船队时，突然"火弹喷筒，百枝齐放"，①颗颗火弹命中敌船，顿起弥天大火，连逃跑都来不及，焚毁敌船百余艘，"辎重丧失，不复成军"，②俘获曾国藩座船，杀其管驾官把总刘盛槐及船上官员多名。曾国藩事先已改乘小舟逃至罗泽南营，否则不是被杀，就是被掳。太平军获得了湖口、九江之战的最后胜利。

湖口、九江争夺战以太平军的胜利而告结束，在当时意义重大。

首先，这次战役从根本上扭转了太平军的败局，成为西征战局的转折点。湘军东下的攻势被粉碎，太平军在西征战场上由被动变为主动进攻。随着战役结束，太平军西征主力乘胜西上，进军两湖，于2月23日占汉阳，4月3日第三次克复武昌。西征战场出现了战略性之变化。正所谓"湘军反胜为败，天军反败为胜，而为一连串大胜利之序幕"。③

其次，这次战役把曾国藩苦心经营视为成功之利器的王牌军队——湘军水师打得落花流水，不复成军。曾国藩当时痛苦绝望，欲投水寻死，被部下劝阻未果，方于3月4日仓促逃入南昌。太平军打垮了西征战场上湘军一支劲旅，从此，太平军与湘军的战斗转移到了陆师方面。

曾国藩由于九江、湖口的惨败，在当地官绅中受到莫大的冷遇和耻辱，"饱受官绅之揶揄讪笑，省吏之牵制作梗"，从此被困于江西两年，"不通湘、鄂消息"。④这是他一生中最为危难的时刻。据其自书，是为其毕生"四大堑"之一："乙卯（五）年，九江败后，靦颜走入江西，又参抚臬。丙辰（六年），被困南昌，官绅人人目笑存之。"⑤曾国藩因久受江西巡抚陈启迈不与合作贻误军机之苦，乃于六月十二日奏劾其颠倒错谬，虚报军情，藉饷挟制，多方掣肘，恐误大局。⑥清帝立从其参奏，于七月初二日革陈启迈职，以文俊代之。

---

① 《曾文正公全集》卷首，《奏议》（二），第765页。
② 张仲远：《楚"寇"纪略》，转引自罗尔纲《太平天国史料考释集》第243页。
③ 《太平天国全史》（中），第1132页。
④ 《太平天国全史》（中），第1151页。
⑤ 《曾文正公全集》，《家书·家训》（三），第20326页。
⑥ 《曾文正公全集》卷首，《奏议》（二），第877—890页，《奏参江西巡抚陈启迈折》。

四、石达开经略江西

　　湖口、九江之战后,皖赣战场经历了半年左右的相持时期。长江天京一线三大重镇——安庆、九江、武昌均在太平军直接控制下。清军不甘心失败,重新调兵遣将,企图夺回武汉、九江两城。湘军主将、湖南提督塔齐布屡次围攻九江,均被守将林启荣击退。1855年8月30日,塔齐布以师久无力,积愤成疾,在九江军营呕血而死。曾国藩即以副将周凤山接统其军,继续围攻。不久,太平军湖口守军击毙湘军水师大将萧捷三,败平江营李元度。武昌则在国宗韦俊的镇守下,于9月18日击溃湖北巡抚胡林翼军。曾国藩又立即派遣湘军大将罗泽南来援,企图厚集兵力夺回武昌。10月,石达开率护天豫胡以晃、卫天侯黄玉昆、春官丞相张遂谋、夏官又副丞相曾锦谦、检点赖裕新等自安庆西上,进援武昌。11月间,在崇阳、通城一带与湘军罗泽南部接战,互有胜负。石达开看到湘军全力援救武昌,江西防务较空虚,且又是曾国藩及其大本营之所在地,若乘虚袭击江西,可以解除武汉、九江两重镇之围。于是,决定南下进军江西。

　　1855年11月24日,石达开率大军三万人自湖北通城越幕阜山进入江西义宁州(修水),败赣南镇总兵刘开泰于马坳,父子被斩。12月9日,石达开率军占新昌(宜丰),在此与自万载来的广东天地会葛耀明等会合,收编之,"号称数万"。①于是太平军声势极为壮盛,寻分军上高、复陷万载,浩浩荡荡,一路势如破竹,连克瑞州(高安)、临江(清江)、袁州(宜春)、吉安等名城重镇,"西路州县,望风瓦解",②"全省震动,四方救援俱绝,团练亦解"。③太平军声威实力,无以复加。

　　太平天国从金田起义到攻取南京的重大胜利,显示了农民战争势如破竹、一无所挡的兵锋和势力。但建都南京则不能不是一项错误的、保守的战略决策,"由此产生的军事和经济的态势,牵制了太平天国的兵锋,迫使它敛收金田起义以来的席卷之势。于是,奔腾湍激的农民战争巨流一下子汇成一片以南京为中心的浅滩。"④既然建都天京,那么其战略方针必然是以巩固天京为第一要

---

① 此为自粤北上之三合会军,其各军名义上虽参加太平军,但实际上编制与性质仍然独立如旧,不受太平军之宗教及军事训练,甚至自树旗号,故当时别称"花旗"。
② 李滨:《中兴别记》,《太平军在江西史料》第427页,第425—426页。
③ 《盐乘(新昌)县志》卷之九《武事》。
④ 陈旭麓:《太平天国的悲喜剧》,《历史研究》1991年第1期。

第三章
太平天国在江西

务,太平军的西征之举即意在经营中上游、屏障天京,以为天京之"大供给所"。① 自1853年5月至1856年9月天京内讧前,3年多的时间中,太平军在西征战场上取得了很大胜利,控制了长江两岸武昌、九江、安庆三大重镇,取得了安徽、江西和湖北东部的大部分区域,初步奠定了太平天国起义的物质基础,使之起到了天京之"大供给所"的作用。在天京内讧后的困难时期中,太平天国之所以还能坚持下去,渡过难关,实系西征战争胜利所致。

第二节 太平天国在江西的乡政建设

太平军在军事全盛时曾占领过江西的8府50余县。其在对江西进行军事占领的同时,为巩固后方基地以配合其军事行动,在江西所占地区实施了一系列的乡政建设。

一、地方政权的建立

太平天国地方政权的建立,是从石达开至安徽安民(1853年9月以后)时开始的。从那时起,太平军每占领一个地方,便立即张榜安民,晓谕举官造册,建立地方政权。②太平军最初在江西建立地方政权的时间,是在1853年冬季。是年6月13日,赖汉英、曾天养率西征军占领彭泽,不守西进,至"冬十月,贼入城设伪官"。③6月18日,西征军占领湖口,11月,湖口守将黄文金令人编造户口册,置军、师、旅帅等乡官。④

太平军在江西普遍建立地方政权,是在石达开经略江西以后。1855年11月,石达开率大军由湖北通城进入江西,"先后攻陷临江、瑞州、吉安、抚州、建

---

① 《贼情汇纂》,《太平天国》丛刊(三),第272页。
② 在地方政权中,总制(相当知府)和监军(相当知县)两级,多由太平军的中级军官担任,也基本上由中央任命,他们既是地方行政长官,也有武装守土之责,所以也称为"守土官"。军帅以下的乡官,则全由当地人担任,多由公举产生。
③ 同治《彭泽县志》卷十八,《军卫》。
④ 同治《湖口县志》卷五,《武备志》。

昌五郡及各属城池,遍设伪官。"①12月石达开由新昌入上高,"使其目黄某为伪官,曰监军;胁民为伪乡官,曰军帅、师帅、旅帅"。②12月18日,石达开部检点赖裕新及由广东北上之天地会葛耀明等占领瑞州府,设总制、监军。12月26日,石达开部将杨如松、总制陈棹由新昌南下,占万载,设监军及军、师、旅帅等官。12月28日,胡以晃等自临江府至新喻巡视,在罗坊设师帅,又到新喻设监军。1856年1月1日,石达开部张遂谋、曾锦谦两丞相自临江府攻占新淦(新干),设监军。1月6日,胡以晃、黄玉昆攻占分宜,以监军曹本立守之。1月8日,胡以晃、黄玉昆等自分宜攻占袁州府,以侍卫李能通守之,其下分设乡官,以陈宝泰为总制,胡敏为监军,受李能通节制。1月14日,胡以晃部朱衣点自袁州攻占萍乡县,以田某为监军。3月11日,石达开率大军攻克吉安府后,在所属各县均设监军。3月28日,石达开部检点黄添用、军略余子安自吉安攻占抚州府,令绅士充当监军、军帅、师帅、旅帅、百长(卒长)、司马。3月30日,监军冷逢辰自抚州进占金溪,亦设乡官。4月4日,抚州太平军分军占领建昌府,以将军张三和为守将,接着,分军所属各县,遍设乡官,遣监军至各属邑。4月10日,抚州太平军占领宜黄,立军、师、旅帅;吉安太平军占万安,以陈宝林为监军。到此时为止,江西8府50余县均为太平军所占领。太平军在所占领的地区,普遍地设置乡官,建立各级地方政权,"乡土政治,尽上轨道"。③

太平军建立各级地方政权,设置乡官,其目的是为了把所占区域纳入天朝的统治之下,安抚百姓,"编立户口,征收钱粮",④以支援农民战争,巩固新生的天京政权。正所谓"假托周官,倡为军、师、旅帅、两司马、百、卒、伍长等职,索民间造册,许给散门牌,以安百姓"。⑤"遍置伪官,迫其士民,劫以助逆,因粮因兵,愈蔓愈广。"⑥

太平天国江西地方政权乡官的人选,其中一部分是由受剥削、受压迫的劳动者,或者是饥寒交迫的无业游民,如"丐"、"铁匠"等承当,⑦也有"人民之附义

---

① 李滨:《中兴别记》,《太平军在江西史料》,第456页。
② 同治《上高县志》卷四《武事》。
③ 《太平天国全史》(中),第1165页。
④ 同治《宜春县志》卷五《武事·续纪》。
⑤ 张宿煌:《备志纪年》,《太平军在江西史料》,第542、543页。
⑥ 李滨:《中兴别记》,《太平军在江西史料》,第427页。
⑦ 张宿煌:《备志纪年》,《太平军在江西史料》,第542、543页。

第三章
太平天国在江西

者"，①即拥护太平军的民众担任。但为了确立辖区内的社会秩序与征收钱粮，太平军又不得不注意安抚那些"粮户"和"殷实之家"，在一定程度上对他们实行了一种宽抚政策。如特别注意吸收"名儒学士"参加地方政权，委任他们充当军、师、旅帅等各级乡官。所以，在地方政权中，较常见的情况是，"本地绅士被邀合作，有被任要职者"。②如在抚州，太平军"逼迫绅士充当伪职"，③并要地方绅士"各举尔所知"，以提供乡官人选，像举人赵省庵，就被慕名的"贼目""延以重金，逼受伪职"。④在吉安，"各属设立伪官……士人受贼伪职"，⑤如恩贡生郭如圭、岁贡生王锡、增贡生肖文英之子以及地方绅士周煊等，均曾"逼受伪职"。⑥在金溪，"邑绅多污伪命"。⑦在安福，"择邑之举人生监，皆以军、师、旅帅、司马各职污之"。⑧在湖口，1853年太平军设置乡官时，"主其事者潘敬孚，本城中纨袴子，捐纳国学生，出入文昌宫"。⑨在临川，"贼在城分布伪职，勒四乡财户当之"。⑩乐安监生陈英焕也"逼受伪职"。⑪

各方面的记载和诸多的事例证实，太平天国时期，江西地方乡官虽有一部分农民出身的人充任，但由地主阶级，特别是地方绅士充任则是一种较为普遍的现象。这说明太平军在政治上确实是力图争取和拉拢地主阶级尤其是知识分子的。与太平军在其他各地所发布的檄文、告示中真诚地希望"名儒学士、英雄豪杰"加入起义队伍一样，这也是太平军在江西（同时也在安徽、湖北等省份）普遍执行的一项方针政策。

太平军之所以执行这种方针政策，是因为太平天国还是一场农民起义，只能把"更换朝代"⑫作为这场农民起义的具体目标，他们也只是从革命的本能出发，而对剥削和压迫缺乏科学的分析和明确的认识，因而不可能有明确的阶级

---

① 《太平天国全史》（中），第982页。
② 简又文：《太平天国典制通考》上，香港简氏猛进书屋1958年版，第405页。
③ 同治《抚州府志》卷三四之二，《武备·武事》，《发逆始末附》。
④ 钟体志：《赵省庵明经墓志铭》，《澡雪堂文钞》第四卷。
⑤ 尹继美：《吉安军务私议》，《鼎吉堂文钞》续编。
⑥ 民国《吉安县志》卷三六第9页，卷三九第12页。
⑦ 钟体志：《许柱臣墓志铭》，《澡雪堂文钞》第四卷。
⑧ 邹钟：《光远堂文集》卷六，第3页。
⑨ 张宿煌：《备志纪年》，《太平天国在江西史料》第542页。
⑩ 同治《临川县志》卷四四，《忠义》。
⑪ 同治《乐安县志》卷八，第25页。
⑫ 《东王杨秀清劝告天京人民谕》，中华书局1979年版。

观念。所以,他们把斗争矛头主要指向清朝贵族、官僚、豪绅地主,而对一般地主及其知识分子不公开反抗者,则视为"良民"而采取争取、信任政策,予以任用。但是,地主阶级作为封建生产关系的代表者,出于其阶级本能,对于太平天国和其他农民的反抗斗争抱着仇视态度,因此许多地主及其知识分子对于参加太平天国地方政权,则采取了敌对和抵制的态度。如太平军1856年2月攻克安义县后,"下令捕绅富充伪官……绅富皆匿穷谷,大索四十余日,无所获"。①太平军在安福"择邑之举人生监"任乡官时,"诸生黄中理首见贼牒,逃于湖湘,免"。②临川地主官僚饶玉川,被"逼当旅帅,不从",并"誓以死殉"。③不过,由于太平天国起义时期中国社会矛盾十分复杂尖锐,除了帝国主义与中华民族的矛盾、封建主义与人民大众的矛盾外,国内各族人民与满族贵族的矛盾、统治阶级内部满族贵族与汉族地主的矛盾、大地主与中小地主、当权的地主与不当权的地主之间的矛盾等等也交织在一起。因此,当太平军以"创义旗以剿妖胡"为号召,把斗争矛头主要对准满族贵族、清朝官僚、大地主豪绅时,一部分具有民族观念和下层的地主知识分子,有可能从地主阶级中分化出来,起而拥护太平天国起义。

太平军向江西进军时,南康就发生了"本地绅太平军实行的争取宽抚政策便取得了一定的政治效应。当士诱缚守、令、都司迎献贼船"之事,④江西其他州县,"绅庶士民""馈送银钱米谷等物,并佯受伪职,希图苟免者所在皆有,而甘心从逆,屈身献媚……亦复不少"。⑤曾国藩在一封家书中述及石达开经略江西时的情形说:"江西民风柔弱,见各属并陷,遂靡然以为天倾地坼,不复作反正之想,不待其迫胁以从,而甘心蓄发助贼,希图充当军帅、旅帅,以讹索其乡人。"⑥王珍率所部湘军入"翼逆之所苦心经营"的江西,发现"此间民气尚好,绅士转多不剃发,不办公。"⑦他在一封答书中说:"所示吉水逆目姓名,单举人且有三名之多。国家养士二百年,何负于若辈?可恨,可叹!"⑧临江贡生谢某,在

---

① 同治《安义县志》卷之五,《武备》。
② 邹钟:《志远堂文集》卷六,第3页。
③ 同治《临川县志》卷四四《忠义》。
④ 沈兆霖:《自订年谱》,《沈文忠公集》卷首,第10页,同治八年刊本。
⑤ 李恒:《议复吴守禀准奏请奉、靖、义三县绅士被贼污名立案不究详》,《宝韦斋类稿·官书》第一卷。
⑥ 《曾文正公家书》,《家书·家训》(二),第19615页。
⑦ 王珍:《复靳镇铭大令》,《王壮武公遗集·书札》之九,第28页,扬州古籍书店油印本。
⑧ 王珍:《复文辅卿大令》,《王壮武公遗集·书札》之七,第31页。

第三章
太平天国在江西

湘军周凤山营帐中当众"昌言伪翼王石达开龙凤之姿，天日之表。"①前引湖口乡官"国学生"潘敬孚，"凡贼中所出伪示，张挂家门"，后被清朝"官兵……械送省正法。"②在龙泉县，举人张谦、武举钟起凤、廪生钟毓灵、监生陈邦烈、童生刘相桂等，都充当过"贼渠魁"，后被清军"俱凌迟处死，悬首四城门示众"。③

这些史料记载，当然不能排除有一部分地主阶级及其知识分子在革命高涨时期投机进入太平天国，表面上不得不与太平天国虚与委蛇，而实际上始终敌视太平天国的可能，但也确凿地说明在当时特定的历史条件下，随着地主阶级内部矛盾的发展和形势的演变，这个阶级也会产生分化，由于太平军执行的宽抚政策，就使得其中一部分人（尤其是知识分子）逐渐与清王朝疏远，而向太平天国的政权靠拢的事实。

太平天国江西地方政权对封建势力进行了猛烈的冲击。在政治上，各级地方政权运用暴力手段严厉镇压清朝官吏、团练头子、豪绅地主，"焚各官衙署"，④摧毁了各级官府，狠狠地从政治上打击封建势力。在经济上，"所扰惟典铺、大家为甚"，"惟以仇视官绅、苛勒殷富，以售其黠"，⑤即对地主阶级中最富有、势力最大的一部分进行搜劫和剥夺。在文化上，则"毁其诗书，焚其庙宇"，"既灭孔孟之教，又灭纲常之序"，"严禁剃发服烟"，⑥对封建文化习俗进行了一定程度上的扫除（但不可避免地对传统文化又造成了一定程度上的破坏。）此外，太平天国江西地方政权在所辖地区普遍实行户籍制度，发给门牌，对安定社会秩序、巩固太平天国后方基地、积极支援农民战争起到了不容忽视的作用。

二、土地与税收

为了筹集充足的粮食军饷，以支持长久的战争，就必须征收田赋。太平军在江西实行的田赋政策，经过了从宣传公有制，"均贫富"，实行"计亩征粮"，到"照旧交粮纳税"这一变化过程。

太平天国所设想的土地制度，在《天朝田亩制度》中得到了较全面的反映，

---

① 赵烈文：《落花春雨巢日记》，《太平天国史料丛编简辑》第三册，中华书局1962年版，第61页。
② 张宿煌：《备志纪年》，《太平军在江西史料》第542页。
③ 同治《龙泉县志》卷十八，《杂类》。
④ 同治《万载县志》卷七之二，《武备·武事》。
⑤ 同治《高安县志》卷之九，《兵事》。
⑥ 晏家瑞：《江西战垒纪闻》，《太平军在江西史料》第533页。

它的基本原则是：土地为天父所有，天下人平均分耕。太平天国在颁布《天朝田亩制度》之前，曾为实行公有制，"均贫富"进行过宣传。1853年2月，太平军抵达九江时，到处张贴布告，"首以薄赋税、均贫富二语"宣告人民，①对人民群众鼓动和影响很大。湖口县农民即提出了均田的要求，实行了减租。湖口县张宿煌在咸丰三年（1853年）"秋八月"的记事里记道："是秋谷熟倍。近年三乡顽梗，倡均田之说，私相盟会，准每亩佃户纳谷八斗，语云：斩富填贫。"②是年赖汉英率太平军围攻南昌时，南昌县梓溪镇棠溪村农民也向地主计亩征粮，分给无田的穷苦人吃。村中地主邹树荣在《六月十八日江省被围感赋七律三首》中记其事道："围闭江城历七旬，久偏生变是愚人，官兵与贼皆安堵，乡俗乘机作怒瞋。计亩征粮忧富室，（乡间计田一石，或出谷一石二石不等，分与无田者食，于是有田者多受累。）……吾村前后分三次，（吾家一回出谷五十余石，一回出谷三十余石，一回出谷二十石）此举难期苦乐均。"③这些"均贫富"、反对封建剥削的宣传和实际行动，与太平天国定都天京后的行动是一致的。这既打击了封建剥削势力，同时也为《天朝田亩制度》的颁布做了准备。

《天朝田亩制度》颁布于1853年12月，但实际上始终没有实行。太平天国建都后，行政机关大加扩充，天京人民也行供给制，而粮食来源主要是依靠克复州县获取仓储，这就不可能长期维持下去。据记，天京于1854年6月已"下一概吃粥令"，④粮食告匮。如果当时不很快解决天京粮食匮缺问题，天京很可能发生哗变事件。除天京外，从整个形势来看，粮储匮缺也是一个首要的大问题。所以，刚刚建立的太平天国政权面临的重大问题即立即解决粮食来源，稳定军心民心。而《天朝田亩制度》实行平分土地，要使"无处不均匀，无人不饱暖"的理想固然颇为美好，但这个农业社会主义的乌托邦只是个十分遥远的远景蓝图，在当时战争频繁、戎马倥偬的环境中，太平天国领导人根本无法照此方案对整个经济结构和社会组织进行根本改造。既不具备实现它的主客观条件，也不能立即解决粮食来源问题，因此，太平天国领导人并不打算把《天朝田亩制度》付诸实践，其土地制度甚至没有试行。于是，在颁布《天朝田亩制度》后至多半年，

---

① 《吴煦档案》，《吉尔杭阿禀》，引自罗尔纲《"天朝田亩制度的实施问题"补考》，见《太平天国学刊》第二辑。
② 张宿煌：《备志纪年》，《太平军在江西史料》，第543页。
③ 邹树荣：《蔼青诗草》，《太平军在江西史料》，第473页。
④ 引自罗尔纲《"天朝田亩制度的实施问题"补考》，见《太平天国学刊》第二辑。

第三章
太平天国在江西

太平天国纪不得不根据太平军在江西和安徽等地征收粮赋的具体鹊践（咸丰三年九月，石达开在安澎也实行了"征租赋"政策），因时利便地改为采取"照旧交粮纳税"的措施。

"照旧交粮纳税"的措施，是1854年7月间杨秀清、韦昌辉、石达开联名上奏天王洪秀全《请准良民照旧交粮纳税本章》请办的。本章中奏说："自建都天京，兵士日众，宜广积米粮，以充军储而裕国课。弟等细思安徽、江西米粮广有，宜令镇守佐将在彼晓谕良民，照旧交粮纳税，如蒙恩准，弟等即颁行诰谕，令该等遵办，解回天京圣仓堆积。"洪秀全接本章后，即批示："胞等所议是也，即遣佐将施行。"①于是，"照旧交粮纳税"的田赋政策，就作为太平天国的一项重要方针政策而正式确定了下来。

太平天国实行"照旧交粮纳税"的政策，始于1854年秋天。据罗尔纲先生考证，这年秋八月十七日(阴历)始在安徽桐陵县施行。在江西实行的时间，大概也在这前后，当是在建立了地方政权，编立了户籍后施行的。从1855年5月"前玖圣粮"刘某在江西都昌发布的晓谕来看，其中说："田赋虽未奉其定制，尔等粮户亦宜谨遵天定，暂依旧例章程，扫数如期完纳。"还说："无论富户贫民，务宜一体完纳。"②所谓"旧例章程"，显然是"照旧交粮纳税"的换一种说法。可见，太平军此时在江西正是"暂依旧例章程，"即沿用清朝的老办法征收粮赋。交粮纳税的对象是土地所有者，其中包括地主和自耕农，而地主仍是田赋的主要交纳者。

既然要向地主征收田赋，势必允许地主收租，保留封建土地所有制。事实正是如此。据清方报告江西的情况说："士民多以身家之故，勉被迫胁，受贼驱使，不能自拔。"③所谓"身家"，即指以田产为主的地主家财。显然，如果太平军废除了封建土地所有制，所谓"士民"(即地主)就不会受太平军的指使，更不会为太平天国办事。但是，在革命高潮中，太平军扫荡地主团练，镇压有功名的地主，剥夺地主浮财等斗争，不仅使许多地主死亡，更使大批地主纷纷逃窜。如彭泽县，自太平军来后，"往往世家大族，或转徙而家乏壮丁，或荒芜而莫办阡陌。""辗转岁时，遂至永弃……从而飞洒。"④于是，造成了一部分"无主"土地。

---

① 张德坚：《贼情汇纂》，《太平天国》丛刊(三)，第203—204页。
② 《前玖圣粮刘晓谕粮户早完国课》布告，见《太平天国文书汇编》，第118页。
③ 《骆文忠公奏议》(二)第772页，台湾文海出版社影印本。
④ 同治《彭泽县志》卷四，《军卫》。

在这种情况下,土地落到太平天国或贫苦农民手中,或者耕种这部分土地的佃农一时免除封建剥削,不完租,只交粮,是完全可能的。这在一定程度上对封建土地所有制是一种打击和破坏。

太平军在江西实行"照旧交粮纳税"的田赋政策,究竟赋税征收办法如何?征税额为多少?因资料匮缺,不得而知。不过,有一点可以肯定的是,在清朝统治下,官府浮收很重,而太平军虽照清朝办法征收赋税,但较之清朝统治时期则要轻得多。据记载:"天朝在湖北之一部、安徽之大部、江西几乎全部(只南昌、赣州两郡为例外),均抽税,税收有定规。"①"在翼王治下皖赣两省各郡邑,皆能循政治轨道以增税收,不事横征暴敛……其征收税率比曩在清朝治下为轻。"②另据一地主阶级分子记称,江西太平天国地方政权"假仁义使地方相安,赋又善取之,轻取之"。③"赋又善取之",虽未详言,但不外是指太平军征税时,革除了大户"注缓"不纳,小户则横征倍取的积弊,实现了"均赋";"轻取之"无疑是指取消了浮收勒折,大为减轻了农民负担。有些地方,如在抚州,还有"减税至半额"的报道。④连曾国藩也不得不承认太平军在"括敛"上"尚能疏节阔目",不像清军那样"榷算无余"。⑤这些仅有的记载,说明太平天国在江西虽行"照旧交粮纳税"的田赋政策,但土地占有者赋税的实际负担并非"照旧",则是较前有所减轻,以致"民遂渐有乐于相向之意",统治阶级担忧"诚恐陷贼日久,与贼相安,必至相忘,将不分良莠皆归贼矣!"⑥

总的来说,太平天国从颁布《天朝田亩制度》退回到实行"照旧交粮纳税"的田赋政策,并非太平天国政权根本政策的变化,它既是太平天国根据客观情况而因时制宜所采取的一项应急措施,同时也说明了这样一种道理:《天朝田亩制度》要彻底废除私有财产、搞绝对平均主义,不仅是超出当时,甚至是超出未来的一种幻想。正如恩格斯在《德国农民战争》中所说,这种幻想式的计划"在第一次实际试用之后就不得不退到当时条件所容许的有限范围以内来。对私有财产的攻击,对财产公有制的要求,都不得不烟消云散。"⑦

---

① 《北华捷报》1856年8月16日,引自《太平天国典制通考》上,第406页。
② 《太平天国全史》(中)第982页。
③ 雷寿南:《禀骆中丞》,《雷竹安先生文集》第八卷。
④ 《北华先驱》1856年10月4日,引自《太平天国典制通考》上,第406页。
⑤ 《曾国藩未刊信稿》,第314页。
⑥ 雷寿南:《禀骆中丞》,《雷竹安先生文集》第八卷。
⑦ 《马克思恩格斯全集》第七卷,人民出版社1959年版,第405页。

第三章
太平天国在江西

实行"照旧交粮纳税"的田赋政策,尽管保留了封建土地所有制,但它与清朝政府为保护地主利益、剥削农民的赋税制度有着原则的不同。它的实行,在当时客观上也起到了争取广大农民(包括自耕农、中、小地主),巩固农民政权及服务于农民战争的作用。

当然,这种政策并没有解决农民的土地问题。因为封建土地所有制是封建社会的经济基础,铲除这一制度将根本变革这个社会的性质。历史证明,这是农民阶级单靠自己的力量所不能完成的。太平天国起义虽然是旧式农民战争的顶峰,但在这个根本问题上,他们不可能超越历史的局限。在起义过程中,他们一方面不能不允许地主收租,保留封建土地所有制;另一方面又给地主阶级以猛烈打击,并一定程度上削弱了地主土地所有制。

三、商业政策

关于商业政策,太平天国在占据南京之后,即宣布:"天京乃定鼎之地,安能妄作生理,潜通商贾?"[①]遂将所有商贾资本货物没收,归入圣库,统一掌握,调拨分配。一时天京城内任何形式的商业活动都被取缔(虽然天京城在后期仍恢复了商业活动)。天京城内对待商业的种种做法,并没有在其他地区推行。

太平军在江西实行的商业政策,由于资料匮缺,不得其详,从一些零散的记载中,只能知道大概的情况。

首先,地方政权鼓励和支持商人照常进行商业贸易活动。太平军在江西义宁州的安民布告中就说:"凡尔民一切贸易无容闭歇,免致采买无向,自迫其乱。"[②]地方政府不但鼓励商人在太平军占领区内自由往来贸易,而且还特许商人可以剃发进入清政府统治区。据《北华先驱》所载,一位外国人"曾遇一江西商人之旅居安庆者,问其生意如何",商人答云"长毛对待我们殊好",接着又说,他们商人"还可以与非天朝治下的区域做生意;彼本人即薙了发由安庆到江西经商者"。[③]

其次,地方政府尽一切可能维持社会秩序,保障商民利益。在这方面,太平

---

① 马寿龄:《金陵癸甲新乐府》《太平天国》丛刊(四),神州国光社1954年版,第738页。
② 《元勋殿左二十七检点赖裕新安民晓谕》,《太平天国文书汇编》,第120页。
③ 《北华先驱》1856年8月16日,引自《太平天国典制通考》上,第404页。

军特别注意军纪的维持,严格实行公买公卖,规定"凡官兵如见子民安业买卖,胆敢恃势抢民货物,不依平买给价者,民宜当即扭拿禀送,论罪处斩"。①

太平军所实行的这种自由和保护的商业政策,对商业的恢复,即市场交易与商贩往来起到了促进和活跃的作用。因此,在江西太平军占领区,地方治安秩序井然,太平繁盛,商贾往来无禁,商业贸易得以顺利开展。

四、文化政策

太平军在江西还广辟门径招纳知识分子。其一为招贤制度。知识分子中自然有怀才自荐的人。读书人"有从之者,称为先生,即派七、八人服侍"。②湖口县有一位姓潘的知识分子,"自愤读书不得志",于是投奔太平军,太平军"得潘大喜,遂船载去",后来咸丰四年(1854年)冬随翼王石达开回县,"果重用为翼殿尚书"。③其二为科举制度。太平军在江西部分地区举行"开科取士,使人民得自由竞取功名及官职。"④据记,咸丰五年夏五月,太平军曾在江西湖口举行乡试,"先是,贼于三月间遣伪官向下派送试卷,谓之观风,而愚则其书中语。至是,拟取台山张氏家塾为考棚,十人取九。其不取者,贼谓文有妖气。其取者,送安庆再试。"咸丰七年夏六月,又举行了一次乡试,"……至是凡取入伪学者,逼往彭泽大考。……八月,有无耻之徒俨然拜祖拜客,着一领大红袍,头上所戴则果然举人字帽矣"。⑤科举制度是从清朝那里学来的现成办法,不过太平军加以了变通,这主要为考试内容方面,试题来源或采太平天国典籍,或就当前的政治实际,"文有妖气",即不符合太平天国思想之内容,则不予录取。另外考试录取名额也很宽松,"十人取九",这就大大拓宽了太平军招纳知识分子的范围。

太平军迫切需要知识分子,对所有中途进入的知识分子都给予了同样的重视和欢迎。但他们对知识分子不加区别,不懂得如何去改造他们,这则是一大缺陷,这与封建社会里农民阶级建立的政权终究不能彻底反封建是相关联的。

---

① 《元勋殿左二十七检点赖裕新安民晓谕》,《太平天国文书汇编》,第120页。
② 毛隆保:《见闻杂记》,《太平军在江西史料》,第503页。
③ 张宿煌:《备志纪年》,《太平军在江西史料》,第544、545页。
④ 简又文:《太平天国典制通考》上,第404页。
⑤ 张宿煌:《备志纪年》,《太平军在江西史料》,第544、545页。

第三章
太平天国在江西

第三节
太平天国苦撑江西残局

1856年秋,天京内讧及农民起义队伍的严重分裂,大伤了太平天国的元气,断送了大好的革命形势,使清军获得了一个意外的机会,向太平军发起了猛烈的反扑。

一、天京内讧后江西的军事形势

1856年12月19日,坚守了一年多的武汉,由于石达开奉诏勤王,撤兵东归,守军外援断绝,守将韦俊遂弃城东撤入江西。这座对保卫安庆和天京具有重大战略意义的城市最终陷入敌手,成为清军东征之基地。日后清军从这里顺流而下,水陆兼进,一步步地逼进九江。

在江西战场,湘军增加了兵力,分军数路,大举进犯。由刘长佑、肖启江攻袁州,曾国华、普承尧、刘腾鸿、吴坤修攻瑞州,李续宾、杨载福攻九江。驻守江西的太平军面临着物资、军械供应紧缺的严重困难,又不得不自行组织防御,与湘军展开英勇顽强的战斗。先前参加太平军的天地会众(花旗),因为保留着自己原来的组织和旗帜,纪律松弛,军械不整,天京变乱发生后,他们首先动摇、叛变。1856年11月24日,春官副侍卫李能通便以袁州城叛降湘军道员刘长佑、知府肖启江,29日,城陷。1857年1月30日,湘军知府吴坤修又攻陷了与瑞州、临江两地成为犄角的奉新城。曾国藩当时认为:"近日洪杨内乱,武汉肃清,袁州、奉新等处克复数城,江西局势似有旋转之机。"①

尽管如此,在1856年11月至1857年5月由石达开辅政期间,太平天国整个军事形势基本上是稳定的。当时,石达开面临着武汉失守、清军水师直逼九江的危险形势,为了稳定局面,重新部署了攻守兼施的战略(在东线坚守句容、溧水,西线坚守九江以下的长江水道,西南坚守江西,在皖鄂边境大别山区则实行进攻)。在坚守方面,石达开回京靖难之时,虽放弃武昌之救援,但对于江西战场的防守犹有缜密之布置,严令诸军紧守防地,留大将余子安、赖裕新、傅忠

---

① 《曾文正公全集》卷首,《奏议》(三),第1502页。

信等统兵扼守各重要郡邑。因此,曾国藩于1856年10月至11月间,乘天京内讧之机,一度反攻建昌和抚州,以图轻易得手,不仅不成功,反被由景德镇赴援的太平军所大败,李元度之平江勇几乎全军覆没。曾国藩在事后向清廷汇报说:"臣等正思趁此机会,克复数城,仰慰宵旰忧勤之意,不意九月中(1856年10月)抚州以分军致挫,十月间(11月)建昌以疲乏致溃;而拿获贼中伪文,均称石达开谕令诸贼谨守江西。凡江西境内之贼概未调赴下游,而下游之贼反由景德镇以赴援抚、建。盖安庆为石逆旧踞之巢穴,江西为石逆新陷之土地。……以大局言之,北岸安庆、南岸九江,该逆之所必争也;以江西言之,瑞州、临江为根本,抚州、吉安为膏腴,亦该逆之所不肯轻弃也。"①曾国藩这里所说的瑞州、临江、抚州、吉安四地,正是太平天国在江西的军事重镇。瑞州据锦江中游,临江扼袁水下游,抚州则控旴江要津,是太平军进攻南昌的三大据点;而吉安临赣江上游,广出米粮,又为供应江西太平军军需的中心,都是必须坚守的要地,同时也是清军为了保住南昌所必争的城池。清军虽集中兵力以夺取这些城镇,但直到1857年上半年中,连一个也没有攻下,"江西贼势,仍未衰落,八郡名城,久被沦陷。……足见此贼以全力围困江西,未尝有一处之瑕隙,一日之松懈也"。②清军费了九牛二虎之力,只取得了西部袁州等数城而已。在长江水道上,九江仍在坚守中,清军水师暂不敢东下活动。江西太平军以坚守为长策,虽然失去几个城池,但军事形势基本上却是稳定的。

但内讧后,洪秀全疑忌日重,导致了1857年5月底石达开的出京远征。石达开出走,尽行带走嫡系部队,使太平军队伍发生严重分裂。全线军事,又急转直下,"清军乘机取攻势,处处反败为胜,遂至天朝大局几至不可收拾矣"。据当时六安州总制之掌书陈凤曹函曰:"翼王见天王疑忌实深,故私自出京,誓不回去。随后络续随翼王而出京者,官员兄弟约有五、七万人,将来天京必定空虚。③石达开的嫡系部队大部分都在江西分驻各郡邑(其入京前,留赖裕新等守瑞州,黄玉昆等守临江,傅忠信等守吉安,余子安等守抚州,又石镇吉部亦由闽回赣,连分驻各地之广东天地会,不下10余万人,而杨辅清一军四五万人,亦方由闽回师)。石达开自1857年10月初由安徽入江西,至1858年4月统大军由赣东北边县玉山入浙江,在江西境内沿途接应嫡系归队及友军附从。而江西战场由于

---

① 《曾文正公全集》卷首,《奏议》(三),第1390—1393页。
② 《曾国藩疏覆》,引自《太平军在江西史料》第434页。
③ 《太平天国全史》(中),第1429页。

第三章
太平天国在江西

撤走驻守各邑之基本队伍,防地尽空,兵力则愈薄弱了。

在清军方面,1857年春,曾国藩由于丁忧回籍,清军全盘军事由湖北巡抚胡林翼主持。这时,湖南巡抚骆秉章续派道员王鑫率老湘营来江西增援,兵力愈厚。而湖北收复后,胡林翼乘胜指挥水陆全师东征,以期与久困江西之曾国藩军会师。于是都兴阿、多隆阿之马队、李续宾、王国才之陆师,与杨载福之水师,夹江而下,未遇抵抗,直逼九江。"综计此次清军东征之全部兵力:杨氏水师增至四百余船,李氏一军增至八千余人,连同王国才等其他诸部,共有二万余人"。[①]敌军来势汹汹,太平军队伍又严重分化,江西战场面临着严重的丢城失地局势。当石达开本人尚在安庆之时,瑞州便在湘军的长期围攻下于9月2日失守。自1857年9月至1858年9月的一年中,江西的几个重要城镇如瑞州、湖口、临江、九江、抚州、建昌、吉安相继失守。

二、九江保卫战与吉安失守

(一)九江保卫战

九江扼鄂、赣、皖三省水陆咽喉,是长江一线的重要战略据点。自1853年9月29日被太平军占领以后,一直为太平天国上游重镇。殿右十二检点林启荣奉命镇守九江后,缮守具,增城壕,守备甚固,连北岸之小池口与东部鄱阳湖入长江之湖口地方,互成犄角之势,清军屡次进攻,均不得逞,"层栅密垒,犄角相依,官军攻击,恃险坚拒。"[②]1856年12月,武汉失守后,清东征大军水陆并进,迫向九江。

1857年1月初,湘军记名按察使李续宾部8000余人直入江西。1月1日,攻陷瑞昌。次日,遣军再陷德安。1月4日,李续宾率大军直抵九江城下,1月8日开始与提督杨载福之水师合力环攻九江,大战六昼夜后败退。林启荣以功封贞天侯。

2月,湘军自官牌夹起到东边白水湖尾修筑长壕,全长30多里。到6月筑成长壕6道,壕深2丈,宽3丈5尺,三面合围。10月2日,小池口被攻陷。胡林翼随即亲到九江视师,并与杨载福、李续宾等商定攻取九江战略,决定先以水陆师全力攻湖口、彭泽之外围,以孤立九江,断其接济,然后攻九江府城。

---

① 《太平天国全史》(中),第1403页。
② 李滨:《中兴别记》,《太平军在江西史料》第459页。

太平军据守湖口已六七年,守将为检点黄文金,"紫面善战,绰号老虎"。①10月25日,杨载福、李续宾之水陆师预约彭玉麟之内湖水师齐攻湖口,败黄文金等。次日,湘军水陆师继续拼死进攻湖口、梅家洲二地,太平军守军奋起顽强抗击,消灭湘军900余人。终因守军寡不敌众,黄文金率部南退,湖口、梅家洲血战之后陷入敌手。这样,自1855年1月29日被石达开计诱陷鄱阳湖内围困之湘军水师,在与外江隔绝近三年后,至此又复合为一,势力倍增,长江上、下游之水面控制权,遂全归其掌握。之后,湘军水陆师续行进攻彭泽,太平军守将赖桂英为敌所败,11月8日,彭泽失陷。

湖口、彭泽失守之后,九江便陷于孤立,军援给养断绝,城中粮食将尽,情况危急。守将林启荣一面率兵力战,一面种麦自给,"其守愈暇,频伤攻城军"。②清军久攻不克,于1858年3月开始在磨盘洲挖掘地道,以图轰炸城垣。4月下旬,两次轰塌东、南两面城墙,突袭入城。林启荣等率兵奋战,给清军以重大杀伤,堵住了敌人,并重新将城墙修复。不久,清军又沿城从东到南偷掘地道,于1858年5月19日再次用地雷轰塌城墙百余丈,清军蚁附而上。城破之后,林启荣及元戎李兴隆等率领全军将士仍在烈风暴雨中展开英勇巷战,逐屋争夺,短兵肉搏,最后,全军17000余人全部壮烈牺牲。其悲壮情景,连曾国藩也叹服道:"林启荣之坚忍,实不可及"。③《胡林翼年谱》中也说:"林启容踞九江六载,号坚忍能军。"④作为鄂、皖、赣三省门户之地位的九江,其沦陷,一方面使江西战场的形势更为险恶,太平军在江西的战斗更为艰苦;另一方面又使当时太平天国仅次于天京的第二大城安庆失去屏障,成为清军下一步进攻的主要目标。

(二)吉安失守

1857年10月5日,石达开自皖入赣,经景德镇南下,沿乐平、万年、安仁,直入抚州,而后再由进贤南进,驰援吉安,曾三次进攻,均为湘军所败,连战失利,南下之路打不通,即知难而退,急行折回,于1858年2月率大军自抚州、进贤、东乡,分头经金溪、鹰潭、贵溪、弋阳、铅山、信丰、玉山,东进入浙。

石达开率军在江西境内南奔东突,转折半年多,就其行动来说,是路过江西召集旧部随他远征,而不是支援江西。所以在1858年1月22日临江失守前后,

---

① 彭玉麟:《诗集》卷二,《攻克湖口》,引自《太平天国全史》中,第1606页。
② 王闿运:《湘军志》三。
③ 《曾文正公全集》,《家书·家训》(二),第19687页。
④ 见《胡林翼全集》第二册,第65页,大东书局刊本。

第三章
太平天国在江西

他的军队正在丰城、新淦、抚州一带活动,均距临江很近,而没有加以救援;4月,江西军事正紧急之时,他反而率领大军东去浙江。6月1日,抚州守将余子安因城内有三合会之黄扬等叛变,内应清军,乃率部退出抚州,抚州遂陷湘军肖启江、刘于浔、刘坤一等之手。(后余子安由金溪入浙,复归石达开部。)抚州失守后四日,建昌府也沦陷。

抚州、建昌失陷后,太平军在江西全省所有的郡邑,只剩吉安一城了。吉安于1856年3月被太平军攻克后,不仅一直是太平军在江西的军需供应基地,而且吉安位居江西腹地,形势险要,"赣江入吉州后,随山回绕,府境当其大曲处,滩多湍急,地险城坚",①亦为太平军军事重镇。因此,曾国藩就认为"吉安一郡尤上游必争之地",②自1856年冬,即布置其胞弟湘军同知曾国荃自湖南统领吉字营③"进扎城下,趱挖长壕……围攻两载之久"。④太平军吉安守军原为石达开部傅忠信、翟明海等,黄玉昆其后来此,于1857年11月战亡。在两年攻守吉安的战斗中,吉安守军不仅遭到吉字营的连续环攻,还先后遭到湘军前副将周凤山部、参将刘培元部、道员王鑫所部老湘营及普承尧部的援攻。但是,太平军苦苦坚守住吉安府城,在城外及外线的战斗中,敌我双方均有伤亡。自瑞州、临江、抚州等城相继失守后,吉安的坚守就更加艰难了,其存亡也就危在旦夕了。

1858年5月17日,吉安守军出城猛攻,被曾国荃吉字营所败。以后吉字营围攻吉安3个月,不克。8月29日,曾国荃督军猛烈攻城,几乎得手。9月10日,曾国荃与赵焕联联合水陆湘军环攻府城。15日,又一次发起猛烈攻击,杀死不少由城内冲出突围的太平军。这时,吉安府城守军大部已经出走(残部东趋归石达开大队),余军不多,无力再支持下去,吉安重镇遂于1858年9月21日失守。

吉安为太平军在江西最后失守的郡城,于是江西全省重新归于清朝治下。到该年10月,石达开大军再由闽边汀州入赣东,转战赣南,然而其目的是假道过境前赴湘南,仍行其远征之计划,并非如西征时期之攻城夺地意在久踞统辖。1860年12月李秀成大军也曾由皖南休宁、徽州转趋婺源,于年底进入江西,但这次大军入赣,亦无长期占据城邑之意,只是过境性质,假道入鄂以与英王

---

① 刘锦藻:《清朝续文献通考》(四),第10570页。
② 《曾文正公全集》卷首《奏议》(三),第1697、1698页。
③ 1856年11月,湖南巡抚骆秉章遣曾国荃与同知赵焕联率湘勇2000人自长沙援赣,取道萍乡。(时,黄冕膺任吉安知府,助其成军)因最初攻吉安,故称为"吉字营"。
④ 同②。

于次年4月会师武汉,以实行援皖战略之军事任务。①

1858年是太平军在江西名城重镇相继沦陷失守的一年,是失败的一年。虽然太平天国在1858年后到1861年间由于组成了新的领导核心,形势曾一度好转,又一次出现过转败为胜的革命高涨时期,但在江西境内,西征时期出现的革命高潮则成明日黄花,不再重现。

太平天国在江西根据地的全部失陷,有多方面的原因。从主观来说,是由于天京内讧和石达开的分裂,大大削弱了起义队伍的力量,使清军绝处逢生,得到了转败为胜的一个好时机。那些多年来清军损兵折将而不能攻克的重镇,均在这时候一个接一个地攻陷。九江、吉安等地的太平军尽了他们的最大努力来坚守,他们以往的坚守能够得到援助,而现在却得不到救援,结果不论时间长短,最后都被清军各个击破。从客观方面来看,是由于清廷在江西战场投放了大批的兵力。清朝统治者认识到江右为"东南腰膂,一有不虞,东之闽浙,西北之两湖,皆有唇齿之患"。②于是向江西调拨了大量的兵力,除闽、粤、浙诸省的援军忽略不计,仅由湖南入援的湘军就约达10万以上。③湘军为太平天国农民起义之悍敌,其首领曾国藩则多年来一直以南昌为其大本营,在这里他调兵遣将,亲自指挥各路军剿杀江西的太平军,攻夺各太平军守地。早在南昌之争夺战中,尚在训练中羽毛还未丰满的湘军就初试了其兵锋,到吉安失守时,各路湘军已久经沙场,更加强悍,在剿灭太平军、攻夺太平天国根据地中显示了其力量。除此,江西地方武装——团练也在配合湘军进攻太平军,争城夺地,恢复封建统治中起了十分重要的作用。

(三)江西团练对剿灭太平军的重要作用

团练又称乡兵、乡勇,是清政府利用地主绅士建立起来的地方武装。太平天国农民起义爆发后,团练政策即被作为一种救时良策而被提出。江西为第一批举办团练的省份之一。1852年9月,太平军从湖南向东北挺进,势迫赣西,咸丰帝即任命前刑部尚书陈孚恩为江西团练大臣,负责"团练防堵事宜"。陈孚恩受命后,随即合同新任江西巡抚张芾向全省官绅檄布团练之命,下令各道、府、

---

① 李秀成大军在江西境内转战近半年,历经十几个州县,于1861年6月上旬入鄂,7月后又放弃攻鄂之计,全师东返,仍由义宁、武宁、德安原路集中瑞州,进逼南昌。但这时李秀成以安庆既失(1861年9月5日失守),救援莫及,江西劲敌当前,不易得手,乃转而全力图浙。
② 《罗山遗集》卷六,《论曾节帅分援江西机宜书》。
③ 《骆文忠公奏议》(二),第1357—1409页。

第三章
太平天国在江西

州、县,恪遵钦命,联络绅耆,办团练勇。在各通衢之处张榜告示:"果能聚集村民,杀一长发贼,赏银一百两;杀一短发贼减半;能歼除百名以上者,即将该团本年钱粮奏请蠲免,首事者仍给官职。"①

在江西各级官府的督促下,南昌府和吉安府出现了第一批举办团练的州县。随后在太平军时常出没的赣北和会党活动频繁的赣南地区,出现了第二批团练。到1855年7月时,江西全省有三分之二以上的府县都有了不同规模、不同组织方式的团练。前期的江西团练以招募的练勇为主,并多为官办官练,"全赖官为提倡"。②这表明清政府在一定时期内并未调动中小地主的办团积极性。究其原因,这与太平军在江西所实施的乡土政策中对一般中小地主及其知识分子所实行的争取和宽抚政策有很大关系。既然地方绅士对举办团练"应者寥寥",缺乏热情,因此当时的江西团练并没有成为清军所依恃的力量,"闽、浙、广三省无援剿之师,本省兵勇又成积弱之势,所恃以悉力支持者",唯湖南之湘军及湖北军而已。③可见初期的江西团练并没有起到其实际的效用。

然而,1856年9月天京内讧发生后,江西团练则出现了初期所没有的势头,表现为越来越多的地主绅士开始成为团练创办者中的主体部分。一些曾在起义高潮时期"阳为奉承"过太平军的地主士绅,这时则"阴合忠义之士,私起团练,待时而动"。④各地地主纷纷利用封建家族或封建地域的关系,自行设局,筹兵筹饷,借以维持其"社会治安"。这种以封建家族或地域为基础组织起来的团练局已经部分地取代了清朝政府的州县政权。

江西团练之所以出现这种势头,一方面是由于清军加强了进攻江西太平军的力量,增派了军队,江西战场的形势发生了逆转,由此极大地影响了观望和动摇中的中小地主,也为团练头目提供了"依恃"。另一方面,则是由于太平军自身的原因。太平天国崇拜上帝,不事他神,太平军在攻城夺地斗争的同时,到处捣毁庙宇偶像,这种摒弃传统的做法,与尊崇孔儒的传统士人意识发生了难以调和的冲突。曾国藩在《讨粤匪檄》中就号召读书人保卫孔孟圣道,为维护"纲常名教"而镇压太平天国起义。王鑫进入江西后也特别注意刺激士人的心理,要求官绅每隔三五日传集本地"士"与"民","勉以忠直,激其义愤",使之

---

① 《太平天国史料丛编简辑》第二册。
② 刘绎:《存吾春斋文钞》卷九,《致诸同事书》。
③ 李滨:《中兴别记》,《太平军在江西史料》,第445页。
④ 刘愚:《醒予山房文存》卷一,《与友人书》。

"咸知孝弟忠信礼义廉耻"。①这种做法事实上取得了效果。不少江西士人即以"不食周粟","不弃礼教"而投身团练。此外,太平军前期的保护民众的政策及秋毫无犯的纪律在后期有很大的破坏,早期"禁掳掠,毋得擅入民间"②的禁条成了具文,"掳掠"事件常有发生。因而有人批评太平军"动辄掳掠","非王者举动","非霸者经营"。③

后期江西团练在镇压江西太平军中,起了非常重要的作用。首先,江西团练在"保卫名教,保卫身家"的旗帜下,纠集了地主阶级各阶层的力量,并控制和约束了乡村的农民群众,剿灭在太平天国运动影响下发生的多次农民起义。其次,江西团练抵制了太平天国起义对乡村的影响,使封建统治秩序首先在农村得到恢复,太平军占领统辖时所建立的地方政权,所实行的乡官制,由于团练保甲制的冲击而遭到破坏,并彻底宣告失败。第三,江西团练在军事上大大箝制了太平军在江西的活动,并配合清军围攻剿杀各城镇的太平军。"湘军一贯军略,素与民团合作,故到处得地方武力之援助,此为其优胜策略。……而太平军则反是,民团到处与其为敌,唯得会党与土匪之合作,故力量少而效力薄矣。"④如湘军围攻吉安时,团练奉命阻击西援的太平军,团练"沿河设防,每里三棚,每棚五人,自江口至长牌七十里,旗帜鲜明,柝声夜警,防守逾年,贼不能渡。"⑤在弹尽援绝的情况下,吉安终于失守。又如石达开远征后,1858年10月至次年2月时曾转战赣南,"九年正月初五日,湘军道员肖启江率部由汀州驰到赣州,即因当地环境形势而筹谋攻守计划。其带来队伍究竟兵力单薄,未敢孤军挺进,乃先与本地团练名'田勇'者取得联络,约为一致行动。……由知县周庆榕管带,计全部田勇共有四万余人,配合久历战阵之湘军比肩作战,立成劲旅。"⑥石达开部遭到湘军、团练联合进攻,乃退入湘南。此后,李秀成、杨辅清等曾假途江西,同样受到团练困扰,无法驻足。江西团练与清军的联合,不仅打垮了江西的太平军,摧毁了太平天国在江西的根据地,而且还剿灭了在天京失陷后转移到江西的太平天国领导核心。

---

① 王鑫:《王壮武公遗集》卷二四。
② 夏燮:《粤氛纪事》卷十。
③ 李汝昭:《镜山野史》,《太平天国》丛刊(三),第7页。
④ 《太平天国全史》(中)第1453页。
⑤ 同治《新淦县志》卷五,《武事》。
⑥ 《太平天国全史》(中),第1453页。

第三章
太平天国在江西

三、太平天国在江西的失败

在天京陷落前,各地太平军的主要任务是援救天京。1864年2月(同治三年正月),由于天京粮食日益匮乏,来源日益枯竭,忠王李秀成与侍王李世贤定下军略,即派四路大军先后入江西征粮,预期于9月以后全军折回,以解天京长围。2月26日,第一路军沛王谭星、王宗李仁寿、天将林正扬自浙江开化入江西玉山,进向广信,围攻抚州,占新城;4月22日,第二路军康王汪海洋等自皖南婺源进至江西德兴,攻乐平、占弋阳,围攻贵溪;4月29日,第三路军侍王李世贤等自浙江开化入玉山;5月18日,第四路军凛王刘肇均等由徽州西南入德兴。然后分别相继占领南丰、金溪、东乡、宜黄、崇仁等城。这一时期,赣江以东各县均成为太平军的活动场所。

1864年6月1日,天王洪秀全逝世。7月19日,在中外军队的合力围剿下,天京由于粮绝援尽而沦陷。7月19日,天京沦陷,原拟四路入江西征粮,9月回救天京的计划已无法实现了。到9月时,太平军四路入赣征粮大军在清军的剿杀下,或被消灭,或投降,或败走,只剩下康王汪海洋、祥王黄隆芳及天将丁太阳一路留赣南。

天京城陷后,20日凌晨,李秀成率兵千余人偕诸王保护幼天王洪天贵福由京城正东太平门缺口突围而出。但于黑夜间,屡经阻碍,李秀成与幼天王被冲散,分道而行。李秀成被俘,后遇害。幼天王仍继续向东南走。这时,湘军马队在后追击,幼天王等逃至溧水东坝。干王洪仁玕自皖南广德率师来迎。7月24日,洪仁玕等护卫幼天王等回到广德。7月29日,幼天王至浙江湖州,会合堵王黄文金、辅王杨辅清等坚守湖州。在湖州,幼天王封洪仁玕为正军师,尊王刘庆汉为副军师。此时,他们曾有过一番复国计划,以"湖州军(粮)乏军单,恐难建都立业",故计划到江西"建昌、抚州等处会合侍王、康王往湖北",①然后会合扶王陈得才以及翼王石达开远征大军,"踞荆襄以窥长安",②在西北图再举。议定之后,幼天王于8月4日复回广德。湖州保卫战于8月初开始,但在中外势力联合进攻下,太平军因寡不敌众,湖州遂于8月28日失守。湖州失守后,洪仁玕、黄文金等至广德,连夜护送幼天王西走宁国县,仍照原定计划,由此

---

① 《洪仁玕自述》,《太平天国文书汇编》,第546—547页。
② 《沈葆桢奏》,《太平天国》丛刊(二),第859页。

沿浙、皖交界南下江西去会合李世贤、汪海洋。这时受到湘军刘铭传、周盛波等部截击,乃往东南去浙江昌化。9月5日,黄文金在昌化病逝。尔后,洪仁玕、黄文英、谭体元(偕王)等又奉幼天王自昌化去淳安,辗转经遂安、开化,于9月22日到达江西玉山。

当洪仁玕等护幼天王到达江西时,不料李世贤、汪海洋之部早已败退,李世贤军这时已南入闽粤,汪海洋部则转战赣南,(而石达开部先一年已败亡)复国计划无法履行。洪仁玕、幼天王等乃于10月4日抵新城(今黎川),又由新城直往南行至石城境。这时赣军枭司席宝田率兵随后紧追,洪仁玕等于9日逃至石城杨家牌地方。半夜三更,遭到敌军袭击,洪仁玕等与幼天王又被冲散。洪仁玕与李远继、黄文英、谭体元等到达广昌之唐坊、白水岭地方,败于席宝田之部,洪仁玕与黄文英均被捕,谭体元等率余部突围南下至瑞金与汪海洋部会合。

幼天王于杨家牌被席宝田军夜袭后,虽幸而走免,独自潜入荒山躲藏,饥饿难忍,乃下山至一唐姓农家,为之割禾。过4日,出走至广昌白水井,恐前至建昌有清兵,又折回石城。但以一个16岁的孩子,终日在荒山野谷间流浪,最终在10月25日被席宝田部游击周家良于石城县荒谷中俘获。11月初,席宝田派员解到南昌,由巡抚沈葆桢亲自审讯,1864年11月18日被杀害。

这时,洪仁玕、黄文英亦被解到南昌。洪仁玕在敌人面前表现了凛然的革命气节。他说:"人各有心,心各有志。……予每读其史传及《正气歌》,未尝不三叹流涕也。今予亦只法文丞相已。至于得失生死,付之于天,非吾所敢多述也。"①毅然效法文天祥,将自己的生死置之度外。他在其《绝命诗》中写道:"英雄正气存,有如虹辉煌;思量今与昔,忿然挺胸膛。""一言临别赠,流露壮思飞;我国祚虽斩,有日必复生。"②此诗充满了一个革命者从容就义、捐躯殉难的大无畏精神,并对太平天国事业的来日成功寄予期望。洪仁玕和黄文英于11月23日也在南昌被害,时洪仁玕年43岁,黄文英26岁。

至此,天京沦陷后转移到江西的太平天国领导核心被清政府兵勇剿灭净尽。清政府则以幼天王、洪仁玕被捉拿,江西平定,赏江西巡抚沈葆桢一等轻车都尉世职,并赏头品顶戴;赏记名按察使席宝田云骑尉世职。

而在同一时期,留在赣南之汪海洋、李远继、谭体元、黄隆芳等部于1864年

---

① 《洪仁玕自述》,见《太平天国文书汇编》,第547页。
② 洪仁玕:《绝命诗》,见《太平天国全史》(下),第2287页。

第三章
太平天国在江西

10月8日退出瑞金,围攻宁都。湘军提督鲍超部力败汪海洋,解宁都围。汪海洋等南走,再占瑞金。尔后,鲍军复占瑞金,汪海洋等乃入福建汀州境,在闽粤边转战,到1865年10月上旬,又从粤复入赣。10月11日,汪海洋等攻定南厅,被清军所败。次日又攻龙南。15日,席宝田与总兵康本有、韩进春于信丰、定南交界之小江墟复攻汪海洋等,汪海洋、李远继等南走,17日,攻龙南不下,再南入粤境。11月9日,江西巡抚刘坤一抵赣州督师。11月26日,汪海洋等自粤复入江西龙南县境,不久再返粤。自此以后,太平军江西余部再也没有进入江西,直到最后失败。

汪海洋、李远继等江西太平军余部在赣、粤、闽边境转战一年多,不但在南方直接严重地打击了清政权,而且由于他们钳制了包括湘军、淮军在内的大批清军,因而实际上对当时贵州的苗民起义、台湾彰化的农民起义及广东阳春等地的"客民"起事也是一个有力的声援。

第四节
太平天国运动对江西社会的影响

太平天国运动自起义至最后被剿灭长达18年之久,太平军在江西境内转战各地亦有10余年的时间,其足迹遍及江西的大部分土地,对江西社会有着深刻的影响。

一、太平天国运动影响下的江西农民起义

太平军在江西时期,到处逐杀贪官污吏,惩办豪绅地主,沉重地打击了江西的封建统治势力,促使了被压迫群众的觉醒。在太平军的影响和鼓舞下,江西农民除纷纷参加太平军外,还发动了多次反抗清朝封建统治的武装起义。这些起义分布广、次数多,全省81个州县中,就有30多个州县爆发了农民起义,共达50余次。就起义分布地区来说,遍及赣北、赣中、赣东、赣南等全省范围;就起义规模来说,有的偏于一隅,有的席卷数县。在50多次起义中,规模和影响比较大的,主要有武宁周逢春领导的起义、龙泉(今遂川)天地会首领刘通义领导的起义、泰和天地会首领邹恩隆领导的起义,龙泉张琳、郑世标领导的起义,抚州、建昌一带边钱会发动的起义,南康天地会起义和定南叶朝品、陈洪涛发动

的起义等。这些农民起义具有几个明显的特点：

第一，起义与太平天国运动或太平军有着密切的联系。主要表现有这样几种情况：其一，农民起义军假太平天国的旗号以号召群众。咸丰六年七月(1856年8月)，"吉安、建昌等郡，边钱会匪假粤贼名号，啸聚千人，陷永丰、南丰、新城，窜泸溪……"①1856年5月，南康会党首领黄炳才等，"假粤西贼伪程尚书旗号，纠贼数百人来扑县城"。②这次起义不仅借用了太平天国旗号发动起义，攻占了上犹县城，还在攻占之地"设局纳贡"，实行了类似太平天国的经济政策。其二，农民起义军与太平军会合，或取得联系，或协同作战。1854年4月，武宁周逢春领导的天地会起义军，在起义暂时失败后，即与太平军军陈文金部正式建立联系，并协同作战，再次攻陷县城。1854年8月武宁张定源等领导的起义，曾联合太平军进攻靖安。1856年5月，于都黄老八、李铁皮等领导的起义，黄老八等曾主动"潜往吉安"与太平军取得联系，并合作攻占了于都县城。而在1856年3月时，"德安、建昌匪与湖口贼并合为一"，"土匪附贼者，尤不可胜计"。③其三，起义军直接参加太平军队伍，或起义失败后归附太平军。抚州、建昌一带边钱会发动的起义，就有一部分起义军在宜黄加入了太平军。1855年秋，宁都天地会领导的农民起义，曾联合太平军"陷广昌、新城、南丰、泸溪等县"，④起义失败后，余部归附太平军。1856年5月，瑞金南乡谢坊刘大珠领导起义，曾围攻会昌城，在不久刘大珠被清军杀害、起义失败后，余部则参加了太平军。⑤这反映了太平天国运动在江西的深入民心，江西广大人民群众以风起云涌、层出不穷的起义斗争来响应太平军的军事行动，以致封建统治者发出了"咸丰三年，西逆窜扰江省，各处盗贼蜂起"的惊呼。⑥

第二，这些农民起义大多是会党组织发动的。会党是长江以南诸省群众基于政治上的反清要求而产生的秘密会社，在太平天国运动爆发之前，天地会各派的起义就遍布于东南沿海和长江流域各省，是主要的反清力量。太平天国运动发动后，天地会更大举起事，两广、两湖、两江等省，到处布满了天地会各派

---

① 王定安：《湘军记》，援守江西上篇，《太平军在江西史料》，第376页。
② 光绪《上犹县志》卷十六，《军务纪略》(中)。
③ 李滨：《中兴别记》，《太平军在江西史料》428页。
④ 《剿平粤匪方略》卷一六一。
⑤ 同治《瑞金县志》卷十六，《兵寇》。
⑥ 同治《南昌府志》卷四十七，《人物志·忠义》。

第三章
太平天国在江西

的势力,赣江中上游则成了会党活动的主要地区之一。当时江西的一个地主阶级分子在《请严惩会匪疏》中说:"窃惟江西吉安府属泰和、万安等县,向为私枭出没之所,抢劫淫掠为害地方,加以会匪繁多,与私枭合而为一,或名称添弟会,或名添刀会,又称千刀会,其会均自南赣延入吉安,因地方官苟图安静,遂致滋蔓猖狂……"①会党发动的起义,由于准备工作比较充分,组织领导也比较严密,不像一般农民起义那样一哄而起。但这些起义又不可避免地带有会党的某些弱点:会党成分比较复杂,除了农民和手工业者,还有大量的游民、绿林、盗匪乃至胥吏加入,因而他们缺乏统一的思想基础;各地组织自行独立发展,彼此不相从属,会众也缺乏政治、组织和军事的训练,虽然起义此伏彼起,但不能联合行动,往往分散或流寇式的流动作战。正是由于这些弱点,这些起义都很快遭到镇压。

第三,江西发生农民起义,当时以赣南地区最为集中。赣南2府15个州县发生起义的州县就有13个。之所以如此,有两个原因。其一,由于赣南地区距省会南昌较远,清政府在这里的统治力量相对较薄弱,这就给赣南农民发动起义提供了一个有利的条件。其二,由于赣南地区毗连广东,鸦片战争以前,由广东进入内地的洋货,或由内地运往广东出口的土特产品,如绸缎、陶瓷、茶叶、湖丝等等,无一不经过赣南地区。在这条运输线上,聚集着数以千万计的靠运输谋生的劳动群众。但自五口通商以后,大宗丝茶等土特产改由上海等地直接出口。由于商路改道,在这条旧商路上靠运输谋生的劳动者便失去了生计,从而出现了大批失业游民,在生活逼迫下,他们不得不铤而走险。因此当时赣南被统治阶级咒骂为"多盗之都"、"群盗渊薮"。

江西各地的农民起义,虽然先后都在清朝武力镇压下遭到失败,但这些起义矛头指向清朝的反动统治,所到之处,首先铲除清朝地方官吏,许多支起义军曾一度攻占了县城,焚毁县衙,释放囚徒等,这便沉重打击和削弱了江西的封建统治势力。更为重要的是,这些起义积极配合了太平军在江西的活动,给了太平军很大援助。首先,这些起义吸引和牵制了部分清军,打乱了江西清军的军事体系和镇压部署,为太平军在江西的胜利进军提供了有利条件;其次,起义军主动联络太平军,协同或引导太平军攻城,共同战斗,对太平军是个有力的援助;第三,大量的起义农民直接参加太平军的队伍,从而壮大了太平军

---

① 光绪《吉安府志》卷四六,《艺文志》。

的实力。1855年11月石达开初入江西时的兵力只有两万多人,以如此少的兵力来占领江西全省50个州县,是不可能的。由于得到从广东、湖南来的天地会友军和江西起义农民的合作,才顺利解决了占领区扩大与兵力不足的矛盾。据清朝官吏湘军将领杨载福的密疏所云:"唯首逆石达开上年秋间,以老贼二万余人由湖北入江西,又益以粤匪四五万人,势焰渐炽。盖前此胁民为贼心不愿战,而自去冬以后,新附之贼甘心从逆,其境土匪附贼者,尤不可胜计。"①据计,新参加太平军的江西起义农民有30000人。正由于起义队伍的迅速壮大,于是出现了统治阶级惊呼为"乱民从之如归,赣水以西,望风瓦解"②的大好局面。

江西的农民起义遍布各地,说明当时在太平天国运动影响下,江西人民革命情绪的高昂。但是各地起义都是分散作战,没有形成统一的力量。太平军对各地起义也没有很好地去联络领导,以致起义队伍东窜西扰,最后均遭失败。

二、太平天国对江西社会经济的影响

太平天国运动有力地冲击了清朝封建政权在江西的统治势力。太平军在江西实行的经济政策,虽然没有从根本上解决封建土地所有制,但太平军保护贫苦农民、打击豪绅地主的做法,却在一定程度上打乱了封建经济秩序。太平军败退后,封建统治阶级迅速恢复被打乱了的统治秩序。在农村,太平军占领时期部分落到佃农手中的土地,最终都重归地主阶级所有。但迫于太平天国运动造成的既成事实,封建政府在对农民的税收上,在一定时期也作了某些让步。"初,贼在湖口设立伪官,押征钱粮。官军到,民间自咸丰三年来所应完钱粮,完纳殆尽。至十一年,诏十年以前,概行豁免。"③即是说,从1853年至1860年期间,湖口县农民除了太平军占领时向其完纳税粮外,清军来后,就没有再完税粮,直到1861年为止。在江西其他地区,也有类似情况出现。

诚然,太平天国运动曾一度冲击、打乱了江西的封建统治秩序,这场运动给江西人民留下了深深的印记。一方面同时也给旧民主主义革命带来了久远的影响,如江西著名民主革命家李烈钧,就是在曾"弃儒"参加太平军的父辈熏陶下,立志投身于辛亥革命的。但另一方面,这场运动又带来了战争的破坏,这

---

① 李滨:《中兴别记》,《太平军在江西史料》,第428页。
② 《盐乘(新昌)县志》卷之九,《武事》。
③ 张宿煌:《备志纪年》,《太平军在江西史料》,第547页。

第三章
太平天国在江西

同样也给江西留下了深重的创伤。

太平军与清军、团练在各州县长时间的多次交战,其战火硝烟给江西社会和民众带来了严重的灾难和损失。据同治《南康府志》记载:咸丰四年,"二十九日,伪丞相罗大纲由饶州入九江,破东团……房屋被焚百余所,旬日间乡团瓦解"。同治《乐平县志》载:咸丰七年"八月十八日,(景德)镇贼大股来陷乐城,前去后来凡二十一昼夜,义团交仗十余战,城乡延烧二万余家,并及文庙官民衙屋,高架浮桥,直指南乡,为各团勇所败"。同治《波阳县志》载:咸丰四年,"发逆屡掠石门,俱被团勇击退",十月,"贼怒乡团久,于初七自石门纵火迄东陂庙,上下三十里毁民房殆尽。初九,进陷饶城"。咸丰七年正月初一日,"洪逆自景镇回扑桃溪渡,火民房三十余村,杀戮甚多"。同治《德兴县志》载:咸丰七年,"官军至,统带杨国政军令拒之,贼焚房屋数百,男妇死者数百人"。同治《宜春县志》载:咸丰十一年辛酉春,"抚州发逆突围出,叛勇李金旸应之,纠合贼众由吉水三曲滩过河,窜扰吉、临、瑞诸郡,蔓延袁江一带。新昌、上高、新余、分宜等县,尽遭蹂躏"。①如此记载,不胜其数,虽然字里行间带有封建统治阶级修志者对太平军的贬蔑之意,但从中仍可见双方交战对江西社会经济,尤其是对乡村的破坏涂炭之惨重。

不仅如此,清政府为了镇压这场运动,采取了种种措施,其对江西近代经济的若干变化及破坏,有着很大的影响。

1.江西在全国农业经济中的地位下降

在中华民族农业经济的发展历史中,江西农业发展具有十分重要的地位。特别是到了宋元时期,随着大量的北方居民南迁,使江西农业经济出现了全面繁荣。据研究表明,北宋时期江西发运至京师的米谷共148万石左右,占全国总漕粮数的1/4。可见江西作为国家粮食基地的优势地位已经确立。明清时期,江西农业生产力进一步提高,雍正皇帝曾在谕旨中写道:"广东之米取给于广西、江西、湖广,而江浙之米皆取给于江西、湖广"。②与此同时,江西的经济作物迅速发展,并推动一系列农副产品加工业的兴起。到了清朝中期,形成了万载等夏布纺织中心产区;铜鼓等造纸基地;樟树药业行邦也在全国中药行业中居于突出的优势地位;婺源、河口等茗种逐渐形成,运销国内外市场。可见,在近代

---

① 以上均引自《太平军在江西史料》,第281、219、211、213、225、75页。
② 许怀林:《江西史稿》,第571页。

以前,江西作为江南有名的富庶之地,在传统的农业经济中具有优势地位。

但是,太平天国期间,清政府特别是湘军集团,为了筹措军费而采取的"筹饷以江西为本"的政策,却使江西原本在全国具有优势地位的农业经济日趋衰落。

自咸丰初年漕运废除,丁漕改征折色后,江西田赋的加派日益加重,地方官吏又大肆勒折浮收,"江西浮收每亩在二石以上,勒折多至七、八两"。①从而一是使贫困已极的农民甚至陷入了"半年糠菜半年粮"的悲惨境地;一是只能动用省县各级库藏。其结果造成近代江西,不仅民间"民力拮据",②而且官府库藏也是"异常支绌",官民俱无分文。③可见,沉重的赋税使广大农民在遭受长期的战争折磨之后,没有得到休养生息的机会,完全丧失了发展农业生产的能力与积极性。这样,江西农业经济优势地位的丧失也就在所难免了,以至到了同治年间,素有"鱼米之乡"美称的江西却出现了"南昌所属丰城及饶州鄱湖诸县储粮仓库,仓舍荡然"的局面。④

2.阻碍了近代江西商品经济的发展

纵观江西历史,在清前期以前,商品经济在全国各省中一直处于比较领先地位,甚至出现了"无江西商人不成商场"的局面。⑤临江、樟树、吴城和河口成为闻名全国的四大工商业市镇。然而,进入19世纪60年代以后,江西的这种优势却逐渐丧失。究其原因,太平天国时期,清政府在江西实行的政治经济措施与之有着密切关系。

一是滥征厘金,极大地阻碍了江西商品经济的发展。如前所述,史有"江西厘金之重,尤其甲于天下"之说。表现在五个方面:征收时间早,在1853年就已经开始试行征收;税率重,远远超过清政府值百抽一的规定;厘卡多,远远多过其他邻省;数额大,平均起来大约每年占全国总数的百分之十三左右;⑥时间长,存在了60多年。由于滥征厘金,加重了民众的负担,使其生活变得愈加贫困。对此,藩司李恒都承认这些征索是"仁者不为"的"剥民之术","所害者众"

---

① 光绪《抚州府志》卷三十,《食货·仓储》。
② 宣统三年《南昌县志》卷二,第12页。
③ 蒋建平:《简明中国近代经济史》,第220页。
④ 《中国近代铁路史资料》第3册。
⑤ 《中国社会科学院经济研究所集刊》第七集,第321页。
⑥ 王士性:《广志绎》。

第三章
太平天国在江西

"厉民甚殊";①同时使货不能畅其流,抑制了商业资本的发展。以致近代江西各县,几乎找不到富商大贾,都是一些小商小贩。如赣州府"郡邑列肆而居者皆远乡大贾,士人业微业,利微利,以役手足供口腹而已……异乡作客赣人绝少"。②正是这样,使得往昔繁华的"日市辐辏之地"变成"里巷萧条,商贩断绝"的寥落之所。③同时,江西厘金虽然款额收数很大,但大多被湘军军费和本省防务所占用,而用于本省行政费用不到百分之一。④总之,巨额的厘金征收,并没有增加江西的财政收入,反而削弱了本省民间工商业发展的后劲,从而阻碍了江西经济的发展。

一是巡抚更替频繁,且大多保守无能或暴敛强括民众,使江西丧失发展商品经济的机会。众所周知,洋务运动曾经使江西与其他邻省一样面临着难得的发展经济的机会。如果当时的江西有一个稳定有力、积极开明的地方政府,对内能够积极主动,实行开明政策,保障商品经济的发展;对外能取得必要的权力,如争得朝廷贷款,取得必要的原料和市场等,就能把有着较好商品经济基础的江西地方经济推进一步。但是恰恰相反,当时江西既无左宗棠、李鸿章、曾国藩那样的封疆大吏,能为本省的经济发展争得巨额官款,用于创办近代工业企业。同时,江西巡抚仅在太平天国期间,就先后更换了10位,平均任职不到两年,政府机构长期处于不稳定之中。造成这种状况的一个重要原因,在于曾国藩署理两江总督前后,拥兵自重,为了争取湘军饷源而与江西地方官吏发生争执,以致他们要么因为给湘军协饷不力,被曾国藩参贬革职或调往他省;要么榨取民财上供以保爵位,或镇压太平军以邀政绩,无心致力于江西经济的发展。加上在这些巡抚中,大多是极端保守、碌碌无为之辈,即使像沈葆桢那样后来颇负盛名的洋务大臣,也均由于在江西省任职时间太短,期间又忙于镇压太平天国革命等原因,没有为江西商品经济的发展提出任何创新之法,使江西白白浪费了难得的发展机遇。

3.横征暴敛影响江西的社会稳定

太平天国时期江西军费的巨额征收,其绝大多数负担都直接压在广大民众身上。对此,1866年4月,江西巡抚刘坤一奏称:"江西自被发逆连年窜扰,全

---

① 民国二十六年江西省政府经济委员会编:《江西经济问题》,第5—6页。
② 史林著:《曾国藩和他的幕僚》,第53页。
③ 同治《赣州府志》卷二。
④ 胡思敬:《盐乘》卷十三。

省蹂躏殆遍,民间凋残已甚,州县催征极难,而军饷浩繁,端赖钱漕两项以资供亿"。①在这种盘剥压榨下,江西人民被迫起来进行反抗。例如,江西漕粮改征折色后,由于漕粮停运,近万名漕船水手生计无所着落。加上受到太平天国革命的影响,使他们反抗封建压迫的斗志骤然高昂。丁显《河运守言》称:"自咸丰初年,河徙漕停,粤氛猖獗,无业游民,听其遗散,结党成群,谋生无术,势不得流而为贼"。②大批失业水手加入了太平天国起义军队伍。

再如,由于江西"盐利五倍",使民众大为不满。以至于在光绪朝,江西乐平因为官府强迫农民购买淮盐而又大肆加价,发生动乱。"乐平邻近广信府,浙私每从广信入境,色洁而价廉,其民行用已久,今一旦强其高价购重浊之淮盐,则其不愿已甚,所以滋事之徒遂并盐局而毁之也"。③

另外,由于江西是太平军与湘军殊死争夺的战略要地,太平军在给清王朝以沉重打击的同时,也使所在地区遭受了很大损失。据金陵大学农业经济系所作的《豫鄂皖赣四省之租佃制度》调查中说:"太平天国势力初伸于江南时,曾在各处大肆屠杀,居民死伤甚众,四省受害最烈者,厥为皖南与赣北。迨乱事平,生者寥寥,昔日良田美园,当时则变为荒原旷场,无复有人过问焉,因是客籍农民迁入而垦荒者,接踵而至"。可见战争不仅使江西人口减少,而且土地荒芜,成为战争的重灾区之一。这种境况和极其沉重的军费盘剥交织在一起,使得近代江西日益陷入落后的境地。

综上所述,在太平天国运动的打击下,清朝传统的军事和后勤体制被打破,平时驻军不多的江西成为战争的重灾区。而沉重的军费负担和统治者竭泽而渔式的刮民之术,对当时及以后的江西政治经济与社会变迁产生了深刻影响,成为昔日的江南富庶之地走向衰落的一个重要原因。

---

① 《刘坤一遗集》第一册,第64页。
② 周馥:《玉山文集》。
③ 盛康:《皇朝经世文续编》卷四七,第37、26页。

第四章
文化冲突与教案风波

19世纪中后期,九江开埠,太平军转战江西,教案风波等,是影响江西社会稳定与发展至关重要的三大事件。基督教传入江西由来已久,相安无事时日多,至晚清,与江西民众产生的纠纷层出不穷,引发诸多社会问题,极有必要专章叙述。

第一节
洋教在江西的传播与文化冲突

基督教是世界盛行的三大宗教之一。由于自身教义教规的演变,基督教一分为三,它们分别是东方正统教(简称东正教)、天主教和基督新教(在中国通称耶稣教)。东正教在中国的传播范围主要在北方,天主教与基督新教主要在南方。基督教传入中国的历史,源远流长,最早记录的是在唐朝,当时称景教,传入江西最早的记录是明朝,即1595年意大利神父利玛窦、罗明坚来赣传教。随着中国历代皇帝的多次禁教,基督教在中国的传播及其影响是很有限的。特别是到了清代,雍正、乾隆、嘉庆等朝皆严行禁教,致使基督教在中国日见衰落,几乎处于销声匿迹的境地。只是到了近代,随着一个个不平等条约的签订,基督教在江西才得到迅猛的发展,并且与江西民众乃至士绅,产生许许多多的冲撞和摩擦,酿成一个又一个的教案,给晚清江西社会带来许多不平静,成为晚清江西社会动荡的一大根源。

一、洋教在江西的传播

鸦片战争的炮声,打开了中国的闭关之门,一个个不平等条约的签订,换来的是清朝皇帝对洋教一个个的弛教敕令。中英《南京条约》上承认:"耶稣、天主教,原系为善之道,自后有传教者来到中国,一体保护"。① 这给传教士在华活动大开了方便之门。

1844年,中美《望厦条约》第十七款明文规定:"除了传教士能在五口传教外,还可以建立教堂"。② 虽然只限于五口之内,但却是近代基督教得以在中国公开建立教堂的开始。

外国传教士在江西内地修建的"天主堂"(1880年建)

法国眼见英美捷足先登,不断获得侵华特权,也不甘落后,强迫清政府签订《黄埔条约》。条约的第二十三款规定:法国人可在五口建立教堂,若遭毁坏,"地方官照例严拘重惩"。③

这三个条约的签订,传教士都充当了参谋和翻译。相对基督教而言,这是中国历时二百年教禁解冻的开始。条约中虽然未载自由传教,但西方传教士普遍认为这是向中国公开传教的"转机",是基督回生取得的第一个重大胜利,"是传教中划时代的新标志"。④

就这样,基督教由弛禁到允许在五口通商口岸建堂,由归还旧址再到各省"建造自便",一步一个特权,随着一个个不平等条约的签订而得到实现,得到巩固。至此,传教士在晚清中国传教的一切官方、法律上的障碍被排除了,中国

---

① 《中外旧约章汇编》,第1册。
② 同①。
③ 同①。
④ 赖德烈:《中国基督教传教史》,第232页。

第四章
文化冲突与教案风波

的大门洞开了,通往内地传教的道路也畅通了。于是,西方传教士像决堤的潮水般涌入中国,凭借特权,横行中国,为尔后频繁发生的教案埋下了伏笔。

在不平等条约的保护下,首先踏入江西领土的是法国天主教传教士罗安当、方安之,时间是咸丰十一年十月(1861年11月)。罗安当以法国总理江西天主教教务全权大臣身份,以清廷"归还旧址"的敕令为令箭,从九江到南昌,向江西地方当局索还南昌府吴城镇梅家巷、汤家园两处旧堂,并要求赔偿所禁毁的教产。① 事隔百余年,旧址建有不少民房,教产也荡然无存,"回收"纠纷很多。延至次年2月,在法国大使哥士耆的威胁下,在清政府的压力下,江西地方当局不得不顺其所请,归还旧堂,允予扩建,任其自由传教并妥加保护。传教士在江西轻易取得第一回合的胜利,使得尔后英、美、意、德等国传教士接踵而来,争相侵蚀江西这块"处女地"。

传教士在要求归还旧堂的同时,不断扩建教堂,致江西省教堂林立,"一县之中,教堂多者百数十所,少亦数十,尚在到处添设"。② 到光绪末年(1908年),据当时粗略统计,江西"各省厅、州、县,天主、耶稣两教,华式、洋式各教堂,共有三百数十处之多。"③ 各县城、乡镇都有基督教的活动据点。

在江西传播的洋教主要是天主教。天主教在江西设立的教会很多,有耶稣会、遣使会、方济各会、巴黎外方传教会、多明我会、多明我会女修会、圣心会、奥斯定会等等。基督新教在江西传播的教会主要有:美以美会、美以美女修会、伦敦会、卫理公会、浸礼会、安息日会、循日会、圣公会、基督会、自立会、弟兄会、内地会等等。

二、文化冲突

基督教在江西的传播,与中国文化和江西传统习俗产生非常尖锐的冲突,主要表现在以下四个方面:

第一,多神崇拜与一神信仰的冲突。作为一种文化现象,宗教是民族文化心理的积存。不同的民族有着不同的宗教,不同的宗教有着不同的信仰。中国是一个泛神论的国家,传统的敬天、祀孔、祭祖等多神崇拜由来已久,每座城镇,每个乡村,几乎都有孔庙、宗祠和寺院(寺观)。即使是几十户的小村,也必

---

① 王明伦:《反洋教书文揭帖选》,齐鲁书社1984年版。
② 汪钟霖:《赣中寸牍》,光绪末年铅印本。
③ 《东方杂志》1908年第2期。

有一座祠堂,一所庙宇,供奉着祖先和观音、关帝、财神等牌位;尤其是普通家庭中,更莫不有土地神、门神、灶神、祖先等神牌,再穷也应时按节地焚香烧楮,顶礼膜拜,随时祈祷,求福、求寿、求雨、求晴、求子女、求太平等等,无一事不求神。多神崇拜习俗在中国代代相传,根深蒂固。而基督教只信仰上帝,强调一神论,挤压中国泛神论,尤为中国人不能容忍的是,基督教凭借种种特权,强夺巧取中国的祠庙、寺院及祖宗坟地,改建或修建成教堂,夺我圣地,制造祸端,势必引起中国人民的反对。1897年,江西《永新县阖邑保甲局议章知单》明确规定:"读书人尤宜敦品立行,各遵圣道。如有叛道入(洋)教者,既已不认祖宗各族,理应不准入祠,即冠婚丧祭等事均宜严绝往来。"①

第二,等级观念与平等思想的冲突。中国的等级观念很严,"天地君亲师"不能错位,君臣父子夫妇,长幼有序,尊卑有别,若乱伦常,败纲纪,则为"乱臣贼子,人人得而诛之"。②因为"无父无君,是为禽兽也"。③而基督教则认为:一切人都是上帝的子民,在上帝面前,人人平等,无高低贵贱之分,宣扬平等思想,更有甚者,传教士拜见中国皇帝,"无跪拜礼",谓"皇上教主接见,先拜天主,次行平礼",④自然是向君权挑战,必然引起中国统治阶级的恐慌和不满。另外,基督教宣传男女平等,婚姻自由,反对中国"男女有别",父母包办婚姻,男子纳妾,女子缠足等。现在看来,这些思想是进步的,但在近代江西,由于自宋明以来受程朱理学束缚,思想比较僵化,怎么也不理解这种"异端邪说",群起斥责,防范也不敢少息。

第三,关怀现实与追求来世的冲突。中国人非常重视现实,一言一行讲究礼俗,注重教育,即所谓"人之初,性本善;苟不教,性乃迁","自天子以至庶人,一切皆以修身为本",修身又以"慎独"为要,只有"修身"到位,方能"齐家治国平天下"。也就是说,人生来都是善良的,人若有罪恶,也是后来"不教"后果,若能"慎独",注重"修身",是人生至美,何来"罪恶"。而基督教主张原罪论,认为人生来就带有罪恶,只有现世信仰上帝,忏悔孽债,多行善事,才能求得死后灵魂升入天堂。为此,劝导人们顺从忍让,一切为了来世的天堂、理想的彼岸,以此冲击士大夫的"经世致用"哲学,麻醉中国人的斗争精神,达到其宗教侵略的目的。

---

① 《教务教案档》第 6 辑,第 1027 页。
② 杨光先:《不得已》上卷。
③ 《礼记·曲礼上》。
④ 王炳燮《毋自欺室集》第六卷,第 6 页。

第四章
文化冲突与教案风波

第四,传统秩序与宗教慈善的冲突。基督教传入中国后,为扩大上帝的影响,传播耶稣的"仁爱",在教会下广泛设育婴堂、施粥场、学校、医院等慈善事业。这些慈善事业的运营,扰乱了中国封建传统秩序,引发了许多节外生枝的麻烦。

就施粥场而言,有收买人心、有损圣恩的嫌疑;就学校而言,抢夺了中国士绅们垄断教坛的专利,正如美国学者所指出的那样:"教会建立富丽堂皇的教堂,开设学校和孤儿院的做法,也是对传统垄断这类公共福利和慈善事业的乡绅们的挑战";[1]就育婴堂而言,它是引发教案的雷区。中国老百姓一直重男轻女,女婴一出世,往往因家境贫寒抚养不起而遗弃,或因病体孱弱医治不起而割爱。基督教创设育婴堂和医院,专门收养这些弃婴或病婴,并时常动员人们送婴入堂,甚或收买一些婴孩。法教士史式微(1866—1937)在《江南传教史》多卷本中,许多篇章论述育婴问题,盛赞教士和贞女们为育婴事业所做出的劳苦和奉献,同时,另一个侧面也道出了传教士追求育婴付洗的数字,是为了在教会中向上邀功和募捐大量款项。而中国人对教会育婴甚感迷惑,百思不解。尤其是当发现育婴堂婴儿死亡时,各种各样的猜测疑窦骤然而生,谣言四起,说"育婴堂等为食小儿肉而设","将婴儿和贫苦病人当作试验品",[2]等等说法,直接酿成1862年的南昌教案、1868年的扬州教案和1870年的天津教案。

法国学者研究中西文化冲突原因时,认为"这主要是因为中国文人对基督教的误解。他们把天主教传教会的礼拜仪式、圣像、圣牌和圣水,统统说成是用来诱惑人的巫术和迷信之类的东西。当传教士听信教妇女做忏悔时,就有人怀疑这是在引诱妇女。因为,中国社会从不允许男人和女人秘密或公开地会面和交谈。此外,诸如给重病患者终傅和生命重危的儿童行洗礼一类的圣事,也曾引出这样一些可笑的传说:欧洲传教士和中国教徒是想挖取病人和受洗儿童的眼睛。英国汉学家修中诚曾在书中写道:'传说中国人的黑眼睛可以入药,并且疗效最佳,甚至这种眼睛可以变铅为白银等等。虽说这仅是谣传,但相信这类传说的人却很多,就连一些受过教育的中国人也不例外'……这些严重的误解和猜疑,使传教事业遭到了指控、诽谤和愤恨"。[3]显然,西方有的学者在这个方面,是戴着有色眼镜的。而意大利天主教徒薄伽丘在《十日谈》一书中却坦诚基督教会丑陋、虚伪、欺骗等"漆黑一团的真面目"。《十日谈》虽不说是一部信

---

[1] 《义和团运动史讨论文集》,第533页。
[2] 《清季教案史料》第5页。
[3] (法)卫青心:《法国对华传教政策》上卷,第20页。

史,但书中所列故事却是基督教现实的真实写照,只不过有点艺术加工、文学色彩而已,因为作者薄伽丘本人就是天主教徒,相信他是不会也不愿平白无故给自己信仰的宗教抹黑的。文化的冲突并不是一代人,一个时期、一个方面的事,而主要是文化内涵、文化体系以及文化社会地位的竞争,它必然与政治相关联,与习俗共一体。

江西自宋明以来,成为中国传统文化一个非常稳固的根据地。江西重正统和道德,不管王朝如何更替,江西可"传檄而定","不劳干戈而向服",从不构成朝廷大患。①江西地处"南有五岭,东有武夷,西有罗霄武功诸山,北临长江",形成一个三面高、一面低的"簸箕形"的地理单元,具有相对的独立性和封闭性。然江西学风之盛,居宋明之甲。宋代江西人好学重义,为时尚美谈。洪迈以自身考察体验,在《容斋四笔》内这样描述江西人好学之风:"冠带《诗》《书》,翕然大肆,人才之盛,遂甲于天下。江南既为天下甲,而饶人喜事,又甲于江南。盖饶之为州,壤土肥而养生之物多,其民家富而户羡,蓄百金者不在富人之列,又宽平无事之际,而天性好善,为父兄者,以其子与弟不文为咎;为母妻者,以其子与夫不学为辱。其美如此。"明朝江西,学风久盛不衰,人才层出不穷,其得传统文化精髓。黄宗羲《明儒学案》罗列明儒凡207人,其中江西54人,占1/4强,居全国各省之首。

江西崇儒好学之风,一直延续到晚清,"崇名教而修身慎行,绍文献而接武联镳;市井多儒雅之风,田野无靡丽之习",②已经形成儒道文化筑起的坚固堡垒,非基督教文化一朝一夕可渗透、攻破的。因而,中西文化的冲突,在江西更具对抗性,诱发教案成因更多。八国联军统帅瓦德西(德国人)曾经这样评述过教案:"余对于教会问题之研究,曾经不遗余力,据余所信,时人每将中国排外运动(即反洋教斗争)归咎于教会方面,实属完全错误。中国排外运动之所以发生,乃系由于华人渐渐自觉,外来新文化实与中国国情不适之故。"③尽管瓦德西试图推脱教会在教案中的责任,但看清了一点,那就是中西文化的不相融。无疑中西文化的不相融,是基督教在江西传播与发展的一大阻碍。

西方传教士借传播为名,广置田产,大牟其利。1877年至1883年间,仅贵溪、鹰潭两地,传教士与教民及无赖之徒,订约买地100多亩,每亩价仅一元或

---

① 《赣文化研究》,第271页。
② 《江西民俗文化叙论》,第8页。
③ 瓦德西:《拳乱笔记》,《中国近代史资料丛刊·义和团》第3册,第70页。

第四章
文化冲突与教案风波

一两白银不等,事后查明,当地订约的桂冬喜、冯东初、桂良才等九人皆不属田主,而是盗名公产或亲属或他人遗产。①传教士除强占强买盗骗田地外,还采用另一种手法:盗租。光绪十二年(1886)冬,美以美会教士英人李德立,相中庐山牯牛岭、长冲地段,即与德化县(今九江)举人万和赓立契,永远租借牯牛岭、长冲、高冲、女儿城、大小校场、讲经台等处公地。万和赓并不具有租借资格,签约时用化名万启勋却获租金700余元。当地人上诉官府,虽勒令退还,而李德立却置若罔闻,招引西人上山避暑,当地人愤而拦路阻滞,并毁山上李氏所建木屋,因此而涉讼交涉,数年无果。延至光绪二十二年(1896)年,李德立终于正式与官府立约,无限期租借长冲胜地,被毁之建筑,照价赔偿4115元。尔后又修筑道路,把许多不属租借范围的土地变相归其所有。②其他传教士纷纷效仿李德立的这种由盗租变为事实、由暂租变为长期霸占的手法,美教士海格思盗租牯牛岭,英教士盗租医生洼,俄国尼娑教士盗租星洲、芦林,法国教士樊体爱盗租狗头石地区,等等,大好庐山胜地,就这样不断被西方传教士瓜分得支离破碎,体无完肤。传教士把租借来的土地,或转租,或建房。转租土地给西人,获利甚巨,尔后用转租来的钱,或修路,或建房。据日本人1917年统计,仅牯牛岭一处这时就建有西式洋房(别墅)518栋。每年上山避暑的游人,2/3以上是洋人。③传教士在租借地区,对中国居民强征捐税,摊派劳役,随意搜捕中国公民,且规定许多场所,中国人不得入内,庐山就此成为半殖民地半封建的地区,成为帝国主义侵略者的"天堂",成为中国劳动人民的地狱。但庐山人民的反抗却从未停止过,直到民国期间收回租借地。

镇压义和团、兵犯北京城的八国联军统帅瓦德西深悉中国教案问题,他也承认传教士"作事毫无忌惮,以及许多牧师,为人不知自爱,此固吾人不必加以否认疑惑者"。因为许多传教士"往往其人德性方面既不相称,职务方面亦未经训练,此辈常以服务教会为纯粹面包问题,凡认为可以赚钱之业务,无不兼营并进。余更熟知许多牧师,兼营他项营业(如买卖土地,投机事业)实与所任全不相称"。④

来华传教士这种"六根"不净、"十诫"不遵的欲念,是从西方土地上滋生

---

① 王鹏九:《交涉约案摘要》,第2卷,光绪二十四年江西刊本。第55页。
② 吴宗慈《庐山志》,江西人民出版社1996年版,第400页。
③ 周銮书:《庐山史话》,第124—126页。
④ 瓦德西:《拳乱笔记》,《中国近代史资料丛刊·义和团》第3册,第71页。

的,在中国更恃本国政府的怂恿和支持,变本加厉,不仅江西人看着愤怒,就连西国自己人也有不满。美国人丹涅特就曾痛诋"传教士都是坏蛋,他们来到中国,为着享乐,为着抓钱"。①

另外传教士还经常干预江西地方词讼,两江总督(统辖江西、安徽、江苏三省)曾国藩曾上奏朝廷,严陈辖内传教士所为,他说:"唯天主教屡滋事端⋯⋯良由法人之天主教但求从教之众多,不问教民之善否,其收人也太滥,故从教良民甚少,词讼之无理者教民则抗不遵断,赋役之应者,教民每抗不奉公⋯⋯凡教中犯案,教士不问是非,曲庇教民,领事亦不问是非,曲庇教士,遇有民教争斗,平民恒屈,教民恒胜。教民势焰愈横,平民愤郁愈甚。郁极必发,则聚众而群思一逞。以臣所闻,酉阳、贵州教案皆百姓积不能平所致。唯和约记载中国人犯罪由中国官治以中国之法,而一为教民,遂若非中国之民者也"。②

在这种背景下,江西教民信教,在某种程度上是为了寻求保护,非耶稣圣主精神的保护,而是传教士现实中的干预中国法律的保护。因而,相当一部分信教的人,是社会渣滓。他们借入教寻求保护,以便为非作歹。传教士"四处招延盗贼奸民⋯⋯而奸宄无赖之徒争窜于教会";③"民教生事之故,多由不法痞棍一经入教,即恃为护符,妄搕滋非"。④他们"作奸犯科,无所不至。或乡愚被其讹诈,或孤弱受其欺凌,或强占人妻,或横侵人产⋯⋯种种妄为,几难尽述"。⑤他们"一依教堂为抗官之具,至有身犯重罪入教以求庇者,有与人为仇依附教士以逞其毒者"。⑥故当时江西有一句民谣,说教民"未入教,尚如鼠,既入教,便如虎"。⑦

法国天主教神父卫青心在《法国对华传教政策》一书中,对近代中国民教差异有这样一段描写:"中国基督徒还把自己的同胞——非基督教徒视为'魔鬼',并称之为'可怜无知的异教徒',或'崇拜偶像的小瞎子'。一方面,传教士禁止中国基督徒与这些'魔鬼'保持家庭和社会上的联系;另一方面,中国基督徒也把自己看成是'国家高贵的人物'。然而,中国非基督教徒对中国人信奉基

---

① 《中国教案史》,四川社科院出版社1987年版,第375页。
② 《同治朝筹办夷务始末》,第七六卷,第3页。
③ 民国四川《巴县志·交涉》,第十六卷。
④ 《巴县档案》光绪二年六月十八日"川东道礼",见《中国教案史》,第366页。
⑤ 范文澜:《中国近代史》,上海人民出版社1995年版,第351页。
⑥ 《清季外交史料》卷十,书目文献出版社1987年版,第5页。
⑦ 丁日昌:《教务隐忧疏》,见王明伦《反洋教书文揭帖选》,第345—346页。

第四章
文化冲突与教案风波

教会九江儒励中学

督教却有着完全不同的看法,他们认为,如果中国多出现一个基督徒,国家就少了一个良民"。①

据1901年全国天主教人数的统计,江西从教信徒1.7825万人,远比邻省浙江0.748万人、湖南0.51万人要多得多。②而全国天主教民,1870年是37万人,1900年是74万人,1907年达到100万人,1910年增至129万余人。③教民增长速度如此之快,一方面说明基督教在中国发展迅猛,另一方面,很大原因就是在于现实中中国教民也间接地同等享有传教士的治外法权,由于传教士及西方强国的干涉,中国法律对于中国教民也失去了约束力。法国侵略者就曾公开宣称:"我们绝对关心教徒,如果因他们是教徒而受到任何凌辱,就等于对法国不友好"。④江西巡抚沈葆桢对此深有感触,他说:"天主教则藏污纳垢,无所不为,渊薮逋逃,动与地方官为难。名为传教,实则包藏祸心。正士良民,不胜愤疾之情,致有戕杀之举。法人借端肇衅,转令我动辄词穷……果其具有天良,则以教士慑服教民,权岂不是?何至纷纷多事若此哉!"⑤

传教士在江西传教,"干预公事,挟侮长官","使各州县不得行其法",⑥这种做法,严重干扰了江西正常的行政秩序,破坏了中国的法律,以致引发了"教士、教民与地方官并坐公堂"⑦的怪现象。

---

① 《法国对华传教政策》上卷,中国社会科学院出版社1991年版,第19页。
② 《教案奏议汇编》,光绪二十七年上海书局石印本。
③ 德礼贤:《中国天主教传教史》,第14部分,上海商务印书馆1933年版。
④ 《中国教案史》,四川社科院出版社1987年版,第365页。
⑤ 《同治朝筹办夷务始末》,第五十三卷;第四十一卷,第43页。
⑥ 同⑤。
⑦ 《张文襄公全集》,文华斋1928年印,第一一七卷,第30页。

毋庸讳言，虽然传教士在江西有许多不光彩的记录，但为了有利于基督教的传播，也办了不少公益事业，如学校、医院、育婴堂、施粥场等，在一定程度上加快了江西教育文化事业的发展。粗略统计，基督教在中国创办大学23所、中学260所、小学6593年，所办医院260多所。就江西而言，美心美会在南昌办了一个女子学校叫葆灵女校，接着九江卫理公会也办了一所女校，叫儒励女校，相应地改观了江西落后的教育面貌，推动了江西教育事业的发展。更为重要的是，女子学校的开办，使闭塞的江西，风气大开，从此，江西女孩才第一次开始走出家门、走进学校、走上社会。学校开办之初，困难重重，阻力很大，进校学生，不再缠足，因而只有少量的教民子女，由于教会学校的努力，生源逐步扩展到各阶层，逐步营造出一种以进校读书为时尚的社会氛围。看到基督教会学校进步作用的同时，也必须清醒地认识到教会办学校的真正目的。不仅美国在华传教士狄考文公开宣讲："真正的教会学校，其作用不单在传教，而在使学生受洗入教，并成为一般民众的先生和领袖。"①这就是说，基督教会办学校的目的是为了培养传教者。他们看得更远，他们要进而使学生成为社会上和教会内为外国侵略者所需用的人才，为基督教的传播和侵略铺垫道路。毛泽东同志一针见血地指出：帝国主义"对于麻醉中国人民的精神的一个方面，也不放松，这就是文化侵略政策。传教、办医院、办学校、办报纸和吸引留学生等，就是这个侵略政策的实施。其目的，在于造就服从它们的知识分子干部和愚弄广大的中国人民"。②另外，基督教在江西所办医院有10余所：仅南昌市，就有圣类思医院、法国医院施医分院、东方精神疗养院、南昌医院、南昌妇幼医院等5所，其他较有名气的医院有庐山牯岭医院、鄱阳湖医院等。③

总的来说，近代基督教在江西的传播，一开始就打上了不平等的烙印，带给江西人民许多难以接受的记录，为以后江西社会的动荡，埋下了祸根。从此，教案问题成为江西一个非常重大而棘手的社会问题。

---

① 《基督教在华传教百年大会记录》，第403页。
② 《毛泽东选集》，第二卷，第592页。
③ 《中国教案史》，第686—695页；《江西通志稿》第40册，第82—83页。

第四章
文化冲突与教案风波

第二节
教案风波

所谓教案,就是中国人民反对基督教的侵略而引发的诉讼乃至外交纠纷的案件。江西近代教案,此起彼伏,层出不穷,频繁猛烈。粗略统计,从1862年到1908年短短的46年内,全省先后发生教案,有案可查的即不下三千余起,平均每年7起,就其规模而言,呈现四次高潮:1862年的南昌教案;1891年的长江教案;1900年的全省教案;1904年的棠浦教案(亦称第二次南昌教案)。江西在全国传教活动不是很活跃,而教案发生却是全国最频繁、最严重的省份之一。

一、南昌教案

江西在《天津条约》签订前,法国教士已在省内各地如抚州、南城、宜春、高安、清江、吉安、鄱阳等处设立秘密教堂,在黑夜传教。只有南昌北郊吴城镇教堂曾公开布道多年,道光年间为当地知县所毁,咸丰五年(1855)为彭玉麟率兵再毁,改设龙王庙。

1861年,法国传教士罗安当,拿着清廷"归还旧堂"的令箭,要回吴城镇旧堂后仍不满足,接着又要扩建南昌进贤门外庙巷的天主教堂,把筷子巷民房变为教会财产,改作育婴公所,收容女孩十三口,自五岁至十二岁不等。庙巷天主堂,也收有女孩十余人。教堂、育婴堂,造形别致,白天也紧闭大门,仅由屋后小门出入,非教中人不得入内,显得很神秘很恐惧。①南昌民众怀疑他们有"拐骗男女幼孩,取其精髓,造作丸药"的勾当,而且数月以来,南昌"致死童男不下数百人",②一时议论纷沸,民情怨愤,人心浮动。恰恰就在此时(1862.3),《湖南合省檄》传来南昌,檄文痛诋教会不敬祖宗,不分男女,甚至有对男孩采生折割情事,而对"其他种种奸恶"亦"描写尽致"。③檄文说的是湖南的事,所列洋教罪恶事实印证了江西人民的种种猜测,也迎合了江西士绅反感洋教的需要。正在省城应考的秀才们,在前翰林院检讨夏廷榘、在籍甘肃臬司刘于浔的参与下,连

---

① 王文杰:《中国近世史上的教案》,上海人民出版社1988年版。
② 王明伦:《反洋教书文揭贴选·江西部分》。
③ 夏燮:《中西纪事》第二十一卷,1871年刊刻本。

夜翻印檄文,"一日夜刷印数百万张,遍贴省城内外通衢",①受此影响,南昌民众对天主教"肆行无忌、种种作恶"的不法行为更加深信不疑,群情激愤,发布揭贴约期4月16日齐集教堂"与外国人理论"。

4月15日夜间,就有不少生童、百姓拥至筷子巷教堂,越聚越多,渐至数万群众,人山人海,人声鼎沸,似火山爆发,当即拆毁筷子巷教堂和袁家井教堂2所、育婴堂1所,同时打毁平日素习洋教为教士代理照料一切的义和酒炭店、合太盐店,连同教民的数十间房屋也遭破坏。传教士仓皇出逃。罗安当逃避上海,方安之匿走瑞州。事件发生一瞬间,等到南昌知府王必达带领兵丁前往弹压时,打教群众已烟消云散,避匿一空。

次日晚,南昌庙巷天主堂又遭受同样的厄运。

案发后,法使哥士耆数次照会总理各国事务衙门抗议,谓赣抚沈葆桢等唆使地方官绅与教为仇,江西驱迫教士,实非中国礼义之道,要求总理衙门奏派旗籍大员赴赣查办,否则,法国将以兵船相见。语气强硬,态度傲慢,迫使总署函示沈葆桢"迅速严拿,从重办理",所毁教堂代为修复,"不准稍涉松懈,倘系该地方官办理不善,即行分别撤参"。②但沈葆桢私下认为,发生此案,是朝廷"二百年养士之报","夷人逞志于我久矣,不虞吾民之藉手以报也。虽然,办理不善之咎我辈自任了,幸勿作缉捕论也"。③因而江西地方官府,没有追究当事官吏,而对"闹教"百姓更是不予追捕,境内秩序依旧。

清政府一方面对两年前英法联军攻入北京心存余悸,另一方面还想借助法国势力助剿太平天国,唯恐此案触怒法国,严催速办结案。11月,法使提出结案八款:不得仇教;礼遇传教士;赔银8万余两等等。沈葆桢仅同意赔款0.5万两银,双方久议不下。

法使的讹诈,更激起了江西人民义愤。得知罗安当将礼迎返赣,江西民众更是怒不可遏,发布《扑灭异端邪教公启》,遍贴通衢,号召人民"锄头扁担,尽作利兵,白叟黄童,悉成劲旅,务将该邪教斩除净尽,不留遗孽"。④誓与洋教决一死战。这种决心,从沈葆桢(江西巡抚)派人秘密调查民众的谈话中更能体现出来。

---

① 夏燮:《中西纪事》第二十一卷,1871年刊刻本。
② 同①。
③ 《教务教案档》第1辑(二),第921页。
④ 王明伦:《反洋教书文揭帖选》,齐鲁书社1984年版。

第四章
文化冲突与教案风波

问：你们纷纷议论，都说要与法国传教士拼命，何故？

答：他们要夺我们本地公建的育婴堂，又要我们赔他们许多银子，且叫从教的来占我们铺面田地，又说有兵船来挟制我们。我们让他一步，他总是进一步，以后总不能安生，如何不与他拼命？

问：我等从上海来，彼处天主堂甚多，都说是劝人为善。比如育婴堂一节岂不是好事？

答：我本地育婴，都是把人家才养出孩子抱来乳哺。他堂内都买的是十几岁男女，你们想，是育婴耶，还是借此采生折割耶？

问：你们地方官同绅士主意如何？

答：官府绅士，总是依他。做官的只图一日无事，骗一日俸薪，到了紧急时候，他就走了，几时顾百姓的身家性命！绅士也与官差不多，他有家当的也会搬去。受罪的都是百姓，与他何干！我们如今都不要他管，我们只做我们的事。

问：比如真有兵船来，难道你们真与他打仗吗？

答：目下受从教的欺凌也是死，将来他从教的党羽多了，夺了城池也是死，勾引长毛来也是死，横竖总是死，他不过是炮火厉害，我们都挨着死，看他一炮能打死几个人，只要打不完的，十个人杀他一个，也都够了。

问：你们各位贵姓？

答：我们看你是老实人，与你闲谈。连日官府都在各处访查，你是外省的口音，我们的姓名，不能对你说的。①

这段对话，真实而生动。它反映了江西老百姓对洋教的愤恨和斗争决心。

次年5月，罗安当转返江西，两江总督曾国藩派船护送至南昌滕王阁，见河干竖一大旗，写着"禁止法夷入城"等字，随即乱石纷掷，频频中舟，罗安当不得上岸，只好灰溜溜地返驻九江。尔后，九江关道蔡锦清奉命与罗安当议结南昌教案，允赔教民银1.7万两，准其重修教堂。②

就这样，首次南昌教案以法使的威胁、清政府的压力而赔款息事。同期发生的贵阳教案、衡州教案，同样赔款了结，但江西赔款较重。贵阳教案中，先后杀死教徒5人，焚毁教堂多所，共赔银1.7万两。衡州教案中，民众烧毁衡阳、湘潭两地天主教堂育婴堂，也仅予小数目的赔修。这看出一个迹象，江西教案的议结，妥协迁让性较大。

---

① 《同治朝筹办夷务始末》第十二卷，第33—34页。
② 《教务教案档》第1辑(二)。

此后的二十余年间,江西发生数十起教案,如:

1863年12月贵溪县岗背天主堂被焚毁;

1869年4月赣州定南厅焚毁天主堂;

1869年5月庐陵县应考生童聚众焚毁教堂;

1870年9月南昌吴城镇天主堂被拆毁;临川县天主堂、育婴堂被毁;

1872年12月崇仁县教堂被毁;

1873年5月瑞昌士民拆毁美国天主教堂;

1874年5月安仁县(今余江县)邓家埠天主堂被焚毁;

颇具影响的有1869年的宜丰教案。宜丰县教民诬告乡民"抄抢"教产,江西巡抚刘坤一派员至县提取人质,秉公审理,法使不服,竟带兵船3艘,到南昌要挟,结果,以赔银0.5万两给教会而结案。

二、长江教案

1891年5月至9月,在长江的中、下游地区,爆发了一场大规模的群众反抗外国教会侵略的斗争。斗争的烽火蔓延到安徽、江西、江苏、浙江、湖北、湖南等省数十个城镇,凡是有外国教堂的地方,群众多愤然而起,焚毁教堂,驱逐传教士,殴打教民,史称"长江教案"。

长江教案的发生,首先由安徽芜湖燃起。长江流域,盛传天主教拐骗幼孩、挖眼制药的揭贴和传说,百姓多深信不疑。这年5月,恰逢芜湖天主堂的两个修女把一家患有传染病的两个小孩带回教堂,途中被小孩亲属拦住,争执中,聚观群众联想到教堂残害孩童之说,拥至教堂打砸,把教堂、教会学校焚烧成"瓦砾之场",在官兵开炮威压下,闹教群众方始散匿。

芜湖教案一爆发,立即在安徽各地和长江沿线引起连锁反应。安徽之和州、安庆、广德等地,江苏之丹阳、无锡、江阴、阳湖、金匮等地、湖北之武穴、宜昌等地,江西之南昌、九江等地,几乎同时发生教堂被抢、被砸、被焚、被毁事件,短短几个月,长江中下游地区,反洋教风潮席卷而起,汹涌澎湃,帝国主义在华势力惊恐万状。美国驻华公使贝连续向国务院报告说:"几乎在长江各通商口岸都有骚乱发生"。[1]"没有一个城市是安全的,上海也包括在内"。[2]光绪皇

---

[1] 卿汝楫:《美国侵华史》,第2卷,第900、602页。

[2] 同[1]。

第四章
文化冲突与教案风波

帝在1891年的一个上谕中也不得不承认:"江苏、安徽、湖北、江西等省,屡有焚毁教堂之事……半由会匪从中主谋"。①

领导这次教案的哥老会经过密谋策划,商定了一套闹教办法:第一步是"预备匿名揭贴"编制大量诋毁教会的印刷品,揭露"教堂害死小孩、挖取眼睛"等罪行,讨檄传教士种种劣行恶迹;第二步是"遍地张贴",像"长沙所有的墙上,都覆盖着这些漫画。它们被拿到大街小巷,各处张贴……上自督抚大员,下至街头苦力,人人喻晓";第三步是"哄动众人",攻击教堂,并冲锋在前;第四步是乘热焚烧教堂后,迅速脱身,隐匿异地。这是哥老会头目曹义祥、唐玉享等人的供词。②他们从两湖到江浙,从安徽到江西,足迹遍及大江南北,串联宣传,广泛发动各地反洋教斗争。

长江教案是义和团运动以前规模最大、对帝国主义侵略势力打击最沉重的一场教案。参加斗争的群众,主要是城市的贫民、码头工人、民船水手、散兵、游勇、破产流浪者等下层群众。"各省闹教之由,实由匿名揭贴最为祸首,挖眼残害诸事,有图有歌。谣传一播,愚民竟谓目前真有其事,有触即发"。③当时流传的反洋教书文揭贴很多,其中《鬼教该死》就是一本白话说唱新歌,刊印了80余万册,散发全国,是流传最广、影响最大的一种宣传品。江西南昌、九江等地,街巷遍贴诋教揭贴,或曰"耶稣猪精,流传臭教";或曰"童子割肾,妇女切乳,剜眼取胎,婴孩同煮";或曰耶稣教士"贪如狼,暴如虎,淫如狐,诡如鼠"。④等等,不胜枚举,江西官府,遵旨严查,防不胜防,只能激起群众更加激烈的反洋教情绪,引发下一次更大的教案。

三、全省教案

甲午战败,帝国主义掀起了瓜分中国的狂潮,东北为俄国势力范围,长江流域及香港为英国势力范围,山东为德国势力范围,滇、桂、粤为法国势力范围,福建沿海为日本势力范围,美国没有分到一杯羹,遂提出"门户开放"政策,享受到列强在华特权。天朝至尊的中国,完全沦为殖民地半殖民地社会,清朝政府,形同傀儡,成为帝国主义在华御用工具。

---

① 《光绪东华录》总2915页。
② 《教务教案档》第5辑(二),第7358—740页。
③ 《张文襄公全集》卷一三六。
④ 《反洋教书文揭贴选》,江西部分。

1900年，北方义和团以驱逐洋寇、拯救中华为己任，提出"扶清灭洋"、"顺清灭洋"、"保清灭洋"等等口号，声讨"天主教串结洋人，祸乱中华，耗费国币，拆庙宇，毁佛像，占民坟，万般罪恶，实堪痛恨，以至国不泰而民不安，怒恼天庭"。号召民众："三月之中都杀尽（洋人），中原不准有洋人"。①

义和团爱国主义运动如火如荼，极大地激发了全国人民的反帝反洋教斗争。江西人民同仇敌忾，闻风而动，掀起了全省范围内的反洋教斗争。诚如当时上谕所说："拳匪肇乱，京畿一带多被扰害，以致各省人心煽动，焚烧教堂，伤害教士教民之案，层见叠出"。②是年5月以来，江西饶州、建昌、德化、高安、临川、鄱阳、安仁、丰城、南丰、庐陵等府县皆发生拆毁教堂、殴驱教士、教民的事件，赣东教堂仅存四分之一，赣南教堂10余所全部被拆毁，景德镇教堂则全部付之一炬。合计全省拆毁法教堂29所，英教堂3所，美教堂5所，德教堂2所，合计39所；又拆毁法经堂9处，书馆、医院、育婴堂3处，英经堂1处；教民具控被诈之案，档册稽核约8、9百起，教士开单指报7百余起，合计1633起，尚有仅列村户、或约指大数，并无原被告姓名者，又约6百余起，此皆法天主教民之案。另英、美两教控案58起。③事后清廷总结教案时说道："本年自五、六月以来，各省人心浮动，教案迭出，而江西为尤甚"，"江西教堂林立，民情浮动，以致民教互讼，案件层出不穷"。④从朝廷几道谕旨看，江西教案发生，在全国是最多的省份，但其总结教案发生的原因时，却失之偏颇，它没有也不敢披露传教士、教民的种种妄为，也没有反省自己下令向各国开战所带来的轰动影响。

事件发生后，法水师提督率兵舰抵达九江，意欲武力恫吓，迫江西地方当局严惩肇事者、赔款60余万两银、撤办有关官员。此时，正值八国联军攻陷北京，义和团运动在中外联合镇压下最终归于失败。清政府至此已完全屈从于外国侵略者的淫威，成为西方列强在中国的"御用工具"，对洋人卑躬屈膝，言听计从，慈禧太后即命一直主张对外妥协迁让的李鸿章为全权代表，向帝国主义乞和。为了扫除乞和的障碍，清政府对义和团"痛加铲除"，不留后患。对于这样180度的大转变，慈禧的解释是："宁与友邦，不予家奴"，即宁可洋人在中国颐指气使，干预中国内政，占领中国首都，也不愿义和团在北京发展壮大。一句话

---

① 《中国近代史资料选辑》，三联出版社1954年版，第506—509页。
② 《光绪朝东华录》总4656页。
③ 《义和团档案史料·李光锐折》，中华书局1959年版。
④ 《义和团档案史料·护江西巡抚张绍华折》。

第四章
文化冲突与教案风波

就是:"对外卖国,对内镇压。"因而,办理江西教案,一应洋人所请,于1901年4月,与洋人议结如下:

赔修各被毁教堂、经堂等,法天主教占银51万余两;英、美、德之耶稣福音堂共占银4万余两。另赔予教民恤银:法天主教占银265000余两;英、美两恤款银占7200余两。合计共赔银82万余两。其应办人犯:饶州府浮梁县拆毁教堂首领许豆豉等6人,就地正法;南安府南康县苏家训等3人,也即正法;其余各县所获人犯,或监禁、枷责、交保管束,各有不等。①

清廷应洋人所请,在惩处江西办理教案不善的地方官的时候,非常痛快,干净利落,前江西巡抚松寿于众多教案一时未能全结,予以革职留任;建昌府试用知府崔湘、代理南城县试用通判翁宗仁、南丰县知县邓宣猷、庐陵县知县冯兰森、安仁县知县刘泰和、署鄱阳县试用知县应衷等,均著即行革职;丰城县知县汤鼎煊、高安县知县何敬钊、赣县知县彭继民、署吉安府候补知府何师吕、庐溪县知县王慎猷等,均著撤任,摘去顶戴,停委一年,听候察看。

江西轰轰烈烈的反洋教斗争,在清政府的媚外政策影响下,遭到惨痛的打击、无情的压制,但江西人民反洋教斗争的决心和勇气却丝毫不减,更大规模的风暴还在后头,充分体现了江西人民不屈不挠的斗争精神。

四、棠浦教案

棠浦教案发生在1904年,一教民为乡民所杀,后发展到处理此案的南昌知县江召棠被教士刺杀,引发了一场更大规模的教案,故有些史书又称之为"第二次南昌教案"。

1904年,法教士王安之受命任新昌(今宜丰)教堂教主,多次赴棠浦镇布道,发展教徒。每次来,他总是放马随地吃农民的禾苗庄稼,乡民敢怒不敢言。教民狐假虎威,依仗教势,对良家妇女强行"初夜权",平日里任意打骂乡民,甚至强暴民女。②这年4月,棠浦镇天主教民罗永兴、赖克明又无端强奸乡民蒙师之女,民众不平,聚讼讼理,王安之反诬蒙师煽众仇教,迫使邑令杨国璋逮捕蒙师,加以监禁。③如此是非不分、黑白颠倒、欺民媚教的事情,为棠浦教案的发生

---

① 《义和团档案史料·李兴锐折》。
② 龚哲正口述,冯裕整理:《棠浦教案始末》。
③ 《1906年南昌教案资料专辑》。

埋下了祸根。

这年6月,一个偶发事件,使棠浦乡民平日对洋教的怨恨一下子爆发出来了。一天,正是四方百姓赴集闹市的日子,一乡民在拥挤中无意碰坏了教民手中的天主教匾额,即遭教民罗检刀伤,平日爱打抱不平的乡民龚栋,遂聚数十少年围殴罗检,一顿拳脚,竟立时垂毙罗检,尸首沉之于河。接着,众乡民趁机又抄了罗检、赖克明等教民的家,烧毁其房屋。王安之闻讯即报县令营拿办并电迫巡抚派员督查,新昌县知县杨国璋即拿办龚栋。龚姓乡民联络邻村陈家、高家乡民,聚众数千人,洪江会会员也积极支持。他们劫回龚栋,扎营山寨,布阵达5华里之遥,树起大旗,上写"官逼民反",官府几度派兵抓捕,皆无果而终。事情越闹越大,江西巡抚夏时乃考虑和平解决,派南昌知县江召棠前往棠浦查办此事。

江召棠、字云卿,安徽桐城人,历任上高、新建、庐陵、临川、德化、九江、南昌等县知县,禀赋刚强,为官清廉正直,政绩颇佳,处理民教纠纷,能上顾国体、下谅民心,素为民众敬仰。此次赴棠浦查处教案,他首先劝告龚族人,解散团练,缴械交凶。然后面禀上司,判处当事人龚耀庭、龚栋、龚祥3人各3年监禁。①棠浦教案本应就此画上句号了。

事隔一年,王安之调任南昌管理教务,他不仅要求江召棠重新审理棠浦教案,而且要求开释被判监禁的天主教徒。原来,1901年6月,新昌县茬港天主教徒与耶稣教徒发生械斗,死伤11人,地方官府处理此案,判天主教徒樊聚秀等5人永远监禁,判耶稣教民葛洪泰、邓贵和2人10年监禁。这次王安之旧案重提,开释教徒的第一个要求被江召棠断然拒绝了。重审棠浦教案的第二个要求也被义正词严地驳回了。王安之愤愤然说道"我教民受屈莫伸,我心不平,久已莫释",②由此对江召棠怀恨在心。

1906年2月,王安之邀江召棠赴宴以迫其就范。一次不成,第二次再邀,"言辞恳切",并声言新建县令赵峻作陪。江不好再拒,遂于22日下午,带上茶役、家丁2人赴宴。一到教堂,大门即刻关闭,"软禁"江召棠。王安之再次要求重结棠浦案,并出示自己准备好的议约,逼江签字。议约的主要内容是:改判龚姓3人死刑,赔教民恤银10万两;将茬港案内监禁的5位天主教民全行开释。江召棠自

---

① 《1906年南昌教案资料专辑》。
② 同①。

第四章
文化冲突与教案风波

然拒绝签字。王安之见威逼不成,乃恼羞成怒,命人用餐刀、利剪猛刺江咽喉。江召棠流血昏倒,待其家属等赶到教堂时,江已口不能言,但神志清醒,尚能索笔叙述了被害经过。

江县令被诱刺伤重的消息震惊了南昌市民,当天晚上,就有许多民众聚集老贡院天主堂门前,声威呐喊。翌日,南昌的学生、工人、商人相约罢学、罢工、罢市,以示抗议。各学堂的学生连夜印发传单,约集25日在南昌百花洲沈文肃公(沈葆桢)祠内商议讨回公道的对策。

2月25日晨,南昌市民几乎倾巷而出,街上人头攒动,仅拥至百花洲的群众就有4万人之多,把老贡院法天主堂、文学堂围得水泄不通。另一处罗家塘是英教堂,群众照样围攻,此时,凡是有教堂、有洋人的地方,都遭到愤怒群众的围打。江西巡抚胡廷干生怕事情闹大,不可收拾,赶紧派出所有兵率分往各教堂保护,同时又试图劝导群众保持克制。而此时的群众,激愤似火山爆发,哪听得进劝阻,纷纷涌向教堂,质询王安之,王理屈开枪伤人,顿被殴毙,连同城内老贡院法天主堂1所、松柏巷法文学堂1所、罗家塘英天主堂1所被烧毁,城外马厂法天主堂1所也烧毁一尽,伤毙英教士金传安夫妇及其女孩、法教习5名,共毙9人,其余教士、教民或躲或逃,在官兵水勇的保护下,幸免于难。

就在同一天,南昌附近的茌港、渡头、西湖等十数村镇也相继举行暴动,伤害教士多人。

打教事件发生后,胡廷干一面急电清外务部及英法公使,报告教案经过,一面增兵护堂,并将英法传教士秘密送往九江,同时竭力捕捉参与打教群众,一日内捕拿群众1600余人,其中,"大都是教民挟仇诬告希图报复者"。①

英法公使接电后,严词照会清外务部,要求"竭力保护该处教堂人民,并将此次殊堪痛恨之凶手速行缉获"。②同时咎责江西地方官保护不力,电饬九江领事率炮舰前往查办,而对江召棠被刺只字不提。

清廷谕令胡廷干在"严拿首要"抚恤伤毙的前提下,也要"据理评论"。3月1日,江召棠因伤势过重而逝。议结此案时,英法方诬蔑江召棠之死属于"自刎",江西代表坚持以事实说话,被刺而死的事实是明摆着的,谁也抹杀不了,双方各执一词,这就需要弄清一个最关键的环节——江召棠属"自刎"还是无端被

---

① 《1906年南昌教案资料专辑》。
② 《教务教案档》,第7辑(二),第724页。

刺及其伤势程度。

南昌知府徐性成等地方官员带同忤作验尸，证实咽喉及食气管有刀伤，长二寸二分，宽六分。尔后英领事倭纳偕同医官抵赣复验，结果如前，非"自刎"所为。这样，传教士诬江"自刎"的说法不攻自破。

江召棠平日爱民如子，此次被刺，百姓深为关注，闻知伤逝，强烈要求正名。江西籍京官也联名上奏，力陈首祸者为王安之，民众行动过激有情可贷，请求厚赠江令而宽处乡民。清廷近于舆论压力，不得不敕赠江县令太仆寺少卿，龚氏合族集资先后三次修建江召棠专祠，年年祭祀，子孙永念。①

法领事见赣官多懦弱无能之辈，认为"华民不可欺，华官则无不可欺"，②多次漫天要价、多方勒案，一直左右着谈判议程。先前要求"惩凶"，撤办有关官员，并赔款20万。后又加码要求赔款120万，甚或达到250万。并附加江召棠为"自刎"、为被害教士《含王安之》立纪念碑等条款，苛刻无理之至，实在令人不堪容忍。谈判代表江西臬台余肇康，性情刚正，自始自终参与案件的调查、验尸、谈判过程中，迫于朝廷及江西巡抚的压力，为顾全大局，一忍再忍，可是，面对如此苛刻的条件，不禁拍案而起，大声疾言："我手尚存，断难画押"，拒绝英法专使的威胁，谈判久无成议。然而，清外务部不顾案件事实，于4月30日直接与法公使议结六条：

（1）开释被监教民，江令自刎而逝；

（2）焚毁教堂赔银25万两；

（3）从前未结教案赔银2万两；

（4）被杀教士5人，每人恤银1万两（王安之不恤）；

（5）助建教会医院10万两；

（6）中方宣示洋教友善，无不法之举，以辟"谣传"。

湖广总督张之洞愤其大伤国体，恐法人欲壑难填，二次来电反对签约。江西绅民纷纷集会，也表示强烈不满。但清政府仍然以此为蓝本，于6月20日正式签约如下：

（1）将龚栋、刘苟子、任廷发、吴凤年、谭金刚、魏得胜等10人斩首示众，其余27人犯分别判刑；

---

① 民国《江西通志稿》，第二十九册。
② 大日本格藤君述：《南昌教案纪略》（稿本）。

第四章
文化冲突与教案风波

(2)赔教堂银25万两,教士恤银5万两,修建医院银10万两,计35万两。

(3)承认江召棠为自刎;

(4)为被难法教士建牌场藉示纪念;

(5)江西巡抚应即出示晓谕,禁止民众仇洋反教。①

另外,为满足英法要求,清廷将赣抚胡廷干、臬司余肇康、布政使周浩等于教案防范不严、办理不善的一批地方官员撤职查办。

接着,英国也与清政府议结,索赔4700英镑(约合5万两银)。

反反复复,久拖数月的谈判终于结案了。倘若前二款以牺牲人命和耗费钱财,可以承受的话,那么后面三款则大大损辱国体,大大伤痛人心,只有卖国的清政府才有这样的"大度",只有得寸进尺的洋人才会这样厚颜无耻。一桩惨案竟如此黑白颠倒,一起教案竟如此屈结,奇耻大辱莫甚于此。百姓对此既恨洋人,又怨官府,怨恨交加,呼天天不应,呼地地不灵,只好通过张贴传单表现出来,其中有一条很流行的话是这样写的:"真不平,真不平,大朝官竟帮了洋人"。②

江召棠冤死后,龚姓族人在痛定之余,众族集资修建江公专祠,年年祭祷,告慰英灵。此为后话。

棠浦教案发生过程中,即1904年8月31日,乐平县会党人物夏廷义率领群众以抗捐的名义进军县城,捣毁县衙、统捐局、厘卡、教堂及教民的房屋,并夺取营兵枪支,武装起义,斗争持续2个多月,最后在重兵镇压下,终归失败,领导斗争的会党人物全部销声匿迹。③接着,浮梁、高安、龙泉等县皆爆发群众打教事件。④这些斗争有力配合了棠浦教案,加剧了帝国主义在赣势力的恐慌。

棠浦教案结案条文内容传出后,江西民众更是怒不可遏,认为洋人欺人太甚,中国的人格、国格受污太损、誓与洋人不两立,在洪莲会会首黄淑性等人的领导下,饶州府民众公开打出"顺清灭洋"的大旗,头裹红巾,杀向浮梁县,打毁教民家,拆毁教堂,驱逐教士,与官军列阵枪战,因敌众我寡而失败。⑤继之彭泽县会党率领民众,高举"灭洋仇教"大旗,四出打教,南康、赣州会党、农民焚毁

---

① 《1906年南昌教案资料专辑》,南昌政协文史委编。

② 《清季教案史料》,第159页。

③ 《中国科学院历史所第三所集刊》,第1集。

④ 详见《清末民变年表》,《近代史资料》1982年第3、4期。

⑤ 同④。

天主堂、耶稣堂多所,殴杀教士、教民多人等等。①这些斗争表明了江西人民不甘屈服洋教势力的决心和勇气。他们用自己的行动和牺牲,向全国、向全世界宣示了这样一个事实:江西人民的反洋教斗争是正义而持久的。

第三节
教案对江西社会的影响

　　一次次反洋教斗争,就这样一次次夭折了。血光中,洋教势力继续蔓延;屈辱下,清政府苟且维持。江西人民空怀爱国之心,枉有一腔热血,徒然牺牲。这就是江西近代惨痛的历史。经此惨痛的教训,江西民众乃至全国人民觉醒了,只有彻底推翻腐败无能的清王朝,才能真正赢得中华民族的自尊。应运而生的革命时代呼之欲出,1906年12月萍浏醴起义爆发了,撼动了清廷的统治,引起了统治阶级的恐慌。接下来全国各地相继发生了反抗清朝统治的武装起义,如1907年5月的饶平黄冈起义、6月的惠州七女湖起义、9月的防城起义、12月的镇南关起义、1908年3月的钦州马笃山起义、4月的云南河口起义、1910年的广州起义,等等,众多起义虽然都失败了,但令清政府应接不暇,疲于奔命,最终导致辛亥革命的爆发和清朝统治的垮台,结束了中国几千年的封建专制统治,这是时代的选择、历史的必然。

一、正义的斗争

　　著名历史学家陈旭麓教授在谈到西方传教士时,是这样评价的:"他们虽然也有利玛窦、马礼逊、李提摩太、丁韪良、司徒雷登等大批著名传教士,但是除了前期的利玛窦等有较多的宗教气质外,从鸦片战争起涌入中国的传教士,已看不到'高僧'的形象,即使他们中有人自称中国为其'第二故乡'或'半个中国人',也大都是从事侵略活动的伪善者,中国人民久已把他们中的一部分看作披着宗教外衣的帝国主义分子。这是因为:资本帝国主义要变中国为它们的殖民地半殖民地,就必然而且需要把这种统治方式向国外延伸,决不是传教士发什么'善心'所能改变的。如果说在中世纪的欧洲,哲学是神学的婢女,那么

---

① 《辛亥革命前十年间民变档案史资料》上册,江西部分。

第四章
文化冲突与教案风波

到了近代中国,他们的神学就成了殖民主义的警探和麻药。这个事实也就使中国人民必然要把反洋教作为反对帝国主义侵略的组成部分,理所当然地要揭穿他们的伪善及其罪行"。① 也就是说,传教士在中国,虽然做过许多有益的善举,如纯正传播基督教义,介绍西方科技知识,兴办学校、医院、育婴堂,赞同中国的革新与改良等,但处在中国特殊的近代时期,这些善举也会被扭曲,被利用,终究掩盖不了他们对中国进行文化侵略的野心,摆脱不了为本国对外扩张服务的目的,使得传教染上列强政治色彩,成为政治的工具。在中国人民的反抗中,洋教自然成为抗战的首选目标。

自鸦片战争以后,中国人民就开始面临三大危机:信仰危机、民族危机、生存危机。传教势力的蔓延扩展,强烈地冲击着中国人民正统的儒学思想,大大伤害了中国人民千百年来固有的信仰;二次鸦片战争,启赔款割地之端,接着甲午战败,中日签订《马关条约》,清政府赔款银2亿两,而当时清政府每年的财政总收入不过八千万两,根本无力偿还这笔巨债,不得已向英、德、俄、法等国借贷,高额利息、回扣之外,以海关、厘税作担保,并划分帝国主义势力范围。尔后的《辛丑条约》,中国赔款银四亿五千万两,允许外国军队驻扎我首都,中华民族到了最危险的时候;帝国主义经济侵略渗透到中国城乡每一个角落,严重破坏了中国农业和手工业相结合的自然经济,农业萧条,手工业破产,失业民众大量涌现,造成普遍的生存危机。三大危机加深了中国人民对帝国主义侵略的认识,民族矛盾随之成为最主要、最尖锐、最敏感的矛盾。

江西人民也深深感受到这三大危机,也始终站在反对帝国主义侵略的前列。在自发的反洋教斗争中,奋不顾身地进行了殊死的、持续的战斗,表现出不屈不挠的精神。数十年间,斗争此起彼伏,前仆后继,连年不断。虽然每次反洋教斗争都失败了,但这些斗争都有着深刻的意义。不但大长了江西人民的志气,也维护了中国人民的尊严;不但打击了基督教的嚣张气焰,也延缓了中国殖民地和半殖民地的进程。从根本上讲,江西反洋教斗争,就是反对洋人侵略的斗争,是正义的反抗,是爱国的壮举,是民族的觉醒。它打击了帝国主义在华势力,威慑着传教士在华活动,鼓舞了中国人民反帝勇气,增强了爱国主义,推动了全国反洋教斗争的发展。应该说,江西如火如荼的反洋教斗争,是近代中国爱国主义运动的一个重要组成部分。正如九江人民在传单上所说的:"我们

---

① 顾长声:《传教士与近代中国·序》。

为什么要反对基督教？因为他是蛊惑中国人的毒物,因为他是卖国外交家的生产所,因为他是国际资产阶级的灵魂,因为他是帝国主义侵略中国的导线……基督教在中国三百四十余年过去的历史上,曾明白地告诉我们,传教是帝国主义的侵略手段。"①

反洋教斗争是正义的,但也毋庸讳言,斗争形式是简单而野蛮的,非烧即杀,单一的暴力手段。正如毛泽东所分析的那样,当时中国人对帝国主义的认识还处于"表面的感性的认识阶段",而"进到理性的认识阶段,看出帝国主义内部和外部的各种矛盾,并看出了帝国主义联合中国买办阶级和封建阶级以压榨中国人民大众的实质,这种认识是从1919年五四运动前后才开始的"。②只有那时候,中国人民的反帝斗争才出现了新的面貌。

二、惨痛的代价

江西人民积极投入反洋教这一正义斗争,付出的代价是惨痛的。政治代价是"惩凶"的残酷和屈结的羞辱,而基督教势力在舰炮的保护下,在刀光剑影中,高举着带血的十字架,鄙视着中国文化,践踏着中国人的感情而继续蔓延发展着。经济代价是"赔款"的巨大,双重的压榨是江西晚清经济落后于其他省份的重要原因。

以"宁与友邦,勿予家奴"为方针的清政府,在处理每起教案时,基本上是采取"友邦至上"、"免肇外衅"的原则,严厉惩处民众,尽力讨欢洋人。"惩凶"分为民众斩首、官员撤办。江西教案议结的"惩凶",前面已有论述,这里主要分析一下"赔款"的影响。

自1862年至1908年46年间,江西教案共赔款银160余万两,仅1900年全省教案和1904年棠浦教案二次议结,赔银就高过120万两。这还只是目前笔者查到的粗略统计,实际赔款数远不止160万两。江西每年财政收入百万左右,日常支出却不下200万,"江省入款,岁不敷支者甚钜","综计每年仍短百万有奇……实已库空如洗,无可掘罗"。③而教案赔款又不得拖欠,怎么办？遂议借洋款以还洋债,派员赴沪洽谈,洋商条件是:江西以关税、路权作抵。而关税属正供,由国家统一支配,路权作抵,又怕酿成新的风波,不敢应承,几经周旋,终无

---

① [法]卫青心:"法国对华传教政策"上卷,第2页。
② 《东方杂志》第八卷,第10号。
③ 《义和团档案史料·江西巡抚李兴锐折》,中华书局1959年版。

第四章
文化冲突与教案风波

成议。①外借不成则内捐,全省上下官民,勒紧裤带也只筹措得数万两银,杯水车薪,无济于事,最后还是采取老办法,增加地丁税、厘金税,转灾于广大劳动人民身上。以厘金为例,江西一省厘卡,在19世纪末,虽几经裁撤,仍"多至七十余处",②为全国之冠。货物遇卡抽税,货商苦不堪言。江西盛产茶叶、瓷器,茶叶、瓷业,为江西支柱产业。由于厘卡层层盘剥,货价"须加入百分之六十于成本中,而各种营业杂费不与焉",③致茶叶、瓷器等江西名产销路不畅,几度滞销,严重影响了江西经济的发展。为了支付赔款而采取这种杀鸡取卵的办法,是江西近代落后的重要原因。仅教案赔款,江西已是捉襟见肘,无力支持,更何况还有全国多次"内乱"(太平天国)外患(甲午、辛丑战败)所致巨额赔款的摊派。太平天国期间,太平军转战江西数载,虽轻徭薄赋,但官府正供税赋不减丝毫,反而因战争而加重,阻碍江西经济发展的毒瘤——厘金制就是此时创立的。厘金制试行之初,江西年入不过50余万两银,而到了后来,厘金收入却达到年200余万两,其中10万两必须上解户部,5万两供国家军费、100万两供本省军费,其余则用于偿还外债(赔款)和垫付省库亏空。而对外战争数败,仅1900年八国联军入京,签订了《辛丑条约》,中国赔银四亿五千万两,分39年还清,年息四厘,本息折合九亿八千多万两,关税抵押、厘金加价后,债务余额全部摊派到各省,江西每年承担216.6万两。江西财政是雪上加霜,苦不堪言。

法国学者总结近代中国是这样说的:"19世纪对中国来说,是一个痛苦的世纪。在这个世纪中,它经历过深重的灾难、生与死之间的残酷斗争,外国的侵略、国内的战乱、民众起义以及严重的经济、政治、社会危机,以及传教方面出现的激烈冲突,而且这种冲突此起彼伏,常常伴随着流血和牺牲。总而言之,一切倒霉的事情都不会放过这个不幸的民族。"④

一次次反洋教斗争,一次次惨痛的失败,教训是深刻的。作为后期教案的发动者和领导者,江西会党把这种失败归于"罪不在教士,而在官吏也",1906年萍浏醴起义时,会党公开提出"凡教会牧师皆一律保护之",⑤这是会党走向革命化的开始,也是江西教案从此趋于式微的开始。

---

① 《义和团档案史料·江西巡抚李兴锐折》,中华书局1959年版。
② 《光绪朝东华录》,卷一二〇,中华书局1958年版。
③ 《中国近代手工业史资料》第二册,第723页。
④ 上海《民国日报》1924年12月28日。
⑤ 《毛泽东选集》第一卷,第288页。

第五章

江西的维新变革运动

甲午战后,进行制度层面的变革成为晚清政府的选择。此后,进行政府导向的"制度变革"逐渐成为晚清中央政府的共识。这要分两个阶段来叙述,一是戊戌新政时期;一是清末新政时期。戊戌新政因既得利益者的反对而失败,但改革的思路在随后的"清末新政"阶段被继承,并随着时代的要求加以创新。江西人民开始觉醒了,思想观念也大大改变,要求维新图强并积极投身于戊戌变法运动之中,各行各业皆呈现一派新气象,江西积贫积弱的社会状况得到一定程度的改观,并逐渐走上近代化的道路。

第一节
江西的维新思潮

一、甲午战争失败后的江西社会

(一)抗战、拒约的努力

1894—1895年日本发动了侵略朝鲜和中国的甲午战争(因战争爆发于旧历甲午年而得名)。1894年7月25日,日本突然袭击我国北洋水师,8月1日,清朝政府在寄望于外国调停无望的情况下,被迫对日宣战,甲午战争全面展开。

战端开启,清朝政府先是海战惨败,继而陆战大败。为防日寇侵入内陆,江西巡抚德馨提出"合办江防"的建议,得到清政府的肯定。所谓合办江防,即长

第五章
江西的维新变革运动

江中下游数省,互为援应,共同御敌,对外军事作战一体化。例如考虑到江苏、浙江等沿海省份是对敌前沿,极有可能成为战争重地,时任两江总督、南洋大臣刘坤一即令江西调兵驰援,协助防御。1894年8月6日,即中日战争爆发的第6天,刘坤一给江西巡抚的信函中就指出:"尊处'合办江防',钦奉恩谕,已电达湘、鄂、苏、皖各省。就鄙见所及,目下苏皖恐无兵可拨,湘、鄂则必有异词,所仰仗者唯有大部。西省(江西省)练勇亦少,但得三营,派一统带东来,即足以资臂助。目前或驻金陵,或驻镇江,将来察看情形,以定进止。总须作为一路,决不令其分驰。"[①] 同年10月,当关外战事吃紧时,江西又奉调"刚字"、"吉字"等5个营的精兵,由提督孙道发统带,兼程北上,奔赴抗日前线。所需军械粮饷,全由江西省自己筹措解决。这是江西省在中日甲午战争中所做的直接贡献。另外,江西为支援国家作战之急需,在短短几个月内,迅速筹集钱款23万余两,解交户部。其款额,远高于一些富庶的省份(如湖北、四川,仅13万两左右)。同时,江西在长江重镇、省城户口九江等地,增强兵力,加固防御,严阵以待,使朝廷无后顾之忧。可以说,江西在甲午战争中,是尽了自己最大努力的,承负了巨大的牺牲。

尽管全国人民同仇敌忾,做出了巨大的战争努力,清朝军队仍然不敌装备精良、训练有素的日本军队。前线败讯接二连三传来,动摇了手握军政大权的慈禧太后的本不坚定的战争信心。1895年2月,慈禧决意求和,派权臣李鸿章去日本商谈停战事宜。4月17日,李鸿章在日本马关,与日本全权代表伊藤博文签订《马关条约》,承认日本在朝鲜的控制权;割让辽东半岛、台湾全岛、澎湖列岛给日本;赔偿日本军费2亿两银;开放沙市、重庆、苏州、杭州为商埠等。从内容可以清楚地看出,《马关条约》完完全全是一个不平等的条约,带给中国人民的是耻辱,加速了中国半殖民地化的进程,加剧了中国的民族危机,使中华民族到了最危险的时候。

《马关条约》签订的消息传到国内,激起各阶层人民的愤慨,"拒约"、"再战"的爱国声浪一时间席卷全国。时值会试之期,各省举人汇集北京应试。闻听条约签订的消息,群情悲愤,纷纷上书,反对《马关条约》,这就是中国近代历史上著名的"公车上书"(汉朝举人应试,皆乘公车,故后人称应试的举人为公车)。

---

① 刘坤一:《致德晓峰函》,光绪二十年七月初六日。见《刘坤一遗集》信函卷,中华书局1959年版。

江西举人李瑞清、张炳麟分别偕同湖南、江苏、山东、湖北等省举人上书,列举条款祸弊,要求拒绝签字,继续打下去。5月1日,程维清等120名江西举人,联合公呈经由都察院上奏朝廷,坚决反对签约,并且以本省为例,指出条约对江西省"剥肤之痛、切近之灾"者四:一、"江西地势居各省之中,惟九江为通商口岸,若倭人内地杂处,则形势尽失,万一有警,无险可扼";二、"利源所在,以瓷器、茶叶、布匹、纸张为大宗。倭人设立机器制造,垄断居奇,一切利权均归他族";三、"土货悉变为洋货,关税既少,厘金又绌,国用所资,无从措办";四、"利源既失,富者皆贫,贫者益困,饥寒交迫,流而为盗,完善之区,皆成荆棘"。"具此四害,流毒无穷","要求朝廷,审时度势,慎签条约"。①

江西举人的集体上奏,其签名之多,在当时各省"公车上书"之中,仅次于广东(289名)而高居第二,就其影响而言,很具说服力。

另外,江西举人罗济美,曾两次单独上书,这是各省"公车上书"中所没有的事例,而且,他的奏文言辞激烈,以致两次呈文都使都察院为难,因为"字句间未有尽检点之处"颇多,最后只是迫于全国拒约声潮的压力,都察院才不得不以"事关重大、情词迫切,""不敢壅于上闻"为由,勉强予以转奏。②

罗济美的第一次呈文,标题就是"请诛首恶"。文中指出,作战中,淮军水陆各将,未见敌踪而闻风逃窜,屡战屡败,皆出于"李鸿章卖国旨意";和议时,李鸿章"欲速亡我朝之熟计,为倭主稿,以潜就其刘豫、张邦昌之谋",达就卖国求荣之目的。强烈吁请诛李鸿章,废约再战,并献"战策"六条,即严守天津及沿海各口;延集人才参佑军务;括集闽粤船民,往袭日本;攻敌之虚,恢复辽东;招集绿林镖客分营安插;优奖勇战将领等。尤其应注重多设疑兵伏兵,日诱夜袭,冲腹抄尾,任其无日不战,无夜不惊,则"胜负自可逆料"。③激愤之情,爱国之心,溢于言表。

罗济美的第二次奏文,是在得知朝廷批准《马关条约》之时。他再次呼请拒绝和约,追回成命,举国上下,全力杀敌。这篇奏文,因为是都察院当时为应试

---

① 江西举人程维清等呈文,光绪二十一年四月初七日都察院代奏,引自《江西通史》,江西人民出版社1999年版,第660页。
② 都察院《代递江西举人罗济美等条陈折》,光绪二十一年四月十五日。引自《江西通史》,江西人民出版社1999年版,第660页。
③ 江西举人罗济美呈文,光绪二十一年四月十一日都察院代奏。引自《江西通史》,江西人民出版社1999年版,第660页。

第五章
江西的维新变革运动

举人代奏的最后公文,因而为全国"公车上书"画上了一个悲壮的句号。

与"公车上书"遥相呼应的是江西省内声讨《马关条约》的呼声也非常强烈,"同称愿战不愿和"的决心非常坚定。如当时报刊采访所述,江西"官绅士商闻之(马关条约即将御印的消息),莫不愤懑填胸,甚至泣下数行者。江抚德晓峰(德馨)中丞,即传齐文武员弁商议,同称愿战,不愿和。并电商两江督宪张香帅(张之洞)意见如何,旋准电复'已经电奏战守各策,不必议和'。中丞亦即电奏:愿战,不愿和。士商则欲重聘英、德各将,包守包战,暂纾急难。现此情形,可见仗义执言,出于公忿,固不以势位而殊也。孰谓民心之不可恃战!"。①

在《马关条约》业经清廷批准,正待换文之际,5月4日,德馨又列名参加东南二督五抚的联名电奏,恳请朝廷展期换约。电奏称:"展限数旬,停战议约"。以期延缓换约,等待列强各国交忌相争,逼迫日本作出让步。②

省城南昌,对日本强迫清政府签订《马关条约》莫不愤慨,尤其是"经训"、"友教"、"豫章"等各大书院,更是借考题寓意拒约抗战,如经训书院院长皮锡瑞出题:"读金史交聘表,拟讨倭檄文",江西布政使方佑民亲自为友教书院命题:"知和而知不以礼节之";"宣王愤起挥天戈";"王往而征之"等等,南昌士绅乃至官员听到这些考题,"皆知其命意所在,为之点首鼓掌者再"。③

(二)贫穷落后的加剧

自太平天国运动(1853年西征江西起)和九江开埠(1862年)以来,特别是中日甲午战争以后,江西经济形势是每况愈下,一落千丈。江西巡抚李兴锐评估江西省力时,曾叹惜道:"江省入款,岁不敷支者甚钜","综计每年仍短百万有奇……实已库空如洗,无可掘罗"。④也就是说,每年江西财政收入百万两银左右,而日常支出却不下200万。江西本是盛产大米之乡,因连年灾旱等原因而拖欠国家正供钱粮过多,占全国第二位。⑤省府的窘况是江西民穷的集中反映。自洋货大量倾销后,江西传统的自然经济遭到严重的破坏,自给自足且源源不断地大量供奉朝廷的盛世一去不还,贫穷与落后的命运从此一直伴随着江西

---

① 见汪叔子家藏:《海上报章类抄》(未刊稿),光绪二十一年四月。
② 总理各国事务衙门收《南洋大臣张之洞等来电》,光绪二十一年四月初十日到。
③ 见汪叔子家藏:《海上报章类抄》(未刊稿),光绪二十一年四月及五月。
④ 《义和团档案史料·江西巡抚李兴锐折》,中华书局1959年版。
⑤ 《光绪朝东华录》,光绪十二年(1886年)七月,中华书局1958年版。

整个晚清时代,及至民国时期。

外国资本主义的商品经济猛烈冲击着江西封建的自然经济,造成江西优势产业如手工业、商业的纷纷破产。江西盛产茶叶、棉花、毛竹等,茶业、纺织业、造纸业盛荣,到19世纪末,普遍走向衰败。由于外商的盘剥和洋货的挤压,江西茶业"破产贻尽";①纺织业以往"郡民一灯莹然,机声彻晓,今无之矣";②造纸业也"难免天演淘汰之悲"。③同时,由于传统商道的改变及内陆河运出现机器轮船作业,原有人力船"废业者逾半",④原有商贩十之八九失业。太平天国时期,江西是主要战场之一。太平天国最初实行圣库制度,且在各防守城镇为防范奸细潜入起见,不准私人开设商店等经商活动,对江西"民力拮据、百货滞销,商贾类多歇业"⑤的萧条景况有着直接的影响,相应地阻碍了江西生产的发展。此时的江西,由于战火蹂躏、湘军的焚抢、朝廷的厘税以及太平军在战争中客观上的破坏,遭受了晚清时期空前的浩劫,社会经济秩序严重混乱,民力、省力从此一蹶不振,加重了江西贫穷与落后的命运。

破旧要有立新,否则局面不可收拾。从邻省乃至全国范围看,传统自然经济的破坏普遍存在。从19世纪60年代开始,至90年代止,一大批封疆大吏如李鸿章、左宗棠、刘坤一、张之洞、丁宝桢等,纷纷兴办洋务企业,学西方科技之长,造西方利器之坚,在上海、福建、广东、湖北、浙江等地办起了一大批新兴企业,如江南制造总局、上海轮船招商局、上海机器织布局、福建船政局、广州机器局、湖北枪炮厂、湖北冶炼厂、浙江机器局等等,江西邻省大都在一两个大型新兴企业的带动和辐射下,生机勃勃,经济有了相当的改善和发展。而相比之下,赣籍官员,则是"道咸之交,陈孚恩、万青藜、胡家玉,同时在高位,被人挤陷,一仆不再振。……自家玉罢后,垂三十年,江西无三品京官"。⑥无一如左宗棠、张之洞这样有威望的封疆大臣,申请不到巨额官款办厂,本省又无资金,洋务官办大企业一个也没有。作为一省之长——巡抚,江西在晚清时期,即1840年到1911年短短70年内,前后巡抚竟达30人,尚不含临时性的"暂署"、"护理"

---

① 中国人民大学编:《中国近代经济史》,中国人民大学出版社1979年版,第133页。
② 《抚郡农产考略》卷下,光绪二十九年抚群学堂校刊本。
③ 《时报》宣统三年正月二十八日,引自《中国近代经济史》。
④ 《洋务运动》第一册,上海人民出版社1961年版,第138页。
⑤ 《中国近代手工业史资料》,第一卷本,第593页。
⑥ 胡思敬:《国闻备乘》,四川人民出版社1985年版。

第五章
江西的维新变革运动

巡抚,几乎每两年更换一任巡抚。可谓来也匆匆,去也匆匆,到任短暂,何能尽职?1862年到1878年任职江西巡抚的是沈葆桢、刘坤一、刘秉璋,他们本是有名气的封建官僚,且任职于洋务兴盛时期,这本来应该江西发展最好的时机,但他们任职江西时,沈葆桢集力于镇压太平军;刘坤一奔波于防旱救灾;刘秉璋尽孝于母亲终养,多次乞休。江西洋务运动发展的第一次历史机遇,即失之于这些"名臣"之手。而自中法战争至甲午战争这中间10年,作为发展"洋务"工商业的又一次有利机会,更败于庸抚德馨。德馨,满洲人,1884年11月到1895年9月任职江西11年,是江西巡抚任职时间最长的人。他只知享乐及时,不知办事何为,通查《光绪朝东华录》,这十多年内,德馨的奏事,除了禀报会党活动和镇压会党经过外,很少有其他奏章。德馨酷爱戏乐,上任伊始,南昌知县汪以诚即投其所好,常以酒宴戏乐相邀,通宵达旦享乐,荒于政事,被参奏后,仅革职汪氏知县了事。①10年后,即1895年,德馨秉性难改,依旧沉迷于歌舞声中,被御史高参奏为"贪婪荒纵",此时,正逢甲午战争,天庭才动真怒,下旨撤办,所属迎合之辈,如余干县知县何其坦,德安县知县朱士林、万载县知县周凤藻,上饶县知县朱锡祁等等一概被革职。②当时有人赋诗讥讽德馨道:"广求钟乳三千两,远聘黎园十万钱。圣主忧勤臣独乐,可怜辽沈遍烽烟。"③讲的就是德馨在中日甲午战争这个全国群情激愤的时刻,却仍在听乐唱戏,歌舞升平。其他巡抚,对如何发展江西经济,兴办新型企业,不是一筹莫展,就是碌碌无为,安于现状,不思进取。江西贫穷与落后的面貌得不到改观,与江西巡抚大员的无所作为不无关系。

二、江西的维新思潮

(一)维新思想在江西的兴盛

甲午战败,给中国人民带来沉重的打击。这个打击不仅仅是军事上的,更主要是思想上的。曾令国人骄傲的北洋水师,是清政府重点经营的骄子,船坚炮利,竟不敌小小的日本海军而全军覆没;曾令国人敬畏的淮军湘军,兵多将广,面对一个小小的日本陆军竟兵败如山倒。原因何在?不能不引起国人沉重的思考。

---

① 《清实录》第55册,第59页。
② 《清实录》第56册,第883页。
③ 《后乐堂集》,《中日战争》(五)。

《马关条约》签订之后,掀起了帝国主义列强瓜分中国的狂潮。列强各国,通过一个个不平等条约的签订,蚕食中国领土,东北成为俄国的势力范围,山东划归德国的势力范围,滇、桂、粤三省变成法国的势力范围,长江中下游及香港统归于英国的势力范围,台湾及东南沿海变为日本的势力范围,美国迟晚了一步,则提出"门户开放",共享列强在中国的利益。惨遭弱肉强食的中国,更进一步走向半殖民地化。中国未来的出路何在?不能不引起国人苦苦的求索。

面对民族危机的加重和半殖民地化的加深,有识之士首先警醒的是:传统封建体制不合时宜了,洋务运动也不过是花拳绣腿,要救中国,必须转变思想改良政治,必须求变,由此而兴起轰轰烈烈的全国范围的维新运动。

江西士绅思想观念的转变和维新变革思想的产生,在全国也表现得非常明显。1895年7月以来,省府南昌,"洋板书铺中异常热闹"。①士绅们纷纷购阅时务书籍,尤其是《时务策学》这类书籍,更是"畅销之至",几乎是人手一册。②士绅们交谈的主题,不再是官道八股了,而是时务救国,就是街谈巷论,也以时务为先。1895年夏,维新求变思想活跃的文廷式(时任翰林院侍读学士)回到家乡江西,在南昌与经训书院山长、经学大师皮锡瑞相晤,"纵谈时事"。皮锡瑞以经训书院为基地,公开鼓吹维新之风,"极言变法不可缓",不顾地方守旧派的"或相嫉视"、或"阴实阻之",讲学、考试,皆注重经世之学,并以培养新式人才,开通社会风气为己任,极大地促进了江西的"学风丕变"。③江西乡试,变以时务为题。当时维新报刊《知新报》曾对此作如是评价:"闻今科(1897年)各省得士之盛,以江西为最。所取解元宋名璋及沈壮(兆)祉、胡栩、李兆虚、吴缪、李泽南等,皆知名人士。主试者为张野秋祭酒、李家骥太守,所试题目,悉皆时务,故得人之盛,甲于行省也"。④

习时务,讲时务,求维新的思想,江西在全国表现是比较突出的,涌现出一批誉名全国的维新思想先觉者,如陈三立、文廷式、陈炽等。他们不仅为江西社会风气的转变,也为全国维新思想的兴盛,起着身体力行的效应。

以旧体古诗见长的陈三立,甲午之后,感慨"国亡久矣,士大夫犹冥然无

---

① 汪叔子家藏:《海上报章类抄》,光绪二十一年六月。
② 汪立元致穰卿先生书,光绪二十三年七月二十八日,见《汪康年师友书札》上,上海古籍出版社1987年版。
③ 皮名振:《皮锡瑞年谱》,未刊稿。
④ 《知新报》第三十八册,光绪二十三年十一月初一日。

第五章
江西的维新变革运动

知,动即引八股家之言"①的现状,心怀危亡之忧,"慨然思想新变法,以改革天下"②为己任,毅然"令(家中)子弟改业西学",③宣传时务,并赞襄其父湖南巡抚陈宝箴实施新政,倡设时务学堂,荐引维新派新锐梁启超任总教习,讲学、育人,皆以时务为准,为使湖南"成为全国最富朝气的一省"④而奔波忙碌。

思维敏捷、言辞尖锐的文廷式,甲午之前即任四品翰林院侍读学士兼日讲起居注官,他的思想,直接影响着光绪皇帝的决策思维。由于深得光绪皇帝的赏识,文廷式成为帝党维新变法的智囊型人物。他在甲午战后,总结自鸦片战争以来学西方的历史教训时深刻写道:"数十年来治洋务",设船政、通电报、开机器、创海军,结果却"一战法兰西而败,再战日本而大败",原因就在于没有相应的政治制度与人才机制。而西方富强的根本是立议院以通上下之情,兴学校以作天下之才;封建"治术"的历史合理性已经走到尽头了,"至今日而又将大变",朝着西方议院式的民主方式而变,这才是目前救亡图治的根本之路。⑤

文廷式对维新思想的大声疾呼,在封闭与沉思的当时,对国人起着振聋发聩的作用。不仅如此,他在光绪二十一年(1895年)夏,请假回籍,南返至赣时,也力倡教育改革。他建议江西地方大吏,将省城南昌仍专八股文的"豫章"、"友教"等主要书院,仿照西方学制,改为分设政事(时事)、文学、言语(外语)、艺学(工科)、格致(理科)、陆军、海军等专科,教授新学,培养"文与武合,士与商通"的新人才,同时还建议创办机器矿务局,振兴地方经济。他自己身体力行,率先在萍乡创办"广泰福"行,以西法采煤、炼焦,一度成为湖北枪炮厂的抢手货。在他的带动下,萍乡安源出现多家煤矿、焦厂。萍乡安源成为近代中国的"煤都",成为晚清全国首家大型矿冶联合企业"汉冶萍公司"的煤焦基地,有文廷式的一份功劳。

假满回京,文廷式参与创办全国第一个维新政治组织——京师强学书局,购置西方书籍,定期集会宣讲维新时务。1896年夏,他在上海参与筹办《时务报》,使之成为维新变法运动的主要喉舌。对于文廷式频频的维新举措,顽固派恨之入骨,屡次弹劾他,光绪皇帝在慈禧太后的压迫下,无奈地下旨,将文廷式

---

① 谭嗣同:《兴算学议·上欧阳中鹄书》,光绪二十二年刻本。
② 范文澜:《中国近代史》上册,新华晋绥分店1947年版,第301页。
③ 谭嗣同:《兴算学议·上欧阳中鹄书》,光绪二十二年刻本。
④ 陈三立:《散原精舍文集》卷五,《巡抚先府君行状》,中华书局1949年版。
⑤ 见《读〈海国图志〉书后》,《文廷式集》卷二,中华书局1993年版。

革职永不叙用。文廷式成为维新派同守旧派斗争的第一个牺牲品。

户部郎中兼军机章京陈炽,早在甲午战争前,即1894年,就撰写了专谈时务维新的著作——《庸书》。他在书中大谈改革变通思想,认为洋务运动时提出的"中学为体,西学为用"口号,不合时宜,应提倡"中学西学,合同而化","恶西人而摈弃西法……愚也";①"唯我独尊"的天朝思想要更新,君主专制政体要变革,倡议实行西方的议院制,上下相通,政顺民安。②《庸书》的问世,在当时社会上引起了很大的反响,不少书局竞相刊印,一版再版。有鉴于此,光绪二十一年(1895年)四月,大学士翁同龢以此书进呈光绪皇帝御览。甲午战后,国人大反省,有志之士,高呼变法维新,一时变法思潮席卷全国。陈炽是这一思潮的有力推动者和积极参与者。他广交维新派,经常引荐维新派首要代表康有为拜见、游说当政要人,并为帝党代表翁同龢与康有为起草了十二条新政意旨,即最初的变法大纲,在帝党与维新派之间起着联络、撮合的作用。他建议康有为:"办事有先后,当以报先通耳目,而后可举会"。③并捐助资金,使近代中国最初的维新报——《万国公报》得以在1895年8月刊行。尔后,陈炽又频集维新志士,谋开新会,集体捐资,于是年八月成立震动一时的强学会,陈炽被公举为提调。学会三日一会于北京嵩云草堂,商谈时政,抗声救亡,来者日众,影响日巨。11月,京师强学书局成立,陈炽为总董。陈炽等维新派的系列举措,不仅打破了封建王朝不许结社立会的禁规,而且极大地唤醒了国人,推动了变法维新的早日到来。

继北京强学会之后,上海强学会也相继成立,江西人邹凌瀚、陈三立、文廷式等是其主要发起人。陈炽不但捐银200元,还担任在京为《时务报》收集捐款与推广销售的工作。

(二)维新报刊在江西的传播

甲午战后,全国维新思潮汹涌,维新报刊也如雨后春笋,相继成立。当时比较有名的报刊如《万国公报》《中外纪闻》《强学报》《时务报》《知新报》《农学报》等,其发行量虽然有限,但其影响都深远广大,从《时务报》在江西的传播,就可见一斑。

上海强学会遭封禁后,汪康年、梁启超、邹凌瀚等维新派利用该学会余款,于1896年10月在上海创办《时务报》,陈三立、文廷式、陈炽等江西人为《时务

---

① 陈炽:《庸书·大学·西学》,1894年版。
② 陈炽:《庸书·议院》,1894年版。
③ 《康南海(有为)自编年谱》,光绪二十一年六月,中华书局1992年版。

第五章
江西的维新变革运动

报》的创立,纷纷解囊相助,并出谋划策。《时务报》每十日出一期,以宣传"救亡图存"为宗旨,不仅在当地报界独占鳌头,在京师、内地,尤其是在江西,也是名噪一时。

《时务报》在江西受理捐款、代理销售的处所,主要以邹凌翰、邹凌沅兄弟所居南昌系马庄邹公馆及其主办的九江福康轮船公司为主。另外还有旅赣的汪立元和汪德年、江仪宾等住处,及各地的电报局,皆代理过《时务报》的销售事宜。邹凌翰兄弟为了筹办报务经费,在南昌"逢人劝助款项",①甚至带头捐献,公诸报刊。汪立元在江西也是"到处揄扬,逢人怂恿,以期畅行",他向《时务报》主办汪康年通报江西对维新报刊渴求的情况时写道:"即就抚州而论,自弟等来后,每逢士绅,不惜剀切劝导。数月之间,以一传十,闻有志者亦已不尠,皆欲购看《万国公报》,若知此报(《时务报》),胜于《公报》,尤必争先快睹"。②由于汪立元"因遍托知好,设法推广,旬月之间,销报几及百份",③1897年夏,《时务报》将先前各期"重行精校,缩付石印",分寄发售。此讯传来,适逢江西丁酉乡试届临之时。"江省风气渐开,缩本报尚未来,而至元(汪立元)处询问者,已不乏人"。江西士绅举子,"来索观者踵相接"。④

《时务报》在江西销售的具体数目,就已知史料只能得其大概:1896年下半年,定购42份,零购40本;1897年,各期定购450份左右,零购410份,定购"缩本报"185部;1898年,经汪德年经手在赣销报款额1100余元推算,每册《时务报》售价一角五分,当合7300余册。《时务报》在江西的销售,在全国居领先地位。

由于《时务报》针对时政,宣传救亡图存的影响,加之邹凌翰、汪立元等人的奔波、鼓动,江西地方官员曾下公文饬购《时务报》,两江总督刘坤一传檄所属苏、皖、赣三省,饬令购取《农学报》《时务报》,分发绅董及书院士子传阅,"以广见闻而资参考"。江西布政使翁曾桂,旋即于1897年通饬全省各府厅州县,强令购置《时务》《知新》《商务》等报,分发书院、绅董等。他认为:"新出诸报,以《时务报》为最佳,《知新》《商务》等次之。诸报议论宏远,采摭精详,阅之足以增识见、恢抱负,洵用世之先资,济世之利器。"⑤

---

① 《汪康年师友书札》(三),《邹凌翰致穰卿书》,光绪二十二年。
② 《汪康年支友书札》(上),《汪立元致穰卿书》,光绪二十二年、二十三年。
③ 《汪康年支友书札》(上),《汪立元致穰卿书》,光绪二十二年、二十三年。
④ 《汪康年支友书札》(上),《汪立元致穰卿书》,光绪二十二年、二十三年。
⑤ 翁曾桂:《饬各属购(时务)等报分给书院札》,光绪二十三年,见《江西通史》第672页。

不仅《时务报》在江西受到青睐,《万国公报》《农学报》《算学报》《商务报》《知新报》等在江西也有一定的市场。这些维新报在江西的传播,对启迪江西士绅思想、激荡江西维新思潮,起着直接的作用,为江西维新变革的实施,提供了坚实的思想准备。

第二节
戊戌维新运动在江西

1898年6月11日,光绪皇帝颁布"明定国是"诏书,宣布变法,9月21日,慈禧发动政变,囚禁光绪帝,终止变法。其间共103天,史称"百日维新"。因该年为戊戌年,又称"戊戌变法"。在这一百多天内,光绪皇帝颁发了一系列诏书,内容涉及政治、经济、文化、军事等各个领域,杂而无序,急于求成,虽如此,仍然掀起了全国维新变革运动的高潮,给亘古不变的封建统治秩序一个沉重的打击。

江西维新变革的社会实践,从甲午战争后就悄然进行,只是到1898年(戊戌年),加快了步伐,表现于公开而集中。维新变革的内容,涉及广泛,主要归结于政治、文化、经济领域。

一、政治领域的维新变革

从1895年京师强学会的成立,到1898年"百日维新"诏令驰禁结社集会,其间各地会社纷纷涌现,呈现一派政治开放的变革局面。这个时期,江西会社也如雨后春笋,相继成立。比如废时文会、奋志学社、励志学会、同心会、医学会、讲学茶会等,在当时比较有影响。

废时文会于1898年6月由吴亮勋、章启祥、沈兆祎、沈兆祉、吴璆等人发起创办。该会以"时文积弊太深,愚我震旦,抑我士气,为患靡穷"[1]故,拟就《请废八股、改科举疏》上达,条阵八股文("时文")之害,胪举科举之利,认为八股文与缠足、鸦片并列为国家民族三大弊害,非禁废不可,于是继卫足会、禁烟会之后,成立废时文会,并将该会《缘起》《章程》等送达《知新报》《时务报》等报馆,

---

[1] "章启祥致穰卿先生书",见《汪康年师友书札》。

"刊入报首,号召天下",①向世人表明废时文会对请废八股文的决心。

奋志学社于1898年5月由江西候补典史李荣植邀集省内"力图自奋"的官员六七人发起创办。该会专意讲求史治、时务及经世之学,每月在南昌闹区城隍庙内集会讲学一次。尔后改办奋志学堂,"专为佐贰肄业之所",②即知府、知州、知县的辅佐官的培训学校。可见,这所民办的奋志学堂得到省府的大力支持,兼有为官府培养人才的职能。

励志学会于1898年5月由周应熙、翁宝仁等江西候补官员创办。该会宗旨与奋志学社大致相同,也设立吏治学堂,成为"敕令肄业之所",专门为地方官员培训吏治、时务,课程分内政、外交、理财、经武、格物、考工6门,南昌知县江毓昌主持督课,校址设在南昌城隍庙,经费主要由省府拨款解决。巡抚与藩臬两司每月面试学员一次,奖优罚劣,成绩与官职挂钩。学堂规模与影响胜出奋志学堂。

此外还有同心会、医学会、讲茶会,皆以宣讲、评说维新变法为主旨,积极推动江西的变法维新。

光绪皇帝在戊戌变法诏令中,要求各地大力改革吏治,裁撤重叠机构,裁汰机构冗员。由于"百日维新"期间,正是江西巡抚德寿与松寿交接换印之时,省政一度由布政使翁曾桂代理,故江西在执行变法诏令中有不到位或不得力的地方。虽如此,仍裁减绿营兵2000名,留兵3000名,又添募新兵1000名。尽管政治改革方面,动作不大,功效甚微,但江西仍然积极投身于变法运动中,不曾对变法有丝毫的抵制甚至对抗。

二、文化领域的维新变革

早在1895年,正当甲午战败、全国救亡图新高涨之际,有鉴于民智未开,陈炽就先知灼见地提出:"办事有先后,当以报先通耳目。"第二年,江西即曾筹议"开报馆",并拟"请德化戴君伯诚主笔",③当时因经费问题而搁浅。到1898年夏,邹凌瀚、邹凌沅等在南昌再次筹创报馆,报址厂房、印刷机器等购置妥当,行将开办发刊,"戊戌政变"发生,禁开报馆,邹氏兄弟遂采取以书代报的办法,编印《通学汇编》,十天出一册,继续传播新学。

---

① "章启祥致穰卿先生书",见《汪康年师友书札》。
② 翁曾桂:《创设史治学堂折》,光绪二十四年七月二十八日,见《戊戌变法档案史资料》。
③ "汪立元致穰卿先生书",见《汪康年师友书札》(上)。

戊戌时期，江西正式出版的唯一的一份维新报刊，是《时务菁华报》。该报创刊于1898年9月16日，由萍乡知县顾家相之子顾燮光主办，馆址设在县衙内。登载内容为中外要闻荟萃，如谕旨、奏折、中外政事、实学汇要、经济文萃等。报刊仅出三期，即因"戊戌政变"发生而停办。

戊戌变法在文化领域的新产物，除了报刊之外，新式学堂的涌现，也是一大成果。

1897年6月，邹凌瀚、邹凌沅、胡发珠等倡议设立"务实学堂"，蒙获省抚德寿的批准，"一切学堂事宜，概归绅士经理"，"所有一切规模，悉照京师大学堂章程具体而微"。[①]校址设在省城西昌书院左旁，聘请江西学政江标为总教习，讲授以时务、经济、算学为主。学校一切费用，由各州县筹捐一部分，省财政从丁漕银中划拨一部分。在得到朝廷的认可后，1898年，务学堂方始成立。虽然筹办甚艰，但务实学堂毕竟是江西官办新式学堂的第一所。

继之新成立的官办新学堂还有：南昌的"中西学堂"，新昌（今宜丰）的"中西学堂"；萍乡的"时务学堂"等等。这些新式学堂，皆摒弃旧式教育，一切以实务为先，但虽属官办而且时髦，却因经费不足而萧条。

除官办外，江西还出现第一所私立学校，名叫"经济公学堂"。该校由邹凌瀚兄弟创办于1898年5月16日，租用民房为校舍，聘用精通英文洋务者任教习，讲授以实务为主，包括西学、英文。与学校联为一体的"致知书局"，专售时务书籍，如陈炽的《庸书》《续富国策》，郑观应的《盛世危害》等，使之成为江西的热门书籍。

三、经济领域的维新变革

与政治、文化领域相比，经济领域的维新变革，显得尤为活跃，各行各业涌现出一批新事物，并且初见成效，为江西积贫积弱的经济，灌注了一股新鲜活力。

1.农业。1896年3月，翰林院编修蔡金台等人在江西高安县设立蚕桑学堂。这是一所实业性的学堂，也是晚清中国第一所农业专科学校。该学堂从浙江湖州采购桑秧蚕种，试验栽培，研求种桑养蚕之法。培育的学生，来自邻县各地，学成后各归故里，推广养蚕，为江西桑蚕业的发展，立了首功。继之江西布政使

---

① 翁曾桂：《遵旨设立学堂以宏教育折》，光绪二十四年八月二十二日，见《戊戌变法档案史料》。

第五章
江西的维新变革运动

翁曾桂,在南昌创办蚕桑局。该局参照学校例,以培养人才为先,又仿制公司例,将购至的桑秧十数万株,免费分发乡民栽种,配之以《蚕桑辑要全书》《种桑秧简便法》《种桑事宜》《养蚕良法》等简便教材,待到桑成蚕就时,蚕桑局则广为收购,保障销路,便民富赣,为当时一大创举。

在蚕桑学堂和蚕桑局的带动下,蚕桑生产在江西旺盛兴起。各地也相应成立"蚕桑局",各地官府也因省宪的倡导,积极支持,甚或躬身试办,延至1898年戊戌改变时,江西的蚕桑业,一直兴旺不衰。

2.航运业。鉴于木帆船业经不起洋人轮船业的挤压而纷纷破产,蔡金台等数次倡议"禀请创办内河小轮""以扩商务",因两江总督刘坤一的阻挠而"卒至中止未行"。[1] 1896年初,邹凌瀚兄弟约合蔡金台、陶福履(翰林院庶吉士)及部分绅商,再次向两江总督张之洞、江西巡抚德寿,呈请开办九江内河小火轮,目的是"疏通土货,拖带船只,力争先著,以维商局,以保权利"。[2] 张之洞为情所动,允准成立江西商轮公司,并得到总理衙门的批准。很快,江西第一家轮船公司——福康轮船公司终于于1896年7月正式成立。公司集资6.8万元,购置大小火轮6艘,开通航线3条(南昌、吴城、饶州),业务不断扩大,营运状况良好。

其后,和济小轮公司、顺昌协记小轮船局,相继于1898年在九江成立。和济小轮公司为地方殷富熊宝臣、马镜亭等人创办,创办股金3万元,购火轮4艘;顺昌协记小轮船局也属商办,创办股金3万元,购轮船3艘。

三家公司的成立并正常营运,打破了外国轮船公司在江西垄断的局面,为江西的新政,增添了重重的一笔。

3.工矿业。近代江西工业在全国一直居落后地位。戊戌维新时期,也只是在加工制造业方面有些变化。日见衰败的景德镇瓷业,从1896年开始,采购西洋机器,仿制洋式瓷器,扩大出口额,增强竞争力;樟脑业也于1897年初成立了第一家公司——吉安兴利公司,试熬樟脑,竟得成功;曾经闻名全国的造纸业,由于不敌洋商机制之纸而萧条,至戊戌维新期间,也开始仿效西法生产纸张,维新派陈炽即曾在家乡与人合办制纸局,数年盈利达20余万元。

矿业主要集中在萍乡,以煤炭业为主体。1896年,文廷式等人集资创办了广泰福商号,经营萍乡煤矿开采及焦炭烧炼。建有7厂18井,炼焦炉50座,并购

---

[1] 《清德宗实录》卷三百八十五,见南开大学编《清实录经济史资料辑要》第253页。
[2] 张之洞:《张文襄公全集》,文华斋1928年印,第3138页。

置小轮船以运销煤、焦,专供汉阳铁厂,供量每月煤2000吨,焦1000吨。

同年,彭树华、文廷楷等人集股创办萍乡、宜春矿务,成立江西萍宜矿务利和有限公司,并得到赣抚德寿的批准和支持。该公司主要开采铁矿砂,并收购民间采出的铁砂,运销汉阳铁厂。

1896年,湖北矿政局及汉阳铁厂在萍乡开设官煤局,收购煤炭并建厂煤焦。1898年,湖北官煤局又成立萍乡煤矿,用机器大举开采萍乡、宜春煤矿,给江西煤矿业增添了繁荣的一景。

戊戌时期,江西的煤矿业除萍乡、宜春之外,还有乐平、余干、丰城等县也大量开采煤矿。德兴的金矿开采,也一直在积极地酝酿中。

综上所述,江西在戊戌时期的新政,虽然步子不大,影响有限,却初见成效,揭开了江西迈向近代化的帷幕。

需要特别书写一笔的是,在维新变法期间,江西出了一位蜚声全国的新政主将陈宝箴。陈宝箴(1831—1900年),江西义宁州(今修水县)人,以军攻为耀。《马关条约》签订后,他"痛哭曰'无以为国矣',历疏陈利害得失,言甚痛"。[1]从此致力于维新图强事业。1895年10月,陈宝箴任湖南巡抚,"思以一偶致富强,为东南倡",[2]着力整肃吏治,开矿建厂,宣传维新,兴学育才,编制新军,讲习自治,荐举贤能等,使湖南成为当时全国维新变法"最富朝气的一省"。[3]变法失败后,他即遭到革职,携眷回到江西,隐居于南昌城郊西山,未几,突然"以微疾而卒"。[4]

第三节
清末江西新政

清末新政时期是我国传统社会向现代社会转型的重要时期。人们普遍认为中国的现代民族国家建设始于清末新政时期,有两个表现:一是国家行政力量的强化;二是对传统经济社会的改造,培植不断增长的国民经济与民生体系。江西作为清政府的一个行政地区,在这一时期按照晚清政府的部署积极地

---

[1] 《散原静舍文集》卷五,《巡抚先府君行状》。
[2] 《清史稿》卷四六四,《陈宝箴传》。
[3] 范文澜:《中国近代史》上册,第301页。
[4] 《散原静舍文集》卷五,《巡抚先府君行状》。

第五章
江西的维新变革运动

推行新政。

一、实业政策的推行

近代江西,作为强有力的政府行为兴办实业之举,当属1901—1911年的清末新政时期。其间,经过地方政府大力倡导,江西兴办了大量实业。①其主要原因是由于江西地方各级政府在中央的督导下积极推行"实业政策",概括起来主要有如下几项。

（一）设立振兴实业的专门机构

实业的振兴,当始于商业之振兴。布政司柯逢时在禀文中谈到商业的重要性:"就江西物产如土靛、甘蔗、苎麻等类,生于田畴,是商业之中有农务在焉。物用如瓷器、布匹、纸张等赖成于制造,是商业之中有工务在焉。商务兴而农工兴之俱兴,是宜极力维持,设法整顿,不可视为缓图者也。"②光绪二十七年（1901年）十二月,江西地方政府为整顿各业、振兴实业,在省城成立商务局,并制定章程十四条,章程中除对各业贸易的厘税作了调整和规定外,还鼓励个人或多人经商,要求各业成立同业公所,规范贸易,以为各商与政府机构的中介。

光绪二十八年（1902年）四月,江西巡抚李兴锐以本省实业未兴,生财无术,奏设农工商务总局,督粮道刘心源任督办,制定振兴农工章程若干条,通饬各府州县设立分局,派绅经理。二十九年（1903年）三月,农工商务总局由翰林院编修黄大壎任总办,内设提调、文案等职若干。秋间,农工商务总局改为江西农工商务所,归并到省藩署派办政事处,另承商部咨文开设矿务公所。三十年（1904年）三月三日,署理江西巡抚夏㠰"以振兴实业必须官绅一气,乃能有成",且"派办政事处诸务殷繁,势难兼顾",重新开设农工商矿总局,原政事处所辖之农工商务所、矿务公所归并到总局,并通饬各府州县设立分局,认真办理,鼓励民间广设工厂,开山采矿,以藩司为总办。③农工商矿总局积极采取振兴实业的措施。三十年（1904年）秋间,农工商矿总局为振兴工艺,构建陈列所,

---

① 近代,"实业"一词的含义有广义和狭义之分。广义上,实业是指代以农、工、商、矿为核心的近代经济部门或体系,或者指农、工、商、矿等各项具体的实业。狭义上,当时国人用实业与英文"Industry"相对应,"Industry"是指工矿业。我们采用的是广义概念。
② 《赣省兴商》,《申报》1902年2月13—14日。
③ 傅春官:《江西农工商矿纪略》南昌府·农务。又见于《署江西巡抚夏㠰奏农工商另设总局派绅随带学生出洋肄习片》,《江西官报》甲辰年（1904）第二十期。

通饬各属,将土产货物,解送陈列,以资考验而示改良。三十一年(1905年)九月,选择各属制造各品,委张倅宝鉴解赴京师,呈送商部陈列所。三十三年(1907年)二月,农工商矿总局拟遵端戴两大臣奏案,将百花洲房屋,就势修理,布置建造公园,并将陈列所移植于公园内,以便观览。详奉抚院瑞批准照办,旋即派员监修,一俟工程完竣,即将陈列所货物,先行迁移。①

江西各府州县也相应地成立各种指导实业发展的行政机构。兹据《江西农工商矿纪略》所录情况列表于下:

各府州县指导实业发展的行政机构一览表

县名	机构名称	成立时间	概况
宜黄县	农工商务局	光绪二十八年十二月初二	夏令翊宸奉饬设立,照会绅士李文蔚等会同筹办地方一切兴利之事。
东乡县	农务总局及垦种分局	二十八年十二月	周令绘藻在昭忠祠内设立。劝修水利,兴办垦种。二十九年十二月,派绅士在西路将军岭赛阳关两处,各设水利垦种分局。
东乡县	农田水利总局	三十年正月	何令敬钊在校士馆内设立,四乡设分局六所。二月,该令拟具农田水利禁约十条,办法五条,刊刷考验土产,查勘水利山地各表。
莲花厅	农工商务局	二十九年正月	暂借西门外育婴堂房屋设立,举定绅士,先行试办种植。
兴国县	农工商务局	二十九年六月	孙令启瑞在奉裁都司署内设立,会同绅士陈潘书等,筹办垦荒事宜,李绅文涛为正办。三十一年城内改为农工商矿总局,各乡有分局三十余处。
临江府	农工商矿局	二十九年	在清江县万寿宫开办。三十年迁于西门育婴堂。
万载县	工商社会公局	二十九年	于城内设立,将原有出产改良制造,以裕生计而增税课。(商务)
万载县	农务专局	三十二年三月	职员龙明照自设立,捐廉办理,不取丝毫规费,劝导种植,维持保护。

---

① 傅春官:《江西农工商矿纪略》南昌府·工务。

第五章
江西的维新变革运动

续表

县名	机构名称	成立时间	概况
金溪县	农工商务局	三十年正月	郭令立朝在城内三陆祠设立。另八月间,生员郑培等劝捐稻谷二百石,拟定条规,设立保甲农务分局。
信丰县	农工商务局	三十年正月十九日	在署内设,议定简明章程八条。札委典吏杜观保为会办。谕绅士邱世濬、曾杰、陈荣镇为绅董,举办开垦种植事。三十一年,加派张赓篁、生员林文荣为局绅。
浮梁县	农工商矿公所	三十年三月	雇工十名在西门外操场、东门外沙洲,垦种麻靛乌桕香樟等类。
玉山县	农务局	三十年六月	在县城云台寺内设立,委县丞黄海涛协绅劝办,集股购种,推广种植。在城业户乐认股本洋320余元,又经员绅赴乡劝得农民股本洋350余元,共洋约700元之谱。由在局员绅租定城内宝星桥民荒园地,小东门外河边地两处,试种棉花、豆、芋,收获后售钱24600文,除工本之外,尚余钱5000文,拨充局费。
峡江县	农工商务局	三十年七月	周令景祁在武庙内设立,以为绅士会议之所。三十一年二月,东西两乡均设分局,绅首劝导种植畜牧。
奉新县	农工商务局	三十年九月二十九日	沈令善谦在县城登瀛集内设立。并查在籍候选知府徐绅锺祐讲求实业,于农务尤所究心,于是照会该绅为总理。另于每乡选派一二人,考察土宜水利,责令详细具报。并派绅经理,一切维持市面,保护商民之事,容随时会商办理。(商务)
吉水县	农工商矿局	三十年九月	张令肇基在城东节孝祠内设立,并试验场,谕饬举人刘应恺等经理垦荒种植制造等事。
靖安县	农工商局	三十年九月	汪令鸿设立,以举人舒宽慧、廪贡项书谂、附贡张家昭为坐办。每团设分办二人,调查通县实业情形。

县名	机构名称	成立时间	概况
万年县	劝牧所	三十年十二月	县属农民自经劝谕以后,稍知讲求水利树艺。惟尚不知畜牧为农家最大最速之利。昔陶朱、猗顿富拟王公,考其致富之由,不过曰五牲而已。奉饬讲求渔业,广牧牛双,均已出示晓喻。此外,如猪羊鸡鸭,获利尤溥,现拟饬绅在各乡设立,讲求孳生喂养之法,举绅二人为会长,每遇星期,邀集村人演讲一次。
	因利局	三十二年六月	在县署设立,先就附近荒地办起。凡赤贫无力者,酌借资本开垦。其余各乡谕绅一律照办。为垦荒而设,先以东乡为起点,各乡则由绅集资仿办,责成图长据实查报。
定南厅	农工商矿局	三十年	在团练局内添设。
会昌县	农工商务局	三十年	在考棚内设立。
靖安县	农工商务局	三十年	于城内设。认识到"商业之兴,须先调查",附设讲习调查所,派绅驻局坐办。各团设分办二人,调查本地出产货物,或宜扩充,或宜改良,详细报告,以凭次第兴办。(商务)
上高县	商务局	三十年	考究工艺,力求进步,推原利弊,疏畅销路,议定章程六条。(商务)
铅山县	农工商矿分局	三十一年五月二十九日	邀集各绅至署,再三劝谕,各绅公举岁贡蒋梦奎、刘嗣向,副贡刘子泰,廪生韩道禹等作为局董,在城内文昌阁设立,以为集议办公之所,仍由该县督饬将应办各事,次第举办。
湖口县	农务局	三十一年正月	商令言志在县城内文昌宫设立,讲求树艺。
乐安县	农工商矿局	三十一年十月	汪令都良在县城关帝庙内设立,谕饬邑绅游步程等充当首士,议章开办。
新昌县	农工商矿公所	三十一年	派绅分任其事。曰总理、曰务长,开具章程。
龙南县	农务局	三十二年	生员吴鑫等禀设,招股开垦。先在白沙坝试种靛棉,并种有柏树200余株。

第五章
江西的维新变革运动

县名	机构名称	成立时间	概况
新城县	农工商矿局		设于崇正书院内。二十九年在十九都中田孔理公祠内设一农工局,兼司保甲,派监生陈善熙等为首士,栽种苎麻、烟叶、靛青等。自十九都设农工局以后,陈善熙种植得法,附近农民仿效,每年增利不下万金。
安仁县	农工商务局		派绅四人经理
南丰县	农工商务局		在县署侧设,绅董刘裕谦往局经理。
永新县	新政局		整顿农工商务,讲求树艺,乡间种植尤胜于前。(商务)
石城县	农工商局		设在北门外,贡生黄有文等经理。
大庾县	劝农所		县属土性宜种甘蔗、苎麻,饬绅传谕乡民,广为种植。

资料来源:根据《江西农工商矿纪略》各县农务、商务部分编制。

另外,宁都州农工商矿事宜,由保甲局绅兼办。① 瑞金县农工商务局就典吏署内设立,札委典吏章森,遇有各乡农工商务,会绅妥筹,禀县核办。② 对于新设的振兴实业的机构,江西各级政府鼓励绅商积极参与并赋予较大的权力,如三十年(1904年)九月,上饶县周令邦翰表称,"各行分设行董,并将前设之农工商局,改名农工商矿分局,凡何利可兴,何弊宜除,概为各行董会议,以期尽善"。③

为了适应日益兴起的近代工商业的需要,加强对工商矿业的管理,江西转换原来道的职能,使其以负责地方实业为主。三十四年(1908年)十二月,江西增设劝业道,傅春官任道尹。传统行政机构,如巡抚衙门,也适应经济发展的需要进行了适当的改革。三十二年(1906年),江西巡抚衙署内设十科:交涉科、吏科、民科、度支科、礼科、学科、军政科、法科、农工商科、邮传科,各设参事一人及秘书等。

(二)农务方面的新政举措

1.创设农政专门行政机构

---

① 傅春官:《江西农工商矿纪略》宁都州·农务。
② 傅春官:《江西农工商矿纪略》瑞金县·农务。
③ 傅春官:《江西农工商矿纪略》上饶县·商务。

清末新政时期，人们在产业结构的安排上已经形成了一种新的理念：以农为本，农工商一体化经营。人们产业观念的变革和对农业功用的新认识，驱使清政府农业行政开始了近代嬗变。江西农工商（务）矿总局就是一个指导包括农业发展在内的行政机构。

光绪二十九年（1903年）秋间，护理巡抚柯逢时为节经费、省文书，奏明将前抚宪李兴锐设的"农工商务总局"归并派办政事处，改为农工商务所。在农务方面，"奏留绅士华侍御辉会办农务，另设农务公所，以为绅士会议之地"。三十年三月，农工商矿总局设立时，农务公所迁移农工商矿总局内。①光绪三十二年（1906年），随着新政的深入，清廷对中央各部权限作了较大改组，将工部并入商部，改称为农工商部。同时变原来的"平均司"为"农务司"，"专司农政"，旧时隶属户部的"农桑、屯垦、畜牧、树艺等项"，工部的"各省水利、河工、海塘、堤防、疏浚"等涉农事宜，悉划归农务司管理。②并在各地设"劝业道"官制，附设劝业公所；各厅州县设劝业员，办理各地含农业在内的实业事项。就江西而言，光绪三十二年（1906年）闰四月，江西省农务总局在南昌设立，督办一人由官吏充任，会办一人由公正巨绅充任。总局通饬各县清查荒田，勘查水利，划定经界，清理赋税，各县设立分局。劝业道也按要求设立。从前述"州县推行实业的行政机构"的表格中也可以看出，各府州县推行实业的行政机构很重视农业的发展。而且有些州县推行实业的行政机构专附设劝农会，如光绪三十年，余干县俞省三在"四乡议局分设后各附设劝农会，多购农学书报，俾知讲求，本有者推广之，本无者兴起之。并公定保护章程，免遭窃害。庶生计饶而身价重，不致无赖为非"。③

新政时期，清政府从中央到各省、府、州、县有了专门管理、指导农业的机构，初步汇成上下相依、指臂相连的近代垂直式的农政系统。这种行政组织系统的"理性化"发展，打破了传统社会那种决策作出后因缺少从中央到地方的垂直领导系统与固定机构而无以贯彻执行的流弊。所有这些为晚清乃至民国建立以后农业方面的近代化奠定了行政制度方面的基石。

2.制定改良农业的政策

江西农工商矿总局成立时，为了支持和鼓励本省官绅商人发展农业，振兴

---

① 傅春官：《江西农工商矿纪略》南昌府·农务。
② 故宫博物院明清档案部《清末筹备立宪档案史料》上册，第480页。
③ 《余干县俞省三条陈地方利病恳求破格准予四事禀批》《江西官报》甲辰年（1904）第十九期。

第五章
江西的维新变革运动

本省工艺,投资开办工商矿实业,制定了开局应办章程十条:造调查表;设试验场;备物陈列;条举庶政;广设农学;广设工厂;振兴商业;劝派矿股;申明禁约;申明奖励。其中前五条都重点谈如何发展农业:

第一条(造调查表)指出,"凡全省关于农工商矿之物,兹颁一表式,饬令文到一月内,照依表式,开列详报各物,并应计工本花息,如谷田每亩上熟可收若干,中熟若干,下熟若干,价至贵若干,最贱若干,除需工本若干,粮税若干,可得余息若干。此外杂产树木畜牧之类,皆应以此类推,以及工价之多寡,商业之亏盈,皆须一一记录,以资考究,毋混毋漏。……又前商部奉旨饬查各属土性表,务应趁此细加考察";

第二条(设试验场)指出,"现在中农无化学家,如钙养磷养之料,动质静质之土,无从究察。然就中国土化土宜之法,兼近日移植改良新法,最浅易者试验之,以开风气。如日本明治之初,民部省颁美国棉种,西洋牧草,他如试育美羊,种美烟,求法国葡萄苗,饲意大利蜂,移植甚多,不可枚举。宜师其意,凡本省之种,有此劣而彼佳者,二十二行省,有此劣而彼佳者,均可选种试验。其间为桔为枳之不同,粟土□土之互异,亦可参验";

第三条(备物陈列)指出,"本局应将全省关于农工商矿之器物陈列,以备考查。限文到三月内,农物如果、蔬、百谷、草木,取其种子,并绘图立说。如田器之类,一切汲水、去草、刈物、耕土诸器,亦呈图说。……以为移植改良之助,其佳者并可奖励发达";

第四条(条举庶政)指出,"垦牧一端,凡各属栽种植物,饲养动物,兴何水利,垦何荒地,如何劝农兴办之法,皆应条举实事,禀陈本局。察其物土所宜,责令广濬利源,务收实效。……以上四条,各牧令必条陈因地制宜办法,绅民中有条陈各事者,亦当精为申送,以便择优嘉奖";

第五条(广设农学)指出,"中国农夫,识字明理者颇少,仅藉耳濡目染,古法相承,水旱偏灾,茫无所措。各国最重农学,能用机器补救,改荒地为良田,新出农书,殆百余种。近由沪购农学丛书,及农学报,俟到齐后,即次第札发,可择其就地所宜,简捷易行者,条举晓示,广劝仿办。各厅州县每村设三余学堂,为择一文理明白者教之,凡有农隙,若冬与夜,及避雨休息之时,可因势利导,教之识字,并讲一切垦牧之法,或就农学书编成浅说,务宜妇孺都解,以备讲习。每村设一村董,每厅州县各设一总董,其三余学堂经费,凡就地有迎神赛会演剧,一切无益之费,酌量提出应用,务择清正绅董经理,毋任虚縻"。①

3.传播近代农业知识

在世界市场竞争中,中国出口农产品的劣势地位使清廷及商部认识到"商务初基,以提倡土货为要义,而商之本在工,工之本在农,非先振兴农务,则始基不立,工商亦无以为资"。②清末新政时期,清中央政府在对农业学堂之提倡,还是在对农事试验场之激劝,或是对农会新式社团之促进,其意图均在围绕着开通农民知识,因地制宜,改良种植,以期推进"农业发达"这一主旨。江西在中央政府的指导下,积极引进新的生产要素,传播近代农业知识。如培养具有新农学知识的人力资本;引进良种佳艺、新农具、化学肥料等。傅春官在《江西农工商矿纪略·序》中关于农务写道:"其于农务,则有试验场、农业学堂、农报、农会之设,而垦荒造林,亦皆蝉联兴办。"③

其一,创办各级农务专门学堂,提倡农学教育。近代农业与传统农业的一个最大区别就在于在生产过程中对科学技术及某些非传统的生产要素的应用。与之相应,人才的需求及培养也就成为此时农业变革中的关键,再加之中西方经济方面的差距,使清政府感到"实业教育为今日之急务"。从光绪二十九年(1903年)起,清政府陆续制订、颁布了一系列关于发展农业教育的政策和规章。政府教育方针的转向及相关教育政策的推动,促使清末江西农学教育的高涨。

光绪三十一年(1905年)秋季,江西实业学堂于南昌南关口开办,总办傅春官,监督龙钟洢(举人,由劝业道委)。④先后招考学生百人入校,分为甲乙两班,先教以农学专科,厘定章程,添设教习,并聘请日本林学士斋藤丰喜教授农学、算学、理化和博物诸科。⑤光绪三十三年(1907年)该校改为江西高等农业学堂,属专科性质。宣统元年(1909年)添办中等科。宣统二年(1910年)迁移至庐山白鹿洞书院,改为江西高等农林学堂。

光绪三十二年(1906年),江西省立农艺专科学校宣告成立,该校是全国创立最早的高等专科学府之一。宣统二年(1910年),江西女子桑业讲习所在南昌

---

① 《藩司周筹议农工商矿章程表式详批》,《江西官报》甲辰年(1904)第16期奏牍。
② 刘锦藻《清朝续文献通考》卷三百七十八,第11241页。
③ 傅春官:《江西农业商矿纪略》序。
④ 黄炎培:《清季各省兴学史》,第15页。
⑤ 傅春官:《江西农工商矿纪略》南昌府·农务。

第五章
江西的维新变革运动

开办。南昌的蚕业讲习所类同一般的职业学堂,既重讲学又重实习,目的全在于使入学者掌握"养蚕大概智能"。①清江县任贵震将农工商矿局改办实业学堂,并附设农务种植场、试验场、畜牧场。②

同时,各县普遍设立三余学堂、半日学堂等,传播近代农业知识。如光绪三十年(1904年),永宁县令因公下乡时,传集各乡识字老农,饬设三余学堂,将奉发农学丛书,农学报摘其浅近者,讲解演说,使人易晓。随后,各乡设立三余学堂者已有数处。③三十年(1904年)十二月,龙泉县谕令各乡设立三余学堂,将奉发农学报及农学丛书发给抄阅。各乡绅来署抄录者,络绎不绝。④三十二年(1906年)二月,庐陵县纯化乡绅耆工部主事李士林等,呈种植约规十条,并饬各绅创设农业学堂一所,专以考究土性种植之法。⑤三十二年(1906年),广丰县邵令启贤莅任以后,谕绅劝民趁农隙议开半日学堂,考究土性,讲求培植之法,以开农民知识。⑥

其二,设立农业试验场,推广和传播农业新科技。为改进落后的农业生产技术,光绪二十九年(1903年),商部在《通饬各省振兴农务》中要求各地"办土宜"、"兴试验场",并以此为基础详细指出:"凡土质之化分,种子之剖验,肥料之制造,气候之占测,皆立试验场,逐一讲求,纵人观览,务使乡民心领其意,咸知旧法不如新法,乐于变更。"⑦在政府的重视和支持下,农业试验机构开始在各地纷纷设立。

光绪三十年(1904年),江西省抚署在南昌进贤门外租民地140亩,设立农业试验场。九月,农工商矿总局"延派素讲农学兼谙化验之龙绅锺浀驻场经理农事",并赴上海购置化学仪器,觅东洋及外省佳种试行栽培。招募农工,讲求播种培壅之法。还设立畜牧厂,孳养牛马鸡羊。三十一年(1905年)七月,于实验场内添设前谈到的"实业学堂"。三十二年(1906年),添租民地,创办森林,以实业学堂教习齐藤丰喜兼充森林长。十二月,龙锺浀将开办以后试验各事著书三

---

① 《申报》1911年6月12日。
② 傅春官:《江西农工商矿纪略》清江县·农务。
③ 傅春官:《江西农工商矿纪略》永宁县·农务。
④ 傅春官:《江西农工商矿纪略》龙泉县·农务。
⑤ 傅春官:《江西农工商矿纪略》庐陵县·农务。
⑥ 傅春官:《江西农工商矿纪略》广丰县·农务。
⑦ 朱寿朋《光绪朝东华录》第5册,第5103页。

种:《土壤定量分析术》《乙巳农事试验记》《农艺分科试验报告书》,该三书转呈抚宪吴重熹察核并移送司道后,发往各属,会绅讨论,晓谕农民,量地仿办,逐渐推广。农业试验场既从事桑蚕生产,又设立畜牧厂和创办林场,从事畜牧业和林业生产,进行农业科技实验。三十三年(1907年)四月,农工商矿总局以试验场"所得新理新法",不能遍及穷乡,"惟有按月编辑农报,刊刷布告",于是编辑出版《江西农报》。[1] 江西农业试验场进行农业科技实验,宣传一些农业科技知识,可以说是江西农业科研机构之始。

各府州县也普遍设立农业试验场并认识到其的重要。如鄱阳县地方政府认为,"讲求种植必先设立试验场,将获利较速之各种树木,分别试种,使之有所观感,然后可期风气渐开"。[2] 农业试验场或多或少地改变了农人在征服自然过程中的盲目、被动状态,有力地促进了农学新知的传播。各府州县农业试验场概况,据《江西农工商矿纪略》中不完全统计列表如下:

部分府州县农业试验场概况一览表

县名	设立时间	概况
宜黄县	光绪二十八年十二月	将县属侧废仓基地一片辟为试验场。常平仓前余屋三楹设为劝农局,职员李家鹰等会办试验场事务。
南城县	三十年	廪生吴可衡禀呈章程,请设立农长,保护农业。知县谕各都长一体遵照办理。三十一年二月,吴可衡于北门外租屋一所作农学馆,租地四片设立实业试验场,讲求种籽、肥料等项,以期开通风气。
广昌县	三十年	在城内高阜荒地,设立试验场,雇工开垦,试种各物。三十三年四月,择定南城内张王庙废基,地势高沃,雇工垦辟,以为农业试验场。周围栽种乌桕、棕榈,次则择种果木,隙地兼种蔬豆,余则分畦栽种棉麻蓝靛等物。
东乡县	三十年	由县捐廉在东门外演武厅旧基筑墙悬额,名曰试验场,择绅经理。试验场栽种桑桐禾麦蔗豆生姜薯芋等类。讲求种植培养各法,随时试验改良,乡民群知仿效。
信丰县	三十年	试验场在东门外南乡公地。三十年栽种小蓝柏树。三十二年购回棉籽麻兜,次年春间试种。局绅王志远等购回木棉、龙眼、荔枝各种子,散给各乡试种。

---

[1] 傅春官:《江西农工商矿纪略》南昌府·农务。
[2] 傅春官:《江西农工商矿纪略》鄱阳县·农务。

第五章
江西的维新变革运动

续表

县名	设立时间	概况
万年县	三十年九月	将演武厅前隙地作为劝农官圃,试种菜麦。在籍安徽县丞高震,候选训导刘燮帮办办办,以开风气而求进步。官圃试种菜麦,均青葱畅茂,农民有所观感,有集议筹股垦荒之举。三十一年正月,官圃拟将本地所无者,如靛青、烟叶、西瓜、粤种花生各项分别试种,以辨土宜。择老农一人,以司照料。凡耕耘肥壅诸事,均令雇工办理,并移请警察委员督绅劝办。
莲花厅	三十年十一月	购民荒地九亩一分六厘,作为试验场。属内向不牧羊,由萍乡买羊八只,发交局绅,派人牧养,以开风气。
湖口县	三十一年二月	在南湖营老演武厅空地设农学试验场,种桑秧数百株,又购到普通农学浅说二百本分发各乡。
鄱阳县	三十一年七月	邀集绅董在县署旧址设立试验场,试种草木桐子。
清江县	三十一年十一月	清江县中学堂教习周列爵在文昌宫旁隙地设立农业试验场,购买各种果树秧苗及挖土春泥器具,集资试办。从奉发农学丛书及农学报中摘抄种树培护各法,分发四乡。调查各乡所种橘树,近因参酌新法培护,结实颇形硕大,成效不无可观。
乐安县	三十一年十一月	汪令都良表称,南郊曾姓祠前,有空地一区,约数十亩,系曾姓己业。因乏人工,未经开垦。该令商诸绅耆辟为试验场,由官试种,悬匾一方,名曰"农学试验场",并佥廉交绅,购己邑所鲜见者各种播植,以辨土性,而广种植。三十二年三月,试验场新种树竹多已成活,并分畦播种信丰红瓜子、广丰花豆、永丰薄荷、蓖麻子等类。
新城县	三十一年十二月	设立农业试验场一所,名曰茂生。坐落十九都锺贤干圩洲杉山脚下。
义宁州	三十二年三月	习艺所旁荒地,经垦出栽种蔬菜瓜果,作为种植试验场,藉开风气。四月,试验场内蔬菜瓜豆长发青葱,所种早稻异常畅茂。乡民来观者,司事演说指点,启发心思。
吉水县	三十二年三月	在老考棚空基设立树艺公所,在署旁石边设立种植试验场一所,种竹二十余株,石榴五十余株,李七十余株。
会昌县	三十二年	在署后荒地雇工垦作试验场。三十三年在西门外教场设试验场。
泰和县	三十三年三月	生员郑冠群集资在郑姓村开办农学试验场。距城二十里,栽种树木杂粮。

续表

县名	设立时间	概况
安义县	三十三年四月	招集民股,在南乡康乐庄设立农桑试验场。
饶州府	三十三年四月	开办农林劝业场,以道署旧基为栽种试验之地。府署左右为桑林场,县署旧基为桐林场,放马洲为柏林场。并酌拟乡约大纲,同劝惩表格,附诸劝兴农林告示之后,札发各县晓喻劝办。
瑞州府	三十三年	在郡城东门外北岸校场荒地,改作试验场。栽乌桕、桑秧及新昌烟叶、上高苎麻,及本地土产之蓖麻子。常年经费约300千文。饬由高安、上高、新昌三县捐解。南城县邑绅谢佩贤报垦北关外万年桥一带荒地开作试验场,种植桐柏柳树。
南康县	三十三年	捐廉开设劝农圃,试种菜蔬、黍稷等类。
定南厅		在东门城外武校场设有农业试验场一所。城内城隍庙设有种植研究所一所,栽种茶、桐、乌桕、竹、麻、柑橘、桑树等项。茶树成活1540余株,桐树成活890余株,乌桕成活1100余株,桑树成活2700余株。
龙南县		梅令兆璜在白沙坝官荒开办试验场,以邑绅廖光瑢、刘嘉祥二人为经理。
永新县		将农务试验场移至官立小学堂后,栽有洋桐子,薏米,石榴,棕树等件,以使学生考察,俾资试验。

资料来源:《江西农工商矿纪略》各县农务部分。

其三,设立中间组织——农会。商部成立后,清廷逐渐意识到欲使农业进化,非设农会则难以奏效,农务总会设立诚不可缓,因为欲开通智识,改良种植,联合社会,必视此为权舆。思想观念的转变为制度的供给铺平了路基。光绪三十二年(1906年),农工商部在奏定职掌事宜时,第四条即提出在各省组设农会组织。光绪三十三年(1907年)十月,农工商部在上奏中央的《筹办农会酌拟简明章程折》中再次指出:农会之设,实为整理农业之枢纽。综厥要义,约有三端:曰开通智识,曰改良种植,曰联合社会。而后,清政府颁布了专为整顿农务而设的《农务会试办章程》和《农会简明章程》二十三条,详细界定了农会的宗旨、组织、会员条件及任务,从而为农会组织的设立提供了制度上的保障,并要求"各省应于省城地方设立农务总会,于府厅州县酌设分会,其余乡镇村落市集等处并应次第酌设分所","总会地方应设农业学堂一所,农业试验场一区,造就人才分任地方农务以挈各分会分所之纲领"。其中特别强调农务会"应办

第五章
江西的维新变革运动

之事,曰主办报、译书;曰延农师、开学堂;曰储集佳种;曰试种;曰制肥料及防虫药、制农具;曰赛会;曰垦荒"。①

光绪三十四年(1908年),江西农务总会成立。该会主要以"热心农业"的学人组成,"以振兴江西农业为主义",研讨的范围包括与农业相关的理学、法术、管理、试验、工程等,并计划分论说、学术、问答等栏目编辑农报,还打算"翻译外洋新出农书"。②

部分州县也成立了农会组织。州县的农会多是在地方政府推动下成立的,如泸溪县沈令善谦认识到,"讲求种植拟分两种办法。一则就原有之松杉茶竹而推广之,遍地种植。一则就未有之桑树、棉花而劝导之,觅籽试种。惟须设立农会,归绅经理"。③于是接见绅耆,择其稍达时务者数人,开办农工社会。各府州县农会概况,据《江西农工商矿纪略》中不完全统计列表如下。

部分府州县农会概况一览表

县名	创办时间	概况
东乡县	光绪二十八年三月	拔贡饶正音等集股,创立农会。在该县南乡及西门外凤塘冈等处,开荒种植。山种桐茶,田种甘蔗,以兴榨油熬糖之利。入股者以四元为一股,其同族无力者,劝其种植,开具章程。十月,饶正音所创办农会已开山二十余亩,栽种桐子,成活二千余株,并开挖塘港五六亩,秋旱甚获其益,各乡闻风兴起,成效可观。南路江上设立有新乐农会。护抚宪柯批准奖给饶正音五品顶戴功牌一张。

---

① 商务印书馆编译所《大清光绪新法令》第16册,第十类,实业,第41页。
② 《申报》1908年5月14日。
③ 傅春官:《江西农工商矿纪略》泸溪县·农务。

续表

县名	创办时间	概况
万载县	三十年二月初一日	二十九年,拟设农业肄习会,考究种植,以开风气。择定西门外观音庙建立公所,于西门城外西屏寺设立农业肄习会,专以讲求改良,开通智识,延聘会长,酌定办法。三十年二月初一日开办,原定会长永新县举人龙钟浡因会试北上,未能即来,由该县廪生辛观涛暂为代办。十月,开垦牧牛洲荒地一处,约三十余亩。农会试验改良,种麻六亩有余,抄刻方法,散布各乡,并添植茶树,成活35株。鲍绅承宣添植漆树,成活40余株。各乡陂堰筒车,向由乡间集会修理,现经农会督催修理者计有30余处。农会自二月开办以来,逐渐联络各乡禁会①,已有50余处。十一月,各乡新联禁会又有13处。十二月又联合禁会14处。三十一年正月又联合禁会5处。农会会长辛观涛等散给传单,令各禁会购植树秧,限于来春一律栽种。
泰和县	三十年九月	五都五图均都坝官荒洲一片,经生员陈録等设立农会,筹资开垦,试种瓜果桑柏等类。
泸溪县	三十一年十月中旬	邀集乡绅40余人,筹议开办农会及学堂诸要件,择定数人,先办清查荒山劝导垦种之事。并分赴各乡考察劝办。
莲花厅	三十二年七月	四都颜姓设立农学会,研究种植种植新法。其后,各乡渐多仿效。二十都贺姓、二十三都谢姓、十七都刘姓等先后禀报垦种,各乡兴农学会者日渐加多。
万安县	三十二年	乡绅张杰三等联合农民设立农务公所,垦辟门上岭等处荒山六嶂,种活桐秧万余株。
萍乡县		各乡多有茶会。茶会者,乡农醵金联会立约,以禁偷窃败坏竹木禾苗之事。该县令仿其前任万载的办法,由城中起立农业公所,联络各乡茶会,使之一气,随时提倡整顿,以谋农业进步。
万年县		谕饬各乡各举正绅一二人,派充绅董,劝令纠股设立社会。凡有荒山隙地,各项土宜物性,购种试办,以开风气。

资料来源:《江西农工商矿纪略》各县农务部分。

① 筹办禁会的目的原为保护种植。"村镇繁密处,每苦窃害,办理禁会,实为当务之急。惟设有禁会者,究属无多。节经设法劝诫,凡干获贼送究,请给告示时,禁绝需索"。各乡闻风踊跃举办。该县宗旨,以力行禁会,保护已有利源为入手办法;其次则讲求种жан,他如一切新法,归农业肄习会次第举行,逐渐推广。光绪三十年九月饬传各乡禁会头目、耆老农夫齐聚农会,来者60余人。县府款以酒食,县令亲诣会所,面加奖励,并将奉发农报,摘出浅近条条,人给一本,饬令辗转劝导,以开风气。万载县该年力行禁会,盗窃之风顿息。据农会调查报告,通县合算,较上三年最多年份,多收竹97000余株。(傅春官:《江西农工商矿纪略》万载县·农务)

第五章
江西的维新变革运动

其四,改良经济作物品种与生产加工技术。新政时期,一些新科技开始在江西农业和农产品加工方面进行应用。光绪三十年(1904年)的《江西官报》中提到在农业中使用化学肥料和采用新的种植法。光绪三十二年(1906年),新式焙茶机器传到江西并开始应用到一些茶场。江西府州县在推广农业科技方面采取了很多措施:

一是摘录编印农书,宣讲农业科技。如崇义县"地处山陬,民情固陋。农务一道,素不讲求,以致山场田园,五谷不易之地,每任荒芜,诚为可惜。适值本局发下农学丛书一部,择其切实可行,与该县土性适宜者十余种,编为一册,名曰《农学摘要》。排印千部,发给各乡,俾家喻户晓。"①长宁县印刷《农利四则》,内载种棉、种麻、种茶叶、种烟叶各法,分别给发各乡农民。②新建县属山地居多,本有种竹处所,便因势而利导之。光绪三十年十月,将新译日本竹谱各法,择其简便易行者,摘录多条,谕令乡民仿行。③三十一年八月,乐安县考求中西成法,撰为论说。自六月起,朔望在考棚演讲,以开民智。④三十二年五月,莲花厅购到《农话》一书,派人在城乡宣讲,并摘农学丛书演说,以开农民智识。⑤三十三年,玉山县重印《种植述要》一百本,分发各乡,讲求试种。⑥靖安县属山地宜种桐、茶、松、杉等树。三十三年二月,郑令应墀于接见绅耆时,谕令劝导农民,及时栽种,又于农学书报内,摘录简要各条,抄录分发,俾资仿效。⑦

二是推广化学肥料的应用。如光绪三十年九月,鄱阳县郭令曾準表称:"因农人不知用肥,前经教以多下骨灰等项含磷肥料,今岁收成较丰。足见栽种之法必须讲求化学。又于奉发农学报内择其简要易知易行者,摘录多条,散给乡民,俾知考验。"⑧德兴县"县属土多硗薄,全藉肥壅,农民于肥料一切,多未讲求"。于是谕绅督饬农民在于隙地设立窖藏,派人于街市收检,田土既得肥料,地方亦觉洁净,并"将奉发农学报,发绅翻阅,摘录肥料各法,令其考究,以期进步"。⑨

---

① 傅春官:《江西农工商矿纪略》崇义县·农务。
② 傅春官:《江西农工商矿纪略》长宁县·农务。
③ 傅春官:《江西农工商矿纪略》新建县·农务。
④ 傅春官:《江西农工商矿纪略》乐安县·农务。
⑤ 傅春官:《江西农工商矿纪略》莲花厅·农务。
⑥ 傅春官:《江西农工商矿纪略》玉山县·农务。
⑦ 傅春官:《江西农工商矿纪略》靖安县·农务。
⑧ 傅春官:《江西农工商矿纪略》鄱阳县·农务。
⑨ 傅春官:《江西农工商矿纪略》德兴县·农务。

三是改良作物品种和加工技术。如三十二年十一月,信丰县捐廉百元,派人赴彭泽、德化、德安一带,觅购棉麻种子。十二月,购回德化、德安麻兜20担,彭泽棉籽2000斤,饬各堡绅士领回栽种,不取分文。①龙南县购梓、桐、茶子、金橘、枳壳等类,分发各乡,于荒山隙地栽种。②三十三年三月,定南厅章丞表称,西人所售橡皮,即以中国之橡树熬胶制成,出示收买橡子,拟在东郊试种,以备熬胶之用,并派人学习熬胶之法。③万载县"种甘蔗所熬红糖,质粗味薄,难以畅销。经该县托人雇用赣州糖师来县,教以煎熬白糖,以求精美而广利源"。④

清朝中央与地方各级政府以"命令和法律"形式先后制定和颁布"兴农"、为农业提供服务的措施表明,自清末始,政府及其职能部门对农业已逐渐由旧时单纯的强制征赋式管理方式向为生产提供各种服务的方式转化并形成制度,农业管理模式开始走向近代化。

(三)工商矿业方面的实施情况

1.制定工商矿业发展的政策措施

光绪三十年(1904年),江西农工商矿总局为了支持和鼓励本省官绅商人投资创办近代实业,振兴本省工艺,所制定的开局应办章程十条中:

第三条(备物陈列)指出,"……工事如诸织物,每种取样数尺,蚕丝取一小束,地方有特别之工(如临川竹联,瑞金铜丝盒,龙南漆盒线毯,赣州漆器,萍乡皮器之类)择取一件。矿事凡金类、石类、煤类,各取矿质数块,陈列其中。以为移植改良之助,其佳者并可奖励发达";

第四条(条举庶政)指出,"……至地方有何工艺,或寻常工业,或特别工业(如宋斤鲁削,彼无而此有者,或仿新法者)宜整顿者,宜改良者,必当条举申报。其有创意新法者,另行报明,酌请奖励。有性勤资敏之工匠,可请资遣出洋学习,俾得成材。商业一项,各厅州县,应查明境内运出者各种若干,境内输入者各种若干,何业可图扩充,何物设法改良,务宜分条详报。江省矿产最饶,利弃于地,实为可惜。各属境内,有何矿务,有已开者,有未开者,迅即查明。商部新颁矿务章程,及本省前发各章程,如无违碍,应如何设法筹办,详晰禀报。以上四者,各牧令必条陈因地制宜办法,绅民中有条陈各事者,亦当精为申送,以

---

① 傅春官:《江西农工商矿纪略》信丰县·农务。
② 傅春官:《江西农工商矿纪略》龙南县·农务。
③ 傅春官:《江西农工商矿纪略》定南厅·农务。
④ 傅春官:《江西农工商矿纪略》万载县·农务。

第五章
江西的维新变革运动

便择优嘉奖";

第六条(广设工厂)指出,"江西之工,瓷茶为大宗,纸、布、糖次之,自应设法整顿。他如陶工、木工、土工、金工、诸杂工,亦应就已有者设法改良,其稍繁庶之区,宜开设纺织厂,如制洋皂、洋蜡、玻璃诸杂技"。并规定,"凡能设公司、用机器、聘教习、一厂可养至数百人以上者,准由各州县验实报明,详请奖励";

第七条(振兴商业)指出,"江西土货甚多,如纸、如烟、如糖,皆宜集公司,用机器开办,工省而货佳,此固工之事。然购买生货,运售熟货,皆商之事也。商业甚伙,自当次第振兴。目下先从纸与烟、糖办起,就各属产料较多之地,力图进步,精益求精。俟办有端倪,再行拓充";

第八条(劝说矿股)指出,"江西矿产之富,驰名五州,急宜内开利源,外资抵制。各属绅商,桑梓情深,应集一省之资,以收一省之利。各牧令务应广为劝派,鸠合巨资,恪遵商部及本省各矿务章程,开设公司或公所,筹款定章,绘图贴说,并验资本,但无违碍等情,即予详请开办";

第十条(申明奖励)指出,"一年期内,查实各厅州县有实力举办,确能为地方兴利者,其出力之正印官,或佐杂教职,或记大功,或调优缺,或留署任,或提前酌补,或破格褒奖。其绅民或奏请奖叙,或赏给顶戴,或其子弟优予考试学堂各利益,或准专利免税。倘半年内未报办一二事者,官则实缺离任,署事撤委。如查明所报不实者,调省察看。次年以后,各属陆续举办者,劝惩之法,悉照上文办理"。总局通饬各属,"俱实心实力,认真次第开办。概令各属择定局所,筹定经费,选定绅董,……认明实办何件,其前禀办有端倪者,目下有何成效,如何设法,再图进步,通限奉文一月内详速禀复"。①

各县成立的分局积极推行发展实业的政策,如金溪县成立的"农工商局"通告乡民,"今国家轸念民艰,饬办农工商务,导民兴利。而各大宪体察情形,欲振兴实业,以期力收成效。此诚地方规复元气一大转机也。……凡工人能独出心裁造出一器,许其专利,商人鸠合股本,创立公司,准予保护"。②三十年(1904年)九月,义宁州牧尹葆衷表称,州属征村地方,产丝自织薄绢,为土货大宗,惟质不柔软,色不洁白,现已传谕乡人,若能购日本机器,改良织造,准其禀请立案,专利若干年,以示鼓励。③三十三年(1907年)三月,兴国县令秦镕在东门城

---

① 《藩司周筹议农工商矿章程表式详批》,《江西官报》甲辰年(1904年)第16期奏牍。
② 《金溪县农工商局启》,《江西官报》甲辰年(1904年)第19期。
③ 傅春官:《江西农工商矿纪略》义宁州·工务。

内设工艺利用所,以为售卖工艺院货物之地。①

政府还以实行免税、专卖特许权等措施来扶持实业的发展,如光绪三十年(1904年)创办的铅山县鼎兴织布公司,"准予专利五年,该公司所织棉布,依照进口税则,以尺幅长短阔狭,分别征税。行销二卡以外,应收全税,二卡以内,准收半税";②光绪三十三年(1907年),江西巡抚衙署因为商办景德镇瓷业公司"用机器制造货物,应准无论运销何处,只完一值百抽五出口正税,沿途不再重征。……以示维持而昭激劝"。③抚州府向产紫竹,"其光如漆,经用日久,愈见莹彻,并无虫蛀之患,最为佳品"。光绪三十一年(1905年)春以来,专造紫竹藤器,政府"招选高手竹匠,授以意法,以紫竹和藤,制为方圆桌椅凳几茶几等器,概皆别出新式,制造坚实"。由于在抚州本境内售销无几,拟运省垣寄售,并寄九江分售,由府"给以护照,请移税务总局,饬卡查明护照,数目相符,免税放行。即经据情移会税务总局,嗣准移复,业已札饬经过各税局口,查验照货数目相符,即行免税,盖戳放行,毋稍留难阻滞等因,札饬遵照各在案"。④

江西地方政府为支持和鼓励近代工商业,还在各地广设工艺传习机构,进行农村非农产业的改良,试验以机器进行生产和新技术的推广等工作,以为示范和推广先进技术。政府实行鼓励、免税、示范和专卖特许权等政策措施,对江西近代实业的发展无疑能起到较大的推动作用。

2. 兴办近代实业学堂并派人留学

江西政府与社会组织创办一些近代实业学堂,培养经济发展的急需人才。光绪二十八年(1902年)开办的江西大学堂,于宣统三年(1911年)正式改名为江西工业学堂,招预科生2班,后分土木和采矿冶金两组。⑤三十四年(1908年),江西省铁路学堂开办,校址在九江,分为预科、本科、实习三种学制,分别录取程度不同之生员,学生一律免交学费、宿费、膳食费等。⑥宣统二年(1910年),江西省瓷业公司内阁中书,总经理,景德镇商务总会总理康达(字诗璋)呈请学部批准,联合直隶、湖北、安徽、江苏4省协同出资,创设中国陶业学堂。学堂办学

---

① 傅春官:《江西农工商矿纪略》兴国县·工务。
② 傅春官:《江西农工商矿纪略》铅山县·工务。
③ 傅春官:《江西农工商矿纪略》浮梁县·工务。
④ 傅春官:《江西农工商矿纪略》抚州府·工务。
⑤ 教育部高教司编:《二十年度全国高等教育统计》,1933年版。
⑥ 学生毕业后必须在该铁路局供职,如若不在本路局供职或中途辍学者,则由学生补偿一切费用。学堂监督黄翼曾,教员多为日本技师。首届学生于宣统二年(1910年)毕业,随后停办。

第五章
江西的维新变革运动

宗旨是，"养成明白学理，精进技术人才，以改进陶业"。学堂附设于省瓷业公司饶州瓷厂内，堂长徐凤钧。学堂设陶业本科，并附设艺徒班，创办时各招1个班。前者招收15岁以上高等小学堂毕业生（或同等学力），学制3年；后者招初通文化12岁以上之幼童，学制5年。学生来自协同出资办学的各省。江西商务总会开办商徒启智学校，学期为一年，每一期招收20岁以下学员40名。湖北工业学堂毕业生王廷桢、王嘉宝等，禀设工业学堂，并附设制造试验厂，批饬择定校舍，妥议章程。①

政府还利用一些机构培养实业发展所需的人才，如光绪三十年（1904年）九月，金溪县令郭立朝"考选织工、缝工、制棕扇、雕木器工人各一名"送入工艺所中为师，"另选幼童十人，以为学徒"。所有教师的工资，概系捐廉核给。②三十二年（1906年）七月，安福县设立工艺半日学堂，以兴实业。③三十三年（1907年），广昌县工艺厂附设半日学堂，延请国文教习一人，俾艺徒半日纺织，半日识字。④

这一时期，江西还派人留学，以加快人才培养的速度。光绪二十九年（1903年）农工商矿总局派绅士刘景熙组织青壮学生出洋肄习现代技术。三十年（1904年），新设的农工商矿总局"选据会绅筹议，江西物产虽富，风气未开，如造纸、榨糖、织布、卷烟等事，本地皆足取材，而工艺实行窳败，他如种植、畜牧，皆为兴商之本，事资择善，师贵从良"，派黄大壎等人"前赴日本，将各项实业，认真考虑，冀有成法可循，俾获改良之益，并随带学生十名前往，分送各学堂，肄习农工商矿专门之学，异日毕业回华，推行尽利"。⑤六月，由日本教士考选傅尔斌等12名江西童生，派赴日本学习实业。江西兴办的实业学堂及派人留学学习实业，为新政时期及其随后时代的江西培养了发展实业的新式人才。

3.组织商人机构——商会

江西政府通过扶持商会的方式来促进江西近代工商业的发展。光绪二十七年（1901年）十二月，江西地方政府成立的商务局在其章程第二条中就重视

---

① 傅春官：《江西农工商矿纪略》南昌府·工务。
② 傅春官：《江西农工商矿纪略》金溪县·工务。
③ 傅春官：《江西农工商矿纪略》安福县·工务。
④ 傅春官：《江西农工商矿纪略》广昌县·工务。
⑤ 《署江西巡抚夏峕奏农工商矿另设总局派绅随带学生出洋肄习片》，《江西官报》甲辰年（1904年）第20期。

传统行业公所在商业发展中的作用,已有成立商会的意图,"省城除钱业、布业原设有公所董事外,其余绸缎、洋货、纸张、木材、粮食、土药、烟叶、油行、杂货等业向无董事,以致各商心志不齐,行规歧异,饬令各业迅即各举正副商董二人,遇有商情窒碍,即由各该商董订期会议。此外,城镇各同业如有下情不能上达者,同业之绅董亦可代陈,并令各业会同钱、布二业,公举品行端正、众望咸孚者二人为总商绅,俾可常川至局,谒见委员,以备随时咨询。倘有重大要事,应由商绅禀候局员,转禀本司,核明示遵"。①

三十年(1904年)正月,清政府商部上"奏劝办商会酌拟简明章程折"②,清政府对此予以大力支持,很快批准商部拟定的《商会简明章程》,并谕令各省督抚晓谕商人,诚意劝导速设商会。《商会简明章程》规定:"凡属商务繁富之区,不论系会垣,系城埠,宜设立商务总会,而于商务稍次之地,设立分会,再稍次之地,则设立分所"。③商会之设从19世纪末维新派与工商界人士的呼吁,变成清政府由上而下的主动倡办。对此,江西地方各级政府积极地加以执行。三十二年(1906年)十一月十八日,江西商务总会在南昌正式成立,④公举曾秉钰任会董,江西矿务议员、礼部主事刘景熙任总理,候选道朱葆成任协理。曾秉钰主持拟定《江西商务总会创办章程》,凡六章三十三条,计分宗旨一条,办法五条,选举八条,经费六条,会议五条,规制八条。所定章程写明商务总会的活动是联络商情,调查商业,维持商务,开通商智⑤四个方面。第二届总理选举时在原简章基础上又拟定了《增订章程》,凡七章二十四条计分入会出会规则二条,会友及会员五条,会议规则三条,全会规约五条,办法五条,会内办事规则十一条,并附列注册缴费收条式,选举票格式,江西商务总会同仁录,完税事略,禀办发给护照公文,护照格式,附设劝业场章程,试办商徒启智学校简章。⑥

---

① 《赣省兴商》《申报》1902年2月13—14日。
② 《奏劝办商会酌拟简明章程折》,《东方杂志》第1年第1期。
③ 《商部奏定商会简明章程二十条》,《大清光绪新法令》第16册。
④ 《农工商部奏江西省垣设立商务总会折》,《东方杂志》第4年第4期,批复时间为光绪三十二年十一月十八日。第一届南昌总商会于清光绪三十四年(1908)选举,曾秉钰为总理,熊元锽为协理。第二届于清宣统二年(1910年)选举,邬安孟为总理,龚士材为协理。(《民初南昌纪事》卷七选举类)。
⑤ 联络商情是要详考各业的行规内容,发现利弊,为之联络更正。调查商业是指咨访商务盛衰之故,进出口多寡之理,以及有无新出制造、种植之品,随时布告。开通商智为购置有关商务报章、书籍,研究改良已有之品,了解行情涨落。
⑥ 曾秉钰:《奏办江西商务总会简章并增订章程》。又见于《江西近代贸易史资料》,第388—401页。

第五章
江西的维新变革运动

遵依宗旨,江西商务总会开办"商徒启智学校",在万寿宫开设了"江西劝业场"。劝业场是中央农工商部批准的贸易中心,"聚各府州县所出货物,陈列于此,以比较粗细,辨别贵贱,研究今昔之贵贱增减,调查各处之销滞,察时好之所向,因时而改良,是为鼓励工业发达之机关"。对万寿宫内原有、新设的店铺所进行的交易活动,有很详细的规定。许怀林教授在《江西史稿》中评述:"江西商务总会试办的商徒启智学校和劝业场的效果如果,是否实现了他们所宣布的宗旨,故置不论。单就其主张与愿望而论,是有进步意义的,于今仍有借鉴意义。"①

光绪三十三年(1907年)四月,江西商务总会"以会绅所办工艺局,颇著成绩,详请农工商部批准立案。旋准移知到局,已饬属照章保护矣"。②宣统三年(1911年)六月,商务总会在南昌主持开办了江西商品陈列所。

江西一些府州县也成立商会组织,认识到商会在乡镇工商业发展中的作用,如余干县令认识到"农工所出产物,必赖商以流通",而"乡镇行铺情势不通,即欲考查货物种类,行销数目,价值涨落,无从查问"。③另外,一些原本商业较繁盛的城镇亦纷纷筹建商会,三十二年(1906年)二月二十八日,浮梁县景德镇成立商会,"仿照省垣商会章程会同各绅士,分别总理、协理,其公所暂借育婴堂试办。经理首士皆系富商大贾,公正明幹"。以期"嗣后工商争执,秉公善为调处,庶安居乐业。工可争强于艺作,商可竞胜于资财。④新建县吴城镇"为商贩往来之区,素称繁盛,三十二年(1906年)十二月,各帮商董议设商务分会,公举光禄寺署正衔朱锡龄为总理,由商务总会禀报农工商部立案。三十三年(1907年)二月,奉批核准,加札委用,缮发图记式样。吴城镇商会于四月初五日刊就开用"。⑤

---

① 许怀林:《江西史稿》第2版第631页。
② 傅春官:《江西农工商矿纪略》南昌府·工务。
③ 傅春官:《江西农工商矿纪略》余干县·商务。
④ 傅春官:《江西农工商矿纪略》浮梁县·商务。
⑤ 傅春官:《江西农工商矿纪略》新建县·商务。

新政时期江西部分府州县成立商会概况

府县名	概况	资料来源
宜春县	光绪二十九年(1903年)十二月,袁州府傅守锺麟折报,宜春县出产以煤、油、纸、夏布四项为大宗,行销甚远。近年获利微薄,动辄歇业,亟宜设立商会,以资振兴。	袁州府商务
南城县	三十年(1904年),谕各行店会议设立商会,以通商情而免利权外溢。	南城县商务
九江	三十年(1904年)至三十三年(1907年)间,先后成立了商船公会、钱业工会和商务总会。三十二年(1906年),九江14帮航业商队联合组成以候补道员孙茂德为总理,江庆楷为协理的"商船公会"。总会仿照西方投票选举的方式产生领导人,活动与中央农工商部直接联系。	九江府商务
余干县	三十年(1904年)八月,拟于城内、黄金埠、瑞洪三处,先开商会,每月逢十集议一次,以联商情而资考察。谕饬公举商董,议定章程开办。谕饬各会议绅分劝城内、黄金埠、瑞洪三处商人,各设商会,选举明白诚实之商,作为会董,会中购备书报,以广见识。会董每月集议三次,令考求境外商情及本境商业推广改良之法,于每月终,将境内货物出入,填表报县。该县则力任保护提倡之责,务期渐收成效。又因农工商矿同时并举,不可无总会以挈其纲,故又谕令议绅会筹,于城内设一农工商矿总会,公举明干殷实之绅四人为会绅。其义务有四:曰调查一切,曰提倡诸务,曰维持实业,曰传达下情。凡现在已设之公司及将来添设之公司,其创办绅董,皆于总会入册注名,作为议绅,有事会商,力予赞助。县城商会议定章程于十月二十七日借抚建公所开办。三十一年(1905年)正月二十日城内及黄埠商会开会。	余干县商务
临川县	三十年(1904年)三月间,粮食商人黄复裕行等禀请于郡城先设粮食商会,并将许湾一镇附入,其余各业随时可以入会。公举聂希璜为总理,缮录章程十七条,由府核明转详前来,当经本局移请商务总会核议,嗣准移复,即经本局以独业立会,能否照准,详请示遵。旋奉前抚宪吴批示,独立立会,上海书业、金业分会,均经商部批准有案。该商人等所请,似可照准。若改为各业商务分会,自应再询各商,听从其便,转饬该府换缮章程,送局详咨。旋据分会总理职商聂希璜等禀称,遵集各业商人会议,现据钱土杂货以及煤炭各业商人,均称愿入商会,并邀集诸商推举各业会董,酌改章程,并请刊发图记,转给钤用。据情请详咨前来,本局于本年五月具详请咨。六月奉抚宪瑞行准部咨,所拟章程尚属周妥,员外郎衔聂希璜既据声明堪胜总理之任,自应加札派充,并发图记式样一纸,转给具领。兹据该府申称,据分会总理聂希璜呈报奉发图记,照式刊就,择于八月初一日,设局开用。	抚州府商务

第五章
江西的维新变革运动

府县名	概况	资料来源
庐陵县	三十一年(1905年)正月,各帮绅商设立商务公所,公举总董副董维持各项生意,呈送章程十五条,经批饬改为商会。护抚宪周批饬督率绅商妥协经理,务期有利无弊,商业日隆。	庐陵县商务
清江县	三十三年(1907年)议设商会。	清江县商务
高安县	三十三年(1907年)开办商务分会,公举截取知县宋照枢为总理。	高安县商务
丰城县	宣统元年(1909年),商会成立。	《丰城县工商业联合会史略》

资料来源:《江西农工商矿纪略》商务部分、《江西工商史料汇编》第一辑(第127页)编制。

对于条件不足的某些行业,江西则成立了一些类似商会性质的行业会。在光绪二十八年(1902年)至1912年间,江西共成立大小商会65个,仅少于四川(96)、浙江(84)、江苏(67)和直隶(66)四省。①商会利用本身所控制的社会财富,进行广泛的社会动员,把影响逐渐渗透到社会生活的其他领域。商会成立后,的确起到一定的效果,如余干县"原有货物,生货居多,间有制作,类多窳陋,现经设立商会三处,讲求工艺,俾渐改良"。②

二、现代政治权力机构的设置

近代中国全面地开始设置现代意义的政治权力机构源于"清末新政"。③新政期间,清政府在地方官制方面推出了一系列适应社会发展的变革措施,各省区在中央的部署下结合本省情况相应地进行了政治机构的改革,江西地方政治在这一时期也开始了"现代化"的启动。④中国早期政治现代化的总体框架是模仿资本主义的政治制度。本部分即从行政、立法议政、司法三个方面对清末新政时期江西地方官制变革的进展情况进行论述。

---

① 虞和平:《商会与中国早期现代化》上海人民出版社1993年版。
② 傅春官:《江西农工商矿纪略》余干县·工务。
③ "清末新政使政府组织具有了现代国家的雏形,促使中国传统社会向现代社会的转变。"(万振凡:《江西近代社会转型研究》,中国社会科学出版社2001年11月版,第11页)"关于清末新政的历史作用,政治上,导致了政治体制改革开始实施"。(陈向阳:《90年代清末新政研究述评》,载《近代史研究》1998年第1期)。
④ 政治现代化的内涵有两方面,一为行政效率的增强,一为政治参与的普及,行政效率的增强缘于行政结构的殊分或专化。张朋园:《湖南现代化的早期进展(1860—1916)》,第434页。

(一)行政机构的变动

清地方传统政治结构与中央政治机构一样,也具有明显的专制集权的特征和积弊,地方行政首长通常兼领军民两政,属僚只是一些幕友,职责互相重叠,权力没有明确划分。以巡抚、布政使、按察使而言,三者的功能多有重叠之处。再以州县而言,其组织简单而责任繁重。一县之长,既主行政,又兼司法,财税由其负责征收,由其监督运解,功能互相抵触,而且弊窦丛生。①胡惟德详细陈说传统官制的弊害,认为中国幅员辽阔,户口殷繁,一省之中,州县数十,大或千里,小亦数百里,统治之权,仅委诸一二守令。府县之中,遇有应兴应革事宜,守令以一纸公文移知绅士,绅士以数人武断对付守令,转辗相蒙,而事终不举。②在前"实业政策的推行"中已经叙述了江西在经济方面的官制改革:设立振兴农工商矿的机构;成立促进工商业发展的辅助行政管理手段——商会组织等。另外,教育行政机构改革将在文教改革部分论述。这里论述的江西行政机构改革主要包括以下几个方面:

1.设立现代警政与改良刑狱

工商从业人员的增加,使近代城镇规模日益扩大。为了加强对城镇的管理,维护城镇治安,江西设立现代警政。光绪二十八年(1902年),江西新设警察,在南昌设立警察总局,初由护理江西巡抚柯逢时调委遇缺即补道汪瑞闿会同臬司实力经理,③后由瑞澂任督办。宣统元年(1909年)年底,江西增设巡警道,掌管城镇警政事务,内分总务、行政、司法、卫生四科,各设正五品科长一人,正六品科长一人,正七品科员三人。巡警道下设警务公所。每府设巡警300人,每县设巡警10至20名。次年推广至乡镇,地方治安由巡警管理。

江西在刑狱方面进行改良。罪犯习艺所就是为了社会治安而设立的类似监狱的地方,教习所收人员工艺制作,以利于其改造后自谋生计。光绪三十二年(1906年)正月,江西布政使周浩、按察使余肇康订立《江西通省罪犯习艺所章程》,规定省城及各府设立罪犯习艺总所1处,各厅县设分所1处,经费"由各府州县就地筹劝,或就原有闲款酌量提拨"。章程规定,招收"所有本省军流徒案内人犯"、"其外省发配江西常赦所不原之遣军流,以及本地笞杖折工等犯"、"良家不肖子弟,并地痞恶丐及无业游民"等,"按照各犯发配年限收所习艺"。

---

① 张朋园:《湖南现代化的早期进展(1860—1916)》第434页。
② 《出使俄国大臣胡惟德奏请颁布地方自治制度折》,《清末筹备立宪档案史料》下册第715页。
③ 《护理江西巡抚柯逢时奏派员总理学堂警察片》,《江西官报》癸卯(1903年)七月朔。

第五章
江西的维新变革运动

罪犯习艺所"外筑坚厚围墙,内建监房工厂,以及委员司事办公人役各犯栖宿之所。如有桀骜不驯之犯,不能听命工作,仍当严行监禁,以免滋生事端,俟其悛改,仍令习艺"。所内"设大工厂二座,一为遣军流徒人犯做工之所,一为流民做工之所","另设一小工厂,凡良家不肖子弟送入所者,在此操作工艺,或教以习书习算,以与寻常游民略具区别"。遣军流徒人犯,"责成专管官,严加约束,每日早晚点名一次。各犯于习艺之时,但解手铐,不准并去脚镣。收宿之时,仍带全刑具,户牖墙壁,均应坚固,以防脱逃"。遣军流徒人犯收所,"部章有一定年限,自应遵照办理"。流民进所后,"果能改悔,即属良民,应令出具以后安分守法不敢再犯切结。酌给钱文出所,俾得自营生业"。"倘出所后,复因犯事收所,须倍其出所期限"。良家不肖子弟出所,"不为定限,但视所业已成,实能去邪归正,有家属到所具领,准其释出。倘再犯事送所,即照流民一律办理"。①省署屡次饬文,"各属应设罪犯习艺所"。②

在此以前,江西各属设立工艺局(厂)其中一个目的就是为了"改造曾犯轻罚者"。还有许多县已设立以改造罪犯为主要目的的工艺厂。如光绪三十年(1904年)八月,新建县令黄锡光捐廉在衙署西首盖屋数间,设立自新工艺厂,延请教工一人,如遇窃贼犯案,即责令学习一艺,或织辫打带等项,将来释放外出,庶不致再作窃贼。③罪犯习艺所的开办,取得一定的成效。如光绪三十三年(1907年)正月,东乡县罪犯习艺所中,"罪犯技艺尚有进境,将罪轻艺成者,提释六名,捐廉酌给资本,令其在外营业"。④

江西各属部分罪犯习艺所概况

局所名称	开办时间	主持人	概况
临川罪犯习艺所	光,29,1903	知县戚扬	夏布棉布烛芯竹镶联对草鞋竹箆。
新建县自新工艺厂	光,30,1904	知县黄锡光	洋纱、毛巾、织辫打带等。
永宁罪犯习艺所	光,30,1904	知县胡嘉铨	织草履、编草鞯。
宜黄罪犯习艺所	光,31,1905	知县吕用宾	在署侧监狱附近。
义宁罪犯习艺所	光,31,1905	知州金沛田	200串 数百金,舂米、竹木器、洋布、毛巾、缫丝。

① 《江西藩台周臬台余详办罪犯习艺所章程》,《江西官报》丙午年(1906)第二期。
② 傅春官:《江西农工商矿纪略》崇仁县·工务。
③ 傅春官:《江西农工商矿纪略》新建县·工务。
④ 傅春官:《江西农工商矿纪略》东乡县·工务。

续表

局所名称	开办时间	主持人	概况
于都罪犯习艺所	光,31,1905	知县张承祖	裁衣、舂米。
吉水罪犯习艺所	光,31,1905	局绅徐元训	织布、结网、舂米、搓麻绳、编草履、做棕荐、蓑衣、织棉纱、腰带、袜带。
东乡罪犯习艺所	光,31,1905	知县何敬钊	提轻罪案犯十名,入所学习织土布、作爆竹两项。
南昌罪犯习艺所	光,32,1906	臬司秦炳直	西式木器,各色柳条布毛巾(南昌府)。
崇仁罪犯习艺所	光,32,1906	知县黄焕垣	因经费难筹,将工艺院改成,遇有无业游民及不法小窃,照原收养,其有遣军流徒,亦即查照新章,一并收入,以节縻费。
武宁罪犯习艺所	光,33,1907	知县王浚道	招股,织布、打带、布匹、土绢、舂米。
宜春罪犯习艺所	光,33,1907	知县阮保泰	收所习艺人犯,其素习有一艺者,仍令循理旧业。其无一技之长者,即饬学作爆竹,编草履,搓棕绳等项,以免荒废。

光绪三十二年(1906年)九月,两江总督张人俊颁布《江西全省模范监狱开办章程》,在南昌设立省模范监狱。宣统二年(1910年),江西按察使改为提法使,掌司法行政,督监新设各级审判厅,调度检察事务,停辖驿站。提法使司内设三科:总务科、民刑科、典狱科,各设科长一人,一等科员一人,二等科员无定额。

2.清理财政与设立近代财政机构

宣统元年(1909年),度支部在各省共设清理财政正监理官二十人,副监理官二十四人,其中江西各一人,江西清理财政正监理官由皇帝朱批钦派为九江知府孙毓骏并赏加四品卿衔,清查全省财政。宣统元年(1909年)上谕:各省财政除盐、粮、关仍由各道管理,按月造册送布政使查核外,其他涉及财政的一切局、所限一年裁撤,统归布政使管理。于是江西于次年将刚设不久的税务局、田赋税契支应局等归并完毕,在布政司设立公所,称为"财政公所"或"布政公所"。公所分为总务、铨叙、田赋、制用、税务、会计六科,各委科长、科员分司其事。

宣统二年(1910年)七月,江西试办本省预算。预算宣统三年岁入银660万

第五章
江西的维新变革运动

两,岁出银960万两,不敷款300万两,不敷额以开办增税解决。江西巡抚衙署提议开办本省新税法,征税原则是,课一种税,必须培养其税源,税率程度不能侵及商工等原有财产或妨碍其产业之发达。

3.设立近代业务行政管理机构

江西近代邮政事业出现于光绪二十五年(1899年),但在新政时期始有很大的发展。九江邮政局作为邮区中心所在地邮局,被定为江西省内的邮政总局,负责对区内包括南昌府在内的13府1直隶州及77县的邮政建设及邮政事务进行管理的职能。①附表三所列为1904年至1911年江西邮政邮件往来情况,反映出清末新政期间由于邮政局的设立而使邮务有极大的发展。

新政期间,九江电报局由邮传部收归官办,定为一等繁局。"该局处长江之中心,又为本省之门户,接转全省之电报,故称为转报之繁忙局也。……长江上游与汉口、武昌、武穴、大冶直达;下游与南京、安庆、芜湖、湖口、殷家汇、秋浦等处直达。江西省与南昌局及吴城、德安等处直达,并在牯岭每年设立夏季报房,以便中外旅客。"②

光绪二十七年(1901年),江西官书局开办,刊行一批工、农、医等应用书

---

① 在《九江邮政局给北京邮政局的公务报告》中可以看出当时九江邮政局在开拓江西全省邮政的基本状况。其大致情况如下:在1901年,九江邮政总局就着力开通九江至南安府线,其中包括九江——吴城镇——南昌府——樟树镇——吉安府——赣州府——南安府,并先后在上述地区设立了分局(BranchOffice)。另外还开通了湖口县、丰城县、新淦县、吉水县、泰和县、万安县、南康县等七个代办处(BoxOfficeAgencices),江西南北干线为之开通。1903年,相继开通了南昌——李家渡(属临川)——抚州府——浒湾(属金溪)、建昌府——新城(今黎川),并在上述各地设立了分局或代办处,至此九江至赣东线基本开通。1904年1月,相继开通了南昌——进贤县——东乡县——安仁县——贵溪县——弋阳县——河口镇(属铅山县)——广信府——玉山县,九江至玉山线基本开通,并在上述地区设立了分局或代办处。(InlandReport,No1,26.Aug1901,见中国第二历史档案馆藏:《九江邮政局给北京邮政局的公务报告》1900—1904,全宗号一三七,案卷号3100。)据《大清邮政光绪三十年事务通报总论》载:光绪三十年(1904年)在江西的14个府州、78个县当中,共设立海关总分局17处,代办15处,其中汇寄银钞者2处,共计收、发、转寄邮件231.3万余件;包裹5.5万余件;汇兑关平银1.2万余两。《中华邮政前清宣统三年事务总论》亦载:"邮路联接一节更见进境,计开通之新邮路不下五千里。其邻近之波阳湖,计有小轮二十九艘带运邮件。其在扬子江内往来之邮船,计有二十艘。"足见当时江西省内河及长江水域邮路及邮运发达之程度。1912年以后,江西邮政总局移设政治中心南昌,九江定为次一等繁局,直属邮传部。(九江指南社编印:《九江指南》,1932年版,第29页)

② 九江电报局初设于九江滟浦路,即中洋街口,系光绪十九年(1893年)创办,其时是商办性质,附设在招商局内,报务甚清,由商务督办盛宣怀委九江盛二府兼充办,线路仅通镇江、汉口、殷家汇等处。旋因报务扩充,移设张官巷内。(九江指南社编印:《九江指南》,1932年版,第29页)

籍。同年,江西翻译局开设,主要翻译国外中、小学课本,用于新办之学堂。三十二年(1906年)闰四月江西通省洋务总局设立,前雷琼道道员杨文俊任总办,规定本省凡遇对外国交涉事件,均由该局与各国领事馆商议办理。江西原设洋务所归政事处管辖,对外称洋务局、派办所或洋务所。同年八月,江西禁烟公所设立。三十三年(1907年)邮传部在各省设分局,其中有江西总办一人。根据《江西官报》,在这段历史中江西还设立了赈捐局、铁路总局、派办政务处(三十四年裁)、督垦总局、官铁局、矿务总局等机构。

(二)立法议政机构的设立

现代国家的塑造,势必要涉及国家与社会、中央与地方的调整,涉及如何重新分配国家的政治权力,如何重新设计中央与地方政权的组织形式,以实现社会的动员与整合,建立协调稳固的政治基础。这不仅是新兴资产阶级努力探索的问题,而且也是清朝封建统治阶级面临的严峻挑战。现代化理论认为,一定形式的地方自治,是政治现代化的重要变项。[1]清末新政期间,一场资产阶级君主立宪政体的试验在中华大地酝酿并逐步展开,江西咨议局成为这一试验的产物。江西民众得以通过省级自治机构咨议局参与省级政治,并且江西州县乡镇地方自治也有初步的开展。

1.江西咨议局的成立

随着立宪运动的开展,各级议政机构相继在中央和各省建立起来。就地方层次而言,咨议局的成立,则被视为划时代的大事。

首先,江西咨议局的筹办过程。光绪三十三年(1907年)八月十三日,清政府诏令设资政院。九月十三日,命各省督抚在省会速设咨议局,并预筹各府州县议事会。三十四年(1908年)二月,江西巡抚瑞良成立"咨议局创办所",选派藩、学、臬三司主其事,筹备创建省咨议局,以吏部主事陈三立、礼部主事刘昌熙为协理,同时进行市民动议调查。六月二十四,资政院颁发《咨议局章程》和《咨议局议员选举章程》,[2]并饬各省开办咨议局。不久,继任赣抚沈瑜庆遵照宪政编查馆咨文,将创办所改为"咨议局筹办所",分选举、文牍、庶务三科。由于陈、刘二人不能驻省办理筹备事宜,因而沈氏另简候补道吴庆焘、在籍前宁绍台道俞兆藩为会办,委派在籍邮传部主事贺赞元、候补知府王以慜为科长,聘陈三立为名誉参议。同年,江西立宪派组织了咨议局议案预备会,督促咨议局

---

[1] 周忠德、严炬新编译:《现代化问题探索》,上海知识出版社1983年版,第54页。
[2] 《政治官报》光绪三十四年六月二十六日第266号。

第五章
江西的维新变革运动

的筹办工作。

宣统元年(1909年)正月,清廷命各省尽快成立咨议局,筹办地方自治。江西巡抚冯汝骙回电遵办,委布政使刘春霖为总理,提学使林开謩、按察使陈夔麟、赣绅陈三立为协理,赣绅刘景熙、黄大壎、刘凤起、文龢、张佑贤、欧阳述、龙钟洢、魏元戴为参议,易顺豫、文景清为干事员。不久,筹办所改为筹办处,以布政使刘春霖、提学使林开謩、按察使陈夔麟为总办,赣绅前宁绍台道喻兆蕃为会办,赣绅陈三立、欧阳霖、黄大埙、刘凤起等十余人为参议,在籍邮传部主事贺赞元为选举科长,王以慜为文牍科长,王渭滨为庶务科长。冯汝骙为保证各县初选有序推进,采取了一系列措施:设立司选员研究所,招司选员绅数十名,派往各属讲习相关法令;令筹办处开具应办事项清单,逐条考核各属县工作进度,并以之评定县令政绩的优劣。①

其次,江西咨议局的议员选举。尽管咨议局的设立为"人民与闻政权,担负地方责任之始",但从其所列出的合格选举人标准来看,咨议局并不是对所有人开放的。他们规定,合格选举人的条件应为:属于本省籍贯,年在二十五岁以上男子,具有曾在本地办教育及公益事业满三年以上著有成绩者,中学以上学校毕业或举贡生员以上出身的,曾任文官七品、武官五品以上未被弹劾的,在本省有五千元以上营业资本或不动产者。②至于那些"身家不清白"的娼优隶卒以及妇女等,全都摒弃于外。据统计,当时江西全省能够符合选举人条件的仅有62681人,仅占总人口数的0.26%,即每一千人中还不到三人,其代表之狭隘性由此可见一斑。③依据上述标准,宣统元年(1909年)五月一日,江西咨议局举行初选,六月二十一日起举行复选,共选出议员106名。不久,由于106人中有6人当选为资政院议员,咨议局又递补了6人,议员总数仍维持不变。在总共112名议员中,除了64人出身背景不详外,剩下的48名只有一人为新式学堂出身,其他的几乎清一色为传统功名拥有者。具体分配是:进士(含翰林),11名;举人

---

① 《江西巡抚冯汝骙奏设立咨议局筹办处折》,载《政治官报》,宣统元年1月21日;《江西咨议局司选员规则》,载《申报》,宣统元年2月2日、3月4日。
② 《宪政编查馆会奏各省咨议局章程》,载《政治官报》,光绪三十四年6月26日。
③ 吕芳上:《清末的江西省咨议局,1901—1911》,(台北)中央研究院近代史研究所编《中央研究院近代研究所集刊》,第17期下,第101页。一说,咨议局议员初选自四月开始举行,各地同时进行,至八月底(10月上旬)选举完毕,共用经费37000余两。(陈荣华:《江西通史》,江西人民出版社1999年7月版)

(含副贡),25名;生员(含廪、增、副、贡、监),11名。①可见,这些议员不仅都具有科名,且大多为高级功名获得者。

经过初选和复选后,江西省咨议局于九月一日正式在南昌成立,召开第一次常会。会议选出吴保田为江西省咨议局议长,陈永懋、喻兆蕃、郭赓平、叶先圻等人为咨议局副议长,宋名璋应邀任江西咨议局书记长。②另外,九月四、五、七日,在江南会馆互选常驻议员21名,负责闭会期间的日常事务。③十月二十四日,咨议局选举资政院议员。是日,由冯中丞督同行政官员先后到局监视。投票议员到者共九十五人,折半计算,应以四十八票为当选。赣省照章选举六名,候选六名,旋经当众开票当选二人,闵荷生五十票,邬国瑞四十八票。其余十名定于二十四行决选投票,加倍以得票次多数者开列:喻兆蕃45票,汪龙光45票,刘景烈41票,贺赞元40票,黄象熙35票,孙振谓33票,黄大壎32票,文龢31票,饶正音30票,巫占春29票,萧辉锦28票,王明德28票,叶先圻27票,郭志仁27票,黎思位24票,聂传曾23票,刘景熙23票,黄鸿烈20票,黄兰芳20票。④

再次,江西咨议局议员人数考。根据笔者所见资料,所记录的江西咨议局议员人数不一致,现将资料罗列如下以便将来进一步考证。

其一,97人。按钦定员额,江西咨议局选举议员九十七人,设议长一人,副议长二人,此外,咨议局议员中再选六人为资政院议员。⑤

其二,101人。《江西省志·大事记》中记载,江西咨议局开始选举议员时,预计设议员101名,由各府选派名绅乡耆担任,议员名额分配如下:南昌府14名、吉安府13名、赣州府13名、袁州府12名、抚州府10名、广信府8名、饶州府8名、建昌府5名、临江府4名、九江府4名、瑞州府4名、南康府3名、南安府(宁都州)3名。⑥根据《民国江西通志稿》第九册记载选出议员101名,候补议员49名。议员名额

---

① 吕芳上:《清末的江西省咨议局,1901—1911》,(台北)中央研究院近代史研究所编《中央研究院近代研究所集刊》,第17期下,第105页。

② 一说,江西咨议局第一次常会,选举谢远涵为议长,黄大壎、郭庚平副之。由于郭庚平以年迈不愿就任,因而改推叶先圻担任副议长一职。

③ 《赣省咨议局连日开会情形》,载《申报》宣统元年九月十四日。《赣省咨议局开幕纪详》,载《申报》宣统元年九月初八日。《派定监视互选职员》,载《申报》宣统元年九月初三日。

④ 《赣县选举资政院议员·江西》,载《申报》宣统元年十一月初一日第一张后幅。

⑤ 《宪政编查馆等奏拟订各省咨议局并议员选举章程折》,《清末筹备立宪档案史料》,中华书局1979年版上册。

⑥ 《江西省志·大事记》第137页。

第五章
江西的维新变革运动

分配如下：南昌府议员14人，候补议员4人；抚州府议员10人，候补议员5人；建昌府议员5人，候补议员2人；瑞昌府议员4人，候补议员2人；袁州府议员13人，候补议员7人；临江府议员4人，候补议员2人；广信府议员7人，候补议员4人；饶州府议员8人，候补议员3人；九江府议员4人，候补议员2人；南康府议员2人，候补议员2人；吉安府议员13人，候补议员7人；赣州府议员13人，候补议员7人；宁都州议员4人，候补议员2人。①这两个资料所记咨议局议员人数相等，但在各州府的人数分配上不相同。

其三，106人。1909年6月23日的《申报》中记载，宣统元年，江西咨议局遵照宪政编查馆电示增定额106名。计十四府州选举人共62488名，分配议员南昌14，抚州10，建昌5，瑞州4，袁州13，临江4，广信8，饶州8，九江4，南康3，吉安14，南安3，赣州13，宁都州4，定于五月初一初选，六月二十一复选。②宣统元年八月二十六日的《申报》中记载江西咨议局106名议员的姓名和籍贯。江西咨议局第二次常年会抽签所定席次也反映江西咨议局议员为106名。

2.江西州县城镇乡地方自治的概况

清末府州县城镇乡的地方自治活动，约可分为两个阶段：光绪三十四年(1908年)以前，为部分地区在政治变革的潮流和地方自治思潮的影响下，由绅商自发倡办和由官府督导试办的阶段；宣统元年(1909年)以后，是在清政府的统筹规划下，进入地方自治活动的全面推行阶段。江西府州县城镇乡地方自治的开展与全国一致。

第一阶段，江西许多州县就出现自治机构。如光绪三十二年(1906年)三月，清江县议事公会成立。主持人是该县知县胡惟贤，每乡选正绅代表3人参加。首届议事公会召集会议，讨论事项有：地方钱谷、地方兵刑、地方学务、地方农工商矿、地方道路桥梁、地方水利堤防、地方命盗各案、地方风化等案，提请绅正公议，然后由县署施行，并规定各位绅正有事勿辞，无事不聚。

---

① 《江西通志稿》第九册《江西咨议局议员名表》。
② 《分配选举议员名额·江西》，载《申报》第三张 1909 年 6 月 23 日。

光绪三十四年（1908年）以前江西研究、筹备自治之机构表

州县	名称	成立时间	主持人	宗旨、组织及活动
余干	议局	光绪二十九年	前任黄令及俞省三	黄令于城中创设总议局，凡地方兴利除弊排难解纷诸事，皆交议局公议施行。俞省三亲往瑞洪邀集各村绅耆，设立各乡议局，饬各村公举正绅，择其乡望素孚者五六人，充议董，长驻局中。每月房租、饭食、薪水、局用约需钱四十千，如何就地设法，亦由众绅议定酌筹。该绅等情谊既联，则凡地方一切事情，皆可协议调停，庶足息争弥祸。
信丰	议局	光绪三十一年	向步瀛	选举议绅，会议地方兴革事宜。
清江	议事公会	光绪三十二年	胡惟贤	讨论地方钱谷、地方兵刑、地方学务、地方农工商矿、地方道路桥梁、地方水利堤防、地方命盗各案、地方风化等案，提请绅正公议，然后由县署施行。
大庾	自治公会	光绪三十三年	陈守谦	分学商农工警各课，分课治事。
乐安	乐安自治会	光绪三十三年	李庆恩	察地方情形，共图公益，附自治研究所。
建昌	议事会	光绪三十三年	官绅	不详。

资料来源：根据《江西官报》、马小泉《国家与社会：清末地方自治与宪政改革》附表及《江西省志·大事记》编制。注：余干县议局，资料来源于《余干县俞省三条陈地方利病恳求破格准予四事禀批》，载《江西官报》甲辰年（1904年）第十九期。

第二阶段，江西府州县城乡自治在清政府的统筹规划下进行。光绪三十四年十二月（1909年1月），清政府正式颁布宪政编查馆核议的《城镇乡地方自治章程》和《城镇乡地方自治选举章程》。[1]宣统元年（1909年）正月二十七日，清政府命各省于本年内筹办各州县地方自治，设立自治研究所。三月颁布《自治研究所章程》，[2]谕令各省于省城及各府厅州县各设一所。宣统二年（1910年）正月颁布《府厅州县地方自治章程》和《府厅州县议事会议员选举章程》。[3]江西省筹办地方自治，由冯汝骙中丞札饬江西咨议局筹办处照章兼理筹办。宣统元年三月初六日，冯中丞在咨议局筹办处会同三司及会办官吴宽仲观察、绅喻庶三观察督同各科长委员提议："一、自治研究所办法，甲学员额数，乙勘定处所，丙筹措经费。二、江西省城模范自治事务所办法。三、各厅州县设立城镇乡自治事务

---

[1] 《政治官报》光绪三十四年十二月二十八日第445页。
[2] 《政治官报》宣统元年三月十八日第546号。
[3] 《政治官报》宣统二年正月初八日第825页。

第五章
江西的维新变革运动

所办法。"经共同决议学员额数每厅州县多则四名,少则二名。由筹办处通饬各属会集士绅公举并由地方官加结保送。拟于五月二十日取齐开办,处所暂设于豫章书院内,一俟高等学堂迁移贡院后,即行迁往。研究所经费由官筹拨,学员等川资膳费则由各该地方公款项下筹备。①江西省在省城南昌设立1个地方自治研究所,学员数546人,在各属设立52个地方自治研究所。②

宣统元年(1909年)十月,江西各州、县、乡镇开办地方自治。各乡镇设立乡镇董事会,各县设议事会,选派地方绅耆担任议员,商讨处理地方事务之办法。宣统二年(1910年)二月,江西省第三届筹备宪政会议开会,议定城、镇、乡三级地方议事章程及时间安排。五月,江西各府县开设公讲所,由地方绅耆担任主讲,宣讲内容为政治、劝学、政法等,课本有文明书局出版的《世界读书》,商务印书馆出版的《克莱武传》等。七月,江西继续开办城镇地方自治,各府城、县城一律成立议事董事会,如江西明清"四大镇"——吴城镇、景德镇、樟树镇、河口镇同时举办。宣统二年(1910年),南昌、新建两县县城自治委员会成立,两县治所均设于南昌城内。③江西成立城议事会、董事会80个;镇议事会、董事会54个;乡议事会、乡董774个。④我们附列南昌县第一届镇、乡自治会的情况表加以具体说明。

清末南昌县第一届镇自治会名表(清宣统二年选举)

镇	议长	副议长	总董	董事	陪董	名誉董事	议员
东乡幽兰镇	李寿韶	万良材	李宝森	章朝冕	涂光照	万沛然万之望涂景澜周义章	20名
南乡中洲镇	曾秉钰	饶祖荫	刘于瀚	万立庸		毛绍棠万立赓万树芳饶希庭	20名
中乡渡头镇	熊庆雯	万维贞	涂文焕	黄维谟	辛锡龄	万鸣谦黄传燧陈治安陈立勋	20名
中乡谢埠镇	胡霖	胡昌国	李国柱	胡纯春	李曰怡	胡启懋胡惠章仁镜姜介椽	20名

资料来源:根据《民国初年南昌纪事》(民国七年刊本)卷七选举编制。

---

① 《自治研究所之开办,南昌》《申报》1909年5月6日。
② 马小泉:《国家与社会:清末地方自治与宪政改革》,第149页。
③ 南昌新建城第一届自治会(清宣统二年选举)。议长胡品兰,副议长谭章,总董曾秉钰、熊育锡、蒋洪钧、李瀚湘。董事萧名捏、胡廷校、舒兆奎。名誉董事萧名捏、熊元锽、段方祁、邹安孟、罗家珍、曾秉钰、龚士材。议员三十八名。附记:城自治总董、董事均各一名,表内总董列四名,董事列有三名者系因屡次续选以补前任未满之期。名誉董事共有八名,连正式改选一次,应有十六名,表内仅列七名者,系专就本县当选人而言,外籍例不列入。(《民国初年南昌纪事》(民国七年刊本)卷七选举)。
④ 《政治官报》宣统三年三月二十日、《内阁官报》九月初二日。转引自马小泉:《国家与社会:清末地方自治与宪政改革》第158页。

清末南昌县第一届乡自治会名表（清宣统二年选举）

乡	议长	副议长	乡董	乡佐	议员
东乡泰祉乡	余焕人	胡邦翰	胡应龙	熊炳垩	16名
东乡黄城乡	胡扬声	谢壬林	梅蔼春	罗谬	16名
东乡泾口乡	胡裔云	李元森	黄绶	邓鼎	16名
东乡罗舍乡	魏希相	高起凤	喻松	高藜青	14名
东乡武溪乡	胡拱襄	秦之镜	邬学伊	胡拱煊	18名
东乡麻坵乡	闵辰	周道盛	魏作霖	周作恭	16名
东乡前坊乡	万献琛	李源溍	姜佐治	陶培基	14名
东乡拓林乡	胡佩蘭	萧承鄺	陶任民	李慕丙	14名
西乡广福乡	李士杰	张希载	罗元贞	杨华茂	10名
西乡板胡乡	李景膺	吴金铭	黎浩	罗舒薰	12名
西乡河泊乡	万陆驹	万鼎升	万起鹤	姚公傅	16名
西乡义丰乡	滕炳森	黄仁元	熊寿康	罗亨锡	14名
西乡大洲乡	谌福谦	邓辉庭	王文德	胡士铎	14名
西乡市汊乡	傅汝霖	黄邦懋	晏宗浚	吴于沛	10名
西乡冈上乡	熊家璜	熊禔	黄元英	熊家燮	16名
西乡富丰乡	揭汝梅	罗宜	黄锡龄	王景莘	12名
南乡万舍乡	邓钧	胡人俊	熊奎光	熊德潜	16名
南乡莲塘乡	曾德祖	王龙光	曾述祖	姚济川	14名
南乡沙潭乡	王廷猷	王思齐	燕模	赵以龄	16名
南乡墨山乡	邬正言	张炳炎	梅台源	李述锽	14名
南乡新村乡	谭炳章	段笏	龚步棠	张兆谦	16名
南乡三江乡	蔡宗梅	蔡钦	蔡裕	涂溍	16名
北乡沈口乡	涂荣增	范乐堂	范畴	范表沃	10名
北乡楼前乡	刘季良	刘德表	张韬	熊希庭	12名
北乡扬子乡	陶文斌	黄良栋	陶煦	陶晖	8名
北乡蒋埠乡	邱璜	李道昆	徐道荣	陈晓阳	8名
北乡柏冈乡	应运兴	李俊臣	萧汇兰、熊渊	谢继安（补熊源缺）	16名

第五章
江西的维新变革运动

续表

乡	议长	副议长	乡董	乡佐	议员
北乡滁溠乡	郭之彬	万以煟	秦炽	龚建藩	14 名
北乡龙泉乡	胡炳烜	黄子庚	徐守任	万亦燿	12 名
北乡黄溪乡	郭承平	杨承熙	杨承泰	应焕奎	14 名
中乡塔城乡	涂宜楠	陈维鼎	胡文龄	万俊才	12 名
中乡武阳乡	杨汝梅	张福田	徐仲雅	伍廷柱	10 名
中乡茝港乡	钟本楷	钟希滨	陈志霖	万邦贞	14 名
中乡水南乡	彭慰先	李光福	祝承周	刘名器	12 名
中乡谢埠乡	魏荣晋	章成裴	魏继晋	胡霖	18 名
中乡佛塔乡	胡廷植	黄光庭	史绍钦	龚世基	16 名

资料来源：根据《民国初年南昌纪事》（民国七年刊本）卷七选举编制。

(三)司法独立的创制

普遍的法制是政治现代化的一大特征。普遍的法制需要有成熟的独立的司法机构才能得以保证。清末新政时期是中国法制现代化的起步时期，独立司法机构的出现是时代的要求。在沈家本、伍廷芳等修律大臣的努力下，光绪三十二年(1906年)九月，清廷下诏，刑部改为法部专任司法，大理寺改为大理院专掌审判。[①]此外，还在法部设立总检查厅，作为最高检查机关。这样，行政与司法高度集中的传统体制开始转型。在这一时期，中国至少在法律上确立了近代资本主义的新的中央司法机关的结构，司法与行政开始走向分离，司法独立迈出了最重要的一步，江西的司法独立也迈出了艰难的一步。

1.设置江西各级审判厅

新政期间，江西对司法审判体制进行了很大的改革，出现了江西地方审判厅和检察厅。《法院编制法》司法区域分划暂行章程第三条内，"开地方审判厅，京师及直省府，直隶州各设一所。但府直隶州词讼简少者，得不设，地方审判厅于该府直辖地面或首县及该州初级审判厅内，由邻近府直隶州地方审判厅分设地方审判厅分厅"。鲁抚川督"先后以款项支绌，各厅州县必设地方审判厅一所，官多费巨，奏请将地方审判厅管辖区域变通，并酌增推事员额，由宪政编查馆会同法部奏定，省城暨各府直隶州之有同城州县者，应照章共设一地方审判

[①] 《修订法律大臣沈家本等奏酌定司法权限并将法部原拟清单加具案语折(附清单)》，《清末筹备立宪档案史料》下册。

厅。其各州县之词讼较少者,得合邻近州县共设一分厅,不必各厅州县定设审判厅一所,为节省经费起见"。但"江西各属命案层见叠出,虽词讼简少之厅州县,岁亦不下七八起。向章由各厅州县相验,往返不过数十里。今各厅州县止设初级审判厅,不设地方审判厅,则相验动逾一二百里外,转折需时,势将尸身腐烂,无凭相验。既此一端,已极窒碍,既传讯原被中证,亦虞呼应不灵。人民越境对簿,亦滋拖累。于是厅州县各设地方审判厅一所,民刑诉讼较为所利"。宣统元年七月十一日,江西抚院部在"发交各府州县设立地方审判厅议案"中称,"惟际此财政困难,应如何先期筹划,以免窒碍之处,当征佥议,以俟折衷"。审查科呈称,"查法院编制法司法区域分划暂行章程,原订每府设一地方审判厅,按全国情形实多未便,应于厅州县各设地方审判厅一所,以便民刑诉讼"。抚部院在会议厅会同议决,照该科所议办理。①

宣统二年(1910年)十一月,江西设立高等审判厅,设厅丞一人,从四品。第一任高等审判厅厅丞由江峰青担任。司法独立,划分民刑诉讼,设刑科、民科推事六人,正六品;典簿一人,正六品;主簿二人,正八品;录事无定员,从九品。民刑分开诉讼。检察厅设检察长一人,从四品,检察官一人,正六品,录事二人。同时设立南昌府地方审判厅,翌年二月,设立九江府商埠地方审判厅,设推事2至3名。初级审判厅有南昌县初级审判厅,新建县初级审判厅,德化县商埠初级审判厅等,设推事1至2名。②各级审判厅的人员构成还有预审推事、候补推事、学习推事、书记官、翻译官和承发吏等。

晚清设立的各级审判厅由作为核心的推事以及书记官、翻译官和承发吏组成,就内部构成而言,基本贯彻了司法独立和民刑分离审判等原则,在中国司法史上是划时代的进步。

2.成立法政学堂,培养司法人才

清末新政期间,江西成立法政高等学堂3所(公立1所省立法政学堂,私立2所私立豫章法政学堂、私立江西法政学堂)。省立法政学堂的学生在清末民初大都进入司法领域,为司法现代化作出一定的贡献。下表以清宣统三年该校第一届南昌籍毕业生的任职情况为例。私立江西法政学堂系留学日本早稻田毕业回国同仁所创办,至民国元年,同仁多充参众两院议员。

---

① 《呈报会议申复抚院部发交各府州县设立地方审判厅议案由》(第二次常年会)。
② 李启成:《晚清各级审判厅研究》附表,北京大学出版社2004年6月版,第223页。

第五章
江西的维新变革运动

江西省法政学堂清宣统三年十一月南昌县籍毕业生任职表

姓 名	别 号	任 职 情 况
涂 尧	石琴	浮梁地方厅民厅推事,四川地方厅崇庆地方厅民厅推事
罗赞铎	钧甫	不详
傅景范	逊甫	景德镇地方审判厅刑厅推事,考取第三届县知事,分发湖南
魏景桓	用卿	吉安地方审判厅推事,民国九年考取承审员
李景昉	次明	兴国县司法课长,清江县检察官及承审员
李祖谋	贻孙	不详
万成勃	侣周	九江地方审判厅民厅推事
戴泽昌	宜卿	不详
褚景谦	不详	不详
龚士梧	淑澄	考取湖南县知事,江西省长公署内务科员
涂文焕	伯章	不详
周焕文	惺伯	乐安峡江等县司法课长及一等帮审员,律师
涂履仁	静存	署九江地方检察厅检察官
许国光	浸昌	不详
罗 纬	尔蕃	不详
胡士尧	羽尧	上高县司法课长及帮审员
钱振绅	不详	不详
邬世杰	冠青	临川初级审判厅推事,赣南道署实业课长,第二届众议院议员
傅朝瑄	毅甫	吉安地方审判厅刑厅推事,民国九年考取承审员
张 鼎	子达	不详

根据《江西通志稿》第10册"江西各种专门学校学生名录";《南昌纪事》卷六"教育类"制作。

3.调查江西民事习惯,配合法律馆修订新律

为配合法律馆修订新律,新的司法体系成立后即着手进行江西民事习惯的调查。由于"国家与民更始以旧法律不适用于立宪时代也",清政府设法律馆修订新律。而修律大臣又以"我国二十二行省幅员四万里人民四百兆,地方风气之不齐,人情好尚之互异,有绳以法而有所不便者",且"欧洲文明或亦非我国所宜仿效"。于是有调查民事习惯之问题。调查民事习惯目的是"纲举而目张,条分而缕析,将欲举朝廷统治之大法,薪合乎吾人心理之"。宣统庚戌年,第

一任高等审判厅厅丞江峯青乃就各县册报逐条检阅，勘酌损益并证以平日闻见，手自编纂《法律馆调查江西民事习惯》，以副修律大臣之明问。虽然"第仓卒调查，其于民情风俗多未详悉"，但"亦姑藉是以为嚆矢尔"。①

三、军政改革

军队存在的主要目的，一是保卫国家，一是在地方上除暴安良。②新政期间，江西用汰旧更新的方式革新军队，一面淘汰旧有军队，一面建立新式陆军。旧式军队逐渐减少，新式陆军逐渐增多，是一种合理的交替，既可备国防之用，亦避免发生财力上的过量负担。

(一)旧式军队的蜕变

江西驻有绿营而无八旗，旧式军队包括绿营军、防军、水师三种。

首先，绿营军的裁减。清廷入关后，因八旗兵力不足，便由归附的明军和招募汉人组建绿营。绿营兵役制度为终身制，土著制和余丁制。江西设有总督及提督军务总兵官，节制全省绿营兵。康熙二十一年(1682年)，江西总督、江西提督裁撤，全省绿营兵由巡抚节制。江西巡抚驻南昌府，统辖抚标两营，兼辖南昌守营，节制九江镇、南赣镇。③九江镇曾于康熙七年(1668年)移驻南昌府称南瑞镇，嘉庆五年(1800年)自南昌移回九江。九江镇总兵官统辖镇标前后两营，兼辖16营，防守九江、南康、瑞州、抚州、建昌、广信、饶州、南昌八府及湖口、铜鼓、武宁、广昌、铅山、浮梁等要地。南赣镇总兵官驻赣州府，统辖镇标中、左、后三营，兼辖袁州协及18营，防守赣州、南安、吉安、袁州、临江、宁都5府1州及兴国、崇义、瑞金、定南、会昌、遂川、万安、永丰、永新等要地。道光二十一年(1841年)，抚标左营、抚标右营、南昌城守营协营兵额分别为354名、358名、1273名。光绪二十八年(1902年)，抚标左营、抚标右营各存兵150名，南昌城守协营存兵420名。全省绿营兵数，康熙年间15000人；乾隆五十年(1787年)13929人；嘉庆十七年(1812年)13872人；道光二十九年(1849年)12472人；光绪九年(1883年)11900人；光绪二十八年(1902年)4250人。宣统三年(1911年)江西新军起义，全省光复。江西30余营绿营兵被遣散或改编。

---

① 《法律馆调查江西民事习惯》叙言。
② 《余干县俞省三条陈地方利病恳求破格准予四事禀批》，载《江西官报》甲辰年(1904年)第十九期。
③ 道光二十年(1840年)，江西行政区域划道、府领县，军事区域设九江镇、南赣镇，分防全省各地。

第五章
江西的维新变革运动

其次,防军的蜕变。同治四年(1865年),曾国藩统率的湘军解散,屯驻江西各地的勇营,一部改编为防军,负清乡守土及镇制政治反抗之责。绿营兵分列郡汛地,防军则屯扎各要隘。光绪九年(1883年)全省有防军7800余人,光绪二十四年增为9363人。光绪二十五年(1899年),江西巡抚松寿饬臬司陈泽霖于臬署内设全省营务处,为全省训练各军之总汇,将全省各地驻军作了调整,并训练防军。十二月,江西拨枪炮新练防军,分为前后左中右5个营,称威武新军,加上原驻省城之振武军,共有弁勇3000人,开始练习洋操。光绪二十六年(1900年),江西按察使陈泽霖在江西招募壮勇10营,驰赴江北驻扎,编为武卫先锋右军。光绪二十八年(1902年)正月,江西巡抚李兴锐对江西防军进行整编,全省编为中、前、后、左、右五路军,中路军为常备军,其余为续备军。三月初一日编立成军。每军5营1500人,五军7500人。九月至十一月,除驻赣南续备后军外,其余4军各裁1营。光绪二十九年(1903年),巡抚夏𢦤于续备前军内拨出两军,分隶左右两军,所存两军裁汰一半,专事防守炮台,称九江炮台营。另募5营编为常备前军,常备中军亦编齐5营。常备中、前两军分扎南昌、九江,专事训练,续备左、右、后三军15营分驻各属,专事巡防。光绪三十一年(1905年)五月,常备中、前两军改练新军。九月,江西所有防营改为赣南巡防队。辛亥革命后,巡防队一部改为警备队。

再次,水师的概况。同治八年(1869年),以湘军水师为基础,建长江水师。水师提督受两江总督,湖广总督节制,辖岳州、瓜州、汉阳、湖口四镇。湖口水师镇辖区为长江水域九江之陆家嘴至安徽安庆,鄱阳湖湖区及沿湖周围地区。划长江江面及鄱阳湖为水师提督统辖,自永修吴城以上赣江及东西支河归江西巡抚统辖。湖口镇设总兵官,驻湖口,辖湖口、吴城、饶州、华阳、安庆五营。湖口镇的活动,直至清朝灭亡。

江西水师营及其防区一览表

水师营	兵额	防区
镇标中营湖口营	350	陆家咀以下至九江老洲头江面
镇标左营吴城营	490	湖口以内姑塘、南唐、渚矶一带
镇标后营饶州营	490	都昌、鄱阳、康山一带
镇标右营华阳营镇标前营安庆营		驻安徽,分防九江老洲头以下至安徽江面

资料来源:根据《江西军事志》(仲清主编,江西省军事志编辑委员会1996年12月)整理。

(二)新军的编练

清末江西军政改革是近代中国军事早期现代化在一个省区的表现。防军的蜕变是江西军政改革的开始,编练新军是军政改革的具体表现。

首先,第二十七混成协的编练。光绪二十一年(1895年),清廷仿效西方,开始编练新军。光绪三十年(1904年),清政府统一新军军制,在京师设练兵处,各省设督练公所(辖兵备、参谋、教练三处)负责编练新军。同年(1904年)江西设督练公所,负责训练新军和征集新军兵员,挑选各州县壮丁入伍训练,并制定《江西试办征兵章程》。

新兵条件:年龄在16岁以上,25岁以下,身高在4尺6寸以上;凡五官不全,体弱,手举不能及百斤者不取;要求来历清楚,应募时应报三代家口,住址和指纹箕斗数目;凡吸食鸦片,犯有罪案和城市游民不取。

招募办法:根据练兵处颁布的规定,由督抚根据各州县民户之多少,幅员之广狭,道路之远近,往来之通塞,酌订开招日期,并先设选验处所,预期示谕,附列募名格式,届期派员会各府各州县按格选募。由各村庄庄长,首事,地保等,各举合格乡民,开具名册,偕赴该选验处所,听候点验,不准滥保游民,溃勇,亦不得将应募合格之人隐藏,并严禁吏胥,庄长,地保等借端勒索摊派。督抚所派委员,如期分赴各处,按格验收分别入取,其合格者,注册编伍,并照抄一册,移交地方官存案。吉、临、赣3府,民风尚称强健,其于军人资格较为合宜,决定就该3府属地先行设局开招,以土著,有家属,年龄在18岁以上,20岁以下,能识字者为合格,并须觅有切实妥保。

宣统元年(1909年),根据清廷的规定,江西又制定选兵新格式:年龄16岁以上,22岁以下;身体限官裁尺4尺8寸以上;来历必须土著,应募时报明三代家口,住址,箕斗数目;五官不全,体质软弱及有暗疾者不挑选;曾吸洋烟及素不安分曾经犯罪监禁者不挑选;曾经在陆军及本处充当巡警因事革职者不挑选。

光绪三十一年(1905年),江西巡抚胡廷干将防营常备中、前两军按照新章添足人数,编为步兵一协,另在续备军内挑选马队两队。光绪三十三年(1907年)八月,陆军部决定在全国编制新军36镇,其中江西编一镇。是时,江西所编新军步队一协,马队两队,官231人,兵4287人,于是又添练炮队一营,工\辎各两队,军乐队半队。宣统元年(1909年)冬,江西新军编成一混成协,称暂编第二十七混成协,协统吴介璋,驻南昌。混成协辖步兵第五十三标,标统马毓宝,驻九江;第五十四标,标统齐宝善,原驻南昌,宣统三年(1911年)移驻萍乡;骑兵,

第五章
江西的维新变革运动

过山炮兵各一营,工兵、辎重兵各一队,军乐队半队驻南昌。第五十四标移驻萍乡后,在南昌组建了步兵第五十五标,标统庄守忠。

其次,设立军事学堂。军队的优劣,除了装备之外,训练最为重要。训练以人才为先。江西的军事学堂,先有武备学堂,后有陆军小学。光绪二十八年(1902年)四月,江西抚署于南昌永和门内设江西武备学堂。创办人江西布政使柯逢时,候补道汪瑞闿总司其事,江西巡抚李兴锐会同司道厘订规条,内设总教习1人(吴介璋),分教习6人,东洋分教习5人。首届招各属平民子弟120人为正课生,另收官员子弟40人为附课生,其课程有:兵法、体操、德文、算学等。①至光绪三十一年(1905年)四月,第一班学生三年届满毕业。第二班开学数月即并入南京军官学校。李烈钧、欧阳武、胡谦、方先亮、彭程万、伍毓瑞、俞应麓等都是江西武备学堂出身的学生。

光绪三十二年(1906年)二月,江西武备学堂改建为江西陆军小学堂。学堂设在南昌澹台门外,江西藩司兼任校长。学员定额210名。汪瑞闿任总办,吴介璋任监督。招收条件是"本省各高等小学堂学生及本省驻防子弟",年龄在15岁以上18岁以下(由原武备学堂挑选者,年龄可放宽到20岁)。体质强壮,聪明训谨,无废疾嗜好,曾读经书者。学堂的宗旨是"一切教育,以忠君爱国为本原,德育、体育为基础,振尚武之精神,汰叫嚣之陋习"。教官大都是军事衙门调配的。学员要进行实弹射击,刀剑劈刺等训练;要学习典范令,步兵操典等军事知识,也学文化知识。学员在陆军小学堂三年毕业后,发给毕业执照,俾升入设在江苏南京的陆军第四中学堂。还办有测绘学堂和测绘司。学员有四五百人,也接受军事训练。另外,在光绪三十年(1904年)江西水师学堂开办,创办人江西内河水师巡警统领任福乐。

再次,派陆军学生游学。光绪三十年(1904年),京师练兵处奏定《选派陆军学生游学章程》,规定各省选派留学生的数字和选派办法,每年选派100名,四年一轮。江西选赴日本学习陆军的有李烈钧、余鹤松、欧阳武、胡谦四名。到东京后先入振武学校,两年后毕业,入四国炮兵第十二联队实习一年,又入陆军士官学校学习。三十一年(1905年),彭程万、俞应麓赴日本,入振武学校,两年后改入日本陆地测量部修技所。三十二年(1906年),伍毓瑞由北京陆军部派往日本学习军事,从补习日语到士官学校长达六年。

---

① 朱有瓛:《中国近代学制史料》第1辑(上),华东师范大学1983年版,第549页。

四、文教改革

新政是一项革故更新、兴利除弊的综合改革,内容包括器物、制度和人的思想观念等等涉及人们生活的方方面面。要想开通风气,培养新时期需要的人才,教育要先行。传统教育以儒学教育为主,大大小小的书院、社学、义学遍布各地,学生学习的目的是通过科举考试步入仕途。随着近代社会向职业分工越来越细、专业越来越明显的方向转变,科举制度已经不适应社会发展的需要,变革传统教育迫在眉睫。在这种社会背景下,江西卷入新学浪潮。

中国传统教育的改革始于1862年,自北京的同文馆和上海的广方言馆先后设立,各地相继有新式学堂的兴起。江西近代教育由于众多原因而晚于他省,陈建安在他的《江西的近代化学堂》从四个方面对江西近代教育晚于他省作了论述。①百日维新期间,由于甲午战败的精神刺激和维新运动的思想启蒙,促发了江西部分传统士绅身上潜藏的人道情怀和忧患意识,而且科举制的式微也使得旧式教育体制趋于解体。这样,江西部分传统士绅对"新学"和西学的认同感与日俱增,一时风气大开,"深处腹地,风气文弱"②的江西,研求新学成为一种时尚。许多士绅成为近代新式教育的参加者和倡办者,转化为"新派"士绅群体。并且在光绪皇帝向全国颁布了"兴学堂"的诏令后,江西当局也采取了一定措施,这些促成了江西新式学堂的开办。③但随着戊戌政变的发生和慈禧下令废除新政,近代教育在江西没有留下多深的痕迹。江西确切意义上的新式学堂是在清末新政时期出现的。新政期间,江西按照中央改革的步骤设立具有近代意义的教育行政机构推行近代教育。

新政初期,江西教育管理体制混乱,不是专司负责。学政应是主管学界的专业职官,但巡抚名下则"统领常备中军随营学堂,统领续备前后军随营学堂",似乎是要集中管理军事学堂,但是武备学堂却又分属于布政使名下负责;布政使虽号负责大学堂、医学堂、桑蚕学堂、农工商矿学堂等,俨然是综理各种非军事学堂之势,但首府南昌又负责管理大学堂、经训学堂、友教学堂等校的责任。④又,按照当时学部奏定的《京师大学堂章程》的规定,省设大学堂兼办全

---

① 陈建安:《江西的近代化学堂》,载《江西社会科学》1993年第6期。
② 马敏:《官商之间—社会剧变中的近代绅商》,第107页。
③ 参看《江西通史》汪叔子的论述。
④ 《警钟日报》1904年9月10日。

第五章
江西的维新变革运动

省教育行政事务。

光绪三十一年(1905年),江西巡抚根据清政府颁布的学务章程,正式设立教育行政机构——江西全省学务处,规定省城及各府州县中小学堂暨民间私立各学堂,以及出洋游学各生均由学务处稽察考核。①学务处设总理、参议等。总理由学政兼任,学务处下设专门、普通、实业、审定、文牍、会计六处,各处设总办一人,帮办若干人。②三十二年(1906年)四月,清政府学部在奏准《各省学务详细官制及办事权限章程》中:"各省学务官制提学使司设提学使一员,总理全省学务,考核所属职员功过。""提学使以下设省视学6人,承提学使之命,巡视各府厅州县学务。""各厅州县劝学所,设县视学一人,兼充学务总董。""各省视学由提学使详请督抚札派曾习师范或出洋游学,并曾充当学堂管理员、教员,积有劳绩者充任。"县视学,由提学使札派"本省绅衿年三十以外,品行端方,曾经出洋游历,或曾习师范者"充任。三十三年(1907年),江西裁撤提督江西学政及省学务处,设江西提学使司,掌教育行政,稽核学校规程,征考艺文师范。汪贻书充任提学使,林开谟、王同愈任提学副使。提学使司署内设有总务、普通、专门、实业、图书、会计六课,③分课管理。每课设课长一人,副课长一人,科员一至四人,秉承提学使,处理全省教育行政事务。另设学务公所,有议绅四人、视学六人。④议绅佐提学使参划学务,并备督抚咨询,视学分区巡视全省府、州、县学务。江西各府州县设劝学所,且府州县三级层层相属,劝学所每所设视学一人,下设劝学员若干人,管理该地区学务。据宣统元年(1909年)统计,全省72县中设立劝学所的有48县,其中总董39人,劝学员180人。宣统二年(1910年),视学改称劝学员长,除兴办与管理官立学堂,"对学龄儿童之父兄为应受义务教育之劝导"外,还对私立学堂及私塾进行指导与监督。

光绪三十三年(1907年)底,江西省教育会设立,公举陈三立为会长。宣统元年(1909年),江西教育总会在南昌城成立,各府县随后也设立分会,有的地方还通过驻省学界组织该府教育分会驻省总事务处,"以通消息而利教育"。⑤

---

① 《护江西巡抚周奏遵章设立学务处折》,载《东方杂志》1905年第8期,第180页。
② 《江西省教育志》。又一说,当时的主持者称总办,由道员傅春官充任。总办之下,另设学务参议多名,由省内绅士程志和等人充任。
③ 即将原学务处所设得6处改为6课,随后不久,又按学部通令,将省提学使所设得各课改为科。
④ 《江西通志稿》第23册,第1页。
⑤ 《民呼日报》1909年7月15日;《民立报》1911年4月14日。

南昌教育会第一届清光绪三十三年选举,魏元戴(建候)会长并省教育会会长,熊育锡(纯如)副会长并省教育会会长。第二届清光绪三十四年选举,梅汝鼎(震伯)会长,魏元戴再举副会长。第三届清宣统二年选举,李棠(寿山)会长,杨绪昌(承三)副会长。①

教育专业行政机关的设立,在较大程度上克服了责权不一,遇事推诿的弊端,也便于规划江西全省的近代学堂建设,关于江西近代学堂设置情况我们将详细在第八章论述。

---

① 周德华辑:《南昌民国初元纪事》,卷七选举类,第212—214页。

第六章
晚清统治在江西的终结

清末江西,风云动荡,一方面,民众抗粮抗捐的斗争和各地会党的起义时有发生,另一方面,革命形势发展迅速,从易知社到同盟会,革命组织如泉涌现;从联络会党到活动新军,革命力量不断壮大;从萍浏醴大起义到江西全省的光复,革命胜利接踵而至。这一切,表明江西已融入全国革命的洪流之中,已投身到资产阶级民主革命的进程之中,最终导致清朝封建专制统治在江西的结束,迎来了江西历史的新纪元。

第一节
清末江西的民变

20世纪初,晚清统治日益腐败,阶级矛盾日益尖锐,各地反抗封建统治的斗争风起云涌,极大地动摇了清政府的统治,为革命时机的到来创造了有利条件。

江西是封建传统经济萧条和传统社会秩序衰败的重灾区,各种矛盾暴露突出,伴随着会党的不时起义,抗粮抗捐的斗争也时有发生,而且波及面很广,影响很大。这个时期,有反抗压迫、反抗剥削的正义斗争,也有趁乱哄抢的无头官司,良莠参差,姑泛称之为"民变"。

一、抗粮抗捐的斗争

江西是农业大省,以稻谷生产盛名,90%以上的居民从事农业劳作,但大部分土地却掌握在少数地主手里,缺地少地的佃户和半佃户占71%,地主对佃户收租过高,每亩租占6至7成,谷价又贱,每石仅售钱900文,合银4钱5分,仅够买一件普通的洋衬衣。广大农民基本上是处于饥饿和半饥饿状态。而江西大米,南运北调,东挪西捐,全国哪里有灾情,哪里少不了江西的赈济,而江西本省有灾,则自我调剂。区域观念浓厚和并未达到温饱的江西民众,就曾多次自发地阻止粮食外运而激发"民变"事件,如1906年奉新县饥民禁阻谷物出境和1910年吉安府居地禁阻米谷外运即是显著的例子。①

1905年前后,江西连年水灾,波及面极广,有时30多个府县同时发生灾患,投机商人乘机囤积居奇,致使米价暴涨。农民向无积余,买不起高价米,不得不铤而走险,哄抢粮食,一时抢米风潮席卷全省。仅以辛亥革命的前一年为例,全省十几个府县发生抢米事件。1910年,抚州农民万余人参加抢米,官府禁阻不住,官仓、富户粮食基本上被抢夺一空。继之临江府樟树镇、广信府玉山县、湖口县、义宁州等地,也先后发生聚众抢米事件。②次年初,抚州府城再次发生4.5千人抢米风潮,凡囤积米谷殷富家庭及其米店,不被抢光,也被捣毁。乐安、永新、兴国、临川等县农民也蜂拥而起,纷纷抢劫米店和富户。③其他府县也都发生规模不等的抢米风潮。江西抢米风潮的普遍发生,深刻地反映了农村经济的崩溃和广大农民的苦难。它和全国其他省区如湖南、湖北、江苏、安徽等地抢米事件相呼应,极大地动摇了清政府的黑暗统治。

如果说,抢米事件主要参加者还只是仅限于农民的话,那么抗捐斗争则普及到各个阶层,甚至包括一些比较开明的官僚阶层。

江西税捐之多,在全国首屈一指。1909年,御史胡思敬曾这样奏称江西的税捐情况:"业之至秽至贱者灰粪有捐;物之至纤至微者柴炭酱醋有捐,下至一鸡一鸭、一鱼一虾,凡肩挑背负,日用寻常饮食之物,莫不有捐"。农民负担"漕粮、地丁、耗羡之外,有粮捐、有亩捐、有串票之捐;田亩所出之物,谷米上市有捐;豆蔬瓜果入城有捐,一身七、八捐"。④无业不有捐,无物不有捐,无人不有

---

① 张振鹤:《清末民变年表》上,《近代史资料》1982年第3期。
② 同①。
③ 同①。
④ 胡思敬:《退庐疏稿》卷一。

第六章
晚清统治在江西的终结

捐,无地不有捐,万捐之中,尤以厘捐为首恶。江西各地,遍设厘卡,按规定是货物逢百抽一,为一厘,1855年,江西设立厘卡,一开始就抽5%的税。1860年,时为两江总督曾国藩以军需为名,奏请江西厘卡抽10%,且归湘军所有。尔后江西厘卡越设越多,卡卡抽厘,重复收税,货物抽到30%~40%,以致货商不贾,货源不畅,商竭民穷,怨声载道。1880年,江西大规模裁减厘卡后,仍然存在大卡64处,小卡94处,收得货厘(尚不含茶厘等捐)每年在100万至150万两银左右,有时高达250万两银,巨额厘税,是江西所有税收的大宗,构成江西财政的重要支柱。①

以厘捐为主的各种税捐,严重阻挠了商品经济的发展,极大挫伤了广大民众互通有无的生活信念,加重了江西人民的经济负担,因而抗捐斗争到处发生。1902年,赣州、萍乡、德化等地群众愤起捣毁厘卡,殴打差役,拒交税捐。②官府不仅不从中反省,反而增设统捐局,加大征税收捐的力度,从而激起更多更大规模的抗捐斗争。1903年,浮梁、瑞昌、新城、宜春、南昌等地群众,连续捣毁统捐局;1906年,瑞昌县先后两次发生捣毁税卡、抗交厘捐的暴力行动,群众鸣锣列队,合力抗击官兵的镇压。③当时,规模最大影响最广的是乐平抗捐斗争和袁州乡民暴动。

乐平县是江西靛青的主要产区,自洋靛入口后,土靛难销,价格暴跌,广大靛农濒临破产。而乐平境内,统捐与厘金两局并峙一方,遥遥相望,民之运货出境者,此纳彼输,重叠收数,农民售靛,于途中有厘卡之捐,于县署有挂号之费,于保甲局有查验之费,售后又有所得之捐,交完各种税捐,农民所得无几,于是纷纷抱着"与其不得食而死,犹不如作乱而趋于死地"的决心,抗捐运动由此在全县爆发。

1904年9月,在会党人物夏廷义的率领下,乐平群众数百人进城,首先夺取保甲局所有枪弹,拆毁统捐局、厘卡、教堂等民愤聚集的场所。随后群众越聚越多,猛增至3000人,行动也愈演愈烈,全县境内的缉私卡、盐卡、厘卡被捣毁一空,县衙遭焚烧,囚犯被释放,各卡委员遭殴打,连护卡炮船两艘也被击碎。斗争持续两个多月。11月,九江道瑞澂率重兵前来镇压。夏廷义率领千余人顽强

---

① 罗玉东:《中国厘金史》香港大东图书公司1977年版;《江西官报》丙午年(1906年)第二十七期。
② 《清末民变年表》上,《近代史资料》1982年第3期。
③ 《辛亥革命前十年间民变档案史料·江西部分》,中华书局1985年版。

抗击清军,最后归于失败,夏廷义本人遁迹。①

1909年9月,袁州府宜春县,因官绅勾结,增抽米捐,加之平日"所有柴、米、纸张、杂粮、菜蔬等项,凡民间所用,几于无物不捐",遂激起民变。数千群众持械围攻县城,土炮对洋炮,双方激战4天整,伤亡达数百人。省府随即调重兵驰援,起义群众遭到镇压,数十名群众被严惩,首祸知县卢元弼仅被革职论处。②《东方杂志》1909年第十期为此专门发表了一篇评论文章,题目是《记江西袁州乡民暴动事》。它总结事件发生根源时指出:"此次之暴动,其为积怨已久,郁而莫遏,为乡民至可怜,至不得已之举动,并非有纠众作乱之思想,而非酿祸之主名,专在官绅而不在乡民,因昭然于人人耳目间,不可以一手掩者也。"

二、各地会党的起义

会党组织是清初以"反清复明"为宗旨而成立的秘密会社。它是现实社会制度的对立物,以集体的力量零星地挟制、不断地破坏着现有制度;它有着反帝反封建积极的一面,也有扰乱治安、破坏生产消极的一面,它的存在成为整个清代最为严重的社会问题,许多较大的反洋教斗争、武装起义以及抢劫财物事件基本上都与会党组织有关。而会党起事,不同于一般的"乱民"闹事,它的政治色彩更具浓厚,且属有组织、有预谋的集体行动。

近代中国的秘密会社主要有白莲教和天地会两大系统,"凡所谓闻香教、八卦教、神拳教、在礼教等以及种种诸教,要皆为白莲之分系;凡所谓三合会、三点会、哥老会等以及种种之诸会,亦无一非天地之支派","白莲之教盛于北,而洪门之会遍于南",③太平天国革命失败以后,哥老会成了全国性的最大秘密会社,主要盛行于长江流域。江西是哥老会的一大根据地,此外,江西还存在许多天地会的派系组织,如添弟会或千刀会、三点会、三合会、青帮、红帮、黑帮、洪江会,也有白莲教。添弟会、三点会等帮会都是天地会的衍名,或取同音异字,或借假避宗,或取旁首字义,如三点会意洪门会之"洪"字水旁,三合会意"氵"加二十一(共),青邦即庆邦之分支,似音讹,实则不敢妄同本会宗祖名,并避人耳目,少惹麻烦。会社称谓繁多,但其性质如同一辙,姑统称之为"会党"。

---

① 《东方杂志》一卷七期;《中国科学院历史所第三所集刊》第一集。
② 《辛亥革命前十年间民变档案史料·江西部分》上册,中华书局1985年版。
③ 《教会源流考》,见《辛亥革命》丛刊(三),上海人民出版社1961年版。

第六章
晚清统治在江西的终结

江西会党组织比较严密,且与湖广、江浙互通联系。其首领称老大哥或大爷,互称则"袍哥"或"兄弟",长期形成一套鲜为人知的江湖术语,外人一般难解其意,莫知其踪。近代会党势力在江西发展迅速,一则江西不少会党人物加入了湘军队伍,借势宣传扩散;二则江西商道改变,失业贩夫船手猛增以及农业经济日趋瓦解,大量生力军参加了会党组织;三则民族矛盾、阶级矛盾加剧,只有会党组织才能凝聚些力量对抗这些矛盾。因而到了辛亥革命前夕,省境各县差不多都有一二个会党人物或一二支会党势力,尤以赣南为甚。会党标榜"反清复明"或"反清灭洋",一直为官府所不容,搜捕镇压,从未停止,清廷多次颁行惩办会匪章程,条例也极严厉,明示凡领受票布辗转纠众、散放多人、或在会中名目较大,充当元帅军师,坐堂名目、有伙同抢劫情事者,即就地正法。[①]

但会党起义并未因此而间断过。江西许多反洋教斗争大都有会党参与其事,抗粮抗捐斗争也有会党人物的抛头露面,各种罢工、武装起义,少不了会党人物的冲锋陷阵,几乎无事不有会党的存在或影响,江西巡抚奏折多次提到江西"风气强悍","会匪常出没其间","伏莽遍地,窃发堪虞"。[②]由此,会党问题成为江西当权者最为头痛,最为棘手的事情。

全省各地会党武装起义,以辛亥革命前十年计,有案可查者不下二十余次,尚不含会党参与的反洋教斗争、抗粮抗捐和某些抢劫官财案件。这二十余次会党起义,主要发生在南昌、萍乡、龙南、上犹、武宁、南安、万载、饶州、临川、都昌、虔南等县,基本上是湘赣粤边界境地,规模最大,影响最深的为萍浏醴起义,其次为发生在临川县、大庾县的两次起义。

萍浏醴起义下节另述,这里仅述临川、大庾两县起义。

临川隶属抚州,山绵林深,长期不绝会党人物出入。1906年,已有数十年会龄的康星田,在临川创立昆仑山忠义堂,自称山庄大元帅,宣布其宗旨为"为国扶危,为民除害,不与民为仇",[③]散卖票布,制造军火器械,总管抚州、建昌两府属地之会事,会众颇多。这年6月,康氏号令所属,准备赴邻县南城劫狱夺犯,然后攻取县城,当五六百人聚集荣山吴姓祠堂整装待发时,为事先侦知的官军所驱散,退至老巢茅排山,又被省城调来的重兵三面包围,遂分散抗击,相持两个多月,康星田等会党首领35人始遭捕获,就地正法7人,监禁28人,临川起义失

---

① 《辛亥革命前十年间民变档案史料·江西部分》上册,中华书局1985年版。
② 同上。
③ 《东方杂志》1906年三卷,第9期。

败。就在两军相持阶段,县境民众或走避他乡,或趁机抢劫银米,全县秩序大乱,而且波及邻近数县。

大庾县(今大余)隶属南康府,地处赣南,素为三点会聚集之地,且与湘粤会党连通一气,1909年1月,粤境三点会大头月许湆耀、陈过房等密令大县三点会大头月张财溃、聂过聋及义和拳头目陈万琚等,商量同举义旗,联合起义。嗣后,广东会众数百人潜至大庾县属之五洞,据险架炮,俨然成一个大要塞,五营官军及县兵、乡团,层层围攻五洞,内河水师则防堵河路,另调九江驻军驰往增援,准备一举剿灭。正当形势严峻时,广东会党千余人奔袭江西崇义县,两路夹进,以长枪鸟铳为武器,击溃官军一个营,攻破官军外围包围圈。接着乘胜挺进,一路直援大庾,一路进攻南康府城,意欲围魏救赵。官军不得不抽调一部分兵力回援。至此,全部会党会师于大庾,挫败了官军合围的目的,会党声势浩大,又接连打了几个胜仗,迫使官军重新调整布置,急调重兵进剿,步步为营,在起义军粮尽弹竭之际,攻入五洞,起义的会党余部散逸,被缉捕会党万余名,众多会党首领或阵亡或逃亡,或被捕,遭正法者95人。余部散逸山林,起义最终失败。①

各地无数次会党起义,都同归于失败,其主要症结就在于会党本身。最初会党组织尚有一个明确的奋斗目标——反清复明,后来看到复明无望,反清也盲目了。加之内部组织派系林立,各行其是,行动不统一,号令不明确,以山大王为雄,以攻取一城一镇为终,甚或以抢劫大户为生,虽有"绿林好汉"美称,不乏乌合鼠辈之嫌,在清廷高压禁令和官军严密防缉下,会党组织往往在举事之先或密谋之时即遭追捕,逃命时日多,起义时日短,终难成大事。虽然会党起义屡举屡败,却在一定程度上打击了清政府的统治,并使资产阶级革命派将其看作一支重要的力量而加以联合,以致在资产阶级革命中,屡屡可见会党的身影和贡献。

三、"调查户口"的风波

清末预备立宪,筹设议院,诸多具体事宜需要逐年筹备,调查人口总数即属议程的一项。调查户口一事,各省皆能依限办理,尚属顺利,唯独江西风波迭起,致生事端。

---

① 《辛亥革命前十年间民变档案史料·江西部分》上册,中华书局1985年版。

第六章
晚清统治在江西的终结

1909年,全国进行了一次全面的户口调查,江西成立统计处专理此事,责令各县抽调专人分赴各乡重新登记户口,限令该年下半年完成这项工作。时间紧、任务重,不及广泛宣传、详细解释即仓促行事,强行登记,致生无数事端,工作甚是艰难,几度中断,险遭流产,几乎没有一县、乡例外。

南昌县为省府之所,在调查户口事件中,率先掀起风波。县属潭沙、香溪等处,见调查员赴境,误以为官府要抽丁当兵或按人勒税,遂聚众阻挠,拒绝登记,行至米店,趁机抢劫一空,某乡绅出面劝解,即遭殴辱,连房屋也被拆毁。沙埠塘地方,数百乡民将调查员殴伤垂毙,致遭重兵弹压。西乡黄家渡,以举人吴舒蕙为调查员,乡民不明所以,拥聚该举人家,捣毁家什器件,勒还表册及户口姓名簿据,当即销毁。其他如社林岗、吉坊、王家渡、早田乡等地,同样发生反抗风潮,有的甚至谣传:人名一旦写入表册,七日内必有死伤血光。许多民众信以为真,除索还表册外,还要调查员、乡绅具结,保全村人民无恙,否则将调查员活埋,吓得调查员纷纷逃避县城,中止调查。

丰城县境200余里,共分9坊,只有一坊未发生调查户口风波,第七坊万余妇女围追调查员,阻挠其登记户口,第一、五、六坊乡民,误信编查户籍,为征兵抽税造册,甚至误信征兵为蒸兵,即将来不免受釜甑之苦;或谣传兴修铁路,必须许多人的灵魂镇压,铁轨始得安稳等等谣言,导致人人惊惧,群起而反对户口调查,滋生许多过火的行为,以致惨剧环生。

安义县调查员余承志,被乡民用绳系颈吊打;另一调查员龚杰士,为乡民逐入深山,露宿两晚后,偷偷返家,又被乡民发现,竟被挖去其双目。[1]

其他如临川、崇仁、新昌、高安、临江、安福等县都发生反对调查户口的风潮,情形大致雷同,结局基本上是调查员人遭打、家被毁,户册被火烧。由于广大民众的极力反对和百般阻挠,全省户口调查一事举步艰难。省府不得不派重兵挨县镇压,强行登记户口。有的县如安福、丰城、宁都等甚至发展到武装对抗官军的镇压。[2]

仅因调查户口之事,1909年全省无一处安定,人心惶惶,社会动荡,产生这种风波,大致有以下三种原因:

首先是传统观念因素,清初康熙年间,规定"圣世滋丁,永不加赋",即以后

---

[1] 《东方杂志》1909年第8期。
[2] 《东方杂志》1909年第9、10期。

无论增添多少人,赋税总数不增加,而且把当时丁银数全部摊入到地租里面去,即"摊丁入亩",这个规定一直被延续下来,造成全国人口猛增,嘉庆时全国人口已过3亿。因为增人不增税,故清朝对户口登记,清理诸类事从未认真管理过,百姓添丁也从未被人约束过。这次户口调查突然进行,无疑令百姓思想转不过弯来,致生许多无稽猜测,甚或附会迷信,加剧了乡民的困惑。

其次是官民之间的对立情绪长期严重地存在着。江西苛捐杂税特多,居全国之冠,尤以厘金为重,百姓怨声载道,长期得不到解决,影响官民关系;江西会党组织多,活动频繁,与广大群众有相当的联系,官府对之镇压也残酷,影响官民关系二;江西反洋教斗争频繁,官府欺民媚外,结案都是丧权辱国,影响官民关系三;吏治腐败,官员欺良压善,有失父母官正道,一省之长巡抚尚且不关心政务,只图享乐(如德馨溺戏),下面官吏效尤更甚(如南昌知县酗酒事),[①]百姓敢怒不敢言,影响官民关系四……此次户口调查,百姓以为官府又在玩什么花招,抵触行为自然爆发,也不足为怪。

再次是户口调查之先,宣传不够,解释不清,而且时间又紧,草率行事,致有强行登记或秘密造册之事,群众更生怀疑,起而阻之。

时人对江西调查户口风波有过这样的感叹:"官民之间平时隔绝已久,今未施信于民,而强使民信,遂以致种种之烦忧。"[②]

而所有这些现象的根本,是近代以来江西社会的各种矛盾日益激化,清朝政府的统治已从根本上被动摇,难以为继了。

第二节
革命组织的成立

辛亥革命前夕,大批有志之士,特别是留学归国人员,为推翻清朝统治,积极奔走呼喊革命。随之,革命组织如雨后春笋,相继成立。江西即是革命组织成立较早的省份之一。

早在同盟会成立之前,湖南华兴会、上海光复会、江西自强会、易知社、安

---

① 《光绪朝东华录》,光绪十二年四月上谕。
② 《东方杂志》1909年第8期。

第六章
晚清统治在江西的终结

庆武毅会等革命组织于1904年先后成立。它们宣传革命道理，鼓动革命行动，为各地反清武装起义，做了大量的先导工作，在辛亥革命运动中，功不可没。

一、易知社的成立

江西自强会，史料记载不详，而易知社的成立，散见于许多史籍。1904年4月，张惟圣、邓文翚（或曰邓文辉）联络武备学堂、测绘学堂、客籍学堂、陆军小学及南京两江师范江西籍的师生，共60余人，在南昌皇殿侧汪建纲家中发起成立易知社，共推张维圣为社长，虞维煦为副社长（邓文翚因赴日留学而未与职）。旋即会址迁到洪恩桥席公祠内。1905年，由于南昌义务女校校长蔡敬襄及教员蔡觉羡，蔡蕙等人的加入，会社又迁到女校。易知社会员主要骨干有：彭素民、熊会福、蔡复灵、周养浩、张维和、姜伯彰、萧家修、汪建纲、李儒修、丁立中、蔡锐霆、汪紫阁等，会社明为民间文化团体，经常聚集以诗文相唱和，暗地进行革命宣传活动，介绍革命读物，并秘密再版和代销《革命军》《警世钟》等热门书籍。同时，该会还与湖南华兴会取得秘密联系，互通革命信息。1906年，南昌教案发生，南昌知县江召棠被法国传教士王安之刺杀。事发当天，易知社会员紧急印发大批传单四处张贴，揭露洋教的祸害及传教士的种种妄为，大大激发了广大群众的义愤，致南昌所有洋教士被追打，王安之被殴毙。

1909年，全体会员加入共进会，宣告易知社的结束。

二、共进会的成立

1907年，湖南焦达峰、刘揆一，四川熊克武，江西邓文翚、曾真等留学生在日本东京发起组织共进会，专司联络会党，组织反满联盟，扩大革命力量。作为共进会的主要发起人，焦达峰本是同盟会的调查部长，会社组织编制等皆仿照同盟会例，并认同同盟会总理为共进会的总理，只是将"平均地权"改作"平均人权"，故共进会实为同盟会的分支机构或外围组织。

1909年9月，邓文翚由日本回到南昌，邀集易知社会员及邹继龙、陈培之等共同创办江西共进会。11月15日，共进会在义务女校召开成立大会，宣布章程及会员名单后，即共同宣誓以"歃血为盟"。会议推选邓文翚为会长，虞维煦、丁立中为副会长，蔡敬襄、洪熏琴、汪建纲、蔡锐霆、周速波等为理事，会员除了易知社成员外，还新增加了一批热血青年。

江西共进会的每个会员证内印有11条会规，如：本证不得外窥；会员应服从本会宗旨,拥护本会政策,响应本会号召,忠于本会事业;会员应有坚毅的意志,不为利诱,不为威屈;会员不应想做官,即使为官也不应忘记本会宗旨,公平治政,不以势压人,不图个人享受,应当亲民爱民;会员不应想发财,要公正理财,不能榨取他人利益,据为己有;会员应多做好事,或办实业,或兴学校;会员对全国人民,除当政权贵外,应一律平等,以礼相待等等。①

共进会成立后,创办《汉江日报》,积极宣传本会宗旨,以学校、农村为重点,主要传播"驱除鞑虏,恢复中华"的革命思想,鼓励推翻满清统治。同时,广泛联络各地会党。密谋起义,并派会员加入新军,暗地策反军队,蓄积革命力量。辛亥革命爆发后,共进会会员积极投身于革命斗争。江西光复后,因工作需要,主要会员各奔东西,共进会遂不宣而散。

三、同盟会江西分会的成立

1905年8月20日,孙中山、黄兴、宋教仁等在日本东京成立中国同盟会,确立"驱除鞑虏,恢复中华,创立民国,平均地权"的纲领。这表明它不同于以往任何革命组织,具有资产阶级政党的性质,很快就成为当时全国革命运动的中心。

江西留日学生李烈钧、张华飞(原名张世膺)、陈荣恪参加了中国同盟会的筹建工作。随后,曾真、黄铎、钟大群、张惟圣、邓文翚等江西留日学生也先后参加同盟会。②

同年,孙中山委派黄格鸥、魏会英由日本返回江西,筹建同盟会江西分会。1906年,江西同盟会在南昌赐福巷正式成立,黄格鸥任会长。当时的江西,革命思想已广为传播并深入人心,闻知江西同盟会的成立,纷纷参加,有的举家加入,如蔡复灵、蔡锐霆、蔡惠兄妹及其母亲刘大慈等,同时入会,后膺"一门义烈"。③同盟会主要骨干如李烈钧、张世膺、彭俭、邓文翚等,对革命都有不同程度的贡献。

江西同盟会在南昌成立后,先后在赣州、高安、宜丰、万载、铜鼓、峡江、新淦(今新干)、丰城、樟树、临川、宜黄、崇仁、永新、李家渡、棠阴等十余处设立分会。各分会在南昌总会的统一领导下,创办印刷工厂、报纸、学校,大量散发《革

---

① 《辛亥革命回忆录》(四),中华书局1981年版,第347页。
② 张玉洁:《清季的革命团体》,台北中央研究院近代史所1982年版,第314页。
③ 《辛亥革命在江西》,江西人民出版社1991年版,第172页。

命军》《猛回头》和自己创办的《民报》《江西》等革命书刊,宣传革命思想,开展革命活动,积极发展会员,联络新军和会党。尤其是李烈钧自中国同盟会派遣回赣后,利用担任江西第五十四标第一营管带的身份,"时以革命思想灌输之",使江西新军的每个镇、协、标、营、队中,都有同盟会员,连同"省垣各学学堂优秀学生,加入同盟会达数百人"。①

江西的革命组织,除自强会、易知社、共进会、同盟会之外,还有吉安的兴中会分会,宜丰的我群众社,南昌的丈夫成城团等。所有革命组织,都以推翻清朝统治为"职志",②广泛开展革命活动,先后创办《江西》《民报》《新白话》《汉江日报》等革命报刊,"以开通风气,剪除弊俗,灌输最新学说,发扬固有文明,以鼓舞国民精神为唯一之宗旨"。③众多革命组织的成立,为江西辛亥光复的迅速,打下了良好的基础。

第三节 萍浏醴起义

1906年12月爆发于江西萍乡、湖南浏阳、醴陵的萍浏醴起义,是中国同盟会成立后领导的第一次大规模的武装起义,也是辛亥革命前夕众多武装起义中,率先揭橥"中华国民军"旗号,以推翻清朝封建统治为目的的革命行动。

一、起义的酝酿与发动

1906年春,留日学生刘道一、蔡绍南(萍乡人)奉东京同盟会总部派遣,回到湖南,"运动湘军,重整会党",④组织和发动反清武装起义。

当时的萍浏醴地区,会党门派林立,有龚春台、肖克昌、冯乃古为首的哥老会,会众数千人,分布于安源煤矿和萍乡与醴陵交界的乡村;有姜守旦(永丰人)为首的洪福会,会众数千人,分布于浏阳东部地区和与萍乡交界的桐木等地;有廖叔宝(萍乡人)为首的武教师会,会众千人,分布于萍乡上栗市一带。此

---

① 《李烈钧文集》,江西人民出版社1988年版,第798页。
② 民国:《江西通志稿》第三册,第122页。
③ 《江西》第一册(上),创刊号,1908年7月。
④ 《萍浏醴起义资料汇编》,湖南人民出版社1986年版,第9页。

外,还有一些组织规模较小的会党组织。这些会党组织,皆以"反清灭洋"、"反清兴汉"为宗旨,目标虽然一致,但各立山头,互不统属。刘道一、蔡绍南反复奔走游说各会堂,说明革命的目的在于求全民族的自由解放,而非个人的争雄称霸。"会党受其感化,益奋发鼓舞",①"从此革命风潮一日千丈,其进步之速,有出人意表者矣"。②

这年夏,刘道一约集革命同志蒋翊武、蔡绍南、龚春台、刘重、刘崧衡等38人在长沙水陆洲船上秘密聚会,准备利用会党组织,"组成整齐军队,发难于浏醴,而直扑长沙,各军队反戈相应,占据省垣重地"。③这次会议,基本上确定了萍浏醴起义的策略方针、具体步骤和起义时间等重大问题。

水陆洲会议后,革命党人蔡绍南回到江西萍乡上栗市原籍,积极联系会党。他通过"富甲一乡"的儿时朋友魏宗铨,约集萍浏醴地区哥老会首领龚春

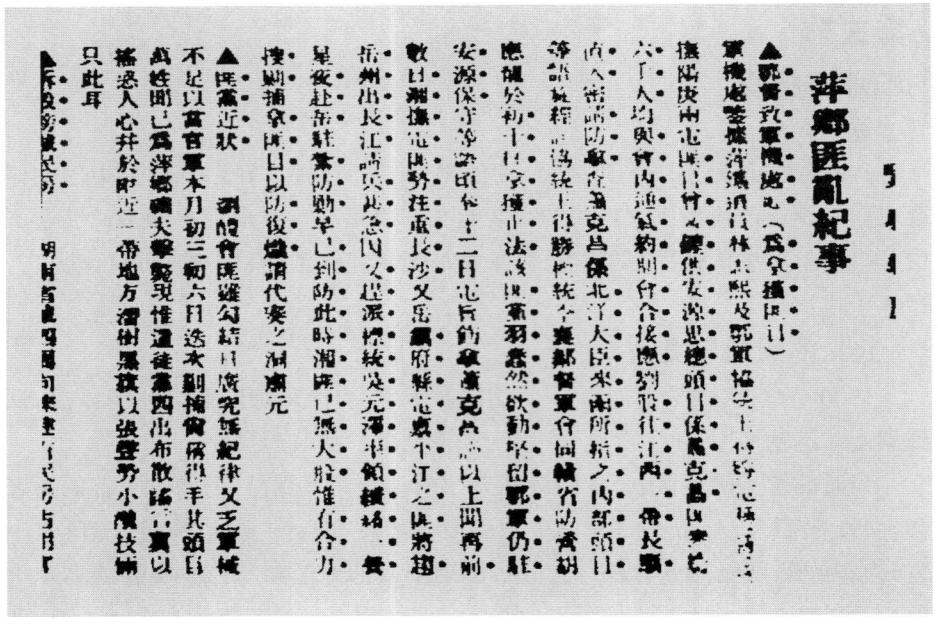

上海《时报》载萍浏醴起义资料

---

① 《革命之倡导与发展》,见《中国同盟会》(三),第25页。
② 《孙中山全集》(六),中华书局1981年版,第237页。
③ 刘揆一:《黄兴传记》,见《辛亥革命》(四),第285页。

第六章
晚清统治在江西的终结

台、肖克昌、沈益古、李金奇等百余人,在萍乡蕉园秘会,议定以湘、鄂、赣、闽数省分布较广的洪江会为基础,联合哥老会和武教师会,组织相对统一的"六龙山洪江会",推举龚春台为大哥,以忠孝仁义堂为最高机关,以"全胜纸笔店"为掩护。会议号召各路码头官,分赴各地,开堂散票,发展组织,规定:凡入会者,"当饮雄鸡血酒宣誓,誓词云:'誓遵中华民国宗旨,服从大哥命令,同心同德,灭满兴汉。如渝此盟,人神共殛'"。①接着又宣读会门誓词:"六龙得水遇中华,合兴仁义四亿家,金相九阵王业地,乌牛白马扫奸邪"。礼毕,发布票一张。这一切表明,他们仍然保留着会党的传统的落后形式,又在一定程度上接受了资产阶级革命的影响。

在蔡绍南、龚春台等人的宣传鼓动下,许多工人、农民和手工业者纷纷入会。数月间,洪江会成员遍及萍乡、宜春、分宜、万载及浏阳、醴陵等县。会员日众,革命情绪益高,官府缉侦也日紧,以至于龚春台几次集议起义事情而未果。

1906年12月2日晚,蔡绍南、龚春台、魏宗铨等再次召集各路首领(码头官)紧急开会,商议起义时间问题。会议主要负责人如蔡绍南、龚春台、魏宗铨等认为军械不足,与长沙刘道一又失去联系,主张稍缓举事,"以待后援";而原武教师会首廖叔宝、饶有寿及众多码头官主张立刻起义,"尽可一决胜负,坚持不再拖岩"。②双方相持不下,至天明,会议仍未决定。而此时,会众愈聚愈多,终宵扰攘,莫知所从。廖叔宝不愿再行迟疑,自率二三千人集合于萍乡麻石,高举"大汉"白旗,率先举事。事已至此,蔡绍南、龚春台等人遂紧急檄告各处会众,定于1906年12月4日同时发动起义。就这样,酝酿已久的萍浏醴大起义,比原定计划提前一个多月而终于爆发了。

二、起义的经过

起义爆发后,洪江会起义军定名为"中华国民军南军革命先锋队",以龚春台为都督,蔡绍南为左卫都统领兼文案司,魏宗铨为右卫都统领兼钱库都粮司,廖叔保为前营领带兼急先锋。起义军以"奉中华民国政府命令"的名义,发布"中华国民军起义檄文",主张推翻专制政体,建立共和民国,实现地权平均。③起义的第二天,龚春台率义军2万余人,分3路向上栗市进发并占领之,继而向浏阳

---

① 章开沅:《辛亥革命史》中册,人民出版社1976年版,第231页。
② 《萍浏醴起义资料汇编》,第62页。
③ 《江西文史资料选集》第6辑(1983年),第6页。

挺进，直逼长沙。沿途会众及安源煤矿工人纷纷加入义军，浏阳的洪福会、醴陵的洪江会及众多陶瓷工人和部分巡防营士兵也起义响应，一时起义部队声势浩大，引起湘赣官府的恐慌，集力镇压，以致战斗残酷而激烈。

　　12月8日，龚春台率主力进发浏阳后，留守上栗市的起义部队只有五六百人。驻江西的清军，乘此空虚的机会，集中兵力，重点进击，苦战半月，先后攻占上栗市和宜春等处义军据点。萍乡县安源，本是起义军计划中的根据地，有会众6千人，多为安源煤矿和株萍铁路工人。由于安源经济产业的重要性，清军在此向来重点防护。12月7日，醴陵会党头目袁兰亭奉命去安源与肖克昌联络，不幸被捕，使安源与醴陵之间失去联系。随后，肖克昌又被诱捕致杀，群龙无首，致使安源工人未能在这次大起义中发挥战斗作用。

　　进击浏阳的起义军主力，遭到事先侦知的清军阻击。凭借精良的武器和丰富的作战经验，清军一举击溃龚春台所率领的义军主力，龚部退守牛石岭，又遭遇清军密集的步枪射击，手持木棒刀矛的义军，"自辰至午，连死并逃，已去十之九人"，[①] 起义终陷失败，龚春台、蔡绍南等亡命匿散，魏宗铨与廖叔宝被捕就义，姜守旦率余部退入江西义宁县(今修水县)坚持战斗，到次年1月14日，义军全军覆没，姜守旦下落不明。同时，醴陵义军也在清军的镇压下，败散各处。至此，轰轰烈烈的萍浏醴大起义最终失败。

　　综其失败原因，主要有以下几点：一是会党组织不统一。会党是这次起义的主要依靠的力量，但会门众多，互不统属，各自为政，不能互相配合，形成不了整合的战斗力。二是起义准备不充分，起义前，革命党人与会党首领内部意见不统一，以至于有的自行起义，有的仓促响应，缺乏统一指挥。三是起义军力量不足。起义队伍虽有三四万人，但未经训练，且没有富有作战经验的领导者，加之武器低劣，抵挡不了装备精良的清军的进攻，终因寡不敌众而被各个击破。

三、起义的影响

　　萍浏醴起义，自1906年12月4日正式爆发，到1907年1月14日最后失败，历时40余天，大小战斗10余次，先后起义战斗的义军达3万余人(安源6000工人除外)，横扫江西省的萍乡、宜春、万载和湖南的浏阳、醴陵5个县，战斗涉及湘潭

---

① 《邹永成回忆录》，载《近代史资料》1956年第3期，第91页。

第六章
晚清统治在江西的终结

县、义宁县,波及面大,诚如江西巡抚所奏:"该匪初起,势甚猖獗,所到之处,胁民为匪,云集响应,未到之处,谣言四布,人心惶惶",①江西诸多地方,民众"多燃爆竹相迎",②在很大程度上动摇了清政府封建统治根基。

萍浏醴起义是同盟会领导的具有资产阶级民主革命性质的大起义。在此之前,革命党人也组织发起了几次武装斗争,如1902年洪全福领导的广州起义,1904年华兴会领导的长沙起义等,树"大明"、"兴汉"旗,不脱会党羁绊,与传统农民起义无本质区别。而此次萍浏醴大起义,开宗明义宣扬推翻满清统治,建立中华民国,第一次把同盟会"驱除鞑虏,恢复中华,建立民国,平均地权"的政治纲领,付诸于革命实践,熟知中国历史的毛泽东指出:"中国反帝反封建的资产阶级民主革命,正规地说起来,是从孙中山先生开始的。"③而孙中山民主革命思想的形成,是以同盟会成立为标志的,萍浏醴起义则是为实现同盟会政治纲领所作的首次努力和尝试。当时嗅觉敏锐的报刊深刻体味到这次起义的不一般性,纷纷发表评述,认为"此次暴动,比一般无关重要的骚乱可怕得多","此次事变的严重性,远远超过一次地方性的骚乱",④起义军"无打教堂、杀洋人之举,其情状甚非小可",⑤等等。从资产阶级民主革命的全过程看,萍浏醴起义肇其始,辛亥革命竟其功。

第四节
辛亥革命在江西的胜利

"野火烧不尽,春风吹又生",萍浏醴起义虽然失败了,但同盟会组织反清斗争却一刻未停止过。从1907年5月至1908年4月,同盟会在华南及沿海地区连续发动了6次武装起义,1910年2月,同盟会又发动了广州起义,4月,继之发动广州黄花岗起义,最后于1911年10月10日在武昌发动了"辛亥革命"(因辛亥年得名),13天后,江西起而响应,九江宣布独立。

---

① 《萍浏醴起义资料汇编》,第162页。
② 《萍乡县致赣抚电三则》,见《辛亥革命》(丛刊)第二册,第484页。
③ 《毛泽东著作选读》第298页,人民出版社1986年版。
④ 《捷报》1907年5月30日。
⑤ 《宋教仁日记》第5卷,1906年12月16日记。

一、九江独立

九江之所以在江西首先响应武昌起义,这是与其地理位置和革命觉悟分不开的。九江是江西门户,倚匡庐而枕长江,上接武汉下通沪宁,交通发达,信息灵通,风气早开。同盟会在九江早已暗设组织,林森(福建人)、吴铁城(广东人)等革命党人在九江活动频繁,经常约集九江有志之士如陈中瑞、蔡公时、徐秀钧、吴照轩等人秘会,进行革命活动,并创办报社,积极与外省联络,输入革命书报,鼓吹革命思想。

当时,九江革命党人有鉴于萍浏醴等历次起义失败的教训,认为"会党发动易,成功难,即成则悍难制,不成则徒滋骚扰"。[①]于是,他们把工作的重点转移到发动新军方面。当时,驻九江的新军,有南京派来的第五十三标(标统马毓宝)和南昌派来的第五十五标两个营。革命党人与第五十三标官佐刘世钧、何燮桂、顾英、黄锦龙、丁仁杰、胡爱德、陈廷训等取得联系,经常密议,酝酿起义,准备与武昌同时发难。尤其值得一提的是,毕业于江西武备学堂、留学日本并参加同盟会的李烈钧,在五十三标中有许多同学和同事,他利用这种联系,积极联络策反,使革命力量在新军中得以壮大和发展。

1911年10月10日,武昌起义爆发,九江革命党人立即联络力量,与南昌互通声气,加强活动,并劝说第五十三标马毓宝参加起义。10月22日,突闻湖南响应武昌起义,宣告独立,九江革命党人即于当夜密会,定于次日发动起义。

10月23日晚八时,岳师门外金鸡坡炮台首目陈廷训发炮三响,城内新军各营发三枪回应,起义正式开始。起义军手缠白布,上印"同心协力",占据隘道,先攻道署。九江道恒保逃入租界,转遁上海。接着分队进攻各衙署,九江知府璞良(满人)率仆人手持棍棒抵抗,被起义军捕杀。继之攻打提法使行辕,提法使张俭只身逃回省城,其卫队40人归顺革命军。第五十五标标统庄守忠不赞成革命,无奈部下不听其号令,只得潜逃而去。革命起义军一举占领九江全城。清军湖口总镇杨福田调集炮艇对抗,被起义军击败,湖口炮台、彭泽的马当炮台、九江上游的田家镇炮台相继被起义军一一占领。

10月24日,九江军政府正式成立,公举马毓宝为都督,颁发布告,文意与武昌起义文告略同,宣告了清朝封建统治在九江的结束。

---

① 李廉方:《辛亥武昌首义记》,卷上,精华印书馆1947年印,第4页。

第六章
晚清统治在江西的终结

九江独立后,九江军政府采取一系列整顿秩序、恢复稳定的措施,警察照常维持秩序,邮局照常运转,商店照常开业,学校照常上课,乘机抢劫者,就地正法,"商民悦服,贸易如常","故九江临时政府财力极为丰裕,足供六个月之需用"。①

九江独立后的第三天,李烈钧来到九江,担任九江军政府参谋部长。他一上任,立即命令九江沿江炮台封锁长江,拦截上行清军船只,支援武昌革命,同时,肃清内奸,消除隐患。当时清海军提督萨镇冰,深感镇压无望,大势已去,乃令黄钟英率舰队下驶,拟赴上海。经过九江,被炮火封锁,遂挂白旗,表明合作。经李烈钧多方工作,黄钟英统率的海筹、海容、海深三艘巡洋舰,楚同、楚有、楚谦、楚豫、江元、江亨、江利、江贞八艘炮舰及湖鹏、湖鹗两艘鱼雷艇全部归顺九江军政府,这样,清政府的全部海军便在九江参加革命了。马毓宝随即任命李烈钧为海陆军总司令。

九江继湖南、陕西之后,是全国第三个宣布独立的地方。不仅如此,它占领炮台封锁江面,招降海军,有助于解除清军对武汉的威胁。九江的独立,对皖苏两省的迅速光复,特别是对江西省会南昌的迅速光复,产生了巨大影响,书写了辛亥革命重要的一章。

二、南昌光复

九江独立后,全省人心震动,南昌更是"山雨欲来风满楼",同盟会员革命活动也更加积极。

早在1906年,孙中山便派黄格鸥、魏会英等回江西建立同盟会支部,当时江西人民因受"维新失败"和"南昌教案"等事件的影响,加之革命书刊的大量输入,很多人同情、理解革命,并愿参加革命,故加入同盟会的人很多,组织发展很快,各地普设分会。同年,江西编练新军,不少会员投入新军,如李烈钧、欧阳武、胡谦、方先亮等,先后任新军各营管带,许多官兵富有革命思想。可以说,辛亥革命前夕,新军几乎全掌握在革命党手里。再加上夏之麟领导的江西陆军小学、俞应麓领导的测绘学堂和彭程万领导的测量司学员,共四五百人,富有革命意志,受过军事训练,并配发枪支弹药,他们和新军结合在一起,酝酿革命起义。

---

① 《申报》1911年10月30日。另附注:九江起义时,从道库搜获白银10余万两。

武昌起义后,丁立中受武昌同盟会负责人孙武之命,潜回南昌,秘密策划起义。他很快与南昌革命党人取得联系,加紧声援武汉的起义准备。

面对汹涌澎湃的革命形势,江西巡抚冯汝骙采取多种安抚办法,企图扼杀革命。首先,他许诺,从10月起,在省官兵一律发双薪,以此收买军心;其次,他对已暴露身份的革命党人,不是像以往一样捕而杀之,而是派人劝说软化,直到软禁,如新军混成协协统吴介璋因鼓动革命即被软禁。

官府的怀柔政策,阻滞不了革命的发展。10月25日,九江独立的消息在南昌传开,《江西民报》、《自治日报》等纷纷刊登革命最新动态,大造革命舆论。10月30日,《自治日报》发表题为《满城风雨近重阳》的社论,文章开头一句就是"满清政府从此长辞矣!"市民争相传阅,而官府惊恐不已。

10月28日,江西同盟会在南昌城外秘会,决定10月30日晚上武装起义。至30日晚11时,新军骑兵营排长蔡森,率队爬墙入城,打响第一枪。炮营熊天觉、马营方先亮、李伯年等即时响应,抚院卫队和警察,则火烧抚院两侧的鼓楼、旗杆等,并打开城门,接应起义军入城。方先亮、蔡杰、宋炳炎分率骑兵营、工兵队和辎重队蜂拥进城,分头占领各要点,同时进占抚院和藩臬两署。奉令前来弹压的上饶防营当即投降革命军。至31日中午,南昌全城光复,兵不血刃。

南昌光复的当晚,省城各界集会,拟请巡抚冯汝骙担任都督,冯力辞并自愿交出印信后,偕提学司王同愈、高等检察厅厅长袁励忠等然离昌北上,行至九江,被挟持上岸,住花园招待所,不数日,即吞鸦片自尽。

11月1日,同盟会召集各界负责人(60余人)在万寿宫商会举行会议,决定:通电全国,宣布江西独立;推举陆军协统吴介璋为江西都督,刘凤起为民政部长,熊天觉为参谋长,雷恒为财政部长,李瑞清为文事部长。当天,吴介璋正式宣布就都督职,至此,江西军政府正式成立,它标志着清朝在江西的统治最终结束。

吴就任都督后,以铁血十八星旗代替国旗,改行黄帝纪年(辛亥年为黄帝纪元4609年),废除作揖、跪拜的封建陋习,剪掉满清标识的长辫,查抄贪官污吏的财物,同时扩军购械。这些措施,并未引人振奋。相反,一些有实力的革命党人,不服吴任都督,形成一股反吴势力,吴被迫辞职,任都督仅13天。彭程万(时任江西测量司司长)接任江西都督后,局面仍然混乱。据欧阳武回忆说:"我找到彭都督的办公室,看见好多军官包围彭都督,要他写条子,这个要钱,那个要官,闹得不可开交……当时江西光复后除在南昌的称为全省都督外,在九江

第六章
晚清统治在江西的终结

的称为九江分府都督,广信、赣州两地也是一样,各占一方,形成割据。各截留所辖县分的钱粮厘卡款项作为军饷,不足的还要向省城都督府要……彭都督在这种混乱局面下,无法维持地方治安。"① 彭旋即也自动辞职,任都督仅30天。

为了谋求江西省政的统一,江西军政府推举马毓宝继任都督,取消地方都督。马身体多病,政务废弛,且懦弱无能,民怨沸腾,一致要求撤换都督。1912年3月19日,李烈钧在南京政府的任命下,正式就任江西都督,是为江西第四任都督。在李烈钧的大力整顿下,江西社会秩序才逐渐稳定下来。

三、全省光复

九江的独立,尤其是南昌的光复,对江西全省各地而言,犹如"一发系全身",直接带动了各地的迅速光复。

袁州府(今宜春,时辖宜春、萍乡、分宜、万载4县)革命党人余辉照、胡谦等,闻知九江独立消息后,即密议响应,被驻军标统齐宝善发觉。齐密电巡抚冯汝骙,冯正行怀柔政策,乃电复"官心已不可靠,民心复不可恃,萍乡不能遏制,望体贴兵心民心办理"。② 新军官兵见此电文,感受鼓舞,立即全体剃去发辫。继而得知省会南昌独立,革命党人遂运动新军,于1911年11月3日宣布袁州独立,推举新军管带胡谦为袁州都督,余照辉为参谋长,组成袁州军政府。

赣州地区早在辛亥革命前,即有革命组织赣学社,该组织创办报社,暗中鼓吹革命,密谋推翻清朝统治,并筹办民警商团,向警察局借来步枪80支,用以"维持地方治安",充实武力。南昌光复后,赣学社即于11月4日召开各界代表会议,为民请命,要求赣南兵备道吴庆焘反正。吴执迷不悟,且声言如有革命暴动者,当格杀勿论。赣学社运动边防营统领刘槐森、赣南宁镇总兵赵午凯、银钱票券管理所总办林祖炘和各工商团体,结成革命联盟。吴庆焘侦悉起义在即,密令卫队营长施仁彪率兵捕杀赣学社会员,施不为,吴庆焘见大势已去,遂逃离赣州。11月6日,赣州各界代表举行大会,公推刘槐森为赣南分都督,赣学社会员张周垣为国民分会会长,宣告赣南独立。5天后,赣南都政府决定出兵北上,支援武汉,后因饷械不足而未果。

几乎与赣南同时,饶州府也宣告独立。至此,江西全省均告光复。

---

① 《江西光复和二次革命的亲身经历》,见《辛亥赣革命回忆录》(四),第311页。
② 余辉照:《赣西独立记》(稿本)。

江西全省的迅速光复，一是受武昌起义的鼓舞，二是江西众多革命组织基本上控制了新军，积蓄了革命力量。它标志着江西的民主革命进程步入了崭新阶段。同时，也暴露了中国资产阶级革命的软弱性和不彻底性，旧军阀官僚摇身一变而成为革命党人，并掌握革命权力，据有革命果实，致使政局继续动荡不安，这是江西的病症，也是全国的通病，这是辛亥革命的不足，也是整个资产阶级革命的不足。

第七章
晚清江西经济

1858年九江开埠通商,外国资本主义势力开始契入江西,使江西经济纳入全球经济循环之中。在封建自然经济不断衰败的过程中,江西民族资本主义经济也经历了一个缓慢的发展过程。19世纪70年代以后,农业、手工业、机器制造业、矿冶业、交通运输业等都有民族资本主义经济出现。但是,由于民族资本的薄弱,加之帝国主义的压迫和封建势力的束缚,以及历年战争破坏,江西社会经济发展十分缓慢,且呈边缘化之态势。

第一节
产业结构逐渐转型

在九江对外贸易的拉动和激发下,江西传统的产业结构开始发生变化。这种变化大致上表现在三个方面:首先是农业生产中的作物结构受国内外市场的影响而发生的显著变动;其次是农村经济中非农产业的变动以及在经济总量中比重的增加;同时,受外国资本主义的刺激,近代工业亦得到了一定程度的发展。

一、农业结构的调整

(一)农业作物结构的变化

九江的对外贸易,使江西地区农副产品的商品化程度不断提高,直接刺激了江西地区农副业的发展,茶叶、棉花、经济农作物的种植面积明显扩展,由于地理位置、土壤特性及原有基础等的差异,这种发展又带有较鲜明的地域分布特征,并出现专业化趋势。这主要表现在:

首先,新兴的茶叶产区的出现。

九江开埠通商以来,其茶叶出口量猛增,相应的带动了江西地区的茶业发展。据史料记载:1871年,"显著的特点就是欧洲茶叶消费惊人的增长,其速度超过茶叶生产的发展"。①于是,扩大茶树的种植,增加茶叶的产量,使许多新的产茶区出现了。1875年英国驻九江领事商务报告称:"本埠周围产茶地区的发展是很有趣味的,距本埠87英里的建德县是1861年才开始种茶的,今年提供的茶大大增加了,有些卖价极高、五个新产区的茶已经进入了市场,此即距本埠280英里的吉安,距本埠287英里的建昌(即今永修,该处距离287英里疑为87英里之误,笔者案),距本埠35英里的瑞昌和九江附近包括庐山山脉的一些地方。福州附近的谭尾街地区今年也出产了小种茶(Son Chong),供本市销售。"②使得环鄱阳湖区的茶叶得到了普遍的种植,"江西省沿鄱阳湖的产茶区,在最近五十年中,已发展为一个很重要的茶区,所有婺宁及宁州茶都是这个地区出产的,并且大量输往欧美"。③由此而出现了以修水、武宁、铜鼓者为主体的宁红茶销售市场。

19世纪中叶,江西仅产绿茶。"那时江西的宁州一带茶区仅以绿茶闻名。而现在以及过去多年,福建红茶虽然曾大量输出,但宁州茶区所产的红茶也已为世人所重视","它在伦敦市场上,一般均售得极高的价格"。④19世纪中叶以后,为了适应国际市场对红茶的需求,中国商人在宁州茶区用原来制作绿茶的茶

---

① N.C.H,1872年2月8日,p102,转引自《中国近代贸易史资料》,第3册,1474页。

② Commercial Reports,1875年九江,p60,转引自姚贤镐《中国近代对外贸易史资料》第3册,第1475页。

③ R.Portune:*A Residece among the Chinese*,p393,转引自《中国近代贸易史资料》第3册,第1473—1474页。

④ R.Portune:*A Residece among the Chinese*,p393-394,转引自《中国近代贸易史资料》第3册,第1474页。

第七章
晚清江西经济

叶制出了一批红茶运往广州销售。结果颇受广州外商的赞赏,宝顺洋行买下了这批红茶运往英国,"销路甚佳,并且马上成为一种头等的红茶。此后销路年年不断增加,同时中国茶商也经常源源供应。"①这就使原来以产绿茶闻名于世的宁州茶区,变成了专门生产头等红茶的茶区。茶叶的大量推销,带动了周边地区的茶业发展,"故该地生产以茶叶为大宗,居民十之八九,赖茶为生。所产茶叶,向以红茶为主体,专销洋庄"。②

另外、浮梁、婺源、祁门、玉山、上饶、德兴、铅山和横峰等一带的祁红茶区的茶叶种植面积亦得到了扩大。"在玉山及河口镇一带即是在武夷山的北面,栽种及制造着大量茶叶以供外销。上万英亩的土地都栽种着茶树,而且大部分的土地显然是最近几年内开垦和栽种起来的。"③如婺源在1931年以前,植茶面积约17万亩,④占全县总面积914万亩的1/53。⑤据统计,江西全省有30余县区出产茶叶,是全国最重要的产茶区。"观农商部自民国四年至八年所编之统计,中国产茶省份共计16省,茶园面积最广者为江西,达1,267,935亩。"⑥占全省土地总面积2.8亿亩⑦的1/200,占全省农地面积总3551.3万亩(含光泽、婺源两县)的1/28,面积是相当可观的。据记载祁红、宁红茶区涉及"三四百茶号,四五万茶工,百余万茶农"。⑧

其次,赣北地区棉花的普遍种植。

棉花是九江开埠以后带动其腹地商业的又一重要产品。由于土壤和气候条件的因素,九江府属的德化、湖口、彭泽等县原来就是传统棉花种植区域。从明朝以来,九江的封郭、桑落二洲所产的棉花就以核小绒多而著称。⑨一些竹枝词中可看出这一点:如清乾隆时人李天英就在《龙城竹枝词》描写彭泽植棉的

---

① R.Portune:*A Residece among the Chinese*,p393–394,转引自《中国近代贸易史资料》第3册,第1474页。
② 国民政府实业部上海商品检验局编:《江西之茶》,1932年印行,第2页。
③ R.Portune:*A Journey to the Tea Countries of China*,p262–270.转引自《中国近代对外贸易史资料》,第3册,第1538页。
④ 《江西统计月刊》第3卷,第2期。
⑤ 《江西年鉴》,第2编,第1章《自然地理》,1936年版,第232页。
⑥ 张景瑞:《江西产业现状之检讨》,《实业部月刊》第一卷第2期。
⑦ 《江西年鉴》,第2编,第1章《自然地理》,1936年版,第232页。
⑧ 《皖赣红茶运销委员会设立经过及其成绩》载《经济旬刊》第七卷第13、14期合刊,1936年。
⑨ 同治《德化县志》卷九,《物产》。

情景时载道："木棉如雪满江乡,一岁能储两岁粮。其道近来花价好,明朝苏客又开装";"官粮不欠是神仙,大麦才收又种棉;好在邻家新酒熟,三三五五叠猜拳"。①欧阳云《彭泽竹枝词》亦记述："盼到秋收八月场,木棉花落客开装;输他贱买苏松去,贩布苏松价倍偿。"②这些都反映了赣北植棉的大致状况。其时的棉花出产多是小农与布相互交换的产品,是建立在狭小规模的市场基础之上,因而数量极其有限。

近代,由于出口需求的拉动,棉花种植逐渐增多。同治年间九江府"洲乡宜粟,与黄豆并黍、稷、葛、秋、芝麻诸种号杂粮。近则木棉与杂粮各半。一以杂粮同时并播,艰于人工;一以木棉价值收成胜于他产,故凡值大有,洲乡视山乡尤丰"。③《申报》亦记载："江西德化县之封一、封二、桑落等乡,山多田少,秋收以棉花为大宗。"④据傅春官在《江西农工商矿纪略》中说记载:"该县(德化县)出产农田之外,以棉花为大宗,每年约出二十余万包。"据1928年的调查,棉花的产量"九江及江北地方,每年产数约三十余万担,有运往上海出售者;有由久兴纱厂购买者,其数不能确定"。⑤

由于九江地区产棉较普遍,《商务官报》以较大的篇幅介绍了九江的产棉状况:⑥

　　查九江一隅,棉产虽不甚多,究亦不少。德化县小池口地方,每逢旺年,约出棉一万五六千担,棉色漂亮,视英属印度棉白不亮者远胜。较之江苏通州所出之棉,四季可纺,尚不能及。次则套口地方,亦可出棉三四千担,再次则洗脚桥地方,亦可出棉一千四五百担,再次则本城南门外,亦可出棉千余担。彭泽县属每年约共出棉七八千担。湖口县属每年约共出棉四五千担。其德安、瑞昌两县所出之数则又不及。惟此处并无棉花公司,其运销本省樟树镇及南昌、抚州、吉安等府,均系棉商零购,载以舟车,凡纱布由本地纺织而成,不及十之三四,有织成者,除湖口布销路略远外,余皆销

---

① 见《彭泽县志·艺文·诗》清同治十二年刊本。
② 见《亦吾庐诗草》卷二,光绪二年刊本。
③ 同治《九江府志》卷九,《物产》。
④ 《申报》,1884年11月7日。
⑤ 商衍鎏：《江西特税纪要》(调查),1929年铅印本。
⑥ 《商务官报》,戊申(1908年),第六期。

第七章
晚清江西经济

行本地。至于能否仿照洋布,与洋纱比较优劣,窃以棉之最著者,惟美,美之棉系木本,结绒甚大,中国系草本,结绒远逊于美,中美之绒不同,出纱亦难与洋布相仿,目下改易种类,内地土脉相宜与否,尚未可知。

而且棉花种植区域亦突破了赣北地区,在其他地方亦渐有种植。据傅春官《江西农工商矿纪略》记载:信丰县原来向产红瓜子等土产,为了开拓市场,在光绪三十二年,"派人赴彭泽德化德安一带,觅购棉麻种子……已购回德化德安麻兜二十担、彭泽棉子二千斤,饬令各堡绅士令回栽种"。①东乡县亦从九江购回木棉种子,在试验场种植,"且视本地所产为壮实"。②至20世纪30年代,江西的棉花种植面积明显有所扩大,1931年全省棉花总产量达39.9万多担,居全国第10位,③而且出口亦保持了较高的水平。

复次,其他经济作物的广泛种植。

随着出口需求的拉动,还促使其他一些经济作物的广泛种植。如苎麻、烟叶、油料作物等。

夏布的出口,直接带动了苎麻的广泛种植。同时,近代由于航运业的发展,缆绳的大量需求,亦促进了苎麻等纤维原料的出口,相应的带动了江西的苎麻种植。苎麻是江西传统特产,栽培和利用的历史悠久,大面积栽培达55个县左右,其中万载、分宜、宜春、宜黄等县所产苎麻质量最佳。据1929年江西建设厅调查4县(武宁、瑞昌、德安、分宜)的产量总计达33.9万担。据海关出口物品数额统计,1924年曾达18.8万多担(其中包括湖北武穴一部分)。

江西烟叶亦得到普遍种植,民国之初,烟叶生产保持了一个较快的发展势头。据农商部1917年的统计,江西每年产量在198.9万多担,"实为中国最大之烟草出产地。"④江西烟叶每年除留给自用之外,基本上都供出口。从九江海关出口统计来看,1928年出口总值为310万海关两,1929年为252.8万海关两。⑤

再次则是油料作物。

---

① 傅春官:《江西农工商矿纪略》(光绪三十四年石印本),信丰县·农务。
② 傅春官:《江西农工商矿纪略》东乡县·农务。
③ 许道夫编:《中国近代农业生产及贸易统计资料》,上海人民出版社1983年版,第206页。
④ 《江西之烟产与卷烟消耗》,见江西省政府经济委员会编:《江西经济问题》1934年版,第315页。
⑤ 《江西之烟产与卷烟消耗》,见江西省政府经济委员会编:《江西经济问题》1934年版,第316—317页。

从出口商品的货物来看,油料作物占有很大的比重,尤其是20世纪初。这也直接促成江西油料作物广泛种植。据《江西年鉴》统计1934年种植花生65个县、芝麻56个县、大豆52个县、油菜子46个县,其种植面积还相当稳定。

从整体而言,九江开埠,使江西有了一个直接面对世界的窗口,同样亦从总体上改变了江西商品结构,使农副产品的商品化程度增加。致使各县均有一些特色的经济作物提供市场,兹摘几例,以窥一般:

瑞昌县:"惟民山隙地,向种烟麻,随时谕令乡民推广种植,现在烟叶统税,本年已加收钱四百千文,苎麻统税,亦较往年大旺,因民之利而利之,似属已有功效。……该县南北乡出产,以麻与烟柏油为大宗,麻约出五六万捆,烟叶约出十余万担,柏油约出五六千担。"[1]

新城县(今黎川):"县属出产,以烟叶为大宗,各行栈收买刨丝,打包装箱,经客商贩运苏沪及九江、吴城一带出售,销路既广,获利甚厚。"[2]

广昌县:"妇女均以绩麻为事,所织夏布,每年约出二万余疋,运销山东河南福建等省。价值约三万余金。……烟叶一项,产于白水镇驿前市等处,每年多则四五十万斤,少亦三十余万斤。每百斤价约八九两或十余两不等。近年有洋商信隆行夥,请领联单,来县采买。"[3]

吉水县:"邑内并无大商巨贾,惟出产红瓜子薄荷油两项,间有美商粤人来县采买,分运九江粤省销售。……折桂、中鹄等乡,所收红瓜子,已有美商新义泰洋行,来县采买,每石可售洋六七元。……三十二年,收红瓜子七八百石,每石可售洋六七元,薄荷油约收二三百斤,每斤售洋四五元。"[4]

鄱阳县:"土产烟叶,其质颇佳,商人贩运九江吴城等处,甚属获利。"[5]

另据《江西农村社会调查》中有江西农民对农产品的支配情况亦可以看出农产品的商品化提高的基本状况:

---

[1] 傅春官:《江西农工商矿纪略》瑞昌县·农务。
[2] 傅春官:《江西农工商矿纪略》新城县·商务。
[3] 傅春官:《江西农工商矿纪略》广昌县·商务。
[4] 傅春官:《江西农工商矿纪略》吉水县·农务。
[5] 傅春官:《江西农工商矿纪略》鄱阳县·商务。

第七章
晚清江西经济

江西省农户对农产品的支配情况表　　　　单位:%,平均数

农产种类 \ 支配情况	自用	交租	出售
水　稻	59.17	24.87	5.97
油菜籽	36.53	2.08	61.39
红　薯	87.15	1.01	11.84
小　麦	72.56	1.12	26.32
甘　蔗	2.80	0.91	96.29
花　生	23.16	1.71	75.67
芝　麻	35.24	1.94	62.82
黄　豆	35.07	3.89	61.04
芋　头	77.61	0.10	22.29
棉　花	23.34	3.17	73.49
荞　麦	23.62	1.5	74.88

资料来源:经济部江西省农村服务区管理处编印:《江西农村社会调查》,第107页。

从上表我们可以看出,一些经济作物均作为商品出售市场有些竟高达96%,其中相当部分保持在60%左右。这一点和九江开埠后,对农产品的商品化拉动不无关系。

(二)经营方式发生变化

由于清朝地方政府的提倡,江西农业经济中出现了一些"产销结合"的资本主义性质的经济实体。光绪末年,江西各县大约兴办了大大小小一百多个农牧垦殖公司。各公司以集股的形式组成,每公司的资金由几百元至几十元不等。经营范围包括农、林、牧、渔诸如种茶、植桑等。

1905年,余干大办各种公司,发展经济作物。举人李思源招股在余干中乡设立垦荒牧植公司,试种茶、桐、蔗、棉各品,并筹办熬脑、制糖、压花、织布各事,开办后,即种茶、桐各1万多株、糖蔗20多亩;绅士戴书升(增生)、戴书云(副贡)集股3000元,举办质地种植公司,租赁黄金埠旱稻田200余亩,改种甘蔗,并开厂制糖,获利颇厚,闻风而起自备资本开办种植者有10余人;同年贡生吴有机集股4000元雇工买牛,以官绅合办形式,开垦蔡家洲官荒田200亩,雇工买牛,制器购种,以种植蓝靛、萝卜为主;职员孔庆鑫集股2000元创办崇实垦牧公

司,购荒山荒地1000多亩,招工开垦,种植甘蔗、茶、桐,兼营畜牧。

同年安福创办马家洲树艺公司,垦荒180多亩,试种花生、瓜、豆、蔗、靛等。各乡仿办者有姓集股开垦荒洲40余亩,种茶、桐600余株。

此外,临川、高安、奉新求新垦牧公司经营种植、树艺、畜物三项。高安益华公司兼营畜牧。1908年江西巡抚咨报立案覆准,在江西省城德胜门外南昌之北乡富有圩设立江西树德垦牧公司,徐绍恒为办事人,集股银2万两,订开办章程12条,种植烟草、棉花,并经营黄麻、乌柚、小蓝、水果、瓜豆等多种农作物。现将一些主要农副业经营方式转变作些简要地介绍:

蚕桑业:江西种桑养蚕历史悠久。其鼎盛时期在唐、宋、元朝。明朝末年,江西蚕桑生产逐渐下降,有的地方已处于毁灭的边缘。鸦片战争以后,因种桑养蚕有利可图以及清廷对蚕桑生产比较重视,蚕丝大量出口,江西蚕业有所发展。种桑养蚕的区域也不断增大,其分布区域据清末编写的部分县志和一些史书记载,江西桑蚕主要分布在35个县(市):南昌、新建、安义、九江、湖口、彭泽、都昌、星子、德安、永修、武宁、修水、宜春、丰城、上高、清江、高安、上饶、铅山、横峰、弋阳、余江、余干、鄱阳、乐平、临川、南城、南丰、宜黄、乐安、崇仁、泰和、永丰、吉安、萍乡市。①光绪六年(1880年),九江海关曾报告:"数千万株的桑树已经种植下来,两三年之内即可饲蚕。"②由于投入少、产出快、效益高这个原因,蚕业得以迅速发展。光绪十年(1884年)瑞州知府江毓昌编写《蚕桑说》一书,叙述栽桑养蚕技术,引进接桑简便法,也极大地刺激了江西桑蚕业的发展。

1896年,南昌成立蚕桑局并买城外荒地,栽种桑秧。又赣州试种桑,滋长迅速。蔡金台等于同年年初,在江西高安设立蚕桑学堂。这是近代中国第一所农业专科学府。他们从浙江湖州采购桑秧蚕种,试验栽养,以求种桑养蚕之法。又联名具呈,向江督张之洞禀请对学堂所购桑秧蚕种及学堂所产蚕丝都予暂免厘税。3月16日,经张之洞奏报,奉旨发交总署、户部会议。总署、户部商同批准意见奉旨依议后,由总署咨行赣省暂免厘税。

同年江西布政使翁曾桂在南昌创办蚕桑局。委派署理南昌知府江毓昌总司考核,通判虞赓良提调局事,候补县丞江忠修等随同照料。延聘熟悉蚕桑幕

---

① TradeReports,1880年,九江,第78页,转引自姚贤镐《中国近代对外贸易史资料》第三册,中华书局1962年版,第1499页。

② 同上。

第七章
晚清江西经济

友一人,招雇浙江蚕师三人。于省城东北隅永和门内购围地,纵横百数十丈,遍植湖桑;建造育蚕缫丝等屋60余间,作为教导乡民接桑养蚕公局。先就本地野桑,试育春蚕。召集乡民颖悟子弟,供给饭食,长年住局,学习饲叶接枝诸法。学成后,量其才能,推升工师,酌给劳酬,令分赴各州县转相传授。并先于春间委派候补主事万中杰赴浙江湖州购到桑秧十数万株,免费分发绅民领取栽种,数日之内即发尽无余;而民情踊跃,欲领者犹纷来不已。又刊刻《蚕桑辑要全书》《种桑秧简便法》《种桑事宜》《养蚕良法》等,颁发各府州、饬令督率下属审察土宜,广为劝导,实力举行。同时广泛收购蚕茧,使民间知有销路,保障利益,群起争趋。

1897年《农学报》第一期、第二期、第十期、第十四期分别刊载"课桑述闻","课桑续闻"、"探访桑价"、"蚕桑成效"等文章,多次报道当时恢复和发展蚕桑生产的情况。如"课桑述闻"载:"江西翁方伯委大使赴浙采办桑株二万,南昌守备委蔡少伊购桑株万七千,饶州守委潘少伊购万五千株,吉安守委钱参军购二万株,均招民领种。""课桑续闻"载:"奉新县钟大令同绅士等,筹款购湖桑二万株,将荒地开垦栽种,每地一亩,约种四五千株,招民领种。如有不谙种法者,至课桑局学习,出示告谕,并附蚕桑事宜六条,以教农民。"更有绅商刘芋珊出资在赣州南乡种桑13万株,并聘请龙南蚕师教种桑养蚕等事,"保茧颇多",故拟"再添种二百万株以冀推广而开风气云",[①]桑蚕业由此成为江西资本主义农业的先声。

沿至1897—1898年,因省宪当局倡导,蚕桑生产在江西旺盛兴起。南昌之外,赣州地区亦创办"赣州蚕桑总局"。各府州县或行文出示,或积极试办,渐蔚成风气。1903年,南昌桑蚕局经营的桑蚕业取得显著成效,"育蚕缫丝,织成缎绸,仅较湖丝略逊一筹。乡民领取桑秧者,日益众多。各属闻风兴起,亦多种桑养蚕"。[②]

家禽业:江西农村所养家禽种类单一,主要是鸡和鸭,而养鹅有一定的地域性。

江西传统养鸡业是自给性的农家副业。以放养为主,管理十分粗放,生产等量重复。19世纪中叶,江西民间普遍使用公鸡去势肥育技术。雄鸡"发风动

---

① 《农业报》第十四期,光绪二十三年十月下。
② 傅春官:《江西农工商矿纪略》南昌府·农务。

火,为病家所禁。镦之,则名线(阉)鸡。乡俗镦鸡用小刀,去其势(睾丸),旋缝以线。否则创口易开。线之则创口愈密,饲之愈肥"。①

麻鸭是江西古老的地方品种,蛋用为主,后发现其腌制品味佳,制成板鸭。清道光二十九年(1850年),大余县南安镇方屋塘村一赖姓农民将自养麻鸭宰杀、脱毛、除去内脏,再用盐水浸泡,然后日晒夜露,干后食用。因是泡腌而成,又称泡腌鸭。由于泡腌腊味浓香,肉嫩骨脆,农家纷纷仿制。当时,大余县城内广东籍商人黄利昌和梁广昌经营的杂货铺也经营泡腌,并通过当地经纪人收购泡腌装桶,桶外以篾篓加固,运往广东南雄,再水运至广州销售。泡腌经历多年加工工艺的不断改进,改简单的盐渍法为擦盐,清洗,绷板(即将鸭胴体在木板上定型呈板状)造型,加工成定型美观,皮色洁白,皮薄肉嫩,尾油丰满,骨脆可嚼,味香可口,具有江西地方特色的南安板鸭(清南安府治大余,辖大余、南康、上犹、崇义。故板鸭以产地名冠之)。每年回广东、福建探亲的港澳同胞、海外侨胞常带南安板鸭出境供自食或作为馈赠亲友的佳品。板鸭很快在港澳地区和东南亚各国市场上享有盛誉,并远销南美各国和加拿大。南安板鸭被誉为腊味之王。江西其他县镇,也纷起仿制。1910年,江西特产总会印制的物产说明书中就详尽介绍了丰城板鸭(工艺原料同南安板鸭)详细的腌制技术和在京、津、沪、汉等地销售情况。

另外在养鱼方面,光绪二年(1876年)意大利人柯卜斯克氏在九江实地考察,撰写《江西的养鱼法》,记述了江西九江地区捕捞鱼苗、运输鱼苗和饲养培育方法。

畜牧业:江西畜牧业,尽管备受帝国主义、封建主义、官僚资本主义的摧残,但仍有一定程度发展。

清咸丰十年(1858年),九江开放为商埠,江西开始出现商品生产的民营畜牧企业,始有商品生产的乳牛业。光绪元年(1875年),方子彬在九江开设裕兴乳牛行,固定资本400(银元,养中国种黄牛20头,设备简陋,由工人牵牛至饮户门前挤乳出售,年售乳收入约1000(银)元。牵牛上门挤乳供应,为黄牛用于商业性挤乳之始。②1904年蒋炎松在九江开设乳牛养殖,同时,清江禀生邹钦爵创办农业公司,专事畜牧、垦树由地方拨给荒地。其食牛公司畜有牛10头、羊20头

---

① 清同治《新淦县志》。
② 《江西年鉴》民国25年。

第七章
晚清江西经济

所营收入与地方分成。在进贤成立吉羊达畜牧公司,养羊达120只之多。1905年,曾秉钰在南昌设立永昌树会畜牧公司。1908年方裕兴兄弟公司在九江开设的牛乳行等等。江西牛乳业呈现蓬勃发展之势。

晚清时期,江西不仅养牛科学技术已有较高的水平,在畜禽育种、饲养、疫病防治和畜产品加工等领域皆有所发明,有所创造。一批农书和以医治耕牛疾病为主的传统兽医学的专著相继问世,流传于民间,如《梭山农谱》《养耕集》《医牛药书》《抱犊集》《医牛宝书》等。

进入20世纪后,南昌、进贤、清江、奉新等地有经营牛、羊、猪、马、家禽的公司和饲养场。万年县设劝牧所,为村民传授滋生喂养之法。萍乡因煤矿、铁路职工多,六畜销场极多,畜养鸡鸭鹅最繁,居民视为一小利数。

(三)农业技术的推广

古代推广农业技术,通常是靠有经验的农师言传身教。由司农官员、地方官吏劝农和农学家等编撰、刊印农书、发送农作物品种、农器具等。至清朝末年,则采取发布告示、农产展览、召开赛会、举办培训班等方式方法传播交流农业技术,促进技术普及。

光绪二十二年(1896年),瑞金人陈炽著《续富国策》一书,呼吁参照新法,讲求农学、耕耘、培壅、收获,提出了改变中国传统的农业生产方式,采用西方农业经营和生产技术的主张。

1898年,上谕令:"全国各省府州县,皆立农务学堂,广开农会,刊农报,购农器,由绅富之有田业者,试办以为之率。"同年年底,南昌县孟子卿拟拨官地一区,劝集公款创设农务学堂,并仿照西法,购置一切农书,农器,宣传和推广先进的农业生产技术,以辟利源。

1902年5月,江西巡抚以本省实业未兴,生财无术,奏设江西省农工商矿总局,以粮道观察刘心源督办局务,详定简明章程,通饬各属设立分局,统筹所属经济发展要务。

1903年,江西抚州知府何德刚调查总结抚各县农民生产实践经验,编写成《抚郡农产考略》,分谷物类和经济作物类二卷,该书专记抚州地区的农作物栽培方法,其中对水稻品种记述和对合理施肥尤为详细,特别提出种草类、腐稻类、敷药料,应是制肥的重要办法。施肥则有原肥(基肥)、补肥(追肥)之分,"化土则用粪为先,而使瘠者为费,滋苗则用于粪之后,徒使苗枝畅茂而实不凡繁"。其中还最早记载用胆矾(即硫酸铜)和石灰配制成合剂,防治树木虫害的方法。

1904年,金溪县农工商务局发出告示,无论何人,种植苎麻、甘蔗等作物,如其种法收效较好,经四乡逐一比较,择其高等者,奖给洋钱四元,红布一丈,并将种法榜示局门,连续三年均得奖者,奖给顶戴功牌,以推动苎麻种植。江西各地都在不同程度上实行类似的奖优法。

1904年江西省农工商务总局在南昌府进贤门外南关口设立农事试验场,龙钟洢任场长,系江西农业科研机构之始。考送学生傅尔斌等12名,咨送东洋学习实业。购置化学仪器,开展科学试验,觅致佳种。租赁民地140余亩,招募农工,即从事桑蚕生产,又种植水稻、大麦、棉花、大豆和蔬菜等多种农作物,同时,还开设牛马牧场和鱼池养殖,并设立实业学堂,招考学生百人,聘请日人为教员,讲授农学、数学、理化、博物等科,全新运作的农场的出现,是江西近代化过程中的一个新鲜产物。

1904年,《江西官报》连载临川知县江召棠撰写的临川一邑农业生产的地方性农学文章《种田杂说》,总结临川种田经验,介绍科学种田方法,在全省产生广泛影响,各地纷纷仿效。

1905年,江西农工商矿务总局和学务处在农事试验场内筹设江西实业学堂。招生100余人,初办普通科,旋改高等预科,傅春官为总办,龙钟洢为监督。1907年,江西实业学堂改隶江西提学使司,专课农业,改称江西高等农业学堂,江西农业教育即始于此。同年8月,《江西农报》在南昌出版。初为半月刊,自第11期起改月刊,龙钟洢任主编。叙例称:"以研究农术,发达全省农业为目的……阐古学之余绪,师欧美之专长,改良土产,扩张利权。"9月农事试验场龙钟洢商请就场创办农事研究会。次年,创办农务总会,有会员59人,订立开办简章16条,劝业道委傅春官为总理,龙钟洢为协理,经报江西巡抚批准立案,会址设南昌农事试验场内。农会宗旨就是"振兴江西农业"。

1908年《江西官报》第7、8、9期曾连续介绍国外制造的茶叶加工机械,如萎茶机、揉茶机、焙茶机的构造、功能及购价、使用方法等。倡议推广新机器新工艺。

1909年,江西农工商矿务总局详定种植章程,共10条。该章程以各厅、州、县为督办,清查荒山隙地,自种或集股开垦。对实力垦荒种植者实行奖励,违则处罚。①

---

① 《江西农务丛编》。

第七章
晚清江西经济

1910年,江西女子蚕桑学堂开办,劝业道委丁惟橡为监督,聘请苏浙制丝教员任教。同年,南昌蚕桑讲习所也应运而生。

劳动资料就是人们用来影响和改造劳动对象的一切物质条件,其中起主要作用的是生产工具。生产工具的发展水平,是人类控制自然能力的尺度,是衡量社会生产力发展水平的物质标志。

晚清江西广大农村"农之事具:耖田为牛,平田为耙、为荡、为碌碡,起土为锹,挖土为锄、为铁耙,耘禾为耘禾耙,灌田为水车,灌平田为牛车,巨轮旋转,一车可灌数十亩。打稻为禾斛,割禾为镰,扇谷为风车,晒谷为堵簟,簸谷为筛,舂米为碓,砻米为木栲"。①这些都是农村所用的传统农具。

鸦片战争后,列强要求中国门户开放,国外农业机械化成就引起国人关注。江西人齐彦槐改革农用水车,创造清代末期农具两种提水机械——龙尾车和恒升车,受到林则徐的称赞。

二、非农产业的变动

非农产业是指当时的农家经济中,直接的农业生产之外其他非农性质的产业。一般来说,它们可以分成农家成员副业性质的家庭手工业以及农村的地方工矿业几种形态。受九江开埠通商的影响,江西的非农产业的变动表现在两个方面,即传统手工业逐渐衍变,新的工矿业得到了迅速的发展。

(一)手工业的衍变

九江开埠通商,加强了江西地区与国内外市场的联系,手工业在国际市场需求的刺激下继续发展。直至民国初以前,江西的机械工业并不发达,手工制品占主导地位,其收入仅次于农业,居于其他各业之上。而在手工业制品中,以土布为最,瓷器、夏布、纸张次之,制油、纺纱、制米又次之。

手工棉纺业:江西纺织业,长期停留在手工业时代,一般农村之手工纺织异常发达。19世纪末,外来棉纱开始涌入江西。机制纱初时只销售于九江、南昌、广信、赣州,后全省皆已流通。"国外棉纱输入之数,常二倍或三倍由国内各埠输入之数。"②手纺之纱不如机织纱匀细,"内地人民有尽用洋纱织成土布款

---

① 曾福善等:《余干县志》同治十一年版,第16—17页。
② 《江西棉货贸易之回顾与振兴棉织业之展望》,载《经济旬刊》第2卷(1934年),第16期。

式,取其工省,而价亦较土棉纱为廉,且较买市肆洋布,更为便宜"。①以致全省出现了"机杼不减于旧,盖业布业者市洋纱为之,贫妇计段责值而已"②的发展趋势,全省各地无不织布之家,有的用洋纱与土纱混织,有的干脆全用洋纱织布。"每日织出之布,则由家中男丁负入城内,向各专卖土布店零卖,随时复在城内纱号零买洋纱归家以供纺织。"③据江西省政府1930年调查,吉水、丰城两县每年各产80万匹以上;龙南、峡江、清江、南康、新淦五县,年产各在10万匹以上;其余年产数千匹至数万匹的有南昌、东乡、进贤、上饶、新余、安福等县。13县合计年产约280万匹,值340万元。另据棉统会1933年调查江西27县,共产棉布900余万匹。④足见江西手工棉纺织业的发达程度。

手工夏布业:江西全年衣被所需棉花约60万市担,而本省所产棉花仅为15万市担,⑤为补充棉花之不足,便利用苎麻加工夏布,成为近代江西一种极普遍的农村手工业。全省83县,除赣粤边界及赣北鄱阳湖附近各县外,均盛产夏布,其中以上高、万载、宜黄、宁都等19个县区最为普遍,所产夏布最多。近代九江开埠后,夏布出口量大增,带动了手工夏布业的发展。夏布最旺盛时期是清末民初,加工夏布的家庭遍于乡间。德兴县的农村到处都见家庭加工夏布,"篝灯四壁,机声轧轧,卒发之谋,常取具于是"。⑥机杼之声在万载也处处可闻,全县有100多家作坊从事夏布生产。上高县最旺盛时每年有百万元的夏布进行交易,宜黄则为"各处夏布集中之地"。⑦至1933年,江西夏布的产量是94.7万匹,⑧占同年全国夏布总产量210万匹⑨的45%,居全国第一位。

江西生产的夏布,除供本省需要处,国内销往无锡、芜湖、常州、苏州、海门、上海、北京、山东等处,仅石城一县每年销往外地的就达10万匹,国外主要销往朝鲜、日本、美国等。从1912年至1930年,江西总输出35万担,平均每年输

---

① 《光绪二十一年九江口洋货贸易情形论略》,《通商各关华洋贸易总册》下卷,第19页。引自彭泽益《中国近代手工业史资料》第2册,第212页。
② 《庐陵县志》卷四,宣统版。
③ 彭泽益:《中国近代手工业史资料》第3卷,生活·读书·新知三联书店1957年版,第215页。
④ 严中平:《中国棉纺织史稿》,科学出版社1955年版,第261、266页。
⑤ 吴宗慈:《江西通志稿》第20册,第100页。
⑥ 《德兴县志·物产卷之一》,民国八年刊本。
⑦ 商衍鎏:《江西特税纪要》(调查),1929年铅印本。
⑧ 《江西年鉴》,1936年版,第942页。
⑨ 彭泽益:《中国近代手工业史资料》第3卷,生活·读者·新知三联书店1957年版,第80页。

第七章
晚清江西经济

出是约为1.8万担,"江西夏布运销国外者,约占输出量的1/3至1/2,余者则运销国内各埠"。①每年有6000至9000多担销往国外。同一时期,全国夏布输出国外40多万担,年均输出2万多担,江西年均输出量为全国的1/3至1/2。

由于手工业产品在国内外市场的竞争较强,成为出口的优势产品,相应地带动了江西各县一些特色的手工业发展。

九江:"手工织布业,大都分布于小南门及塔岭北路,多为农民副业,然亦有专作此业者。每家二、三机或四、五机不等。……土布销路除本市外,以四乡镇及邻省较近之县份为主。"②

永丰县:"该县人所织夏布,向分春秋两邦出运,本年春邦共运出一千一百三十余捲,每捲价银十七八两。"③

安福县:"上年(光绪三十一年)出脑(樟脑)不尚旺,所出之脑,运往九江,转运外埠销售。"④

瑞金县:"该县惟毛边纸一项为出产大宗,现令纸槽人等,凑集资本,购机仿造洋纸。"⑤

石城县:"坪山一带,素以造纸为业,纸料尚称坚白,未停科举以前销路甚广,年出口不下百万之数。"⑥

全省各县手工业产品年收入并无确切统计,但根据当时的各种数字,再参照30年代的产销情形,可斟酌近似数字,其情况大体如下:

这些手工业产品的生产与出口,既解决了农民日常生活所需,亦相应地增加了农民的家庭收入。

---

① 张景瑞:《江西产业现状之检讨》,《实业部月刊》第1卷第2期。
② 《中国近代手工业史资料》第四辑,第551、553页。
③ 傅春官:《江西农工商矿纪略》永丰县·商务。
④ 傅春官:《江西农工商矿纪略》安福县·工务。
⑤ 傅春官:《江西农工商矿纪略》瑞金县·工务。
⑥ 傅春官:《江西农工商矿纪略》石城县·商务。

民国初期各种手工业产品一年收入的近似估计

品　名	产量	单价	总值	占全省各项收入的%
瓷　器	200,000 担	20.00 元	4,000,000 元	9.96
土　布	9,453,600 匹	1.00 元	9,453,600 元	23.54
夏　布	604,000 匹	8.00 元	4,832,000 元	12.03
纸　张	462,664 担	15.00 元	6,939,960 元	17.28
纺　纱	55,000 担	50.00 元	2,750,000 元	6.85
制　油	35,000 担	15.00 元	5,025,000 元	12.51
制　糖	80,747 担	10.00 元	807,000 元	2.01
烧　炭	754,450 担	1.00 元	754,450 元	1.88
制　米	8,640,000 担	0.30 元	2,592,000 元	6.46
其　他			4,000,000 元	9.96
合　计			40,154,010 元	

资料来源：寄生：《江西人民之所得估计》，载《经济旬刊》第7卷，第1期。

(二)新兴手工业的出现

外国资本主义的侵入，对于中国的经济社会起了很大的分解作用，一方面，破坏了中国自给自足的自然经济的基础，破坏了城市的手工业和农民的家庭手工业，又一方面，促进了城乡商品经济的发展和新兴手工业的发展。新兴手工业是随着资本主义经济的增长而产生的，其在商品经济指导下产生，利用原动力进行生产，一般机械化或机械化生产。20世纪初，江西民族资本开始纷纷投向锡箔、火柴、织布、肥皂、瓷器、樟脑等新兴手工业。

锡箔制造业：南昌锡箔业的出现虽较晚，但确是一个相当发达的行业。咸丰年间，鉴于福州锡箔制造业兴起较早，而生产技术秘不外传，南丰人谭富仲"只身走福州"，装作哑巴，进入锡箔坊任杂役，"默习之"。任事三年后，回到南昌自设锡箔坊，并传其秘诀于南丰人。自后南丰人继起设立者，不下80余家；佣工者，且至数千人。后来，南昌石头街建立了南丰会馆，南丰人为了纪念他的功勋，特于会馆内设木主以祀之。

光绪年间，南昌锡箔业进一步发展，每一个锡箔工场，"自熔锡至装，凡几十余易手"，完全"聚名工于一处"。这表明，制造锡箔的每一道必须工序，都是在一个工作场所来完成的，而根本没有"场外部分"。其事事由司柜者经理，皆

第七章
晚清江西经济

称曰作坊。每一作坊之内,多至百数十人。在每一个工场内,制造成一件锡箔,从熔锡、铸塑、打锤、压薄、裁剪页子、磨纸等,都需要经过这十几道工序。自熔锡制成箔坯,再打锤成阔狭、厚薄不同之锡箔,工人以"工之优绌而定等差"。以后再用裱拾齐、绑箔。进行这些操作的工人,叫作"工匠",大都采用"学徒制",他们都按照工序来明确分工。内部分工非常细。工人工资分为计件与计时工资两种,"裱箔者,以张数计发给工资,余则皆以月计也"。只要司柜者经营得当,"则每日所出必较他家为稍胜"。同时,各工场之间建立了工人组织,以便与铺主(工场的开设者)之间展开斗争,维护工人合理权益。

关于销售方面,南昌所制造出来的锡箔是运往各地的重要商品之一,虽品质较闽箔与杭箔稍逊,但在长江中下游和长江北岸各省都有广大的市场。"凡汉口、樊城、安庆、荷叶洲、芜湖、六合、淮上等处均有积货,而出货之处,以省会为最多。"但是长江中下游还不是南昌锡箔业的主要市场,其主要市场是长江北岸的各省,其中特别是河南、山西两省。记载说:南昌锡箔"转赖北省销行,而北地又以河南、山西为最"。其所以如此,是因为浙江、福建两省的锡箔多销于长江以南各省(江西除外),而南昌的锡箔在长江以南各省则"直无购之者"。在上述商品市场中,进行锡箔贩运的,一般是由两部分商业系统就来进行的。第一,是由南昌锡箔工场,直接把产品运到长江中、下游各大城镇,并在那里开设"栈房",或零星出售,或大宗批发。记载说:"由长(江)而下至于清江浦,凡有口岸,皆投有囤货栈房……计其中养活之人,殆以万数。"这表明:锡箔产地与长江中、下游间的商品经济联系已经密切和稳定,商业活动也日益频繁,使那些经营锡箔工场的工场主感到客商来进行收购,会降低锡箔价格而使自己受到损失,于是他们自己设立商业业机构,专门任销售市场上,进行推销。第二,是由长江以北各省来的客商,在南昌进行收购,由自己运回本地出卖。像这样的客商,一来就是大帮的"连帆而至",所以南昌人把他们叫做"客帮"。他们在南昌没有自己固定的商业机构,只是随来随买,但他们却和南昌锡箔工场建立了固定的商业联系。正因为如此,长江以北各省,特别是河南、山西两省一旦发生兵乱和灾荒,就会直接影响到南昌锡箔业的生产。例如,1876年到1879年(光绪二年到五年),长江以北各省,特别是山西、河南、陕西、山东等几省发生了严重的旱灾,并且直到19世纪80年代初农业生产还没有完全恢复起来。由于南昌所制造出来的锡箔,多销往这些省份,而购买对象尤以广大的农民为主,因此,两个地区的商业联系被截断了。记载说:"自豫晋告灾以来,商贩绝迹,箔业遂为减色。近闻此两省,虽年丰渐登,而元气未复,客帮之来江者,仍属寥寥。"就在此期间,引起了南昌锡箔工场纷纷倒闭。在1876年以前,南昌锡箔工场共有"八十余家",那时每家都个"多至百数十人",而到了1878年只剩九家了。此后,南昌锡箔工场,忽增忽减。由此可见,长江以北各省农村经济的兴衰,直接影响着南昌锡箔业的发展或衰败。

手工织布工场:江西手工业生产迅速发展,各县纷纷办起了官办与民办的工艺所、习艺所,进行手工织布生产。1900年,曾秉钰独资万金,在南昌设立"工艺局",仿织各种洋布。各地多派人来局学习,创开风气之先。1904年,县令而步瀛集股设立劝工局,仿照同济公司办法,用人力织布机六张,毛巾、高丽巾机各一张,织造毛巾、东阳线布、土布等项。当年,清江县教职孙葆辰集股10000元,在距县城七里的中洲地方创办金凤有限公司,购进布机50余架,招收本地女工,从上海聘定头等工匠6名,专教组织各式柳条洋布,每月出布10余匹。同年,铅山典史张赞霖、邑绅饶曾春集股龙洋4000元创设鼎新织布公司,赴沪购买了织布机,在汉口采买了棉纱,并用织工20余人,于1907年织成了各布,进行染色,产品尚为可观。随后,连偏僻的龙泉县也有举人梁世滩出来集股在县城创立织布公司,选派子弟五人送往江南工艺局学习。在江西地方政府提倡下,江西织布工厂发展较快。据《世界年鉴》1913年统计记载,江西全省共有工艺局、所、场97家,其中工艺局7家,所76家,劝工场4家,公私建筑工场10家,几乎每县都有,分布广泛而均匀。但是从生产规模和资金来看,都比不上商办的织布公司。以资本为例,最大者是由省柯逢时1901年创办的工艺所,资金5000两,为商办公司的一半,最小的是1905年创办的弋阳工艺所,资本仅为150元。

火柴厂:火柴制造是鸦片战争后从国外引进的新型手工业。1899年,参军涂子良在九江创办荣昌火柴公司,用手工方法制造火柴。后因资本不敷,于1900年停工。1901年6月在汉口招股后复工。日产10余箱,牌名双鹤,根数较洋火柴为多,主要销售本省,销况旺盛。后来该公司在天津设立分厂,生产火柴的牌号有"汽车"、"斧头"、"洋钱"等。该厂的开办有效地抑制了火柴的进口,日本火柴在九江市场上就根本没有什么销路了。后日本等国家纷纷改进技术,采取卑鄙的竞争手段,将其低价的"洋火"大量倾销于江西各地,江西本地所产之货,不及洋货稳定洁净,无法与其竞争,坚持数年后,该工厂被迫转卖。

樟脑业:因江西境内多有樟树,陈炽《续富国策》曾倡导熬取樟脑。1899年,江西"民间始知熬脑之法",吉安开始采取土法炼制樟脑和樟油。次年,刘绅在

第七章
晚清江西经济

赣州创办江西樟脑公司,制成的樟脑运往汉口、上海等地销售,每石(120市斤)售洋百余元。1903年春,省农工商矿务局在南昌德胜门外建立樟脑厂,由藩司拨银3000两作为开办费,着手炼制樟脑。至1904年,民间熬制樟脑经禀准设立的公司有南昌生利、新建兴利、赣州益华、万安务本、南安同益、庐陵裕华、清江志成、龙泉开源、安福章华、吉水福利等10家。其中南昌商人梁基创办的生利樟脑公司,设灶熬脑于泰和、星子、宜春三处,规模可观。新建商人薛维员创办的兴利樟脑公司采料于南昌、瑞洲、袁州、临江四府,开源较广。遂川禀生郭振声以300元创办开源樟脑公司,采料万安,就地设灶,由于经营得法,所出之货,广商、赣客至厂争相购买。赣县林品珊等以商办形式创设益华樟脑公司,至1906年就出樟脑25650斤,售洋23130元,获利颇丰。

此外,南昌的熊葆丞于1906年创办制造厂,专制洋式木器。九江的范锡庚于同年创办制蛋厂,均是当时的大胆之举,也说明江西人不甘落后。另外,据1912年统计,江西已有针织业4家,职工46人;成衣业16家,职工248人;制线业6家,职工94人。这些工场基本上成立于清末。

新兴手工业是受资本主义经济的增长以及手工业生产直接受到国际市场需求的影响而产生的。九江开埠后,外国资本主义经济的侵入,本省民族资本的发展,使农村手工业产销系统发生了某些质的变化,资本主义经济成分的作坊、工厂相继产生,产品交换从零细交易到大批收购,农村手工业者通过交换过程而隶属于商业资本,家庭手工加工业与商业资本相结合,这种变化在19世纪末以前便已发生。家庭手工业者通过产销的变化,成为工业资本家的雇佣工人。一些商人采取供给手工业者原料,让其在家加工,待收回成品时付给工资的经营方式,这种形式"就意味着在资本主义关系的发展上跨了很大一步",使"手工业者defacto成了在自己家不为资本家工作的雇佣工人,包买主的商业资本在这里就变成了工业资本。于是资本主义的家庭劳动形成了",①这就是商业资本向工业资本的转化,这种商业资本非但支配了手工生产品的交换过程,而且进而控制了手工生产品的生产过程,手工业者失去了独立资格,他们不再以出卖产品的形式去为商人工作,而是以出卖劳动力的形式去为工业资本家工作,家庭成为工业资本的生产单位,产生于20世纪初。这种家庭劳动形式逐渐扩大成为资本主义的工场手工业生产,宁茶振植有限公司便是一个典型的手

---

① 《列宁全集》第3卷,人民出版社1959年版,第328页。

工业制茶工场,它的生产已经是纯粹的工业资本形式,生产的效益直接与市场需求相联。这种资本主义家庭手工业生产的形成是封建经济在解体过程中由自给生产或小商品生产向资本主义经济过渡的一种重要形式,也是商业资本转化为产业资本的一条切实途径。①

(三)农村小型矿业的发展

受资本主义发展的刺激,各县乡小型矿业也得到较快的发展。以煤业为例,由于轮船往来,九江地区对煤炭的需求不断增加,相应的也带动了周边地区工矿业的发展。傅春官的《江西农工商矿纪略》瑞昌县·工务载:

> 光绪三十一年,沙令上铸表称,东乡龙兴源概括杨姓山场,有煤矿一处,约出煤三万余石……南乡则乾洞垅、田堡坂、净水当、杉木港、大坳、两峰尖、难音洞、乾港、张家港、杨树港、岩山窑;西乡则王山岭、桃区、尖瓜山、万丈红杉树坪;北乡则袁传家泉、杨家沙滩等处地方,共有煤矿二十余处,每矿约出煤三五万石及数千万石不等。……均系乡民自行开采。

乐平县·矿务载:

> 三十一年六月,张令树森表称,茅屋场四处,出煤甚多,煤质亦佳,其红火煤一种专销省浔两处,可供轮船及机器厂之用。……七月表称,张家山煤矿,本地居民,设立春丰厂,集资开采。……茅屋场现在煤价,每百篓约五十元上下。

随着九江通商的发展,以及洋货的大量深入,为了平衡贸易逆差,亦使得江西内腹地区的产业结构开始发生变化。即工矿原料和制造品亦开始融入出口贸易当中。尤其是北洋政府鼓励工矿业的发展,并相应的颁布了一系列法律,对工矿业加以保护,江西内腹地区的乡村亦出现了兴办近代工矿业的浪潮,申请给照者层出不穷,据不完全统计,约有168家。

有一点需要指出的是:外国资本主义的经济渗透对江西商品经济的打击和破坏作用远远超过了它对江西商品经济的刺激作用。随着外国商品的大量

---

① 万振凡、林颂华主编:《江西近代社会转型研究》,中国社会科学出版社2001年版,第57—58页。

输入,江西商品生产比较发达的手工业相继遭到打击,生产者和经营者纷纷破产。比如造纸业是江西比较发达的手工业,铅山县和石城县是江西造纸业的两个中心地区,铅山"纸张一项,昔年可售银四五十万两,"但到光绪末年,因"洋纸盛行,售价不满十万";①石城县"素以造纸为业,纸料尚称坚白,未停科举以前销路甚广,昔年出口,不下百万之数",但到光绪末年,也因"洋纸盛行,销路既滞,歇业者十居八九";②景德镇的陶瓷业在明清之际已有资本主义的萌芽,其瓷器在乾隆时期为江西"出口货第一色",然而,到"咸同以降,出口大减,而洋瓷入口,岁且百万";③夏布也是江西销路较好的产品,但是,由于洋布的输入,"非但各省销路顿室,即赣省本地人亦竞购外货,而布业一落千丈,纷纷亏蚀收歇"。④不仅如此,就是出口增长很快的茶叶,到80年代以后,也由于在国际市场上受到日本、印度、锡兰等地茶叶的竞争,也日趋衰落下来。义宁州本是江西著名产茶区,但是,由于"外茶日兴,中茶减色,制造不精,庄用及关税加重,种种折算,出户所入不过十分之一"。⑤因此,茶家纷纷转行。义宁州茶叶生产的衰落,也导致九江茶市的衰败,"茶市逐渐移至汉口,九江洋行、茶庄均先后收缩或停业。于是一般茶庄不得不改弦更张,另辟途径,转趋于茶栈业,专营转运报关之事"。⑥在大量的机制产品输入亦使传统的手工业受到极大的冲击,亦迫使一些传统的产业转型,并开始向近代工业过渡。

三、近代工矿业的产生

西方资本主义的楔入,在土洋货相互碰撞中,迫于落后的生产方式敌不过资本主义机器大工业的竞争,因而产生了改革生产方式、发展资本主义的强烈愿望和要求。江西一些较先觉悟的绅商力图从兴办近代企业、发展民族经济方面来抵制洋人的侵权夺利。例如:1892年,江西绅商各界曾上奏清政府,"禀请创办内河小轮、西式瓷器、蚕桑学堂、以扩商务"。⑦1904年,黄大燧等绅商从对

---

① 傅春官:《农工商矿纪略》铅山县·商务。
② 傅春官:《农工商矿纪略》石城县·商务。
③ 林传甲:《大中华江西省地理志·税关》,1919年版。
④ 《时报》:宣统三年正月二十八日。
⑤ 龚溥庆:《师竹斋笔记》,卷三。
⑥ 《工商通讯》第1卷(1927年),第19期。
⑦ 《清德宗实录》卷三百八十五,转引自南开大学历史系编《清朝经济史料辑要》第253页。

"纸张为江西出产大宗,近来洋纸盛行,销场已滞,而价值反日见增昂,愈难抵制。若不设法改良,利权恐将尽失"的认识出发,建议集股创办"江西机器造纸公司",作为"当今急务",以期实现"振兴土产,抵制外商"的目的。①上述事实表明,"振兴实业"、"设厂自造"、"挽回利权",成为19世纪末、20世纪初江西商绅发展民族经济的口号并开始尝试。成为江西民族资本主义经济初步发展的内在动力。

(一)新式工矿企业

由于二十世纪初清政府推行新政改革,支持和鼓励私人投资创办近代工业企业,加上收回利权运动的推动,这就为江西近代工业的兴起提供了良好的社会条件和机遇。以此为契机,江西近代工业企业的创办显现了一个小小的高潮,兴起了一批各种各样的近代工业企业,其中资本在万元以上的企业有13家,资本总额1921千元,详如下表:

清末江西主要工矿企业一览表

企业名称	开办时间	所在地	创办人	资本/千元	经营性质
景德镇瓷器公司	1903	景德镇	孙廷人	55	官商合办
萍乡瓷业公司	1904	萍乡	黎景淑	200	商办
江西机器造纸厂	1905	南昌	黄大埙等	420	官商合办
江西省城电灯厂	1906	南昌	贺赞元	70	商办
吉祥机器砖瓦厂	1906	南昌	徐家藩	14	商办
徐塘煤矿	1907	新建县	朱载亭	168	商办
保源滇料有限公司	1907	景德镇	陈庚昌	40	商办
赣州铜矿局	1907	赣县	沈瑜庆	208	官办
江西樟脑官局	1907	南昌	洪嘉荫	69	官商合办
开明电灯公司	1908	南昌		260	商办
余干煤矿	1908	余干县	沈瑜庆等	112	官办
厚生机器碾米厂	1908	南昌	肖庚良	140	商办
日新瓷业公司	1908	景德镇	程箴	20	商办

资料来源:根据杜恂诚《民族资本主义与旧中国政府》附录"历年所设本国民用工矿、航运及新式金融企业一览表"编制。

① 《江西农工商矿局绅黄大燻、陈立三、刘景熙、胡发珠创办机器造纸公司禀批》,载《江西官报》甲辰年(1904年)第14期·奏牍二。

第七章
晚清江西经济

除了上述资本在万元以上的企业外,还有呈山煤矿、集益铁矿公司、上埠窑业有限公司、恒泰面粉有限公司、鼎新织布公司、志强织业公司、肇兴机器厂、生利樟脑公司等数目难以详考的资本在万元以下的小型企业。这些近代工业企业虽然分布不平衡、结构不合理、设备简陋、规模不大、资金短缺,在全省经济总值中比重不大;但是,这些近代工业企业的创办,表明了先进资本主义生产方式和经济势力在江西的生根和兴起,它为以后江西近代工业企业的创办和发展开风气之先,奠定了一定的基础。

(二)近代矿冶业

江西矿产资源十分丰富,当时已发现的有金、铜、银、铁、锡、锰等,非金属矿藏也发现的有煤、瓷土、硫黄、石灰石、滑石、云母、火黏土、黏土等九种,遍布境内五十余县。清代由于"矿禁未开,仅有煤炭小矿供爨。铁器运自闽湘,无自铸者",[①]许多本省可以生产的东西,却要依赖邻省。至十九世纪末,在救亡运动与"实业救国"思潮推动下,与加工制造业兴起的同时,江西出现兴办新式矿冶业的热潮。据不完全记录,自光绪二十四年(1898年)萍乡煤矿创办,到20世纪头10年,江西先后有20多家新式矿冶业问世,其中煤矿10余家、铁矿4家、锰矿3家、铜矿2家、滑石矿1家。这些矿业企业的出现,标志着江西近代采矿工业的初步发展。

1.煤矿业

萍乡煤矿:萍乡煤矿是我国开发最早的近代大型煤矿之一。在江西袁州府萍乡县南十五里安源地方,发现时代甚早,其先不过以土法开采,所出之煤,仅供民间炊燃,不能烧炼焦炭,以供机器制造之用。

光绪十六年(1890年),湖广总督张之洞奏准创办汉阳铁厂。所需焦炭,最初购于英、比等国,其价格过贵;后用宝庆白煤,但其火力不足,容易造成铁液融结不流,炉座受损;又用湖北所开的王三石煤矿,又以含水量过大而中止;用马鞍山之煤,因含硫过多,不参开平焦,不能练成铁;又用开平之煤,每吨运费要银16—17两,价格昂贵。所以焦炭缺乏,停炉以待,急需自行开采。

1892年,张之洞派欧阳炳荣到萍乡设煤务局,采购土煤井原煤,运往汉阳铁厂,与马鞍山的煤矿分别炼焦。但因运煤途中船户掺杂过重,试炼焦炭未成。

1896年,湖广总督张之洞特派矿师马克斯、赖伦二人,调查湖北、湖南、江

---

① 《江西农工商矿纪略》南昌府·商务。

安源煤矿一角

西、安徽各省。8月26日到达萍乡县城,先后勘查测量安源天滋山、锡坑、紫家冲、高坑、王家源、大屏山、胡家坊和青山马岭等地。同年10月,呈报勘测结果,马克斯估计煤的储量为2亿吨;30度以下的倾斜煤层可供炼焦的煤甚多。赖伦勘查后作出了萍煤"脉旺质佳,迥非他处可比","如每年采用一百万吨,可供五百年之用"的预测报告。

1898年3月,盛宣怀会同张之洞,奏请朝廷,采用西法,在安源兴办萍乡煤矿,由道员张赞宸负责筹办,李寿铨任机矿处长,资本金一百万两从事开采,其中轮船招商局23万两、电报局23万两、汉阳铁厂20万两、香记等商户20万两、铁路总公司14万两。5月张赞宸致电盛宣怀,决定从五个方面建矿:1.筹巨款,2.修铁路,3.造浅水驳轮运煤,4.设官钱号,仿行钱洋纸币,5.派兵筹防。后因资金难筹,奉命招商承办,成为官督商办企业。7月萍乡煤矿引进德国机械化开采技术,采购德国机械化设备开矿机及新式洗煤机、建造新式炼焦炉多座,实行机械化开采。于是,萍乡煤矿是南方各省唯一用机器开采的煤矿。萍乡煤矿所产之煤属于古生代之煤炭纪,色黑如漆,黏结性好,磺轻灰少,最适合炼焦,专供汉阳铁厂炼铁之用。从开办以来,其间免税20年。

然而大事业非小资本所得完成,筹资成为当务之急。1899年2月,盛宣怀以扩张事业延长铁道之目的,向德商礼和洋行,先后借入德金400万马克,合银144万两,借款长年息7厘,分12年按均还本付息,并用上海招商局房栈为担保,派张韶甄为总办驰往开办。其中300万马克用于购置德国采矿(含提升、运输、通风、排水、压气凿岩、照明、洗煤、炼焦、动力、发电、机制、造砖、测量、化验等)成套设备,100万马克用于修筑萍安铁路和置办湘潭至汉口之轮渡。聘请德籍开采师赖伦为总矿师,主持建矿工程及机械化开采方面的工作,合同期为20

第七章
晚清江西经济

年。同时先后聘用德国、英国、美国、比利时等国工程技术人员。矿山每日出产达3千吨,运输是由直达矿山的铁路运往武汉,或由铁路运往株洲,再改用民船运往武汉。

同年5月18日开设试办萍乡煤矿官钱号,其为附设机构,性质类似银行。地址设萍乡城西街,购置钱号地皮费为223.34元,建造房屋为1108.93元。为维持矿务,利商便民起见,一切章程,照商务办法进行。矿局所有进出收付项目,统归官钱号立账往来。官钱号资本由矿局先拨湘平银10000两,按长年七厘起息,"仿开平矿局,设庄刊印钱洋各票。"在上海仿照西式石印,各分三等。分别六种颜色(钱票一千文为酱色、五千文为蓝色、十千文为紫色;洋票一元为绿色、五元为黄色、十元为红色)。票面正楷汉字,背面英文,角有骑缝图印。同时,在苏定造竹筹,以便市面搭配零用。竹筹加烙火印,一面印有凭筹发九八钱一百文等字样,一面印有萍乡矿局官钱号,并另编号数,合对为记。银票自五两以上,在当地使用,均用两联票编号,随收随销;远处则用三联票,合根兑付。针对萍乡、醴陵、湘潭一带所行洋元,均以分两计算轻重,即萍乡每百元重七十四两,谓七四"花边"。醴陵七三六、湘潭七四五,均为市面通用之重洋,其不及此数,同为轻平。无论零整出入,均须贴水。钱文串底,则萍、醴、潭皆通用九八。凡总、分号应兑钱、洋各票,均一律照付重洋,并九八制钱。官钱号为划拨灵便,在湘潭转运局、醴陵稽查局两处设立官钱分号。

1900年,萍乡煤矿负责管理小煤窑和土焦炉的职员俞彤甫对长方形平地炉加以改进,使炼焦由7天缩短为3天,出焦率由30%~50%提高到60%以上,焦炭灰由30%降低到15%左右。同年11月,根据盛宣怀的倡议,萍乡煤矿开办矿务学校,总矿师赖伦兼任总教司。

1902年,盛宣怀又向德国借款未成。他为加快萍乡煤矿建设,于1905年11月向日本兴业银行借款300万日元,分三十年以大冶煤矿所产矿石抵还,还以大冶得湾道矿山为担保。

1904年,经英国化学师史戴德化验,高坑、安源一带的煤的成分如下:炭65.89%、浮轻炭质28.09%、硫0.62%、灰5.4%、水0。灰内含硫0.2%。土炉焦炭成分:炭83.81%、硫0.62%、灰15.57%、水0。认定萍乡煤质甚洁净,极合炼焦炭,用洋炉炼焦可与英国上等(特尔汉姆)焦炭一样,土炉炼焦炭更好。

1905年,英国钢铁专家通过化验,确认萍乡引进的瑞典炉焦可与英国最佳质量的特尔汉姆焦媲美,而萍乡"平地炉"又不逊于瑞典炉焦。自此萍乡"平地炉"名扬中外,被称作"萍乡炉"。

1906年,萍乡煤矿机电设备基本安装完毕,电机房建成,发电设备为2X247千瓦蒸汽机直流发电机组,这是江西第一套电力技术设备。是年,萍乡煤矿的焦炭价格随成本降低,从每吨银十二两逐渐下降,在汉口的交货价降至每吨八两五钱,仅为开平焦炭的50%和进口洋焦的42%。萍乡煤焦从此垄断两湖市场。由于使用萍乡焦炭代替开平焦与洋焦,到本年止,汉阳铁厂8年间共节约银300多万两。据统计,从1898年至1906年,萍乡煤矿建设期间,除自用和直接销售外,运送到汉阳铁厂冶炼钢铁的焦炭总计388000余吨,原煤204000吨。

1907年初,萍乡煤矿发电厂从德国购进2台发电机,每台发电机容量为1600千瓦,萍乡煤矿成为国内最早的以电力为动力,用于机械采煤、洗煤、运输、炼焦的煤矿之一。8月29日,矿井工程经东平巷与紫家冲两头开凿,巷道穿透紫家冲优质大槽煤层,形成年产原煤百万吨的规模。这标志着历时十载,耗银6767867两的萍乡煤矿建矿工程宣告完成。全矿有员司300余人,工人3600余人。生产能力达到日产原煤1300吨,日入洗原煤3400吨,日产焦炭600吨,年产煤砖5万吨。12月13日,盛宣怀为了换取日本借款200万日元,将萍乡煤矿所有生利之财产物件向日本大仓组作抵押。

1908年,萍乡煤矿实现了机械化生产,并与汉阳铁厂、大冶铁矿及石灰窑合组为汉冶萍煤铁厂矿有限公司,完全改为商办企业。资本总额定二千万元,其中招募新股1500万元,老股500万元。公司于1909年5月16日在上海正式成立,盛宣怀任总经理。汉冶萍公司为我国第一个跨地区、跨行业的企业集团。该煤矿组织变更后,事业日见发展。1910年4月21日,汉冶萍公司为扩大开采,以本公司所置运输汽船作担保,为萍乡煤矿向华俄道胜银行、东方汇理银行借款100万两。

据统计,萍乡煤矿面积方圆达10里,正井通风水巷和同井口共三百二十一只,井下隧道35里,拥有新式炼焦炉36座,电车马力机1部,直井升降机3部,另有电灯机关房、制造机器房、化学房等,成为中国南方规模最大、技术最先进的煤矿。在萍乡煤矿的影响下,吉安煤矿、乐平煤矿、丰城煤矿、余干煤矿也购置抽水机、锅炉、汽钻、风扇、卷扬机等进行机械化生产。据记载,当时萍乡煤矿炼焦的质量已相当于英国优质焦——达汉焦的水平,极适合轮船使用。1911年,萍乡煤矿产量达1115614吨,焦炭166062吨,产煤量在全国排名第三位,仅次于开滦和抚顺,占当年全国煤炭产量的十分之一,为东亚大矿之一。

第七章
晚清江西经济

其他中型煤矿：余干呈山煤矿：光绪二十九年（1903年），由候选道黄秉湘奉旨承办。系属官办。先后拨给官款6千元。光绪三十年（1904年）六月，从鸣山煤矿调来"吸水机、起重机"各一台，加强生产。后因连年亏损，耗资达26000两，于1906年6月被迫停产，后民国期间招商续办。

余干官煤局煤矿：在距上饶江岸南方六里，距县城东三十里，名乌港。乌港周围数十里均属煤田。原先附近居民多以土法开采。光绪三十四年（1908年）由赣州铜矿局拨款开办，后光绪末年，官厅设局，由县中绅商募集资本，以矿产及财产作官股200000元，另招商股200000元。设立官商合办余干煤矿局。每日可产煤少则四十余吨，多则一百吨。每年收入约十余万元。自1909年起，在呈城与后江设有销售所。后因种种弊端，连年亏损，负债破产。

余干枫港煤矿：光绪二十六年（1900年），当地人在桃子岭、官山岭、三张刀、二天峰等处发现丰富的煤矿，自由采掘，获利颇厚。光绪二十八年，改为官办煤矿，由贺锡藩任总办，每日可出煤二百吨。有矿工一千五百余人。光绪三十三年六月改为黄道秉继往开办。

乐平鸣山煤矿：光绪三十年（1904年），江西巡抚委派候选道文聚奎开办官营乐平煤矿，由铜元厂余利中拨银72000余两充做资本，购置起重机（提升机）、吸水机（水泵）及钻机等，这是江西将动力钻机用于煤田勘探的起点。后来煤矿未建成即因资金短缺等原因停办。机器设备移交官办余江呈山煤矿使用。

铅山同孚煤矿公司：光绪二十九年（1903年），崔道佛荫，开采佛母岭煤矿，设立铅山同孚煤矿公司。光绪三十一年三月，同孚公司挖出之煤，仅能供炊焚之用。又连年规模减小，光绪三十九年九月，每日只能出煤百余担。

上饶烂泥湾煤矿：光绪三十三年（1907年），据该县令赵峻禀报，在烂泥湾一带有煤矿。经该县勘察，发给执照，准予试办，并派委员江普熏前往督办。

新建徐塘煤矿：光绪三十年（1904年）二月由道员朱家骏领照开采。八月，该县县令黄锡光上报曰："徐塘煤矿开办已半年，而招股尚未定数，原先资金已用完，所以出煤不多。若能增加资本，出煤定会加大，销路也会拓广。"三十二年三月因资金不够，朱家骏又赴南方招商。光绪三十三年二月，招商成功，大举开采。资本167832元，为当时江西最大的商办煤矿。所产之煤销往江西各县。

新建石麟冈煤矿：光绪三十年（1904年）九月，又由陶钧荣领证开办石麟冈煤矿，但出煤不多，时开时停。光绪三十一年六月，由隗巡检接管煤矿。当时有工人二十余人，日出煤三百余斤。

另各县开采的小煤矿有:乐平南乡牛头上煤矿(1902年)、乐平南乡藕塘山煤矿(1903年)、永新九西村煤矿(1906年)、兴国县葛牛岭煤矿(1904年)、安福县王家山煤矿(1905年)、安福县浔塘村煤矿(1906年)、吉水县墨潭煤矿(1905年)、吉水县吉多乡塘尾煤矿(1905年)、吉水蒲鸠岭煤矿(1906年)、万年县鬼岭煤矿(1904年)、玉山凤扇扭煤矿(1905年)、玉山叶家坞煤矿(1902)、东乡县河岭煤矿(1904年)、临川县牛岭煤矿(1905年)、景德镇西北乡煤矿(1905年)等。这些煤矿都因招股困难、资金不够、开采煤质不好或煤层太厚而开采不久便停产。

2.锰矿业

江西锰矿产地不多,但蕴藏丰富,品质优良。在江西萍乡与永新等处均有发现。1906年11月,萍乡刘公庙龙骨冲白茅等处发现锰矿,湖北铁厂委员陶德光奉命到当地设局开采。萍乡的白毛矿,在县南十五公里处,矿地大约直径在一公尺以上,矿石以硬锰矿和软锰矿二种为主,含锰成分均在40%以上。1907年5月,由庐陵县商人周昺集资开采的十九都排下锰矿,所采的矿石,与天津讲艺学堂议定分期购定。后因周昺屡滋事端,清政府饬令其停办。

3.铁矿业

铁矿是江西近代办的较有成果的矿冶业。主要有九江城门山铁矿、永新保富铁矿、泰和集益铁矿等。

九江城门山铁矿:光绪三十二年(1906年),在九江商埠西南三十五里处,北自金鸡嘴,南达勾箕窿,发现丰富的铁矿。其距南浔铁路沙河东站三十里,交通颇为便利。铁矿地质为白色石英砂岩,时代属中生代,砂岩中有火成岩渗入,矿石为褐铁矿,好的含铁在60%以上,差的也有30%。铁质最好的在钻门槛、良田罗、油州窑坡一带。年产量为600多万吨,大部分由省内实业购买,一部分由汉阳铁厂购买。

永新保富铁矿有限公司成立于光绪三十二年(1906年)闰四月。早在光绪三十一年正月,在县西北五十五里处发现铁矿、铁矿生于砂岩中,里面夹杂铁砂岩,厚从十八尺到一百五十尺,铁矿层厚从二尺到十四尺,平均约八尺,铁质为赤铁矿。当时就有当地绅民就近挖掘并设炉熔铸,运往省城、饶州、广信等地销售,同年5月就有熔炉5座,每年可产铁一百余万吨,7月和11月添铁路两条。光绪三十二年闰四月颁发牌照成立永新保富铁矿有限公司。同年四月在永新县设经理处一所,并于吉安县、庐陵县所辖的永阳县及南昌广润门外设转运局

第七章
晚清江西经济

各一所,向外运输铁矿石。

泰和集益铁矿公司创办于光绪三十三年(1907年),由李至盛出资20000元创办,是一个小型商办企业。

石城高田村铁矿成立于光绪三十年(1904年),专门铸造铁罐、铁锅、农具等,销售不多。

4.铜矿业

赣州铜矿:光绪二十多年间,当地乡民发现西坡山自然铜矿,由老乡绅发起,地方筹拨一部分公款并加集商股,合计约十余万元,组成华宝公司,并由地方推举公司负责人。光绪二十八年(1902年)开工。所采铜均用土法炼制,后因矿工不遵守规范,偷漏铜,连年亏损等问题,于1904年宣告停业。开工两年来,所出铜约值六七万元。华宝公司停业后,1907年,两江总督及江西巡抚认为此矿废弃可惜,提议归两江与江西合办,并设立官矿局,开办费由江西、江苏两省藩库拨银四十万两,并设督办专负其责。经日本、德国、英国工矿师以及广东矿业学校学生前往勘察,并将矿石化验,认为其苗脉丰厚,铜质精良。于是由藩司沈瑜庆与矿师池浑贞铨以20.8万元创办,为官办性质。曾挖出矿石20000余吨,经送南昌铜圆厂化验,所得之铜不过百分之一二,被电告停办。

5.滑石矿业

贵溪生记滑石矿务公司:光绪三十一年二月(1905年),由商人杨保康,筹集股本三千元创办,规模很小。一年后,因为与该县三十六都五图马鞍山地方开采滑石的赵联璧有纷争,杨保康以办事棘手,禀请停业。

另光绪二十八年(1902年),文由纯(拔贡)在会昌创办蛇山赘、零都赘锡铅矿。1906年10月会昌县令左坊以该矿"一切衰旺情形,未据按季具报"为由,将其撤销,致使当地的有色金属矿未能得到应有的开采。

据《民国元年工商统计概要》记载:江西开采矿数为368处,发采亩数为53987亩,仅次于四川。其中粗矿煤产量415462吨,价值1364849元。

(三)近代机械与加工工业

中国近代工业产生于19世纪50年代,到90年代已进入初步发展阶段。江西是深居内陆的传统农业省份,思想特别保守,不为西洋主的"奇技"所动,而且也无声望斐然的"中兴名臣"推波助澜,以至在洋务运动时期,江西成为一块被冷落的荒漠之地。江西近代工业在19世纪80年代站在起跑线上,但真正的起步则是在20世纪初。这是由于20世纪头10年,日俄战争的关系,特别是抵制美货和收回利权的推动,中国资本主义工业得到了发展的机会。

1.近代机械与加工工业的兴起

九江的开放,大量外国商品经九江向江西各地倾销,自给自足的自然经济日趋瓦解,为江西资本主义的发展提供了一定的商品市场;洋货不断输入,使江西较为发达的手工业受到严重的摧残,大量的手工业者的破产,又为其资本主义的产生提供了一定的廉价劳动力,这两个因素客观上为江西近代工业的产生创造了前提条件。但当时的江西严重缺乏资本,民穷库空,致使江西在洋务运动期间没有任何一家新式企业,直到1882年,第一家近代工业企业——罗兴昌机器厂才在南昌诞生。这是一家商办企业,尽管如此,但毕竟标志着新式产业在江西这块古老的土地上诞生了。

经过八国联军侵略北京之役,残酷镇压了戊戌维新改革的以慈禧太后为首的清政府也重举"新政"之策。在清政府振兴工艺、发展工商实业政策的指导和督促下,1904年,江西设立农工商矿总局。该局派黄大埙等人赴日本考察各项实业,"冀有成法可循,俾获改良之益",并有十几名赴日留学生随同,分别送至各学堂,"肆习农工商矿专门之学",以便他们"异日毕业回华,推行尽利"。① 此外,江西农工商矿总局还制订了开局应办章程10条,分别为调查各行业,造调查表;开设试验场;开设农工商矿陈列室;开办实业等各类申报制度,条举庶政;普及农学;鼓励民间广设工厂;振兴商业;广聚股份,开采矿业;申明禁约;申明奖励。政府采取的以上措施,为江西近代工业的兴建提供了条件,也激发了官绅商人投资创办近代工业的热情。以此为契机,江西近代工业企业的创办出现了一个小小的高潮。

碾米业:江西以产米著称,碾米业全省都有,以南昌最多。光绪八年(公元1882年)南昌章江门外瓷器街出现一家罗新昌机器厂,资本约5000元,工人20多人。当时技术极其简单,规模狭小,但本省能自制机器,以它为滥觞。罗兴昌除制造碾米机、抽水机、柴油引擎外,尚能制造小型的蒸汽机与汽油机。此后机器应用日广,继而修理与制造机器者日益增多。

1908年,商人肖赓良以资金14万元,在南昌广润门外创设厚生机器碾米公司,在城内设有许多分店,自后各地碾米厂纷纷建立。此等碾米厂平均一日能出白米数十至数百担不等。其次,还有一些小的碾米厂,除自己碾磨外,并代人

---

① 《江西官报》甲辰年1904年第16期奏牍。

第七章
晚清江西经济

加工,每担收费1角,给人们生活带来方便。

子弹厂:罗兴昌机器厂创办以后,江西近代工业并没有因此渐渐发展,而是陷入长达15年的沉寂,15年内江西未出现第二家近代工业企业,到1898年,在全国工业企业兴办高潮的刺激下,才相继创办了几家企业。如1898年,官府在南昌创办的江西子弹厂,这是江西第一个官办的近代工业,开办费为4.4万元,生产规模很小,日产子弹仅80粒。

造币业:1902年江西以制钱不足,经清政府批准,在南昌德胜门外建造房屋,购买机器正式成立官方铜圆厂,铸造铜圆。

瓷业:中国瓷业由来已久,然使用新法的是1903年江西巡抚所立的景德镇瓷器公司开其端。该公司由官府拨银十万两,并另行招集商股,决定在景德镇建设窑厂,招集工人,专选样式瓷器。1905年,瓷厂由于安徽瓷土拖欠其货款1万两,以及招商受阻,瓷厂陷入困境。同年四月,孙廷林赴上海考察办的有成效的各公司章程,后因病体缠身,本人要求辞差。八月,改委任候补道员李嘉德接办。1906年,李嘉德又亲赴上海招商,会晤了上海道员瑞澂。瑞澂以前管理过瓷厂,深深熟悉瓷业的情形,有改良之意。其认为官商合办,不能尽善尽美,应该为商办,设定有限公司。1907年5月,李嘉德、上海的瑞澂和候补道曾铸共同筹集股本20万元发起设立官督商办的江西瓷业公司。该公司公举内阁中书康达为总经理,决定公司多用机器,效仿西式造瓷,产品交税为值百抽五,沿途不再重征,以求发展。同时,还创办了陶业学堂,以培训机械制瓷和煤窑烧瓷的技术工人。可是,这些举措并没有给瓷业生产带来多大发展。从现有一些零散资料反映,在20世纪头20年里,景德镇瓷业生产起色不大。这主要因为当时连年混战,军阀各据一方,严重地肢解了国内市场,加之洋货和外资在华种种特权,任其充斥市场,泛滥全国,排挤本国产品,景德镇瓷器"产销遂逐年衰退"。

1903年,在景德镇由程箴集股2.8万元创办日新瓷业有限公司,性质为商办。次年,黎景淑筹集资本20万元,创设商办萍乡瓷业公司。1905年,职商文乃麟与职员廖凤嗒也集股设立公司,雇用景德镇工匠30多人,议定工资,在上埠开窑造瓷,所烧红花瓷器,与景德镇制作相仿。并拟筹股洋30000元,正式创办萍乡瓷业有限公司。

1904年,在横峰由滕诚集资3万两创办复古窑厂,性质为商办。主要是制造仿制的景德镇的瓷器。1907年因耗折和水灾,亏损过多,停办大窑厂,维持小窑厂。

1905年10月，景德镇商人陈庚昌禀称，瓷品为出口的大宗货物，青花占到七八成，而滇料则为青花所必须原料。近日瓷业的衰败，主要受劣质原料的影响。云南所产的瓷料十分优良，于是邀集8个贩运滇料的商人，集资4万元，创办宝原滇料公司。次年正式注册成立，经营性质为商办。该公司主要贩运云南瓷土，以供制作青花瓷器之用。在从云南贩运至江西的过程中，虽屡遭抢劫，查封，但他们顶住重重压力，为景德镇提供了源源不断的优质原料。

另外，商人文乃麒在萍乡上埠创办窑业有限公司，性质为商办，资本不详。其招募景德镇的瓷工，主要是造瓷碗。

其他：1904年鄱阳县属乐亭地方出产棉花，购置日本轧花机数架。每日一机，能出净花200~300斤，较用土车轧花，每日仅十余斤，提高工效20多倍，而且省力。

1905年，江西机器造纸厂在南昌市成立，为官商合办，拥有资本42万元，内有官股60000元。创办人为黄大埙、朱秉方等。开办此类实业是清政府提倡的，"曾禀准大宪，自开办之日起，专利十年内，不许他人在本省地界再设本项机器。所造各粗细纸，暂时豁免利税，俟试办三年，如卓有成效，然后照章抽收。其厂中应用之机器药料，诸关造纸所用，凡竹、木、草料、败絮、旧布各项原料，验有本公司护照，各关卡一律放行，永不抽收厘税"。[①]

同年，德安乡绅合股设榨油厂。

1906年，九江黄钧等在龙开河地方开设修理小轮船的机器厂。同年，候补知县徐象藩筹集资本1.4万元，在南昌创立商办吉祥机器砖瓦公司。举人贺赞元在南昌集资7万元创办江西省城电灯公司。在1906年电灯公司设立前，南昌市路灯全部为油灯，或明或暗，效果极差，刮风下雨就无法使用。电灯的设立，无疑给城市增加了生气，给人民带来的方便。

1907年，候补通判洪嘉荫创办江西樟脑局，为官商合办企业，拥有资本6900元。

1909年，南昌恒泰面粉厂在西大街成立，资本额为1000元，工人4名，备有马达，每日产量400斤，每年出面总值6000元。

其他行业如采矿、樟脑、肥皂、火柴等的前已论述，这里不再赘及。

20世纪初据统计，江西在创办的大小不同的工矿企业有200家，经营范围

---

① 《中国近代工业史资料》第二辑第1118页。

第七章
晚清江西经济

主要是矿产、陶瓷、纺织、造纸、印刷、化学、日用品加工、食品、洗染等,其中矿产、陶瓷、造纸工业最突出。这些企业中,绝大多数是商办企业,少数几家是官办和官商合办企业,其规模较小,资本万元以上的仅13家,资本总额192.1万元,且在全国所占比重很低,工厂数不到2%,资本数不到1.4%。但从自身来看,其发展是空前的,不仅表现在数量上增长很快,由4个增加到200个,而且在工业部门、产品种类上也有新的突破,规模日渐扩大,资本万元企业由1家增加到13家。近代工业企业不断涌现是此阶段江西社会经济中的新鲜一景。它是一种先进的资本主义生产方式和经济势力,标志着江西近代经济发展进入一个新的历史时期,对以后近代工业的发展产生了重要的影响。

2.近代机械及加工工业的特点[①]

江西近代工业是中国近代工业的一个组成部分,具有中国近代工业的一般特征,但因产生、发展于江西近代这一特定环境,又有自身的特点:

第一,启动晚,发展缓慢。江西近代工业是在九江开埠后,资本主义纷纷入侵,城乡手工业遭到严重破坏,自给自足的自然经济逐渐崩溃,商品经济畸形发展的情况下兴起的。但江西近代工业并没有紧随全国洋务运动潮流,与时俱进,同国内先进省份相比,江西近代工业的产生足足晚了30年,直到20世纪初才真正开始。江西工业启动后,又由于各种原因,发展速度非常缓慢,到辛亥革命前,江西资本万元以上的工业企业仅有13家,占总数目不到2%。北洋政府时期,江西规模较大的近代企业也只有20家,占全国902家的2.2%。[②]

第二,分布不均,且地区发展不平衡。江西近代工业基本集中在南昌、九江、萍乡、景德镇4个城镇,其他地区寥寥无几。南昌是江西省的省会,政治、经济、文化中心,物产散集市场,历史上是江西的重要手工业、商业城市。九江开放后,洋货不断输入,手工业受到严重的打击。为抵制洋货进入,发展本地工业品,南昌兴起了各式行业,其中以制革业、碾米业、印刷业较为发达。南昌工厂数相对于其他城镇,数目最多。九江,长江中游南岸的重要港口之一,江西的省辖市。九江开埠后,引来外国商人在此创办外资企业,其中有1862年美国设立的旗昌洋行九江码头;1875年英国设立的太古洋行九江码头和怡和洋行九江码头,1875年和1882年沙俄在九江分设的新泰砖茶厂和顺丰砖茶厂,这五家外

---

① 万振凡、林颂华主编:《江西近代社会转型研究》,中国社会科学出版社2001年版,第91页。
② 中国第二历史档案馆《中华民国史档案资料汇编》第3期,江苏古籍出版社1998年版,第337页。

资企业分别控制了九江的航运业和砖茶制造业。90年代中期,为收回利权,"杜洋人攫利",九江积极发展民族工业。其中1898年至1918年,仅资本万元以上的轮船公司就有12家,茶厂、纱厂、火柴厂、瓷厂、机械厂、纽扣厂、电气厂、针织厂也相继创立。萍乡,位于江西西部,境内煤藏丰富,煤质最优。1898年成立萍乡煤矿局,投资69.9万元,用机器开采,是江南规模最大的煤矿。煤炭工业的发展,带动了萍乡其他工业的发展,使其工业产值在相当年份都超过农业,年产值在1000万以上。景德镇是江西的瓷都,古瓷享誉中外。它也是江西明清时期的四大名镇,商品经济十分繁荣。20世纪初,江西一些有识之士积极倡导开办机制瓷厂,用机器进行造瓷,与洋瓷抗衡。1903—1908年兴办了景德镇瓷器公司、日新瓷业公司等。

第三,以轻工业为主,重工业偏少,且规模偏小。中国资本主义近代工业化是从清政府洋务派官僚集团创办,以近代军事工业开始的,它走的是一条从军事工业到民用工业,从重工业到轻工业的发展道路。江西近代工业也是从罗兴昌机器厂、江西子弹厂、萍乡煤矿3家重工业开始起步的,但重工业所需资金大,江西无力支持重工业的发展,江西工业重心由此转向资金需求少、周转快的轻工业。在江西工业化的勃兴时期,所兴办的各式近代工业企业,除了几家采矿业,其余都是轻工业。同时由于资金不足,机械化程度低,大多是半机械化和手工操作,因而企业规模都较小。1918年以前的近200家企业中,资本在10万元以上的只有10家,占全国5%,1万元以上不足10万元的约20家,占10%,不足1万元的约有170家,占85%。

第四,外资企业、官办企业少,商办企业居多。外国资本主义的入侵,使中国陷入半殖民地半封建国家,外国资本在旧中国创办了很多大型企业,在旧中国资本主义经济中处于支配地位,而民族资本的力量却很薄弱。外资很少到江西投资办厂,是由于长江流域上有汉口,下有九江,并没有成为长江流域的重要口岸,投资环境较其他重要口岸差。江西官办企业也很少是因为江西官员申请不到任何官款;省库资金又非常紧张;外借又处处碰壁,使江西工业在起步时期,仅创办了两家官办企业:江西子弹厂、萍乡煤矿。以后官府也仅涉足于少数稍大的工矿企业,如1907年创办的赣州铜矿、余干煤矿。有的还是和商人共同创办的,如1905年创办的江西机器造纸厂,1903年创办的景德镇瓷器公司,1907年创办的江西樟脑局。商办企业居多,是小资本家比较容易募集资金,资金周转快。一些外资和官僚资本都控制着一些10万元以上的大型企业,民族资

第七章
晚清江西经济

本大多经营着10万元以下,尤其是1万元以下的企业。

第二节
市场与流通

江西的门户九江也由于《天津条约》而被列强打开了,资本主义国家廉价的商品像潮水般地涌入,使得江西的自然经济受到猛烈的冲击。虽然外国资本主义入侵使江西广大人民陷入水深火热之中,但自然经济逐渐解体,商品市场不断扩大,为江西资本主义近代商业贸易的发展提供了前提条件。

一、市场:结构与关系

市场是商品交易的基本场所。随着近代江西农业的发展,农产品生产的商品量的扩大,江西商贸市场逐渐发展起来,进而逐渐形成了村、县、区市、省四级市场。

(一)初级农村集市的增长

集市,是以地方定期交易为核心的经济流通机构。一般以乡为单位,规模不大,店铺较少,辐射范围较小,多半为定期集市,隔日一市,或三五日一市,因各地风俗不同而异。在地方文献中称呼不一,或为"墟",亦作(圩、虚)、或为"集"、或称为"市";[①]间或也有以"街、埠、店"称谓者,这在地方文献中亦不少见。

农村集市的主要市场功能是收集范围多在10华里以内农产商品,是沟通各地经济联系的主要渠道,即所谓"乡非镇则财不聚,镇非乡则利不通";"市者,所以居货而聚财也"。经营者一般为本地人,有自己的店面和仓库,他们把在市场上收购到的零星农产品囤积起来,以备成批地售给贩运商。

这些农村集市是农民之间以及农民与商贩之间进行交易的立足点,是一种初级市场形态。集市初为小生产者交换和调剂产品的场所,赶场者出售其多余的产品,换回自己不能生产的日常生活和生产用品,这属于农民之间"以有易无"的形式,有的甚至是农民以物易物的面对面的交换。这种原始的市场形

---

① 光绪《兴宁县志》:"四乡贸易之处,统名曰墟。"(卷五,《风俗》);光绪《龙南县志》:"商贾货物辐辏之处,古谓之务,今谓之墟,墟亦市也。"(卷二,《坊乡》)。

式既是产品供应的起点,亦为销售的终点,往往没有居间的转手过程。

九江开埠通商以后,由于商品经济的发展,这种纯粹的原始市场已极少见,集市实际已成为土产品的集散地。它既可作为输出市场的起点,又是农民日常生活用品销售的终点:它依赖高一级市场销售其聚集的土产,又将高一级市场运来的商品出售给农民,从而起着承上启下的作用,成为商品流通网络中的一个最基本的环节。

随着商品性农业的发展,各地还出现了不少专业性集市,即专做某种或几种商品的交易。这类集市着重聚集本地出产的某种产品,即为满足专门生产某一产品的小生产者销售其产品而设置。如赣北修水县的西摆乡,由于盛产茶叶,受出口需求市场的拉动,至民国年间发展成为茶叶的集散地和茶叶加工专业市场。而赣中地区永丰县的滕田乡位于赣江水边,至近代由于盛产苎麻,发展成为苎麻与夏布的专业生产与集散市镇。清末民初,滕田专业经营夏布的有正义行、正和行等。它们每年从各乡收购苎麻十数万担,本身既雇工人张机织布,同时又放纱收布,年生产和收购夏布数万匹以上,多销芜湖、无锡、成都、广州及东南亚等地。

明清前期,江西地区的农村集市业已较为发达。江西集市的变化,由康熙、乾隆、道光到同治年间最为鼎盛。九江开埠以后,由于对外贸易以及相关商品流转的带动,农村集市又有进一步的发展。如南昌府附郭南昌县因其所处地理位置的优越,境内东西有河流贯穿而过,货物运输至鄱阳湖,再到九江,由长江输向全国各地。因此其墟市发展速度也极快,万历年间只有7个,同治间则达34个,翻了近5倍,民国时又增至38个。所谓"南昌村居稠密,每七八里或三数里辄有墟市,每市所集,皆数千户,大者近万余户。而市肆多者不过数百。所积之货皆日用之需,其运售于远道者独米谷,其来则以棉花……市多滨河,货成之后远贾争集,帆樯林立,人多醉饱,则景象殊熙熙然也"。[①]据调查统计,江西近代墟市总体数量和分布密度,在光绪年间约为1700个左右,平均每县21个。

"墟"的数量增长的同时,江西各乡村小市场的功能也有所变化,部分地方小市场发展成为商品的集散市场或农产品加工专业市场。赣中永丰县的滕田乡位于赣江水边,南宋时就是"人烟辐辏"的乡镇,至近代由于盛产苎麻,发展成为苎麻与夏布的专业生产与集散市镇。清末民初,滕田专业经营夏布的有正

---

① 民国《南昌府志》卷四,市镇。

第七章
晚清江西经济

义行、正和行等几家夏布行,它们每年从各乡收购苎麻十数万担,本身既雇工人张机织布,同时又放纱收布,年生产和收购夏布数万匹以上,多销芜湖、无锡、成都、广州及东南亚等地。史料记载说:"苎布,出滕田者著名,沙溪、良村皆有之,永、明二乡多织麻,盖有藉此以供朝夕者。"①各乡所产苎麻由滕田镇集中收购,滕田遂成为远近闻名的苎布集散地。赣南广昌县的甘竹、白水、头陂、驿前等墟市,在光绪年间已成为广昌县苎麻、烟叶、甘蔗等农产品集散和加工的专业市场。傅春官在《江西农工商矿纪略》广昌县·商务中说,四墟"出口货以苎麻为大宗",烟叶、甘蔗等货物,有许多是"贩自邻省邻县者"。所织夏布,每年约出两万余匹,运销山东、山西、河南、福建等省,价值约在万余金。用甘蔗加工成冰糖的作坊林立,"有运往新城、南丰及福建建宁等处销售者,获利倍之"。白水、驿前两墟是烟叶的集散地,"每年多则四五十万斤,少亦三十余万斤,每百斤价约八、九两或十余两不等"。以致有洋商信隆行在该墟设点采买烟叶,请求设立烟草公司的事情发生。②

(二)县级集散市场的繁荣

在农村初级集市普遍发展的基础上,县级市场辐射范围也扩大了,城镇日益成为农村初级市场同该区域内区域城市、中心城市以及国内各地区市场联系的纽带;同时,商品性农业的发展以及随之兴起的家庭手工业、手工作坊的日益繁荣,以及通过各级地方小市场,县级市场可以将全县各个角落的商品纳入其流通范围,促进了城镇县级市场的勃兴与繁荣。有些大镇已逐渐发展成为附近几个市镇商品流通中心,初步突破了地方性狭小市场的格局。如铅山的河口镇、清江的樟树镇以及新建的吴城镇等。

近代江西县级市场首先得到发展的是位于五大河及其支流沿岸的县城,这是由于水路运输便利所产生的。如赣江沿岸的丰城、清江、庐陵;抚河沿岸的临川、广昌、南丰;饶河沿岸的鄱阳、乐平、德兴等,共40来个县城。这些县级市场在明清时期就是各水系流域地区性商品集散中心,到近代由于农村商品经济的发展,它们的规模普遍得到了扩大,辐射力普遍得到了增强。如赣江上游的庐陵县城,在清末民初有各类店铺623家,资本总额达13.4万元,雇佣店员2787名。史称庐陵县城商业之繁盛,"虽不逮南昌、九江两埠,但较诸赣州、樟

---

① 同治《永丰县志·物产》。
② 万振凡、林颂华主编:《江西近代社会转型研究》,中国社会科学出版社2001年版,第60页。

树,当有过无不及"。①

城镇县级市场主要起到繁荣城镇经济,向其经济区提供商品与劳务,连接经济中心地的销售渠道结构作用,并在运输网络中起到重要节点的作用。

(三)区域物流中心的形成

在城镇县级市场繁荣的基础上,因自然、社会经济以及社会生活等各方面都相似而形成的区域中心市场,在近代得到进一步发展。在地区市场内各单位间已有较频繁的交换,且形成多个的商品流通中心,通过这一中心,地区与地区之间,地区与省际的商品流通大大地加强了。

九江开埠通商以前,这时的九江受内向型社会生产、流通结构的制约,虽拥有明显的地理优势,但与江西内腹地区缺乏直接的经济交往。广州一口通商禁令的束缚,江西内腹地区的进出口货物流向是以赣关为集散,商道为"汉口—吴城—樟树—赣州—大庾岭—广东",于是赣关成为进出的主要孔道。导致江西地区过境贸易的繁荣,一些地理位置优势、交通方便的市镇逐渐成为区域中心市场,货物集散以其为中心;这就是赣东北地区的河口镇、景德镇、赣中地区的樟树镇、赣北地区的吴城镇。例如:赣东北地区市场,在浙赣铁路通车之前,以河口镇为流通中心。河口镇位于赣东北广信府铅山县境内的信江与铅山河交汇处,为铅山县属之一镇,舟车四通,水陆交通极为便利。下连鄱阳湖出九江或湖口可通长江,或由鄱阳湖溯赣江而上至大庾,越大庾岭入北江可抵广州;由信江溯流而上经上饶到玉山沟通江浙;由铅山河上溯到武夷山北麓,经桐木关、温陵关、分水关可通福建。河口镇在嘉庆年间还仅仅是一个小集市,而从嘉庆后期,便成为销售本地纸茶和集散转运东南、中南各地商品的重要市镇,成为全国重要的商品市场之一。故有言道:"浙赣吐纳之货物,必须道经该镇。"②1852年,一位外国人描述河口商业盛况写道:"河口镇为中国内地最重要的市镇之一,大约有30万居民,是红茶贸易的一个大市场,中国各地的商人都到河口收购茶叶,或是把茶叶运往其他各地,河口镇到处都可遇到大客栈,茶行和仓库,沿河一带更多。停泊在市镇附近的船只非常之多,有载单身乘客的小船,有大的渡船及悬挂旗帜的华美官船。上海和苏州是靠近海岸的商埠,而河口则是靠近西部腹地的商埠。"③到光绪年间赣东北的农产品包括茶、米、烟叶等

---

① 民国十五年《庐陵县志》第30册,第76页。
② 民国十五年《江西通史稿》第30册,第76页。
③ 姚贤镐:《中国近代贸易史资料》第3册,第1536页。

第七章
晚清江西经济

"都是先运至河口,然后转往一个输出口岸",成为盛极一时的全国性的物资集散地。河口物资的运销线路有两条。一条是运往上海,在河口装船,逆水(信江)上行,向东至玉山……至玉山即起货至货栈,然后雇力夫,挑运至浙江常山,到常山便装船顺流而下至杭州,再转运河至上海出口。另一条线路是沿信河向西进鄱阳湖,经赣江运至大庾岭关,再雇挑夫运至南雄,经西江进广州出口。

五口通商后,全国的流通、贸易中心格局发生了根本的改变。对外贸易中心由广州而趋上海,以其量大面广的内外贸易商品吐纳,直接带动了覆盖整个长江流域市场网络的组合。九江成为江西的贸易中心,并成为以上海、汉口为中心的长江流域市场网络组合的中介口岸。从前由赣关经大庾岭道而下广州的物流大多改由九江经长江水运而趋上海。江西传统的区域物流中心市场亦开始衰落,取而代之的是行政级别较高的中心城市。如赣东北地区河口镇贸易地位逐渐被广信府治之地上饶所取代;赣中地区樟树镇则被吉安府的庐陵(今吉安)所取代。当然,原来就是政治中心,同时又是贸易比较发达的城市如南昌府的南昌、九江府的德化等在近代依然保持区域中心城市的地位。

南昌作为近代江西的省会城市,凭借其强大的政治经济辐射力和四通八达的交通网,吸附着各地的农产商品向南昌集中。不仅鄱阳湖区、宜春、抚州的流通农产品要进入南昌市场,就是赣南、赣东北、赣中的一部分农产商品也要聚集南昌,再依托南浔铁路,运至九江,行销全国。

九江是江西唯一的通商口岸,江西大宗商品以此为转运枢纽,贸易总额名列江西各地前茅,为江西近代农产品出口之门户,近代的一切事物,开始缓慢的进入九江,并通过九江而传动江西内腹地区。九江出口货物有茶、米、纸张、烟、竹木、瓷器、靛青、苎麻、豆、油、棉花、夏布等。茶的出口占九江输出额的首位,其中砖茶在20世纪的出口价值约有300万两。江西出口的米80%经九江运出,主要运往上海,也有运往汉口。另外,瓷器、夏布、豆类等江西的出口大宗商品,大部分亦由九江输出。九江已成为省内各级市场的终点市场和对外贸易的转运基地。由此可见,南昌—九江作为近代江西农产品贸易流通中心的地位已完全确立。

(四)各级市场之关系

按照德国地理学家克利斯泰勒(W.Christaler)的中心地理论:城市在一定范围内按一定的规律相互结合,构成城市等级结构体系,即一个大城市统辖一定数量的中等城市和更多数量的小城市,大城市的服务(或职能)和影响通过这些中小城市逐级传输到全区。克氏以现实中不同地区不同因素的影响中心地的分布形态应有不同,提出了三种情况下的理论模式:第一种,在市场作用明显的地区,中心地分布要以最有利于物质销售为原则,即形成合理市场区;第二种,在交通作用明显的地区,中心地分布应以便于交通为原则,即各级中心地都应位于上一级中心地之间的交通线上;第三种,在行政职能突出的地区,次一级的中心地必须在上一级中心地势力范围内,而不允许同时接受两个或三个高一级的中心地的。[1]利用克氏的中心地说来分析九江开埠以后的江西市场关系,亦有一定的借鉴意义。

从江西各层次市场的关系来看,其市场等级体系基本上符合克氏的中心地所述三种模式的情况,但是各有侧重。传统社会由于过境贸易的繁荣,相应地在交通上占有优势的中心地发挥的作用更为明显;到近代开埠以后,由于九江地处江西的最北端,地理的趋中性不明显,其对江西内腹地区的进出口贸易的传动中心位移政治中心南昌,因而导致中心地的层级往往以行政职能的高低而定等级,依次形成了省会、府治、县治、农村集市的市场体系,各自承担着一定的商品流转功能。因此,结合到各级市场关系,有几点是值得注意的:

第一,各市场系统的联系有的是直接的,有的是间接的,要靠其他市场层次充当媒介传递。尽管部分市场间或亦能打破系统的局限,与间接联系层次的市场保持直接的联系,如邻郊集市同中心城市的市场联系,但上升到市场系统来看,联系仍然只能是间接的。

第二,市场的不同层次实际上就是商品流通的不同阶段,而市场联系的实际内容是土货和洋货的双向流通。就农产商品流通而言,是一个由低到高依次递进的市场层次系列,其产品亦由发散归于集中;而进口商品则是依据相反的方向运行,是由集中到分散的过程。

第三,省内市场以区域商品流通中心为核心,各个层次的市场都不同程度地受九江进出口市场的制约。这些制约主要表现在:工业品供应的支配和垄断,土货供应、流通的支配和控制,价格上的制导等等。一些原有的商业网络、流通渠道其能承载进出口货物流通的部分得到了维持、保留,一部分得到了发展和改造,其性质和机能逐步变化。一些不适应和背向于进出口流通的渠道渐趋萧条和沉寂,走向衰落。这种关系说明,传统的封闭式的市场结构已开始解

---

[1] 蔡来兴主编:《国际中心城市的崛起》,上海人民出版社1995年版,第139页。该问题参考了王笛:《跨出封闭的世界——长江上游区域社会研究(1644—1911)年》,中华书局2001年版,第四章相关内容。

体,代之而起的是一个开放式、半开放式的市场结构。

第四,从九江与江西内腹地区的市场传动来看,其市场基础是中小城市市场和地区商品集散地,而又以南昌为传动中心。中小城市(尤其是县城市场)市场对九江市场来说,成为一个半导体。它一方面传导了部分九江市场的商品流通和商品关系;另一方面,又阻隔了九江市场向农村市场深层渗透,客观上形成了以九江为代表的口岸市场和农村市场两个既有联系又很不相同的市场体系。正如费维恺研究西方对华经济影响时指出:"内陆的商品销售仍以通过传统贸易途径做生意的中国商人为主。在各大通商口岸之外,外国商行无力同农村华人零售商建立联系。……到1911年为止,大商埠以外地区的商业结构及其运转机制与半个世纪以前并无多大变化。"①这在某种程度上又制约了九江对外贸易功能的进一步发挥。

总之,江西商业市场网络的发展,一方面是由于乡村城镇自身的性质和功能所决定的,城市对与之相联系的周围地区来说,具有作为贸易中心的种种地理的、社会的、经济的有利条件;另一方面,是由近代开放以来商品经济的性质和规律所决定的。由于九江开埠通商以后,江西传统商路的逆转,导致中心城市的位移,传统四镇开始衰落,而涂家埠、南昌、九江的地位和性质也日起益重要,形成以九江—南昌为中轴的城镇格局。这种格局与全国贸易重心的转变及传统商路的变化是相吻合的。

二、流通:进出口贸易

(一)洋货进口

第二次鸦片战争后,随着《天津条约》的签订,1861年九江口岸开埠通商,当时,世界资本主义还没有发展到帝国主义阶段,它们经济侵略中国的方式主要是输出商品。九江口岸的开放,为资本主义国家对华的输出商品提供了又一个重要的内地市场和通道。子口税制度在九江口岸的普遍推广,以致洋货如洪水猛兽般地自北向南泛滥,侵入南昌、吉安、赣州等地的城镇和乡村,影响着江西全省经济的变化。

同时,九江对外开放商埠以后,外国侵略者在这里建立了榨取中国人民血

---

① 参见罗兹曼主编、国家社会科学基金"比较现代化"课题组译:《中国的现代化》,江苏人民出版社1988年版,第49页。

汗的经济机构,采用了诱劝华商试销、对华商赊销、建立推销员制度等方式,垄断进口市场。进口货物的品种几乎全是纺织品和其他日用生活品,这是外商凭借其所获得的特权向中国倾销过剩商品的结果及特征。在输入的洋货中,以鸦片和棉纺织品为大宗;除此以外,还有煤油、食糖、火柴、肥皂、炼乳、洋伞、窗玻璃、苯胺、羽毛带、手帕、棕叶扇、海参、铅、铁等数十种商品。

鸦片:鸦片在19世纪的中国扮演了一个非常特殊的角色:它既毒害中国人民的身体健康,危害国家利益,可最后它却又成为清政府赖以生存的一种财富来源。这使得鸦片流毒在19世纪后期愈演愈烈。九江开埠前,外国输入江西的物资除鸦片大宗,其余都很少。第二次鸦片战争以后,由于清朝统治者被迫更改通商税则善后条约,洋药弛禁征税,于是鸦片贸易由非法的秘密活动变为公开的商业交易,其侵入范围从沿海港口扩大到中国内地。"只因长江一开,内地漫无限制,行栈既设,囤积居奇,决不肯身居内地而听洋药售于海口以让华商之利者。海关既不能禁,则除逢关纳税,过卡抽厘外别无办法。"①于是鸦片自然而然地成为合法的进口商品了。鸦片贸易合法化以后,由于九江海关对鸦片类采取"税厘兼取,不分华、洋"的原则,鸦片因而大量输入,结果使九江口岸成为江西省鸦片进口的一总汇区。

英国鸦片贩子直接从国外或从上海转口把鸦片大量运入九江销售。中国不法商人于承办洋药后,按照岸路药税章程,每百斤输银20两后,便在内地行销。至1868年,九江海关对每担鸦片税的征收额虽然高达80两,但鸦片仍源源不断地从九江进入江西内地,"外洋土货中国资之贸易者,此为最巨"。鸦片对中国经济的危害巨大,鸦片贸易使中国大量财富流失,使本来就已普遍贫困的中国人变得更加贫困,严重影响了中国经济的稳定和人民生计。而因鸦片所耗费的财富以及不断的巨额战争赔款,则是清政府财政近乎崩溃的最主要的原因。

在1884年以前,九江商埠的鸦片贸易,"由七家中国商行经营"。②操纵这些商行的汕头商人从洋商手中接过鸦片,采用"现金买卖"和"长期信用整箱出卖"两种方式,销售给本埠和内地的鸦片贩子,从中牟取暴利。清朝在很大程度上是因为鸦片而亡,可晚期的清政府却又依赖于鸦片的关税和厘金收入而苟

---

① 《中西纪事》卷十八,第3页。
② TradeReports,1884年,九江,第107页,转引自姚贤镐《中国近代对外贸易史资料》第三册第1548页,中华书局1962年版。

第七章
晚清江西经济

延残喘,突出表现为鸦片税收在清政府财政中的地位越来越重要,在19世纪后半期成为海关税收中最主要的部分。

棉纺织品及其原材料:棉花自清同治二年起,九江海关即有棉花输入的记载是3900余担,以后各年有所增减,同治五年有21000余担的输入,光绪六年有62000担的输入,为数十年中的最高纪录。由光绪六年至十七年十年间平均每年亦有20000担以上的输入,此项棉花之大部分供于手工纺织原料的需要。这段时期为棉花输入最盛时期,亦即棉纺织工业最盛时期。自此以后,至光绪二十六年九年间棉花输入,逐渐减少,虽在二十三年至二十五年间,亦曾有10000担以上的输入,但到二十六年只有384担,由光绪二十七年直至民国九年的二十一年中,则无棉花进口。

棉纺织品的进口主要有棉布和棉纱,货源来自英国、印度、美国、日本、意大利、俄国、土耳其和西班牙等资本主义国家。棉纱棉布的源源输入,是江西手工棉纺织业衰落突出表现。仔细分析棉纱与棉布的输入,可表现为一兴一衰二极端的现象。在同治十三年以前向无棉纱的输入,同治十三年始输入仅219担,以后逐年渐增,至光绪三年超越千担以上。至光绪十二年超越万担以上,至光绪二十四年间达十数万担以上,更突飞猛进,至民国三年超出23万5千担,造成空前之纪录。而棉布的输入,在光绪三十年已在40万担以上,以后各年虽高低不同,然亦未曾跌在30万担以下,最高时民国三年曾达70万担,即使是江西内战之年,人民购买力低降至极度,但也未见其显著地减少。

从棉织品进口贸易来看,棉布进口居第一位。实际上洋布没有土布耐用,但比较柔软美观,又因价格低廉,所以在中国已日益广泛地被人们使用。英国棉布输入中国的总值比其他国家多。美国货总值虽较小,但增长的速度很快,尤其在粗布方面,后来占了绝对优势。而细布及杂色布方面,英国仍占优势。

19世纪60年代末至70年代初,由于洋布价格低,有许多茶商把在上海积存的洋布作为回程货物运入九江推销。所以,从1867年开始,英国的棉布在九江的进口量大大增加,出现了九江开埠以来从未着用洋布的人们开始着用洋布的现象。

但洋布并未能因此就牢牢占据九江市场。直到19世纪70年代末,当地生产的土布同洋布进行了激烈的竞争。例如,1877年,农民获得棉花丰收,他们家庭里织的布成本大大下降,比较便宜,这自然就有碍于进口棉布的销售。可见,土布对于洋布尚存在着一定的竞争能力,广大农村仍然是土布的市场。对此情况,英国领事馆在从九江发出的报告中哀叹道:"假若人口较少的印度在1879

年尚购买英国棉织品达22,714,000镑,而中国(包括香港)仅购买8268000镑,可见英国与中国的贸易尚有很大扩张的余地。因为中国有肥美的土地、较富的矿藏和无比的丝茶富源。可以肯定地说,英国的输出品的销路,无论是棉织品、毛织品或金属,都没有超越过一般中层阶级……一旦英国棉布为中国劳动人民所服用,贸易统计数字将是数百和数千而不是数十了。"①

至19世纪80年代末,洋布由于价钱便宜,终于代替了土布,在整个九江市场泛滥。统计资料显示,1888年,洋布从九江"进口总额达270627镑,这一年增长了16%以上。近五年来数字在稳步增加,目前差不多比1884年增长了一倍"。②洋布充斥市场,九江及其附近地区的土布生产似乎完全被洋布排挤了。

在输入的洋布中,英、美两国的棉布仍占九江市场的首位。不过,这时日本的棉布在市场上崭露头角,同英、美两国的棉布争高低,婆罗洲、苏门答腊、土耳其、意大利和西班牙的棉布也更多地出现在商店的货柜上,花色品种亦较前丰富多彩。

在20世纪的头20年中,洋布的进口尽管受到第一次世界大战、中国政治局面紊乱和江西局势动荡不安的影响,呈现波动状态,但是进口的总数额并没有发生任何重要的变化。

在进口的棉制品中,棉纱的增长速度又远远超过棉布。由于洋棉比土棉的纤维较长,再加上优越的操作技术,因此进口的棉纱比任何土法生产的当地棉纱都要坚韧,放在土机上做经线用,可以织出更加耐用的棉布,使得九江商埠"洋纱进口的数量虽小,但是一直在逐年稳步上升,无疑还会增加"。"1879年棉纱进口在2000担以下,两年之后,增加至3245担,而过去的十二个月中,达到5708担,其中有5000担以上用子口税运往本省内地。""到1886年,过去五年中继续增加的棉纱进口,到本年又有重大进展。进口棉纱14890担的三分之二是用子口税运到对棉纱需要量最大的南昌府。这些棉纱在南昌府织成布,其中最大部分运往广东及江西的南部,供粤赣两省边际的农民使用。"③

---

① Commercial report,1888年,九江,第2页,转引自《中国近代对外贸易史资料》第三册,中华书局1962年版,第1359页。

② Commercial report,1888年,九江,第55页,转引自《中国近代对外贸易史资料》第三册,中华书局1962年版,第1359页。

③ Trade report,1883年,九江,第109页,《中国近代对外贸易史资料》第三册,中华书局1962年版,第1424页。

第七章
晚清江西经济

同全国的情况一样，在19世纪70年代以前，九江的市场为英国棉纱所独占。但从80年代起，由于印度距中国较近，运销成本自然较低，中印两国都是银本位国家，汇兑皆以银两计算，比较稳定、方便；同时印纱以粗纺为主，也适应中国消费者的需要，所以便以印度（英属）棉纱为主。在九江，"进口数量逐年增长的洋纱，约有81%来自孟买"。①这种洋纱有很大一部分，约当进口棉织品总值的一半，转运到江西南部的南安府和赣州府，在这里有的完全用洋纱，有的参用土纱织成棉布；还有一部分在本城织成带子，然后以船运到苏州和扬州销售。②

直到1894年，九江的棉纱市场依旧全部为洋纱所垄断，最高进口额曾达32358担。从1895年起，才有本国的棉纱输入。至第一次世界大战爆发的1914年，由于国内近代纺织业的兴起，棉纱贸易的趋势发生了明显的变化。在进口的洋纱中，印度纱的进口量虽有升有降，但有时还出现短缺、脱销现象，因它是颇受中国人喜欢的"热门货"，在同日本棉纱的激烈竞争中始终居领先地位。为了加强对九江的棉纱输出，日本商人还在九江城内龙开河桥头开设了"久记庄"商行，大量推销日本纱及其他日用百货，几乎垄断了九江的商业。

煤油：九江进口的煤油，主要来自英、美、俄和婆罗洲、苏门答腊等国家和地区，是仅次于棉织品进口量的一项进口货。英、美两国为了加紧对九江的石油输出，在这里设立了亚细亚洋行、美孚洋行的分支机构。据九江海关贸易报告记载，1875年"进口煤油7180加仑以供当地消费。几年之后便可以看出这种便宜而光亮的油是否会代替植物油"。③这个进口数量与同时期全国煤油进口量2000万加仑相比较，是微不足道的。但用煤油照明不仅发光清亮，而且比豆油和菜油便宜，于是消费量迅速地增长起来，从而刺激了进口量的激增。

到19世纪80年代末，不仅俄国的巴库石油开始运进九江，加入了争夺九江石油市场的行列，而且原来的石油输出国也源源不断地将石油输入九江市场，使九江石油进口量达到1200余万加仑。虽然这种进口贸易在1913年曾受到严重的打击。1913年7月以后，长江中下游一带成为讨袁的主要战场，因此导致水运中断，石油运输受阻停顿，进口量下降至原有量的68%，即869万加仑，其中

---

① Commercial report,1888年,九江,第2页,转引自《中国近代对外贸易史资料》第三册,中华书局1962年版,第1359页。
② 陈荣华、余伯流等主编：《江西经济史》,江西人民出版社2004年版,第486页。
③ 九江海关档案:kiukiang trade reports,1911—1920年。

洋油占677万加仑,本地油占192万加仑。①

食糖：19世纪初期,"由九江进口之冰白各糖及火车洋糖,多自台湾、香港运来"。②据统计,光绪三十年(1904年),各种进口的糖达到155076担,比1916年的进口量低了24481担。这主要是因为欧洲市场大量需求食糖,从而大量的糖从香港船运到欧洲,以满足欧洲市场需要。内地市场食糖需求并未减少,出口量又反增加,造成食糖价格也随着需求的增加而上涨,商人们因此获利不少。但是到了1918年,进口食糖的各种产品和数量都有了不同程度的增加。这是因为：在食糖市场上,香港、爪哇和日本商人之间有过激烈的竞争,使糖价下跌,一些商人便乘机大量购进食糖,运入九江市场。

火柴：这是人们日常生活中的必需品之一。在中国输入的外国制造品中,任何东西都不及火柴这样受到人们的欢迎并如此迅速地增加。拿全国的情况来说,1867年进口的火柴仅79236箩,至1880年竟达到1419540箩。九江商埠进口的火柴多数是日本货。由于日本制造火柴的原料和劳动力的价格不断上涨,因此价格比较昂贵,不受消费者欢迎,其进口量一直不大。19世纪末,当九江荣昌火柴厂开工生产第一批火柴后,日本火柴的进口量虽上升过,但总的趋势是不断下降。至20世纪初,日本火柴在九江市场上就根本没有什么销路了。后来日本火柴厂纷纷改进技术,采取卑鄙的倾销手段,将低价的"洋火"大量倾销于江西各地,江西本地所产之货,不及洋货稳定洁净,无法与其竞争,坚持数年后,又将工厂顶卖。

毛织品：19世纪70年代初期,英国开始向九江输出毛织品。但因"江西省广大的农业人口并不需要许多毛织品；有钱的士绅仍然喜欢穿绸缎,而使用大量羽毛作军旗,用羽绸和毛羽绫作军服的军队数量也不多,不足以构成大量的需要"。③这种情况直到1889年仍不曾表现出任何较大的发展。

零星物品：金属的进口很少,主要有铅、铅板、铅锭、铅棒、铁、铁板、旧铁、低碳钢、低碳钢缆、电线等十数种。铅主要用于做茶箱的铅罐,大半运往南昌和广信(今上饶县)销售。"前者供应宁州茶区,后者供应安徽省边境的绿茶区"。④

---

① 九江海关档案:kiukiang trade reports,1911—1920年。
② 九江海关档案:《贸易报告:1915年》,kiukiang trade reports,1911—1920年。
③ 《统捐章税》,载《江西官报》丙午年(1906年)第三期,奏牍二。
④ Trade Report,1874年,九江,第53页,转引自《中国近代对外贸易史资料》第二册第826、827页,中华书局1962版。

第七章
晚清江西经济

在零星的进口货物中,作为婴儿食物的炼乳的需求量逐渐增长;洋伞的输入,1888年比上一年增多了50000把;窗玻璃的进口量同样增加了30000平方米;苯胺染料、肥皂(大部分来自日本)、杀虫药、棕叶扇、海参等货物的进口量也在不断扩大中。[①]详见下表:

江西省进口货物表

	棉布(匹)	棉纱(匹)	煤油(加仑)	糖(担)	钢材(担)	茶(担)	海产品(担)
1904	402346	134886	3841410	155076	48585	1	63167
1905	329673	112841	4662650	143081	51554	1166	56512
1906	300743	111942	5398400	182418	58289	1971	58625
1907	436575	159573	6258070	227911	70702	18411	75069
1908	364584	138633	6859572	172926	69313	3590	70970
1909	350205	111230	5171003	184422	74383	5808	63872
1910	370069	147126	7566017	175721	76983	8040	79458
1911	347773	101492	1331996	179557	74857	1896	57253

资料来源:根据陈荣华:《江西近代贸易史资料》编制。

(二)土货出口

中国同资本主义国家之间的贸易,是一种半殖民地性质的贸易。江西无疑是外国侵略者的商品市场和原料供应地之一。鸦片战争前夕,中国大宗出口产品,如茶、丝、瓷、布、中药等,均由广州一港通商,大量商品经赣江—大庾岭商路运至广东。九江开埠后,外国商人以自由贸易为幌子,在中国大肆倾销商品的同时,又疯狂的掠夺我国的原材料和其他宝贵财富。从江西及其邻省收购大量物资从九江关出口,这其中主要是手工业品和农产品。自此以后,出口商品种类和数量的增多,适应了外国资本主义工业生产发展的需要,这是对江西及其邻近地区进行残酷掠夺的表现。有调查资料显示,江西历年向市场提供销售的物产有63种。其中,有35种除供本省本地销售外,还运销国内外。

茶叶:江西的土货输出以茶叶为大宗。江西向来为中国的重要产茶地区。种植茶叶百余万亩,散布于五十余个县,如德兴、玉山之绿茶,修水、河口、浮梁之红茶,以及万载、安远、吉水、寻乌、铜鼓、武宁等县,产茶量都很大。

---

① 陈荣华、余伯流:《江西经济史》,江西人民出版社2004年11月,第488页。

19世纪中叶,江西仅出产绿茶。"那时江西省的宁州一带茶区仅以绿茶闻名。而现在以及过去多年,福建红茶虽然曾大量输出,但宁州茶区所产的红茶也已为世人所重视","它在伦敦市场上,一般均售得极高的价格"。①19世纪中叶以后,为了适应国际市场对红茶需求量的增加,中国商人在宁州茶区用原来制作绿茶的茶叶制出了一批红茶运往广州销售,结果颇受广州外商的赞赏。宝顺洋行买下了这批红茶运往英国,"销路甚佳,并且马上成为一种头等的红茶。此后销路年年不断增加,同时中国茶商也经常源源供应"。这就使原来以出产绿茶闻名于世的宁州茶区变成了专门生产头等红茶的茶区。婺源县既是生产绿茶的大县,又是南来北往贩茶比较活跃的中心之一。婺源延村,为金、吴、程、汪四姓共建,这皆以产茶、贩茶而致福,民居风格属徽派建筑,门楼石牌坊,水磨青砖,门头翘角,酷似"商字",门户相成,隔巷相对,雨天无须雨具,可穿堂串巷。村中全是青石板路,无台阶,意寓不崇官,往商平坦,屋内板壁木梁柱,皆以平雕、透雕、浮雕精工而成,雕图百象,形象逼真,栩栩如生。四姓一村,群屋一体,是现今十分宝贵的文化遗存,更是当时茶叶贸易兴旺发达的一个见证。由于贸易频繁,茶叶的出口数字继续增长。1882年为280037担,1886年一跃而为307096担,占全国茶叶出口总数的12%以上,创19世纪80年代江西茶叶出口的最高纪录。

　　1861年九江初开放时,尚无外国茶商。因此在本埠购买的茶,须以未曾加工的形态运往上海,在上海再为加工、包装;然后运销外国市场。至1862年,才有十六七个中国商人在九江设立茶行,为茶的输出加工,使茶叶的出口量在正式开关的1863年就达到了198209担,占同期全国茶叶出口总数的12%左右。随着茶叶贸易的进展,在茶区收购、贩卖、加工茶叶的中国商行,由19世纪70年代的7家增加到1881年的252家、1882年的344家。

　　后来,英国怡和洋行的商人、英国的"宝顺"以及美国的"琼记""旗昌"等洋行的茶商就擅自闯到"义宁茶"产地武宁、修水一带就地收购茶叶。他们"既无海关凭照,亦未知会到关"。还有一些洋商,他们坐镇九江,并不深入产茶区,但却有"内地商人"替他们到茶区收购。

　　在外商掠夺中国的茶叶资源以后,"江西省沿鄱阳湖的产茶区,在最近五十年中,已发展为一个很重要的茶区,所有婺宁及宁州茶都是这个地区出产

---

① 转引自《中国近代对外贸易史》第三册,中华书局1962年版,第1474页。

第七章
晚清江西经济

的,并且大量输往欧美"。① 1871年,由于欧洲茶叶消费惊人的增长,其速度超过茶叶生产的发展。于是,扩大茶树的种植,增加茶叶的产量,使许多新的产茶区出现了。到70年代中期,有5个新产区的茶叶进入了九江市场。这就是距九江埠280里的吉安,距九江埠87里的建昌(即今永修),距九江埠35里的瑞昌和九江附近包括庐山山脉的一些地方。出产的茶叶,多数通过修河、信江、饶河、赣江、鄱阳湖等江湖,船运到九江集中出口,因而使九江成为一个茶叶资源丰富,品种齐全,与汉口、福州并驾齐驱,闻名中外的茶市。由此而出现了以修水、武宁、铜鼓为主体的宁红茶的销售市场。

九江开埠后,输出茶叶的类别可分为红茶、绿茶、砖茶和茶末。红茶又分为红茶叶、红茶砖、小京红茶,茶末、梗子、毛茶六种,绿茶分为绿茶叶、绿茶砖、小珠绿茶、熙春绿茶、雨前绿茶、绿茶块等。红茶、绿茶主要运销英、美等国,砖茶、茶末主要销往俄国和东欧国家。例如,对俄国贸易,主要是砖茶出口。光绪十七八年间,砖茶复渐次发达,俄商于九江设立分行及机制砖茶厂二所,一名阜昌,年产26000担,一名顺丰,年产15000担。从18世纪70年代末至20世纪初,本埠制造的砖茶继续增加。1897年以后,狡猾的俄国商人利用中国官吏的昏庸无能,"自由输入了锡兰末茶搀和中国茶制造。这一点上,中国又吃亏了。锡兰末茶输入时,只要画押保证,一年以内转口,便不纳入口税;更特别的是,虽然再输出时是砖茶而已不是末茶,转口时也不纳税"。② 海关报告显示,输入俄国的砖茶,1872—1881年为86128担,1882—1891年为259268担,1892—1901年为342760担。可见其输出量与红茶、绿茶不一样,它仍在持续上升。

19世纪末叶,在英国市场上印度茶和锡兰茶都打破了中国茶独占的局面。在美国市场上,日本茶成了中国茶的竞争者,加上年成不好,时有减产,到20世纪的头20年,红茶的价格大为降低,绿茶的销路成了问题。清光绪三十年左右,因宁茶衰落,茶市逐渐移至汉口,九江洋行、茶庄,均先后收缩或停业,于是一般茶庄不得不改弦更张另辟途径,转趋于茶栈业,专营转运报关之事,是为九江茶业史上之一大变迁。

瓷器:江西景德镇生产的瓷器,外销世界各国,驰名天下。进入近代以后,江西景德镇瓷器除满足国内市场外,也成为九江商埠一大出口品。但由于生产技

---

① 《中国近代对外贸易史资料》第三册,中华书局1962年版,第1474页。
② 《光绪三十二年商务口岸华洋贸易情形》,见《东方杂志》第十一期,第158页。

术渐趋落后,且在花色品种方面因循守旧,不知仿制欧美用品,不能与外洋匹敌。同时由于海关检验时手段苛繁,征税无度,"须将原包开验,分别粗细收税,既属稽时,又易破碎,且或认粗为细,加以重罚,故各商视为畏途";或改从陆路外运,致使"九江关出口瓷器日形短少",①商情、税务两方面同遭打击。为了改变这种状况,1875年5月(光绪元年四月),九江招商分局的商绅曾致函总税务司,提出变通办理的要求,建议"将瓷器不认粗细,计每百斤收正税六钱七分五厘,收半税三钱三分七厘,余或于红花蓝花分别粗细","变通办理,以为恤商裕课,两有裨益"。②同年六月,清廷出于增加关税的需要,由北洋大臣札行总税务司,同意九江招商分局商绅们的要求,饬令九江关遵照核明办理,悉除"瓷器到关向来稽延、破损、误罚之弊……嗣后凡有商人报运瓷器,该关但须查明是否,以防夹带别项重税之货,至该瓷器粗细悉听该商自报,不必仍前拆开细验,致群视为畏途……且系先行试办一年,如一年内瓷税果增,以后即可常川照办"。③这些措施对恢复九江关的瓷器出口贸易,无疑起了一定的促进作用。从此以后,江西瓷业走入低谷。据载,极盛之时,尝有窑3000座,从业工人达上万,产品输出各地,且达南洋欧美。每年出品上万担,总值约6000万~7000万两以上。从同治二年至宣统三年,其出口数量大都在2万担至6万担之间,只有极少的年份在1万担以下。④

　　夏布及苎麻:夏布为江西的又一特产,盛产于万载、宜春等县。当清末民初,夏布每年输出数量平均达1.5万担以上,约合90万匹。近代江西土布输出也不少。"从南昌销出去的颇多,一条线由贵溪弋阳河口玉山转入福建之崇安、浙江之常山;一条线由饶州、乐平景镇转入安徽之婺源等处;一由抚州、南丰、建宁转入福建之邵武汀州等处;一由奉新、瑞州、义宁、武宁转入湖南之平江等处。"⑤"峡江、庐陵所出之布装运宁都州、萍乡、大庾、雩都转售湖南之醴陵、福建之汀州,并由南雄直运广东"。江西用洋纱织成的土布,仍继续在佛山被染成

---

① 九江海关档案《总税务司通告:1876—1882年》,《北洋大臣札行总税务司:光绪元年五月十六日》。

② 九江海关档案《总税务司通告:1876—1882年》,《北洋大臣札行总税务司:光绪元年四月五日》。

③ 九江海关档案《总税务司通告:1876—1882年》,《北洋大臣札行总税务司:光绪元年五月十六日》。

④ 陈荣华、余伯流等主编:《江西经济史》,江西人民出版社2004年版,第493页。

⑤ 《商务官报》第十六册,戊申年(1908年)。

第七章
晚清江西经济

仿"长青布",运销新加坡。

苎麻(Ramk)及黄麻(Jute)为江西农业的特产,苎麻的特长,在其纤维拉力高于一切植物性纺织纤维,设苎麻纤维之强度为100%,则大麻为56%,亚麻为25%,丝为13%,棉为12%。江西所产苎麻,则为制成夏布之主要原料。苎麻的输出开始只为几千担,从1866年开始一路飙升,连年增加,但始终未超过茶业的出口量,清末最高年份的输出达113634担。

其余经由九江海关出口外销的还有烟草、芝麻、大豆、棉花和稻谷。

烟草:烟草在明末由闽粤客家传入江西后,清朝在赣南和赣东北广为种植,烟草加工工业随之得到发展。江西全省有20多个县种植烟草,为全国主要的产烟区之一。其所产烟叶,主要运往上海、镇江、南京、芜湖、汕头、宁波、通州、汉口、广州、安庆、武穴、长沙、天津、大通、宜昌、牛庄、厦门、沙市、岳州等商埠转岸出口或加工复出口。烟草在大量出口的同时,又有少量进口,这主要来自香港、上海、汕头、厦门、汉口、镇江等商埠的复进口。

芝麻:主要运往上海、镇江、南京、芜湖、通州等商埠转岸出口或加工复出口。芝麻的出口量,1901年为23603余担,1911年增加到62971担。同烟叶、大豆的输出量相比起来是十分少量的,有的年份只有五分之一。与稻谷出口量相比平均差不多。

棉花:主要运往汕头、上海、镇江、宁波、南京、芜湖、大通等商埠销售或转岸出口。

稻米:"省米谷运输,以赣江抚河及南浔铁路为主干,米谷集中之趋势,大致以南昌为总汇,赣县、吉安、樟树、丰城市仪、临川、黄金埠、瑞洪、鄱阳、涂家埠等为主要集散市场。尚有出口,铁路则经九江(亦有少数由水路运至九江),水路则经湖口,尤以九江为重要门户。"①主要运往上海、烟台、汉口、牛庄等商埠销售或转岸出口。江西各类商品历年输出的数量情况见下表:

---

① 江西省农科院(专刊第四号):《江西米谷运销报告》(1937年),第4页。

江西省1863—1911年出口货物表　　单位：担

年份＼货品	茶叶	瓷器	纸张	夏布	苎麻	烟草	黄豆	稻米	芝麻
1863	198209	29100	121815	1309	4500	18003			
1864	134514	66178	71363	2459	16459	14479			
1865	201338	32281	42885	2420	7858	19266			
1866	177331	18150	54818	3177	15438	7984			
1867	154813	6951	27181	1714	20655	6537			
1868	196195	5531	54004	1916	27535	5992			
1869	179372	10795	47619	2264	22380	4711			
1870	167999	9974	43678	1935	22663	3314			
1871	194858	9050	33451	2086	22449	3933			
1872	213376	7653	30667	3286	18075	3711			
1873	225726	10165	21929	4058	21993	5336			
1874	244722	12327	36132	3662	24878	7342			
1875	249099	10569	47806	3101	19636	10711			
1876	251113	14157	62474	3272	28198	12016			
1877	245143	11342	79692	2882	32469	13956			
1878	268100	6079	95675	4085	29795	28548			
1879	249551	5046	100582	5945	29779	15461			
1880	261496	12141	106244	6117	40985	46760			
1881	274051	12592	111421	6571	27650	26575			
1882	280037	18617	117522	5293	32242	52308			
1883	278148	19482	123109	5709	26493	21939			
1884	278001	13081	125855	5430	30244	31393			
1885	285619	16463	142487	4529	32423	67730			
1886	307096	20685	128637	4944	2396	49232			
1887	276614	21133	101171	4568	17127	33752			
1888	277827	24126	121749	5435	27450	45016	5053		
1889	280705	24152	93301	6185	25704	73289	2686		
1890	242714	26786	119273	7302	29746	45331	763		
1891	249983	26213	118417	8771	1551	52783	283		

第七章
晚清江西经济

续表

年份\货品	茶叶	瓷器	纸张	夏布	苎麻	烟草	黄豆	稻米	芝麻
1892	217812	32210	126174	7499	30751	56786	4166		657
1893	219357	33593	113092	7270	42912	70986	9612		11
1894	211118	38989	103121	7439	43464	65970	3577		407
1895	266081	34625	85174	8981	38039	50049	25023		5917
1896	230367	46315	130004	11522	46645	65563	12816		4259
1897	192364	49274	116974	11848	48925	83822	10568		9941
1898	200800	48646	161142	8487	57400	133963	69280		42416
1899	219569	53567	117518	8727	70156	77935	179758		56786
1900	216152	28036	75875	11191	80379	87499	288427		88415
1901	164998	25423	100165	9446	80379	115029	52035		23603
1902	271879	54513	156368	9588	87009	96303	88329		58046
1903	286386	51513	128965	12847	67005	70463	131398		46092
1904	182828	36614	143137	11129	83802	104683	334301	20334	66971
1905	175881	45704	156043	13455	113634	164429	196546	74764	28276
1906	199113	59874	123818	15302	125889	102904	375207	30436	55665
1907	251252	67652	113078	18386	119089	111371	462882	73949	48844
1908	229285	52445	123841	16896	112461	119259	367013	1390	51692
1909	247768	53201	114300	16762	108885	137150	429797	13450	36871
1910	234363	65779	172381	13823	109346	137705	243890	68121	65720
1911	244880	59750	120102	12477	113534	136272	371566		62971

资料来源：根据陈荣华：《江西近代贸易史资料》编制。

上表反映的出口商品结构变动的趋势是：①茶叶从1863年开始就一直保持巨大的出口量，在近代江西商品的对外贸易中，占有举足轻重的地位。然而从1878年起就开始逐渐减少。②江西出口产品替代性较强。当茶叶出口量逐渐衰败的时候，出现了新兴的农副产品、手工业产品的出口，如纸张、夏布、芝麻、大豆、苎麻、烟叶、夏布的输出量在迅速增长，对维持江西商品的对外贸易起了重要作用。使得江西的进出口贸易在全国居中等偏上的水平，在全国占有一定地位。③出口农副产品从单一产品向多样化方向发展，发展到20世纪以后，黄豆、芝麻、西瓜子、靛青等农产品也占了相当重要的位置。④稻谷出口数量不大,不仅有许多年份没有稻谷出口的记录,记录的最高数只有74764担,而且这一时期江西每年都在大量进口大米。上述出口商品构成的变化,一方面说明江西物产丰富,可供国内外市场选择的商品很多,面对国内外市场的竞争局面,还能够维持出口贸易的一定水平。另一方面却说明江西小农经济在改进生产技术,提高产品竞争力方面,由于各种原因,反应迟钝,收效甚微,终于一而再,再而三地失去了传统产品的市场。①

(三)各类商行的涌现

洋货的涌进,江西各地先后出现不少为推销洋货服务的洋布店、洋油栈、颜料铺和洋货商。出口货的增加更使许多商人转化为土产品收购商和经销商。如太平天国年间,婺源俞德昌、俞德和、胡源馨、金隆泰四家茶号,各制箱茶千百箱不等,运往香港,获利颇厚;江西买办黄兰生因为洋商服务,发了大财,于1905年在汉口创办起汉斗面粉厂,转化为产业资本家;原在南昌开木架行的商人赵干卿,经人推荐为美国美孚油公司经销洋油。1907年他在南昌老河街开设明记油栈。美方为鼓励他扩大销路,给以种种优惠条件,如凭领条取油,售后20天付款,提前付款,另给奖金等。自后,赵干卿扩大业务,先后在樟树、吉安建立分店,在赣州、抚州及其他重要城镇设立分销处,向广大农村销售洋油。由此,他经销的油量猛增,由每年二三万箱增为五六万箱,最高达八万箱,利润最高一年达银洋10万元。后来,他还兼营洋烛、火柴、洋碱等,并将资金转入到米、盐、洋纱、钱庄等行业。由于其资金越积越多,其财富在南昌已独占鳌头,被人称为"千万富翁"。

(四)进出口贸易综合分析

九江开埠以来,进出口贸易总值一直是平稳增长的。自1865年至1894年的30年间,贸易表征良好,基本上保持在1000万两左右,且处于出超的有利地位。同时应当看到,从1887年开始,土洋进口货值的总和尤其是洋货的净进口值越来越大,而土货的出口值却没有什么增加,因此,出超的数值变得越来越小;从出超最多的600余万两,逐渐降至最少的60余万两,下降了10倍。具体情况详如下表:

---

① 万振凡、林颂华主编:《江西近代社会转型研究》,中国社会科学出版社2001年版,第68页。

第七章
晚清江西经济

九江1865—1894年进出口货物情况表　　单位:1873年以前为海关两[①]

年份	进口货值	出口货值	年份	进口货值	出口货值
1865	3251611	6273930	1880	3916650	8824996
1866	3788765	6170202	1881	3568671	8562236
1867	3501849	4358760	1882	3247193	9109815
1867	3463859	7683993	1883	2897275	6693194
1869	3157013	6546886	1884	2852825	635180
1870	3296363	6130323	1885	3597714	6524350
1871	2930389	6870311	1886	3876538	7584342
1872	3187384	7984623	1887	4504579	5864306
1873	3382277	8246600	1888	4685375	6364863
1874	3775667	9524812	1889	4575428	6852790
1875	3433842	9359330	1890	5007885	6825327
1876	3416786	9533772	1891	5578958	8264722
1877	2985143	8824911	1892	5622262	6216557
1878	3163411	8924436	1893	4908380	6429035
1879	3476832	7777626	1894	4911997	6705479

　　将上述进出口货值的消长情况稍加比较,不难看出九江对外贸易货值量消长的基本趋向及其特点:在19世纪中叶,九江对外开放通商以后的一个时期内(从1865年到1886年),其对外贸易处于出超的有利地位。这种情况,与全国对外贸易的总体情况有所不同。全国对外贸易,除了1872年至1876年有少量出超外,一直处于入超的逆境。但是,它们的发展趋向是一致的。这就是说,全国对外贸易的发展,愈往后入超的数字就愈大;九江的对外贸易,从1887年开始至1891年为止,愈往后出超的数字就愈小。[②]

　　20世纪初期,九江的对外贸易很快地由19世纪末最后几年的进出口货值量平衡转变为大量的入超。自1900年到1911年,进口货物增多,其呈现入超局面,且呈逐年上升趋势。这也是长江流域各口的普遍状况和共同特点。海关统

[①] 姚贤镐:《中国近代对外贸易史资料》第三册,第1123页。
[②] 陈荣华等著:《江西经济史》,江西人民出版社2004年版。

计资料表明,从20年代起,九江口岸的对外贸易便又陷入了几乎是年年亏折、岁岁入超的困境。详见下表:

九江1900—1911年对外贸易价额统计表　　　　单位:元

年份	洋货进口净数	土货出口总计	入超(－)或出超(＋)
1900	7020101		－7020101
1901	8396856		－8396756
1902	9195229	117401	－9077828
1903	10341137	80280	－10260857
1904	10565845		－10545845
1905	9774693	5	－9774688
1906	7981556	1053	－7980503
1907	11123331	1591	－11121740
1908	10328233	48350	－10279883
1909	9889796	70165	－9819631
1910	12420018	91300	－12328718
1911	12709811	59398	－12650413

对外贸易对江西社会发展的产生了一定的影响,具体表现在如下几个方面:

第一,外资的渗入,加快了自然经济的瓦解,推动了资本主义因素的产生。九江开埠后,近代江西完全意义的外贸产生并逐步发展,外贸成为江西与外界保持经济接触的一座桥梁。外国资本主义也是通过外贸无形地将江西纳入资本主义世界市场体系,对江西社会经济产生破坏和促进双重性的影响:一方面,它不断瓦解自给自足的传统自然经济,使江西不断沦为外国资本主义原料供应地和商品倾销市场,原有经济产品,农业产品以畸形的方式进一步商品化、市场化。另一方面严重阻碍了江西农业经济结构的有机协调发展,削弱了江西农业发展后劲,导致产业结构畸形发展。但同时也促进了民族资本主义的产生和缓慢发展,外贸拉动了城乡商品经济的发展,而且一些有眼光的地主士绅、商人在与外商、洋行交往中逐渐认识到发展本省工商业的重要性,振兴经济,挽回利权的呼声不断出现。外贸带来的经济利益和市场杠杆诱发了民族资

第七章
晚清江西经济

本主义的初步产生和发展。①

第二,外贸引起了社会阶级关系及其矛盾的演变。这集中表现在众多农民手工业者相继破产,人民生活更加贫困,阶级矛盾不断激化;经营传统产业的商人地主分化瓦解,经营具有资本主义性质新式产业的资本家产生;外国资本主义通过外贸这一中介逐渐将江西纳入世界资本主义经济体系,江西开始沦为半殖民地半封建社会,引起的社会经济生活的变动,导致了江西社会阶级关系的变革。早期的无产者阶层和资本家阶层之间的矛盾不是当时社会的主要矛盾。外国资本主义侵略同江西人民大众的反侵略成为当时江西社会最根本的矛盾。②

第三,外贸激发了人们思想观念的革新。思想观念的革新不仅是社会经济政治变革的前奏和动力,更是人们发展生产,改造社会的不竭动力和精神支柱。江西人思想观的革新为江西地域经济的发展,社会制度的转型创造了有利条件。

总之,这一时期的江西外贸在小农经济与资本经济的碰撞中,以极富破坏性的方式开始瓦解江西传统的自然经济,被迫成为外国资本主义商品销售市场和原料产地,但是亦加强了江西与外界的沟通和联系,推进了资本主义的产生,促进了新的阶级的形成,革新了人们的思想观念,这一切都为江西由传统社会向近代社会转型创造了条件。③

第三节
交通运输业的兴起

唐宋以来,江西一直是我国南北交通的要道,这一国内交通大动脉地位奠定了江西数百年经济繁荣的基础。传统水运业在江西极为发达。19世纪末20世纪初,外国侵略者掀起了瓜分中国的狂潮。沿海各口的开埠、海运的勃兴,表明了近代中国交通划时代的变迁。江西的近代交通运输业正是在这样的大背景下兴起。于是经过近半个世纪的沉寂与徘徊之后,江西才逐步开始了本省近代

---

① 万振凡、林颂华主编:《江西近代社会转型研究》,中国社会科学出版社2001年版,第74页。
② 万振凡、林颂华主编:《江西近代社会转型研究》,中国社会科学出版社2001年版,第76页。
③ 万振凡、林颂华主编:《江西近代社会转型研究》,中国社会科学出版社2001年版,第71—79页。

交通建设的新历程，从水运向陆路运输的过渡。

一、轮船航运业

江西北临长江，与湖北、安徽相连；东、南、西三面环山，依次与浙江、福建、广东、湖南接壤；所处地理位置为中原与岭南、沿海与内陆的结合部，自古就有"吴头楚尾，粤庭闽户，形胜之区"的美誉。境内赣、抚、信、饶、修五大水系如叶脉状遍布全省，主要水道赣江纵贯省境南北，入鄱阳湖，出长江，北连运河，东下大海，沟通国内和世界各地。特殊的地理位置和水道流向，使江西在我国古代交通中占有十分重要的地位，成为举世闻名的海上丝绸之路的中枢。

中国的轮船航运业是中国最早出现的资本主义行业，江西的轮船航运业也不例外。江西是长江流域诸省中试办内港航运业较早且较活跃的省份之一。早在1892—1893年间，地方不少商绅就曾数次禀请通行内河轮船，但遭到两江总督刘坤一的百般阻挠。随着民族资本主义的发展与外国对内河航运侵略的矛盾日深，国内要求创办近代轮船航运的呼声日益高涨，在部分官员的支持下，清政府终于在1895年先后电令各省督抚，准许"内河行小轮以杜洋轮攫利"。[①]1896年8月又发出上谕，"饬令购置内河小轮，苏、杭、淮、扬及江西、湖南均准开办"。自此，华商创办内河轮船企业取得了合法地位。

江西的第一家华商轮船企业是1896年由蔡燕生、邹殿书等在南昌创办的福康轮船公司。该公司有资本6.8万两，有小轮5~6只，航行南昌至九江及饶州、吉安、湖口等处。主要是搭载行客及拖带货船。福康轮船公司的创办开了近代江西轮船航运业的先河，鼓舞了江西各界有识之士对内河轮船航运事业的投资，省内几个港口陆续出现了一批轮运企业。

1898年，和济小轮公司与顺昌协记小轮船局先后在九江开张；1898年9月，鄱阳商务内河轮船公司在饶州成立。1900年，航行于赣江中下游、鄱阳湖的江西商轮已达10多艘。

1901年后，江西内河轮船业有了新的发展。1902年7月，江西地方当局集资3万两，购置商轮4艘，建造码头、房屋等设施；后又招商5000两，添购轮船2艘，于南昌正式创办内河商轮公司，开辟了自吉安至吴城、吴城至九江、九江至饶州等地的航线。1902年5月，官绅唐征瑞等投资2万两，在南昌创办了见义轮船

[①] 张之洞：《致苏州奎抚台》（光绪二十一年六月初六日），《张文襄公全集》卷一四七，第4页。

第七章
晚清江西经济

公司,1905年易名为魁记见义轮船公司,其有轮船4艘。同年,江西省官厅收购和济公司后成立了江西官轮船局,后改名为豫章商轮公司。到1903年,外地公司开始在江西开设分局,上海泰昌轮船局率先在九江港设立了分公司。次年,广东航业商会在南昌开设广东轮船公司,镇江的顺昌、胜昌两家轮业公司也在九江设立分局。这期间还出现了两家实力较雄厚的轮船公司,即1906年创办的道生公司和祥昌公司。道生公司由江西巡抚吴重熹与九江道的几名官员集资开办,资本10万两,有小轮7只,是江西规模最大、实力最强的一家轮运企业。辛亥革命后不久,道生轮船公司和豫章商轮公司被认为是封建性质的公司,资产被没收后改组成立光汉轮船公司。1915年,道生公司复业,光汉轮船公司改称保胜轮船公司。祥昌公司则为徐竹亭个人创办,资本8万两,有4艘小轮,航线为九江至吉安各城镇间。

这里要提到的是,九江招商局于1873年成立,在港口建立码头,设囤船一艘,1874年设立货场,储存漕米,后陆续从美商旗昌轮船公司、美商琼记洋行购进房产、地基、囤船。

1911年,据九江海关报关资料统计,江西内河的本省籍轮船共有33艘。

这个时期航运发展的特点是轮船企业数目较多,但都规模不大,有私人、官办、官商合办等多种形式,航线大多局限于鄱阳湖及赣江中下游。总体看来,这时期江西内河近代民族轮船业虽已出现,但是十分脆弱。尽管如此,它仍为江西民族轮船业的发展创造了有利环境和条件,为江西轮船航运体系的形成奠定了基础。同时,它又启动了江西从传统的交通方式向近代交通方式的转变。

二、铁路兴筑

鸦片战争后,由于外国殖民主义者的入侵和国内封建统治的腐朽,中国逐渐走向贫困落后,江西南北通道也失去了过去的兴旺。铁路的修建对江西经济振兴起着重要的作用,它有力地带动了商品流通。近代交通铁路这个新鲜事物的出现,在江西可以追溯到清朝同治四年(1865年),洋人建议在中国修铁路,为此朝廷展开讨论。是年4月,江西巡抚沈葆桢致函总署:"至铁路一节,窒碍尤多;平天险之山川,固为将来巨患;而伤民间之庐墓,即启目下事端",极力反对修铁路。次年5月,江西巡抚刘坤一亦奏称朝廷:"轮车电机,益令彼之声息易通,我之隘阻尽失。以中国之贸迁驿传,固无须此;而地势物力,均所不能,断不可从其(外国人)所请(修筑铁路)。"这些言论,一方面表现出中国封建统治者对外国入侵的警惕;另一方面也暴露出统治者对铁路认识的肤浅和愚昧,严重地阻碍了中国近代交通的发展,这样一晃就是30年。甲午战争与日本较量后,当局者才深知铁路运输的便利。以前极为反对修路的人也极力主张开办铁路公司、修建铁路。1895年两江总督刘坤一奏称:"时至今日,谈国是者莫不以富强为要图,顾非富无以致强,非强无以保富。而究之富强之本,求其收效速,取利宏,一举而数善备,则莫急于铁路。铁路之裨于军务、商务,今已尽人知之矣。"

江西近代铁路继轮运业的兴起而发展。铁路作为一种先进的交通工具在中国大陆上的产生既是资本主义列强侵略、控制中国的结果,也是清政府为维护其统治地位而大兴筑路的结果。清统治者对于引进铁路经历了因无知到踌躇,再到积极提倡的转变过程。从中日甲午战争后至辛亥革命前后(1896—1911年),是中国近代史上第一次铁路兴建高潮,16年间共修铁路8825公里,平均每年修建551.6公里。江西近代铁路正是在第一次修铁路的高潮期间得到初步发展的。这次高潮的出现,既有资本主义列强瓜分中国铁路路权的因素,也有中国人民维护路权,开展商办铁路运动的因素,江西铁路的兴建主要属于商办铁路运动。

(一)株萍铁路的修建

江西境内最早兴建的铁路是株萍铁路,也是我国近代较早的自办铁路之一。株萍铁路是随着萍乡煤矿的开办而修筑的,它东起江西萍乡的安源煤矿,西到湖南湘潭的株洲,全长98.78公里(62英里),由萍安段、萍醴段、醴株段组成,跨连湘、赣两省,湘境线路占十分之六,赣境线路占十分之四。株萍铁路修建过程如下所述。

由于清朝兴办芦汉、粤汉两条铁路所用钢铁材料,均需焦煤熔铸,而焦煤又由铁路总公司在江西萍乡煤矿开采后运至汉阳铁厂。1898年,煤矿总办张赞宸请示铁路督办大臣盛宣怀,谓萍煤矿苗虽旺,但运输困难,拟由黄家湾至长潭筑一轻便铁道,以便运输。奉批,准予即办,于是筹办黄长铁路。同年二月,盛宣怀以运煤建路之事咨商江西巡抚,拟由萍乡筑路至醴陵双江口,后经张赞宸勘估,请改旧议直达醴陵南门外与计划兴建的湘粤路衔接。由盛宣怀会同湖广总督张之洞奏准,于是改办萍醴铁路。同年12月盛宣怀札委萍乡县令顾家相会办萍安铁路购地事宜,并设购地局。

第七章
晚清江西经济

萍醴段在萍安段尚未竣工前就已开始修筑。1899年3月,铁路督办委派湖南候补道薛鸿年为萍醴铁路总办。开办之初,总局设在醴陵。总办一人管理全局暨全路一切事宜,饬美工程师李治等赶造萍乡至醴陵工程。在安源设行车总管、厂务、养路三处。均由洋工程师掌管理和兼管理行车、修理车辆机械及养路一切事宜。四月薛鸿年禀呈购地办法,仿照芦汉铁路购地章程,该段购得土地333亩。总办薛鸿年于7月兼办购地事宜,分萍醴全线为六段,各设购地行局所,总办督同各行局员绅人等,按照勘定路线,插标划用地亩,为上、中、下数等,沿途榜示。是年7月萍安铁路工程正式动工,订定购地招股章程。9月萍醴线开工,所需经费由盛宣怀指定芦保、淞沪建筑余款项下拨用库平银152.0797万两,折合银元217.2568万元。由黄家湾至萍河一路垫土铺轨,次第蒇事。自萍河以下至醴陵,则饬李治、参将吴应科接续赶造。当月,铁路总公司督办盛宣怀委派美总工程司李治、副工程司马克来及华副工程司罗国瑞携带翻译员差弁工手和营兵会同萍醴绅董从安源开始测起,至湖南醴陵阳三石止,沿途勘察。12月底测勘竣事。

1900年8月底,萍醴线因京津义和团运动,外籍技术人员撤离萍乡,工程暂停。同年底萍株铁路萍安段建成通车,全长7公里,这标志着江西的第一条铁路的建成,然而江西第一条铁路的出现,比世界第一条铁路晚74年,比中国最早的铁路晚了23年。

1901年4月,詹天佑随同李治办理萍醴工程,坚持按英制4尺8寸半(1435毫米)标准轨距建路。是年7月重新开工。

1903年2月,湖广总督、江西巡抚会同铁路督办,电奏谓"萍路已造至醴陵,粤汉干路亦议定岳州湘潭同时勘办"。遂决议从醴陵继续展筑至株洲,萍醴改为萍潭。7月萍醴铁路竣工,并正式通火车。中间除停工延搁10个月外,工程施工一共经历了3年又2个月。萍醴铁路完成后,醴株线的勘测又开始了,由工程司马克来、休文和罗国瑞等仍照前定办法测勘,从阳三石起至湘潭县株洲止,于12月测勘完毕。勘测完成后随即开工。盛宣怀又从芦保、淞沪、萍醴建筑余款项下拨用库平银141.2041万两,每元7钱折合银元210.7220万元,年息均以六厘计算。

1905年11月醴陵至株洲铁路竣工,整个工程共费时2年又9个月。修建整条铁路的经费由盛宣怀造具清册,奏请批发邮传部并案核销。至1908年统计,株萍路建设费合计449.5165万元。其中购地费用38.1932万元,筑路费283.8710万元,设备费27.0094万元,其他费用48.6361万元。该段建成后,将原有的萍安、萍醴二段合并,统称为萍醴铁路,1922年正式命名为株萍铁路。株萍铁路包括9个站,其中萍醴段车站5个、醴株段车站4个。其各站距离详见下表:

萍株铁路各站距离

站名	公里	站名	公里	站名	公里	站名	公里	站名	公里
安源	0	萍乡	8.24	峡山口	21.95	老关	37.87	醴陵	49.94
版杉铺	63.66	姚家坝	78.47	白关铺	88.90	株洲(终)	98.78		

株萍铁路轨道路基宽度6米,标准轨距,即1.435米。路堤坡道约为1:1比例。沿线备有修道工役,凡遇道床石渣配件变化时随时修理整治。所用钢轨种类有中国式、比利时式两种。中国式每码85磅,占全线十分之三,余为比国式,每码76磅。自1906年起至1921年止,共购钢轨10次,均为汉阳钢铁厂所造。因全线曲线占其线长十分之三,钢轨磨耗大,故需年年更换到限、断裂钢轨。轨枕系木枕,全线共计15万根。桥梁有铁桥、石桥、木桥3种。铁桥共有38座,计长594米,价银42万元,平均每米价银707.5元。其中最大的为阳三石钢桥。石桥共11座,计长241米,价银14560元,平均每米60.39元,均系砖及混合土砌成。木桥共5座,计长283米,价银13万元,平均每米价银458元。其中最大的为湘东木桥,长140.2米,其次为萍乡木桥,再次为峡山口木桥。涵洞共692个,计长6862米,价银共140524元,平均每米价银20.47元。该路多系丘陵地带。

(二)南浔铁路的修建

南浔铁路是江西近代商办的另一条铁路,也是江西省境内的第一条客运铁路。南浔铁路始建于光绪三十二年(1906年)冬,是江西省地方商办铁路,1916年6月全线建成通车运营。线路纵贯江西北部,北起九江、南止南昌对岸牛行,经九江、德安、永修、新建四县,全长128.35公里。南浔铁路的建设过程甚为复杂,它反映了江西近代企业创办的艰难。它大体经历了如下几个发展阶段:

第一阶段:招募股份,官督商办。

清朝末年,铁路的作用已被朝野上下所共识。1903年,清政府成立商部。是年冬颁发《铁路简明章程》,向民间资本开放路权。各省爱国人士纷纷创办各省铁路公司。

1904年10月,以江西京官李盛铎为首的111名江西籍京官联名向清政府商部呈请"为维持地方、自保利权起见,创办铁路""自行筹款,修筑本省境内铁

第七章
晚清江西经济

路",①得到清政府批准设江西铁路总公司,招集商股创办全省铁路,以"自保利权、杜绝列强觊觎"。

1905年,总办李有棻订立《江西通省铁路开办简明章程》,拟定了招股办法。由李盛铎等呈商部批准。计划全省铁路修建:南北干线一条,从九江至南昌,为干路第一段,次由南昌以达吉安第二段,由吉安以达赣南接广东铁路为

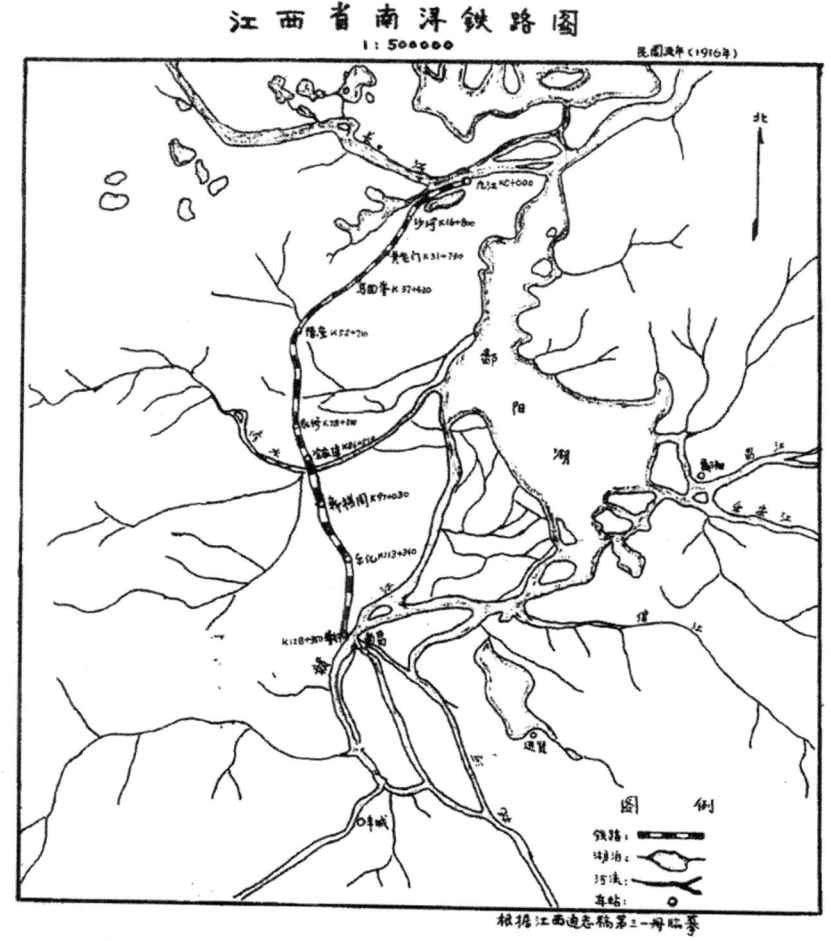

南浔铁路

---

① 《江西全省铁路总局开办简明章程》。

第三段；拟修支线三条，由省城一经广信（上饶）至浙江边界，一经抚州至福建边界，一达萍乡以接萍醴铁路，名曰"江西三支路"。规定赣境内除筑成的萍醴铁路外，如有应增应接铁路，概由江西铁路公司经理修筑，他公司不得干预。"章程"规定："惟此次奏定系由本省自行筹办，专集华股，以防利权外溢。"并称："本公司议定以库平纹银百两为一股，合计全省干线约需银二千余万两。今先筑南浔一段，拟集五万股，应尽本省官绅商民先行购买。"

1906年5月，续订《招股简章》，改银两为银元，又分整股、零股、红股、优先股等。每百元作一整股，零股每十元为一股。招至1000银元者另送红股一股（银元50元），给红股票。是年10月更定五元为小股。1909年，铁路公司股东大会修改招股章程，改定五元为一股。

铁路公司开办以来招得的股本种类主要是公股（官股）和商股。商股中有集股、货股区分。集股方法分为招股、派股、劝股等。

公股：1904年底，为筹办全省铁路，江西士绅呈请两江总督端方、赣巡抚夏时，奏准将全省淮引食盐每斤加价4文，一年可得洋20余万元作修筑铁路经费，蒙获允准。计自1905年8月至次年7月停办引盐加价时止，果然收到银两折洋20万元。这20万元全部充作官股。股票8张，南昌、吉安、九江、饶州、袁州、临江、瑞州、南康8府，各府各1张。以上各府为淮盐引地，抚州府本属范围之内，因是年停运淮盐遂未抽收。

商股：1906年4月，九江绅士禀请驰禁轮运，抽收米股以充开辟商埠经费，铁路公司力争此款作商股充修筑铁路经费。督、抚两院准允开办湖口、九江路股局。从当年11月起至1916年共收股款110万元，从1916年至1924年，龙开河、湖口路股局共收股款107万元。

招股：所谓招股就是派人赴京、沪、湘、鄂、宁、皖等处招募股本，"嗣因招股日久无功，逐专重派股"。1905年7月，总办李有棻派定"本省各府属招股"。继而又设立驻外省招股经理处。是年10月，有棻偕陈三立等赴汉口招股。因是时各省均要自办铁路，江西铁路公司在外省招股日久无功，遂专重派股。合计驻各省招股经理处招得股款10.04万元。

派股：所谓派股就是"拟定各县股分数目"，由"各州县派认股本"。1905年6月，公司拟定各县分数目摊派，由抚院请饬属会督促各绅认足股额。1908年各县派定的股数计391400股，实收股银23.6389万元。

劝股：所谓劝股就是开办劝股员演说练习所，学员毕业后分赴各县演说劝

第七章
晚清江西经济

股。1908年6月,龙钟洢等商议设铁路劝股会,是年12月成立劝股大会,钟洢为会长,禀请巡抚立案。巡抚批令与铁路公司坐办总理刘景熙共同商议,以免流弊。因派股、劝股同时并行,相互妨碍,刘景熙以派股发起在先,各县均已认定,婉语劝却钟洢停止劝股。

此外,非经招募及劝而自由投资入股者,从1906年至1908年止,共收洋25万元;以地价入股者,共值洋11.830万元;又从外省及本省招募及货捐等入股者,从1904年12月开办起至1915年止,共收洋176.6万元,由股票课填发股票。

第二阶段:日本资金的渗入。

日本实施了"分人士、亡人国"的对华铁路战略,虽连遭江墅、闽潮等路的失败,但并未就此罢手。1907年南浔铁路借款的成立,成为日本对华政策实施的第一案例。

南浔铁路资金困难的情况很快被日本人所利用。1906年夏秋之际,江西铁路总公司驻沪招股经理处经江西驻沪商会介绍,与上海华商大成工商会社接触。上海大成工商会社经理吴端伯,是一个与日本颇有关系的人物。吴端伯表示愿意投资入股江西铁路。双方磋商后,于1907年1月23日,江西铁路总公司与大成工商会社在沪正式签订"合约"10款。"合约"规定:

"上海华商大股工商会社总理吴端伯,愿入江西铁路股本一百万两,江西铁路总公司即给股票二十七万七千七百七十股。""江西铁路总公司每年给息七厘,华六月、十二月分两期在上海江西铁路分局交付,每期付上海规银三万五千两整。倘延搁不付股息时,仍需按月照给毛利七厘。"

此项"股票",鹊为借款性质。"合约"第二款规定:"此项股票,江西全省铁路总公司允准,自购票之日起扣足十年,江西铁路总公司规银一百万两缴还吴端伯,决无异议。"

江西铁路总公司"开办章程"中规定:江西铁路"专集华股,以防利权外溢",所以,此项"合约"特意写明:"上海华商大成工商会社总理吴端伯确系中国江苏省上海县民籍。"

但是,此项合约,实际以为日方染指预留地步。"合约"规定,此项股票可以"抵押于人",但无明确规定不可抵押于外国人,只是规定不得出卖给外国人:

"如吴端伯于十年期内以此项股票抵押与人,押期届满十年,该受抵押此项股票之人,亦可向江西全省铁路总公司讨取股本股息,江西全省铁路总公司应将承认照每股原价规银三两六钱赎回。""但不得转售外国人,如外国人购去,作为废纸。"

此项以股票形式的借款,亦按借款通例,实现规定抵押:"江西铁路银行未开办以前,由江西全省铁路总公司指定江西商会经办之江西全省米捐、盐捐作抵本息。以上各捐,不能移抵别用。如米捐、盐捐或有更动不敷,准以别项货捐作抵。"

此项"合约"的双方签押人,债务方除"江西全省铁路总公司总办李有棻外,尚有江西商会总董及商董多人";债权方为"上海大成工商会①社经理吴端伯"。

但是,这个江苏上海县的吴端伯,实际并无此"规银一百万两"的资金。吴端伯的资金实借于日本兴业银行。1907年3月30日,吴端伯与江西全省铁路总公司签约大约2个月后,接着又与日本兴业银行签订了"日本兴业银汉与大成工商会社关于江西铁路公司借款契约"12条。其第一条规定:

"大成工商会社应贷予江西全省铁路总公司之上海规银一百万两,订于明治四十年四月二日(即1907年4月12日),在上海由日本兴业银行付给大成工商会社。"

日本兴业银行给大成工商会社的这笔借款期限,与吴端伯给江西铁路的股款同样,都是"实是十年期满"。不同的是,吴端伯付给日本兴业银行的年利为六厘,其中一厘利差,应为吴端伯充分实际中介的收益,不过此一厘利差须先存上海横滨正金银行,在扣算金银实价波动后,如有余额再付与吴端伯。

以此种方式获取一厘息差好处的上海县人吴端伯,按"契约"规定,须对日本兴业银行承担以下"责任义务":

第一,充当日本兴业银行的坐探和侦察。"大成工商会所对与江西全省铁路总公司有无将其资产另行抵押,或时常出卖,或另行借款之事,进行周密侦察。"如发觉由上述情况,"应一面采取阻止办法,一面通知日本兴业银行,互相开诚商议,再与江西全省铁路总公司理论"。如江西全省铁路总公司"尚有与他人接洽借款情事,大成工商会社应及时通知日本兴业银行,并协助争取利益"。

第二,所有相关契约原件交日本兴业银行收管。"大成工商会社与江西全省铁路总公司订立之契约原件,在借款本利偿清之前,自应交由日本兴业银行收执;为预防损失计,大成工商会社根据契约原件取得之一切权力亦应委托日

---

① 交通史编撰委员会:《交通史路政编》,1935年版,第16册,第891—893页。

第七章
晚清江西经济

本兴业银行行使之。"这一规定,明确了日本兴业银行的债权地位,成为日方控制南浔铁路的一项依据。

第三,所有相关担保权利转归日本兴业银行。"大成工商会社自江西全省铁路总公司作为本利金之担保而取得之江西商会经办江西省内米捐、盐捐及其他货捐权利,一概提交日本兴业银行。"

第四,所有相关"股票"公开转押日本兴业银行。江西全省铁路总公司吴端伯股票总计277777股,"应转交日本兴业银行以为抵押;又,大成工商会社应将该项股份业已转交日本兴业银行充当抵押一节,通知江西全省铁路总公司,并取得其书面承认,转交日本兴业银行以供异日凭证。"①

吴端伯与日本兴业银行所订以上条款不仅使日本兴业银行成为南浔铁路事实上的债权人,而且为日本进一步全面染指铁路打下了基础。

要求江西全省铁路总公司"书面承认"股票转交日本兴业银行抵押一事,至少说明日方在当时并不认为需要完全秘密进行此事。根据此项要求,1907年3月5日,李有棻致函吴端伯:"得悉前交尊处之股票将抵押与兴业银行。股票背后,业经加注,为此特具公函前来。"李有棻系资深官僚,应当知道此举当时风险甚大。其实日方亦清楚:"抵押股票与外国人,本系清国法令及公司章程所禁止者。"但李有棻出此下策,是有筹募股金严重困难的不得已的苦衷。李有棻于1907年冬去世,第2年由刘裔祺接任总理。1908年6月4日,日本外务省大臣林董在致其驻沪总领事的训令中写道:"畴昔江西铁路借款秘密暴露,清国当事人等陷于极端困窘之地。兴我方有打消等等之举,方得弥缝于一时。"同一训令还提到"一时有欲请我国借款之势"②。由此可知,日本兴业银行即使以曲折转贷方式向江西铁路渗透,在当时亦非不受抵制,这一情况使日本的后来行动更为诡秘。

但无论如何,日资规银100万两进入南浔铁路,毕竟是日本政府多年处心积虑取得的一项"成果",尤其是这笔款项亦非兴业银行的商业资本,而实际是日本政府资金,其政治性质就更为突出。1907年5月10日,林董在致函其德国驻华公使林权助时写道:"(江西)铁路系帝国政府多年想望之南清铁路事业组成部分之一,故迅即与日本兴业银行协议,拟令该行承揽其借款,奈该行终无承

---
① 宓汝成编:《中国近代铁路史资料》,第3册,1963年版,第975—976页。
② 宓汝成编:《中国近代铁路史资料》,第3册,1963年版,第977—978页。

揽此事之财力,结果决定有该出名由政府出资。"因此,当时日本政界对南浔铁路一事所发出的种种露骨的政治叫嚣,实在不应轻易忘记。

1908年4月,日本驻汉口领事高桥橘太郎致林权助报告附件称:"我国偿要求自福建经南昌以达汉口之铁路敷设权","此项权利他日确定落入我手时,九江南昌线当为其一部分,故上述我方……对九江南昌县之措施,可谓颇得机宜"。

同年10月20日,高桥橘太郎在致日本外务省大臣报告中写道:"据本卑见,我国对江西铁路倾注全力之必要。""我国目前经济情况,对于粤汉川等之大铁路,并无进行投资之余力,然如江西铁路中的南浔线,仅七百万元左右已足,且完成后可以独立维持。又,掌握此路,将来足可以扼江西其余各线之咽喉。"

1909年12月8日,日本驻汉口领事渡边省三致小村报告附件称:江西"与畴昔帝国约定不得割让之福建相连接,一衣带水之间,隔福建而通台湾新领土,广袤七万里之沃野,尚未开发之富源颇多,洵极其适于我国利权之一大疆域。由此观之,帝国必须远瞩大局,一度思及江西全省。以经营铁路为序幕,而且开远大计划"。①

就在这个以"铁路为序幕","分人土,亡人国"的日本帝国远大计划阴影之下,南浔铁路于1908年3月在九江开工兴筑。此前一年,南浔铁路已改聘日本人岗畸平三郎为工程师,对全程进行分段实测;日本大仓洋行呈报施工。按曾鲲化的记述,南浔线首段九江至德安段,1907年3月兴工,1911年5月竣工,第二年5月通车。德安至徐家埠段,1910年6月兴工;徐家埠至南昌段,1912年12月兴工。南浔全路于"民国四年(1915年)冬通车至南昌,历时四年十个月完成"。全路9站,总长"凡一二八公里一四四,岔道一〇公里六一,共延长一三八公里七五四,均单轨"。②

1913年,借日本东亚兴会社日币500万元,除还清吴端伯规银百万两外,继续南段工程,旋又款尽,1914年又继借日款250万元,1922年又借日款250万元,共计借日款1000万元。1916年前已付日本借款利息150万元,从1916年至1924年底,又付705.32万元。1938年夏,南浔铁路路权终沦入日本人之手。

第三阶段:勘测设计。

1904年12月,南浔铁路开办,先择路线。李有棻始定老马渡为九江车站,经

---

① 宓汝成编:《中国近代铁路史资料》,第3册,1963年版,第977—982页。
② 曾鲲化:《中国铁路史》,1942年刊,第880—881页。

第七章
晚清江西经济

过东林太平宫一带,所择线均系通省大道。次年英国工程师罗德玛认为李有棻所选择的路线较长,"且距长江过远,不足以资水陆联贯",遂改定龙开河宾兴洲附近为车埠,设站,并履勘全线。1905年初测,驻沪坐办熊元锷订立合同聘英人罗德玛为正工程师,丹麦人朴鲁生为副工程师,并翻译陈持工等到南昌。5月设勘路局,开始勘测,随带文武弹压医士支应勇丁等沿途保护。由新建沙井出发,向九江前进。8月初勘完竣。9月添聘副工程师英人麦可得,进行复勘,次年2月竣事。1907年1月在龙开河举行开工启土典礼。因借日款,按借款条约改聘日本工程师。1908年3月,冈崎平三郎为正工程师,携带技师田中启次郎、伊藤忠治等23人作大规模预测。将全线分为三大段:九江—德安为一大段,德安—山下渡为二大段,山下渡—南昌为三大段。均于当年11月预测完竣。预测完毕后进行实测。第一大段测量、施工设计同时进行,1909年5月,实测边椿告竣,即接第二大段实测,并开始垫道、桥梁工程。1910年冬,赛湖桥圮,冈崎等去职,又以建筑费绌,致使工程停顿。辛亥光复后,公司总理刘景熙回籍协理赵世暄,兼建筑所长,对第二、第三大段积极进行复工,由屠慰曾、邓益光、孙庆泽、唐在贤等分任其事。1913年6月,全线实测告成。该路设计标准:轨距1435毫米,限制坡度10‰。最小曲线半径402米(实际有220米);桥梁载重E-40级,仅杨柳津桥梁E-35级。路基标高设计过低,最低处低于最高洪水位0.54米,桥涵孔径偏小,铁路建成后,九江至沙河街、德安、永修(现为杨家岭站)至涂家埠、瀛上河附近多次发生洪水灾害,铁路冲毁、中断行车,对运输妨碍极大。

开办时初设五段勘路购地分局,不久改为新建、建昌(永修)、德安、德化(九江)四县购地分局。派文廷楷总理其事。1908年九江境内基地购毕,移购地课于德安。宣统元年复移建昌。1915年迁至南昌牛行,次第购毕。文契均印就填写契价及葬费,业户用领状保结。计全线线路、车站共购地8812.9亩,价额银色不一,1915年遵照部章概改银元,合地价31.1128万元。1921年添购九江车站地7.1亩,价250元。是年统计,九江至南昌线路用地6409.7亩,建筑车站等占地1360.5亩,余地1111.1亩,合计8880.3亩。

第四阶段:工程施工。

冈崎任职时,其计划为逐段渐进修筑,故多致力于第一段。1908年5月,九江—德安段53公里全面动工,1909年5月,土石方完成,铺轨从九江站外开始向南渐进,至1911年5月,通车德安,售票营业。1913年癸丑军兴,沿途作战,材料损失,款尽工停,是年冬,徐文泂为领袖工程司,续借日币250万元,继续施工,随将第四、五段土方桥工及铺轨各工程次第完成,九江车站也于是时落成。因急就通车,四、五段内桥梁均系木质。南浔路山少水多,工程以桥梁涵洞为多,共计129座。山下渡第90号桥工程最大,居修水下游,宽1260英尺,分为7孔,开始用木质,后换装钢梁。1915年11月第二段、第三段均竣工通车。1916年6月6日,山下渡木桥完成,从九江至牛行始正式通车。共计正线128.35公里,站线79股共长17.30公里,合计总延长145.73公里,无支线,全路设九江、沙河、黄老门、马回岭、德安、永修、涂家埠、新祺周、乐化、南昌10站。牛行与南昌中隔赣江,用小轮拖渡,另于省垣章江门外设过渡所,专运旅客。

全路铁桥86座,共长1430米,价银元229.1146万元,平均每米合银元1602.18元。全路共有拱桥、涵洞43座,共长96米,价银元12.3596万元,每米平均合1287元。水管345列,共价6635元,平均每列合19.23元。

南浔铁路总共128.35公里,先后耗时10年。南浔铁路的建成,标志着江西新兴工业向前迈进了一大步。

三、公路兴筑

江西近代公路较之航运、铁路兴起较晚,20世纪初起才出现端倪。最早修建的公路就是九江至莲花洞的公路。当时由于中外人士上下庐山的日益增多,山上的商业与服务业也随之发展。从九江至莲花洞虽有古驿道,但毕竟不太方便。为了更有利于庐山的开发,清末宣统元年(公元1909年),两江总督张人骏与江西巡抚冯汝骙商量,决定拨银50000两,修筑九江至莲花洞的公路。一年后,公路完工,从九江市,经女儿街(即人民路)、十里铺、妙智到莲花洞新街,全长11公里。本拟再往前修到庐山山脚(莲花洞老街),因新街石门阻路,当地百姓不同意公路穿街而过,公路不得不以此为终点。这就是江西省出现的第一条公路。

第四节
财政赤字与财政制度改革

一、晚清江西的财政赤字

鸦片战争后,中国逐步沦为半殖民地半封建社会。江西财政大量支出用于

第七章
晚清江西经济

镇压人民的反抗斗争和承担朝廷分配的对外赔款任务。为满足不断增长的财政需要,因而不顾人民疾苦,增加各种筹款。但终因支出膨胀,致使财政由略有结余到连年赤字。

(一)军事开支的大幅增加

太平军在江西活动频繁,清廷为了镇压在江西活动的太平军,向江西派遣大量的军队。在江西作战的军队主要有外派军和本省驻军构成。外派军是从两湖以及云、贵、川等省调来各路兵马。本省军由原驻军构成,后军队不够用,于是又命令地方大办团练。一时间,大量兵丁聚集江西,致使江西农民所负担的军需粮饷骤然增加。

进入江西参加"围剿"太平军的官军,主要是湖南曾国藩统率的湘军和由江忠源率领的楚军。前后有曾国藩部罗泽南、李续宾所统陆军5800多人,江忠源部楚军6200人,罗泽南、夏廷越部湘勇2500人。据统计咸丰四年(1854年)十一月曾国藩和塔齐布统军20000人,水陆并进,自岳州而下,克复武昌、汉阳、汉口,由楚入吴,进入江西。咸丰五年(1855年),进入江西镇压太平军的胡林翼等部鄂军约有6000人。分驻于江西各府州的兵勇也有50000余人。粗略统计,为镇压太平军而进入江西的清军和湘军、楚勇约100000人左右。[①]

江西本省招募的团练兵勇和原驻省官军的数目,估计超过万人,但无确切的统计数字可查。李滨在《中兴别记》称,江西练兵"通省约万五六千名",这是不准确的。我们可以查阅同治年间江西各府县志的记载,便略知一二。例如乐平县办有84所团练局。咸丰八年(1858年)春,仅东南北三乡一次出动的团丁就有17000余人。又如建昌县(今修水),全县有70余团,其中练勇千余,团勇数万人。[②]

清王朝在江西的兵力,无论是本埠官兵还是湘军、楚勇亦或府县团练,其军需粮饷均要征取于江西本省。官军的粮饷银两主要来自于清廷的调拨,其中重要组成部分便是江西上交的地丁漕银两,不足部分还仰给于"协银",即从外省拨调。例如,咸丰四年(1854年)十一月,曾国藩奏请,"饬令陕西省拨解军饷二十四万两……除解之外,尚欠解银十二万两,请饬江西先行借拨"。咸丰五年(1855年)十一月,曾国藩又奏,"饬浙江补解饷银,但浙江已无款可筹,于是从

[①] 陈荣华等著:《江西经济史》,江西人民出版社2004年版,第441页。
[②] 同治《建昌县志》卷五《武事·纪咸丰间团练始末》。

江西糟项每月拨银三万两，就近接济数月"。①曾国藩于咸丰六年(1856年)十二月，要求清廷"饬令山西、陕西，迅速将每月各协二万两，解至九江，专济此军之用"。

至于团练的粮饷，均来自于向当地农民商民摊派勒索(或商民捐赠或按田亩摊派)。一些同治江西府县志曾记载：

新余县从咸丰三年开办团练，15岁到60岁的人均要入册，作为团丁，经费按田地派捐，"每正粮一两，派捐制钱三百文，归于团总，团佐"。②安远县"自咸丰四年以来，各坊堡团练乡勇及请潮勇、三标勇，或战或守，所费军需口粮数十万，始则富户捐输，继则按亩抽谷，继又自备口粮，十余年贫富交困，民不聊生"。③宜春县办团练自咸丰三年到十一年，所费口粮器械银共16万余两，"俱系各乡绅民自行捐输"。④武宁县从咸丰四年开办团练，"团练出力，为江西州县之冠"，团练局"论定户解米，摊费钱三千文，以资勇粮"。⑤德安县从咸丰三年开办，到十一年，分东西南三乡，共三十团。"制办军服，支应口粮等项，共用去一十三万一千七百一十九两三钱五分六厘，均系出自捐输"⑥湖口县从咸丰八年开团练，分五团，"除捐楚军凯右营军饷二万，本地练费实用捐银七万两千八百二十两"。⑦

南昌县梓溪镇举人邹树荣(1820—1902年)，是当地一个既仇恨太平军又不满清廷官吏苛勒军饷的地主，他在《蔼青诗草·梓溪局》纪事诗中说："中州练勇三百人，统领者谁刘于浔，藉以自卫非卫民。大小司寇寄眷属，避贼依人梓溪局，大吏乡宦声气通，原藉刘君为耳目。乡愚乘贼操干戈，城中闻信唤奈何；命官传令办土匪，刘君一手持太阿。先后告发多处斩，乡民从此起风波。其后奉命写军饷，借官勒索谁敢抗，急如星火急如雷，吾也协银三十两，意思强悍语言狂，专持传票字一张，逼之至局索输将，否则治罪押班房(梓溪祠堂内有班房有牢，明文端公时所以治族中不法之子弟也。今之富户有不速捐者或捐不多者，即饬练勇传此等人坐此，永不释放，押人班房。以故乡里富户言若干数即捐若干数，苦甚)。更甚县令征漕粮，呜呼此举诚非良。"⑧

---

① 邵鸿等编：《清实录江西资料汇编》，江西人民出版社2005年版，第763页。
② 同治《新余县志》卷六《武事》。
③ 同治《安远县志》卷五《武事》。
④ 同治《宜春县志》卷五《武事》。
⑤ 同治《武宁县志》卷一九《武事》。
⑥ 同治《德安县志》卷七《武事》。
⑦ 同治《户口县志》卷五《军务始末》。
⑧ 杜德凤：《太平军在江西史料》，江西人民出版社1988年版，第477页。

第七章
晚清江西经济

故而,咸丰初年至同治三年(1851—1864年),清朝廷集中兵力镇压太平天国革命。因此,"自咸丰二年办理防剿,至太平天国结束的十多年间,用饷数千万之多"。①所载,自咸丰二年(1852年)至同治六年(1867年)十二月,江西用于镇压太平军的军费支出有6项:②

(1)江西省军需(咸丰二年至同治六年十二月)银1841.48万两;

(2)江西省军需第一案内第二起(咸丰三年五月至十二月)银294.1万两;

(3)江西解拨向荣大营军饷(咸丰三年五月至十二月)银55.75万两;

(4)江西协解江南大营及徽宁两防军饷(咸丰十年五月至同治三年六月)银747万两;

(5)江西省军需第二案(咸丰十年至同治三年六月)银1082.84万两;

(6)江西协解彭玉麟水师军饷(咸丰十年五月至同治三年六月)银212万两。

以上军饷奏销共计银4233.17万两,相当于江西全省20余年的地丁银数,是各省奏销中军需支出最多的省。这个数字与刘坤一奏"用饷数千万之多"是相符合的。

(二)承担朝廷外债和战争赔款

甲午战败,清廷为偿还日本战争赔偿,向俄法等国大量借款,为还贷,清廷分摊债务给各省,江西每年摊派银24万两。光绪二十五年(1899年)因佛郎镑价昂贵,原拨银数不敷,自光绪二十六年(1900年)起,未偿还俄、法等借款每年加拨6万两。据统计,光绪二十二年至二十六年(1896—1900年),江西承担清朝廷归还俄、法借款共计银126万两。1900年,八国联军攻占北京,强迫清朝廷于次年订立"辛丑条约"。其中规定付给各国"偿款"海关银45000万两,年息4厘,分39年还清。本息共计98223.8万余两。这笔赔款通称"庚子赔款"。1901年10月,户部分派江西每年承担"庚子赔款"银140万两,规定从1902年起,每年分12批每批上解116666.67两。至1910年止9年共计已上缴银1260万两。1903年起,江西每年承摊"新案赔款"银13.6万两,分4批上解,每批银3.4万两,至1910年仍继续上解。8年共上解银108.8万两。这些借款和赔款支出,使江西财政陷入绝境。

自道光二十一年起至光绪末年(1841—1908年),一方面,财政收入冲破了过去按定额征收的模式,使财政收入大幅度增加;另一方面,巨大的军需开支和战争赔款,使财政支出以更大幅度膨胀。因此,全省财政以收抵支,由略有盈

---

① 刘坤《遗集奏疏》卷三第102页,同治五年十一月二十七日奏。
② 彭泽益:《十九世纪后半期的中国财政与经济》,人民出版社1983年版。

余到连年赤字。财政状况每况愈下。据珠(御)批奏折所载,江西藩(省)库存银,道光二十年(1840年)实存143万余两,道光二十一年(1841年)实存26.43万两,道光二十二年实存36.34万两,道光二十三年实存33.88万两。这些银两后陆续给云南、湖北、河南、江苏等省作协饷之用。道光二十四年至二十九年(1844—1849年)藩库无余存。道光三十年(1850年)余银1400两。此后均未见藩库有余存的记载。另据《光绪十年岁入岁出度支简明数目及旧有新增各省军饷数目册》载,光绪十年(1884年),江西全省入银682万两,出银710万两,以入抵出不敷银28万两。入银中地丁杂税按应入数一般只能收上7成,如除去这欠缴的3成,全省以入抵出实不敷银89万两。光绪三十四年(1908年),度支部委派财政监理官清理江西财政。据《度支部奏调查各省岁出入款项总数合并单》载。江西全省岁入银756.99万两,岁出银789.52万两,与光绪十年比较,收入增长11%,支出增长11.1%,以收抵支,仍不敷银32.53万两。

光绪十年岁入岁出度支简明数目及旧有新增各省军饷数目

岁入		岁出			
项目	银两	项目	银两	项目	银两
地丁杂税额征	2041600	京饷	750000	江督造银等银	50000
耗羡额征	180000	边防经费	310000	彭玉麟防饷	20000
常税款征正额盈余	623000	兵饷	925100	固本饷	65000
华阳税应征	843700	存留俸工银	404800	西征饷	845000
厘金应征	1331900	本关经费火耗等银	164000	云南饷	26000
漕折漕项额征	1802100	出使经费	67000	王德榜饷	260000
		云南省俸饷	10000	江南饷	42000
		内务府经费	150000	贵州饷	182000
		部库银	1345000	伊犁饷	130000
		乌科二城银	19000	广西防饷	85000
		本省防练各饷银	723000	南北洋及江苏银	300000
		养廉等款	179000	塔城饷	20000
		山东河工银	30000		
合计	6822300	合计	7101900		

资料来源:据《光绪十年岁入岁出支简明数目及旧有新增各省军饷数目册》整理,分项数照列,收入合计数比原册数银610.23两多72万两。

第七章
晚清江西经济

二、解决财政赤字的平衡举措

(一)地赋丁银改折多收

地赋为土地税,丁银则为人头税。地丁税中的征粮部分即漕粮。清初,雍正五年(1727年)丁银拨入地亩屯粮充纳,每年均摊一次,即所谓"摊丁入亩"。在清乾隆三十一年(1766年)时,全国赋银为2991多万两、漕粮为831万石;嘉庆十七年(1812年)时,全国赋银为328多万两,漕粮为435万余石。

江西每年征收多少,自1840年后方可查证。在道光二十年(1840年)以后,江西应征实征之额为224万余两。道光二十一年(1841年)实征229万两,道光二十五年(1845年)实征223万两,道光二十九年(1849年)实征216万余两。1840—1852年的12年间,此项征收,没有太大变化,维持在200左右。如此重的地丁和漕银,在太平军入赣之前,经常发生抗漕斗争。如1848年,广信府各县"相继以漕事哗,贵溪尤甚"。①1852年,"江西泰和县棍徒,于该县开征漕粮时聚众滋事"。②

但是,从咸丰三年(1853年)开始,因太平军西征占领九江时,停泊在湖口以下的469艘漕船被烧毁,省仓、县仓亦陆续毁于兵燹,从此经大运河北上的漕运停止。于是,清政府收取政策改变,漕粮改为每漕米一石(相当于一百二十市斤),折银一两三钱解部,征收浮数因此倍增。这些银两不但充当清军在江西境内外镇压太平军所需军饷,就安徽、江苏境内清军的粮饷也大部分取于此。清人李滨有言:"盖江西漕折、关税、盐金三者,国藩倚为饷源"。

而后数年,清政府不断调整漕粮。同治元年(1862年),两江总督曾国藩、江西巡抚沈葆桢获准整顿钱粮:"将丁漕两项,一律折收制钱,由官银解兑,每地丁银一两,连加一耗羡,折收足钱二千四百文;漕米一石,折收足钱三千文。解部外,余悉留充本省及各州县办公之费。其后银价渐昂,以钱易银,不敷支解。"③至同治七年(1869年),时任江西巡抚的刘坤一奏准,每米一石,改收银一两九钱,仍以一两三钱解部,二钱七分提充本省捐税公费,其余均由各州县留支。至光绪年间,为筹解赔款以及筹办"新政",需款浩繁,"计臣以筹款为能事,虽加赋亦不避矣"。据刘坤一奏报,江西的丁漕数额"三倍于湖南、湖北"。对此,清朝统治者也承认:江西负担沉重,"远出他省……民生之困,由于征收丁漕浮

---

① 闵而昌:《碑传集补》卷一六。
② 《清咸丰实录》卷八〇。
③ 冰冰:《江西田赋问题·田赋之沿革》,《江西地方文献汇编初稿》。

数太甚也"。①江西原规定地丁每两征钱2682文,漕米每石征钱3420文,光绪二十二年(1896年)奏准地丁每两减100文,漕米每石减140文。光绪二十七年(1901年),为筹集赔款资金,又向上奏准,地丁每两加捐钱200文,漕米每石加捐钱300文。每年约增收银30万两。同治四年(1865年),江西巡抚孙长绂在"奏议"中谈及漕粮的情况:"又有各属尚有拖欠钱漕,议立加价限期。原为设法催科,第漫无限制,不免任意递加,此民生之困由于征收丁漕浮数太甚也。查州县岁额捐摊,内除奏明派摊各款外,有由各上司派捐应用者,有各属自行详府分年捐摊归款者,每县每年或需银万余两,或需银数千两,此外尚有各项馈赠陋习,有刁衿劣监包揽完漕名曰包户。"②时人邹树荣在他的纪事诗《蔼青诗草》中说:"南昌漕米政本苛,一石浮收两石多,漕米茶米分外索,开仓旋闭勒折横刁讹。……今年岁事更觉差,天灾人祸相交加,秋收之日大霖雨,洪水泛涨民咨嗟。……官差四出催完纳,星火之急风雷狂。低者呈状缓征告,黠者冒渎来公堂,买灾卖灾相蒙蔽,丁差胥吏饱橐囊"。③

从上可知,晚清时期,江西人民的地赋丁银负担是极为沉重的,不仅在于漕粮赋本身征收额的苛重,还在于定额之外的"浮收"、"勒折"。浮收、勒折,是江西田赋积弊病民之深的主要表现之一。它是由于"征收方法不良,胥吏缘以为奸,田亩科则失实,赋额因之不均,或有田无粮,或则田多粮少,或沃土而负轻赋,或瘠地而负重征,百弊重生,不胜枚举"而造成的。其中,尤以"耗羡"最为病民。

耗羡,又称"火耗",本为州县私加的一种附税,"清初屡为厉禁,然禁之而不能,则微示其意而为之限,限之而不能,乃明定其额为归公"。江西耗羡数额明定为33万余两,然实征远不止于此数。火耗征收数额多寡,各州县彼此不同,主要是看各地历史的惯例,和官吏是否贪婪和贪黩胃口的大小而定。许多官吏因此于定额之外,重加苛派,或据为己有,或用于贿赂上司,以为晋阶之本。因此,"火耗"成为贪官污吏"浮收"贪黩的一大手段,清晚期政治黑暗、官员腐败的主要缘数之一。④

(二)滥征厘金

厘金又称厘税,是清政府在镇压太平天国的过程中,为解决军需粮饷和地

---

① 光绪《江西通志》卷二十六。
② 光绪《江西通志》卷八五《经政略·田赋》。
③ 杜德凤:《太平军在江西史料》,江西人民出版社1988年版,第477页。
④ 陈荣华等著:《江西经济史》,江西人民出版社2004年版,第438页。

第七章
晚清江西经济

方筹办团练经费问题而征收的一种临时性商业税。厘金最初一般分行厘(活厘)和坐厘(板厘)。前者为通过税,征于转运中的货物,抽之于行商;后者为交易税,在产地或销地征收,抽之于坐商。行厘一般是货物在起运地征收一次厘金后,在转运途中又重复征课,有所谓遇卡纳税及一起一验或两起两验的办法。有些省则在货物起运地及到达地各征一次。坐厘有埠厘、门市月厘、铺捐、落地厘等名称,是对商店征收的交易税。此外,还有先捐后售的出产地厘金,如对丝、茶、土布在出产地所征收的产地捐。如按商品分类,厘金以百货厘为主要部分,征课的范围很广,名目繁多。百货厘之外,还有盐厘、洋药厘及土药厘。盐厘为盐课以外两征税,洋药厘是对外国进口鸦片征收关税以外的厘金征课;土药厘是对本国自产鸦片的课厘。1853年始于江苏江都县。

江西设置厘金的时间较全国来讲还是比较早的。有文献记载:"江西之有捐厘,始于咸丰五年(1855年)。其实,1854年曾国藩来江西后,就想开征厘税,"曾国藩督师江西,虑客兵不敷调遣,饷亦不继,与巡抚陈启迈就近募兵筹饷之法,划河抽取厘金。"[①]时户部奏请通行各省,按货抽厘,以助军饷。爰于南康涂家埠、广信河口设卡试办。六年,乃设总局。""定法,综计百货而抽分之。凡货值银一两,捐二分;值钱千,捐二十。逢卡抽收,不立定限。生贾则有门厘。""属贼踪肆扰,败军中道劫行旅,绅商等愿捐造飞划船,立安旅军,以为保卫。更定抽分法,改首卡捐三,次卡捐而二止。凡捐厘五,以一养军,四助饷。"[②]

咸丰六年(1856年)设总局,厘定征收章程,规定税率为值百抽二,凡过水陆交通要道,商货过往比较多的地方都有厘卡,逢卡完捐交税。按清政府的规定,税率为逢百抽一,但到了江西,税率增为2%、5%。"更定抽分法,改首卡捐三,次卡捐二而止。凡捐厘五,以一养军,四助饷"。咸丰十年(1870年),曾国藩为了得到更多的军饷,"奏以江西厘金余数给军,改总局为牙厘总局",为此又重新规定税率为值百抽十,远远超过清王朝规定的值百抽一的标准。每年征抽捐厘,据史料记载,"江西捐厘之初,岁入恒百数十万",也就是说年征收厘税银80余万两至130余万两,相当于全省的地丁银数量,镇压太平军的军饷"咸仰给于捐厘"。

1865年,清朝统治者在镇压太平天国运动以后,地方官一度撤除部分厘

---

① 民国《南昌县志》卷五四《兵革》。
② 光绪《江西通志》卷八十七(榷税·附捐厘始末)。

卡,但这项措施遭到户部反对,户部言"毋得裁减",兵裁刚过,朝廷元气未复,①只要求整顿,同治皇帝也认为若是裁掉厘卡,"经费将何所出",令各省仍须悉心征收。而且这样一来不仅没有撤销厘金,而且继续实行并扩大其征收范围,成为一种固定的税收。厘卡抽税的对象,也由最初的日用必需品扩大到进入流通领域的一切货物。厘卡税率水路增加到18%,陆路增加到10%。途经各卡还要加抽。②"从赣州府运货至南昌,须经十卡,应完二十九分有奇"。对应税货物的数量也凭空增加,因而实收税率有时竟达三、四十分之多。"江西厘金之重,尤甲于天下。有百干钱之货品,而厘局辄指为二三百千之货价,以多收税额者。有他处已征足额而此处又额外取盈者。尝有携一百零十千钱之货物,而所纳之厘税乃至三百四十干文之多,言之骇听"。③

从厘卡的处数来讲,虽然几经裁减,但是1880年后,江西地方当局仍奏准设大卡65处,小卡94处,仍有159处之多,远远多于其他省份。地域遍及江西全省13府70余县。厘金征收中的弊端愈演愈烈,以致"尝有携一百一十文钱之货物,而所纳之厘税乃至三百四十文之多者"。④直至1894年,"就江西一省而论,多至七十余处,商货来往,各卡分成扣收,已不无借端抑勒之弊,而多一局即多一处之开销,多一差即多一人之克削,以小民有限之脂膏,国家有定之帑项,顾令虚糜滥耗,徒饱官吏之私囊"。⑤时人愤而指出:"查厘卡完章,于初卡完三分,次卡完二分,第三卡完三分,第四卡完二分,名为百分之十,其实十分完足,经过下卡,仍次补抽,第一次补抽,按十分加二分,第二次补抽,按十二分又补抽二分。经若干卡,补若干次。如由赣州府运货至江省(指南昌),应完二十九分有奇……故定章名为取十,其实乃取三十、四十。又况查验不时,羁滞留难,无卡无之。"⑥再如由修水运茶至九江,每百斤先在当地捐银一两四钱,到姑塘完四钱,到海关完二两四钱,共计厘税四两三钱;河口茶由河口至姑塘至九江出口,每百斤厘税四两一钱五分。其完厘金、关税,与所售价格相比较,

---

① 施由民著:《明清江西社会经济》,江西人民出版社2005年版,第191页。
② 陈荣华等著:《江西经济史》江西人民出版社,2004年版,第443页。
③ 《江西近代农业史资料》第一辑第376页。
④ 罗玉东:《中国厘金史》江西部分,转引自万振凡《江西近代农业生产关系与生产力》,载《江西社会科学》,1993年第6期。
⑤ 光绪《东华续录》卷一二〇。
⑥ 《江西商务说略》,《江西官报》丙午年(1906年)第27期。

第七章
晚清江西经济

每百两约抽25两,达茶价的四分之一。因此,连外国人也惊叹:"中国茶叶自出产之地,沿途经过关卡,至抵轮船装载出口时,所完厘税几及市价百分之二十五。别国所产之茶,如印度、锡兰等处者,税厘全免。而华茶税厘如此之重,遑论其减轻成本之法耶?"①1904年,江西地方政府又对厘金做了调整,对某些大宗货物实行"统捐",即一次性收税:"吉赣抚建两河之木材,抚州、建昌、袁州、广信、瑞州、宁都各府属之夏布,乐平、余干、彭泽三县之土靛,景德镇之瓷器,信丰县之萝卜条,各处土产及外省运来之麻,福建所产之烟丝,一律次第改收统捐。"②由此可见,厘卡的设置,导致厘税滥征且繁重,加之厘金中商税完全出自华商而不涉及外商,故而此对农业、手工业的发展以及商民经济生活的打击非常沉重的,制瓷业、制茶叶、制纸业尤为严重!阻碍着土货在市场上的流通,有利于外国洋货的倾销,从而加强了洋货对土货的竞争能力。残酷的封建剥削与压迫,是社会生产力发展的主要障碍。直至1931年,厘金方停止征收。

厘金制度出现之初,不但可以代替当时因太平天国起义而处于瘫痪状态的国内常关的职能,而且还使厘金局卡有随战区的变化"因地制宜"设置的灵活性,因而增加了清政府的税收。

(三)漕粮改征与盐课附加

漕粮改征:在清代,漕粮征于各省,主要通过水运(海道或运河)船运输送到北京,供朝廷和京城人口的和各路官兵俸饷之用。它分为正兑、改兑、白粮、改征、折征等几种。

我国的封建王朝,向农户征收地租(官田)和向民间征收田赋,在很长时期内,采取征收实物的办法。这些王朝又大都建都在西北和北方的城市,而附近地区所产的粮食,不能满足京城的需要。因此,把其他地区征收的粮食调运到京城,就成为一项重要的政治措施,为封建统治者所重视。在这种情况下,漕运在我国历史上形成过一套较完整的制度,并有相应的一套管理系统。漕运用的船,叫做漕船。漕船载运的粮、米,叫做漕粮、漕米。驾驶漕船的军队和民工,叫做漕军、漕丁和漕夫。

漕运设漕运总督总司,山东、河南、江苏、安徽、江西、浙江、湖北、湖南八省

---

① 《光绪二十四年九江口华洋贸易情形论略》,转引自彭泽益《中国近代手工业史资料》第二册第311页,中华书局1962年版。

② 陈荣华等编:《江西近代贸易史资料》,江西人民出版社1985年版,第118页。

漕务，各省设督粮道监察漕粮收储及督押粮船。许多朝代都设专管漕运的官员，例如唐朝设置了转运使，宋朝设置了发运使，元朝设了都漕司二使，明清两代都设了漕运总督。从事漕运工作的漕丁、漕夫，有时多达十余万人。

  按清廷规定，江西每年必须完征的正兑正粮米麦丝等为35万余石、耗粮为18万余石，改兑正粮为15万余石、耗粮为8万余石。漕运粮食到京城或到河北通州的过程，是一个既十分繁杂麻烦又极为劳民伤财的过程，是清王朝的又一项病民劣政。漕运时存在着沿途的陋规、收买旗丁耗赠、运船遇险恤赏、守领借项延误、粮船夹带私盐、计米征谷等等弊端。其中对百姓的危害最主要有两点：一是漕米折钱征收，浮收倍增。例如，从咸丰三年(1853年)开始，太平军西征占领九江，469艘漕船被烧毁，省仓、县仓亦陆续毁于兵焚，从此漕运停止。于是，漕粮改为每漕米一石(相当于一百二十市斤)，折银一两三钱解部，征收浮数因此倍增。同治元年(1862年)，两江总督曾国藩、江西巡抚沈葆桢获准整顿钱粮："将丁漕两项，一律折收制钱，由官银解兑，每地丁银一两，连加一耗羡，折收足钱二千四百文；漕米一石，折收足钱三千文。解部外，余悉留充本省及各州县办公之费。其后银价渐昂，以钱易银，不敷支解。"①刘坤一曾奏报，江西的丁漕数额"三倍于湖南、湖北"。对此，清朝统治者也承认：江西负担沉重，"远出他省⋯⋯民生之困，由于征收丁漕浮数太甚也"。②

  二是漕粮改征收米石为计米征谷，又一次增加了收税。然至道光五年八月，有人以为"江西额漕计七十余万石有奇，距河距海均千余里，而且地极卑湿，若仍征本邑，恐来年停运，存贮易致征支"，建议清廷"全数改征谷石，如明春时常济运，即飞饬各州县赶紧砻碾上兑，如仍有阻滞，责成州县变价银钱，并解其谷石不及变价者，妥为存贮以待下次砻碾搭运"。③对此建议，清廷以为"漕粮征收米石由来已久，今欲计米征谷，恐不肖官吏以改折为名借端浮收，势所不免⋯⋯且征收谷石，届时始令动碾，势必缓不济急，且州县各多此一番砻碾，夫工饭食又将借口赔累，至所称银钱并纳，必至抑勒纷扰"，于是没有采纳。但是，在实际上，不少官吏仍采取各种手段，例如用大秤大斗量进，从农民那里榨取更多的谷石，而以小秤小斗量出，漕运交差，从中折勒中饱私囊。同时设立江

---

① 冰冰：《江西田赋问题·田赋之沿革》，《江西地方文献汇编初稿》。
② 光绪《江西通志》卷二十六。
③ 同治《江西通志·训典》卷首之二。

第七章
晚清江西经济

西清赋局,整顿地丁和漕粮征收制度,催收尾欠,堵塞漏洞。据光绪二十九年(1903年)统计,年增收地丁银10万余两,增收漕米折银9万余两。以上各项筹款不包括丁漕,全省每年增收银约120万两。①

盐课附加:晚清中国产盐的地区主要有长芦、山东、两淮、两广、福建、四川等几十个地方。盐课是清政府向盐商强制性的征收的各种盐税。分为场课、引课、杂项三大类,是清王朝国家财政之一大收入。此外,清代盐商时常向清廷"捐赠"银两,贿赂皇室和内务府,目的就是为了巩固自己的垄断地位。这种捐赠被称为"报效",也是清政府的重要财政收入。

盐务设盐政为地方盐务最高长官,由总督或巡抚兼任;下设督转盐运使司或盐法道以及盐务分司、盐课司、批验所、巡检司各机构,具体办理盐务。

各产盐区销售方法各异,有官督商销、官运商销、官运官销和商人包课4种。无论采用以上四种何种销售方式,均以引票运销数量为据,不得增加,不得变换引地(引地是指一定范围的专卖区)。据康熙纪政直盐课表所列,江西与湖南、湖北、安徽、江苏、河南等省同属两淮行盐引地,即为淮盐的专卖区,引额为南引(两江、两湖)139万余引,北票(江南、河南)近30万引。当时,全国历年盐课额银为747万余两。但据道光年间户部实征数目,都超不过500万两。"所差如此之多,盐政之弊,亦从可知矣。"江西所属13府1州,除广信府引销浙盐,赣州、南安两府及宁都州引销粤盐外,其余10府均引销淮盐。经商定,淮盐产地每斤加价4文,产、销两地平分,江西每斤盐分钱2文,这样全省全年增收9万两。

国家实行盐业专卖就有私盐出现了,清代也不例外。所谓私盐,是指与官盐相对立、偷漏饷课的盐斤,是由商贩偷运,没有缴纳盐税的盐,包括官私、枭私和邻私等。虽然政府三令五申禁止私盐,违者罪至极刑,仍难以解决,并有愈演愈烈的趋势。运商在封建政府的支持下拥有使用武力稽查私盐的特权,但他们自己同时也参与贩卖私盐,以获巨利。他们有盐引作护身符夹带私盐,差不多是引盐的一倍。官盐价格昂贵是由于成本过高、盐课的递增、官僚官吏的勒索、场价过高等原因造成的。而官盐价太高,正好给予了私盐以行销的机会,这就使得私盐的盛行成了必然。私盐严重泛滥的主要原因,一是农民生计日艰,铤而走险制私贩私;二是政府对食盐的计划性管理造成供需脱节;三是制盐技术的进步使制作私盐成本大大降低;四是交通工具的进步和贩私经验的丰富

---

① 陈荣华著:《江西经济史》,江西人民出版社2004年版,第439页。

使贩私成功可能性增大；五是缉私制度的无效和缉私部门的无能。私盐的存在,对清代各阶层及清政府有着不同的影响,一方面它给予部分贫苦群众的生活以一定的补偿,从而对经济关系的紧张有一定的调节作用；另一方面,它对清政府的财政收入也有所影响,一直是清政府严厉打击的对象。清廷采取了许多方法,效果却始终不理想。五个方面的原因：一是缉私人员腐败无能；二是缉私人员构成复杂；三是缉私人员的规模过于庞大；四是缉私人员的装备滞后；五是缉私激励机制效率低下。清代前后期其缉私效果是各不相同的。清前期效果尚可,后期政治渐趋腐败,盐政管理松懈,缉私制度存在许多问题,造成缉私力量不仅不能抑制私盐活动的泛滥,而且发展到护送盐枭贩私的地步。

江西盐政从总体来看,主要有四大弊端[①]：一是百姓购盐被逼舍贱买贵,舍近求远。有如江西建昌府(治今南城县)距淮南2000余里,离闽省邵武、汀州等府不过二三百里,运盐程站较之淮南近至10倍,其盐价自必贵贱悬殊,即食淮盐价必贵,食闽盐价必低。但是,由于江西为淮盐引地,百姓食盐须购淮盐,而不准购买其他盐引地的盐,实际上官商方面也不得到非盐引的区域去运购销售食盐,百姓在当地也买不到其他引地的食盐,只得贵买食用高价盐。二是盐船任意抬高厘费,商人成本增加,盐价随之攀升,影响国课、民生。三是官盐例价不明,商铺抬价压榨民众。赣江上游的南安、赣州、信丰、会昌、兴国等埠为粤盐畅销之地。但邻近的万安县为淮盐引地,由于粤盐价廉,官运入赣数额不清,不法之徒常通过粮船夹带粤盐走私进人淮盐引地销售；又由于官盐例价没能按照银钱市价,每斤应折定若干"随时颁示晓谕,以杜弊混",于是商铺任意抬高盐价,牟取暴利,压榨百姓。四是差役勒索诬指,商民资本荡然。吉安府属万安为水陆交通要道,向来设有查盐快船派差巡逻,以防私枭过境。道光年间,在此缉私的官吏差役人员,为了勒索钱财,对于私盐船只"每得钱赏放"。他们对于过往客商虽查无食盐,照样将其衣物倾斥倒箧,任意盘折,除肆意抢夺箱内银两之外,还向每个客商索取钱两"数千至十数千不等"。有些客商为讨回公道,便到衙门控告。不料,这些缉私差役不惜采用极其卑劣的手段,预先把私盐放置在县衙公堂上,反而诬指客商是私盐夹带者,"众役一词,不容分辩",衙门书差人员与之相勾结,跟着"勒索规办,使商民受罪含冤,资本荡然,以故商贾吞

---

① 陈荣华著：《江西经济史》,江西人民出版社2004年版,第440—441页。
② 《江西通志·训典》首之三。

第七章
晚清江西经济

声,畏如狼虎"。②

(四)土膏统捐

江西所销土药(鸦片)多由四川、云南等省贩运而来。各省对土药历来均征税厘,江西间有征收,但为数不多。后因各省稽查甚严,江西即无税可收。为了筹集赔款资金,经奏准,商贩土药凡运至江西销售的无论外省已否收税,每两一律收统捐税银12两,过境运销别省的减半征收。对煮土药膏的,无论出卖或自食,每土1两收银1分。这项土膏统捐,每年可收银40万两。

三、宣统时期的财政改革

在宣统短暂的3年(1909—1911年)中,清廷财政思想萌动新的观念,并力图统一全国的财政管理,建立新的财政制度。但是,由于政治上的腐败,财政措施终不能有效的实施。

(一)清理整顿财政

从宣统元年(1909年)起,江西即根据清朝廷统一财政的要求,执行度支部颁发的调查财政条款。由清理财政局调查光绪三十四年(1908年)藩、运、道等局各库收支存储银粮数目,全省出入款项总散各数目,府、厅、州、县库收支存储银粮数目,以及官银号资本营业情形。将咸丰、同治以来为镇压太平天国筹捐筹饷而导致财权分散的情况逐步改变过来,变成由藩司统一综核管理的财政。这一措施,有利于财政统一管理,并为此后试行财政预、决算制度奠定基础。

(二)编制财政预算

宣统二年(1910年),江西根据度支部奏定的《币制则例》,实行银本位制,"国币单位,定名曰圆"。并从当年起,全省各文武大小衙门局所,均根据清理财政章程第五章第十四条的规定,各自预算次年出入款项,编造清册,送清理财政局,编写全省预算报告册,由督抚报送度支部审核。预算编制"以每年正月初一起至十二月止为一年度,册内先岁入,后岁出,各分经常、临时两门,门下分类,类分为款,款分为项,项以下为子目"。①册内还将上年收支实数,逐类比较,附为比较表,又于摘要栏内说明大概情形。出入银数,通以两为单位,小数至厘为止。财政预算经度支部审核统一报资政院讨论决定后颁发执行。

宣统三年(1911年),江西省预算总收入为银692.63万两,总支出为银821.60

---

① 《中国财政史》第90页,民国8年9月至9年6月。

万两,收支相抵预算赤字为银128.97万两。这个预算经度支部审核调整后,总收入为银722.01万两,总支出为银801.81万两,收支相抵预算赤字为银79.80万两。此数经资政院审核再次调整,最后确定全省总收入为银756.69万两,总支出为银744.11万两,收支相抵预算结余银12.58万两。江西省及度支部上报预算均为赤字,资政院审核后变为结余,主要是在省上报数的基础上,收入增加银64.06万两,支出削减银77.49万两,正反相差银141.55万两。这显然存在不少问题,正如度支部在《制定江西省宣统三年国家岁出总说明书》中所说的"咨政院审查此表舛误甚多",报表与实际情况不符。据宣统三年(1911年)六月十六日江西省财政局向度支部的报告,宣统三年(1910年6月—1911年5月)财政收支相抵,实际亏损银120万两。

据《财政渊鉴》(下册)记载,宣统元年(1909年),江西省财政支出预算为银964万两,其中解款526万两,协款54万两,共计580万两,占总支出的60%。地方支出384万两中,军政费支出159万两,占41.4%;教育费支出32万两,占8.3%;实业支出33万两,占8.6%;其余为行政、民政、财政等支出。上述解款、协款和军政费共计739万两,占全省财政支出的76.7%。宣统三年(1911年),资政院决议,江西省财政支出预算为银744万两,其中解款475.8万两,协款56.9万两,共计532.7万两,占71.6%;地方财政支出211.4万两。占28.4%,其中,军政费支出104.2万两,占49.3%;行政总费45.2万两,占21.4%;财政费29.1万两,占13.8%;教育费3万两,占1.4%;实业、交通、官业支出共计10.1万两,占4.8%;民政、司法等支出共计10.9万两,占5.1%;筹备费已9万两,占4.2%。解款、协款和军政费支出共计636.9万两,占全省财政支出的85.6%,地方各项行政、事业支出仅占14.4%。而教育和经建事业支出加起来不过13万余两,仅占全省财政支出的1.7%。

第八章
晚清江西文化

书院教育、传统文化在晚清江西,已开始走向衰败。随着门户开放,受着经世致用和维新思潮的影响,江西新式学堂和新式教育不断出现,新闻报纸陆续创办,留学生先后出国,逐渐形成近代化文化,虽然脆弱,作为新事物,却是江西历史的一大进步。作为一个文化整体,晚清江西不再享有历史上的辉煌,不再独领风骚,不再名人辈出,却也小有成就,文史哲各方面硕果累累,人才辈出,社会习俗渐趋文明,民俗文化紧贴时代,这是晚清江西文化发展的主流。

第一节
新式学堂的兴起

自宋明以来,八股科举教育在江西一直占据着统治地位,影响着江西的文化走向和整个教育体制,决定着江西广大士子的前途和命运。受此影响,江西的书院教育非常兴隆,科举中试人数之众,居各省前列。一直到前清,"江西科举之盛,远胜浙楚",[①]当时的浙江、湖北是全国的文化大省。前清乡试,江西中额一般在100名左右,乾隆九年(1744年),诏定江西乡试额94名,并永为定制。至晚清,特别是太平天国运动以后,江西传统科举日渐衰微,光绪元年(1875

---

① 光绪《江西通志》,卷三十二,选举表13。

年)的会试,江西中试仅42名。旧的科举教育的衰败,昭示着新式教育的兴起。

一、教会学校的出现

打破书院、私塾传统教育体制的,首先是教会学校的出现。

随着九江的开埠,基督教文化势力的侵入,江西第一次出现教会学校。1865年,法国天主教会首先在九江开设济世中学、济世小学,创新式学校之先。接着于1867年,美国卫理公会在九江创办同文书院,不仅招收江西学员,还远招安徽、湖北、江苏等邻省学员,开设课程有"天文、地理、历史、外文、圣经、宗教知识等"。①该校1906年改为南伟烈大学,1917年定名同文中学。1872年,基督教红十字会在九江创办江西第一所女子学校,招收16岁以上女孩,甚至已婚妇女也可入学,尽管开设课程为烹饪、家庭教育等实用内容,在当时仍然震动很大,有违"女子无才便是德"的传统思维。1888年,美国传教士李惶悌、吴格矩在九江又创办了一所女校,名为桑林书院,次年改为儒励女校。此外,基督教会在九江还创办了同文附小、四翘小学(即翘智、翘秀、翘德、翘材四所小学),在南昌创办了豫章中学、法文学校和葆灵女中等。尤其值得一提的是葆灵女中,它是美国基教卫理公会布道使郭恺悌在南昌创办的第一所女子学校,时间是1902年。因纪念美国人葆灵先生(Mr.Baedwin)而得名。该校规定只招女生,校长只限女性担任,教师原则上也只由女性担任,女生不准缠足。最初只创办幼稚园和小学,辛亥革命后增设中学,课程以宗教、英文为主,附设女工、家教、劳作等。起初学生只有学校工友、教会工友及其工作人员的女儿,后来江西的富有阶层纷纷送女入学,其影响渐渐扩大,成为江西知名的教会学校。②

毋庸讳言,教会学校的兴起,作为西方文化侵略政策的一部分,它在江西的作用,具有两重性。一方面,它冲破了江西传统的教育体制,传播了西方先进文化,尤其是西方先进科技知识,启迪了民智,有助于江西教育近代化的进程。另一方面,它有着西方文化和欺诈的目的,起着毒害和蒙蔽江西一部分知识青年的作用,有其消极的一面。不管怎么样,教会学校的出现,毕竟是江西的新鲜事物,应给予相应的肯定。

---

① 《基督教在九江的传播及其创办的学校和医院》,见《九江文史资料》第一辑。
② 《江西文史资料选辑》,第4辑,第126—136页。

第八章
晚清江西文化

二、新式学堂的兴起

光绪二十七年(1901年),逃到西安的清廷下诏兴学,"著各省所有书院,于省城均改设大学堂,各府及直隶州均改设中学堂,各州县均改设小学堂,并多设蒙养学堂。著各该督抚学政切实通筹认真举办"。①光绪二十八年(1902年),清政府颁布《钦定学堂章程》,次年,颁布《奏定学堂章程》,通称《癸卯学制》,这是中国第一个经正式颁布后在全国范围内普遍推行的学制,它基本仿效西方资本主义国家尤其是日本的教育制度。这个学制不仅对各类学校的办学宗旨、课程设置、学生的入学条件、修业年限及各类学校的相互关系作了详明的规定,而且对整个教育宗旨、学校管理、教师的选用和学生的考试与奖励等方面也作了相应规定,从而形成一套有别于中国传统教育的新式教育制度。学校体系分基础和专门职业教育两大类,每一大类又分为高等、中等和初等。清末新政时期,江西在近代教育推行方面概况如下:

(一)基础教育

在高等教育方面,清末期间江西全省陆续设立高等学堂10所,6所官办学堂,3所民办学堂,教会学堂1所(南伟烈大学,光绪三十一年创办,校址设在九江,未办理立案)。②其中,政法学堂3所(公办1所,民办2所),光绪三十三年(1907年),江西开办省立法政学堂,是江西巡抚胡廷干在原藩司课吏馆的基础上改造而成,并于宣统元年(1909年)报部备案,监督叶先圻(翰林,提学使委),地点在城内契家塘。③宣统元年(1909年),私立豫章法政学堂在南昌豫章路成立。宣统二年(1910年)春季,私立江西法政学堂在南昌高升巷成立,堂长刘存一(日本留学毕业生),地点在租借系马椿民房。④医学类2所(公办1所,民办1所),光绪二十八年(1902年),江西在省城南昌高桥设立江西医学堂,三十一年(1905年)停办。陈日新(知中医,刑部主事,官委)任监督,聘一日本医生南雅雄为教习。光绪三十三年(1907年),江西萍乡私立医学堂创办。方言类1所,光绪三十一年

---

① 《光绪朝东华录》卷一百六十九,第1页。
② 黄定元、张希仁主编《江西省教育志》,北京:方志出版社1996年12月版第375页。还有人认为江西这一时期还兴办了江西清江大学堂,两江师范学堂(与江宁、苏州、安徽等省、城合办),赣州法政学堂,(江西明经学堂,江西材官学堂,江西储材馆,江西马炮工辎学堂,江西检验学习所,中国陶业学堂,这些不属于"壬寅癸卯学制"系统)等高等教育学堂。(肖华忠:《清末江西新式高等教育发展概略》载《江西社会科学》1994年第6期)
③ 黄炎培:《清季各省兴学史》,第175页。异国十年改为法政专门学校。
④ 黄炎培:《晚清各省兴学史》,第179—180页。

(1905年),江西方言学堂创办,三十三年停办。监督程志和(礼部主事,官委),由原南昌友教书院改造而成,招收学生多是举贡生员。工业学堂(江西高等学堂改办)1所,农业学堂1所,其概况在"实业政策的推行"部分已经论述。师范高等学堂1所,将在专门职业教育论述。在这儿主要叙述江西高等学堂的情况。光绪二十八年(1902年),江西巡抚李兴锐根据清廷诏令,督同司道厘订规条,以省城进贤门内书院街豫章书院,添赁民房扩充讲舍,于四月十一日开办江西大学堂,即补道汪瑞闿会同藩司总司其事。肄业诸生,"酌以二百名为限,实缘中小学堂未能一时并设,无所取材,姑从各属保送之举贡生童选其年岁及格,资质开敏者,当堂考试,分别录取,并附取官幕子弟十二名,传令一体入堂肄业"。《南昌民国初元纪事》记载江西大学堂"招收学生,均是举人、贡生、优、拔、廪生、秀才,预先通饬各县保举"。①江西大学堂先后延订中文总教习一人,分教习六人,东文分教习五人,经费在奏留丁漕四分,学堂项下拨用,并严饬各员核实开支,不准丝毫密麻糜费。柯逢时由布政使护理巡抚后又接到一上谕,"张百熙奏遵拟大学堂章程开单呈览一折,披阅各项章程尚属详备,即照所拟办理。并颁行各省,着各该督抚按照条款宽筹经费,实力奉行,总期造就真才以备国家任使等因钦此。"柯逢时复于省城西偏,购地一区,另建高等学堂,于十一月二十一日兴工。②光绪三十年(1904年)江西大学堂与柯所新建造的高等学堂合称江西省高等学堂,③监督黄大壎(翰林)。学习课程有中文、历史、地理、外语、体操、植物等新学课程,④开始定学员额30名,后增加100名,每名学生有津贴若干,如旧时之书院膏火。光绪三十三年(1907年)举行第一次毕业典礼,如科举时出乡试榜,分最优等、优等、中等、下等四种,以廪生、附生注册,下等以佾生注册,准用顶戴。江西高等学堂的设立揭开了自"戊戌维新"之后江西近代新式教育的新篇章。

在中等教育方面,新政时期,江西巡抚衙署将本省书院次第改为学堂。自"光绪二十七年(1901年),当时江西十三府一直隶州,次第创设中学堂14所,教授英文、算学、史地等科目"。⑤另有十多所中等学堂自光绪三十一年(1905年)被陆续建成。具体情况详如下表:

---

① 周德华辑:《南昌民国初元纪事》卷六《教育类》第115页。
② 《护理江西巡抚柯逢时奏办大学堂折》(光绪二十八年七月十二日),《江西官报》癸卯(1903年)七月朔。
③ 黄炎培:《清季各省兴学史》,第173页。
④ 《苏报》,1903年6月2日。
⑤ 中华民国教育部《第一次中国教育统计年表》,开明书店1934年版,第200页。

第八章

晚清江西文化

清末江西省中学堂一览

学堂	创办时间	地址	备注
抚州府立中学堂	光绪二十七年（1901年）	兴鲁书院	民国后改为省立第七中学校
南昌府立洪都中学堂	光绪二十八年（1902年）	洪都书院	1914年改名为省立第二中学校
九江府立中学堂	光绪二十八年（1902年）	濂溪书院	1914年改名为省立第三中学校
广信府立中学堂	光绪二十八年（1902年）	信江书院	1915年改为广信七县联合中学校
袁州府立中学堂	光绪二十八年（1902年）	昌黎书院	1914年改名为省立第八中学校
南康府立中学堂	光绪二十八年（1902年）	二贤祠	
赣州府立中学堂	光绪二十八年（1902年）	阳明书院	1914年改名为省立第四中学校
建昌府立中学堂	光绪二十八年（1902年）	建昌城书院	
饶州府立中学堂	光绪二十八年（1902年）	芝阳书院	1914年改名为省立第五中学校
南安府立中学校	光绪二十九年（1903年）	南安府城书院	
临江府立中学堂	光绪三十年（1904年）	章山书院	
萍乡县立中学堂	光绪三十一年（1905年）	萍乡县城书院	1927年改名中山中学校
九江炮台随营学堂	光绪三十一年（1905年）	浔道瑞观察所	
吉安府立中学堂	光绪三十二年（1906年）	白鹭书院	1914年改名为省立第六中学堂
瑞州府立中学堂	宣统元年（1909年）	凤仪书院	1914年改名为省立第三中学
宁都州立中学堂	宣统元年（1909年）	州城考棚	1914年改为省立第九中学
南康县立中学堂	宣统元年	旭升书院	宣统三年停办
萍乡公立正本女学堂	光绪三十一年（1905年）	萍乡县劝贤堂	1925年改萍乡县立中山女子学校
公立旅赣客籍学堂	光绪三十二年（1906年）	南昌马家池	

续表

学堂	创办时间	地址	备注
公立河口镇中学堂	光绪三十二年(1906年)	铅山县河口镇	
南昌公立三商中学堂	光绪三十三年(1907年)	南昌	
公立万载龙河中学堂	光绪三十三年(1907年)	万载县龙河洲畔	
公立南昌算学传习所	光绪三十三年(1907年)	南昌	
公立南昌女子公学堂	光绪三十三年(1907年)	南昌于家后巷	民国后改为私立女子中学校
赣省模范中学堂	不详	南昌	
公立南昌中西学堂	不详	南昌	

资料来源：根据黄定元、张希仁主编《江西教育志》整理，方志出版社1996年12月版。

在初等教育方面，光绪二十七年(1901年)，各县试办小学堂，主持人称为堂长。江西近代新式小学堂最初设立者应为光绪二十八年(1902年)所创办的南昌、新建县立高等小学堂，监督由南、新两县知县充任，堂长归县署委任，以后陆续有章江等小学创办。①江西一些山区乡村也仿效新学而行。在江西南部的寻乌县，地处边沿山区的项山堡，潘氏家族出资创办的埃口耻小学、重乡有古氏家族创办的怡智学校。潘氏的埃口耻小学，以私宅为校舍，办在群山环抱的山村之中，却延揽了一批县内外、省内外新学的知名学者，给学生教授新学课程，使该校在赣、闽、粤三边地区闻名遐迩。据光绪三十三年(1907年)学部总务司编制的《第一次教育统计图表》，江西官立、公立、私立小学堂409所。按地区划分：省城南昌11所，南昌府29所，饶州府12所，广信府45所，南康府18所，九江府24所，建昌府19所，抚州府32所，临江府7所，瑞州府28所，袁州府33所，吉安府77所，赣州府50所，南安府19所，宁都直隶州5所。

清末江西小学堂一览表

类别	高等小学堂	两等小学堂	初等小学堂	半日学堂	女子学堂	总计
公立	73	14	71	3	1	162
公立	64	33	27		3	127
私立	6	29	83		2	120
总计	143	76	181	3	6	409

资料来源：根据《第一次教育统计图表》编制。

---

① 中华民国教育部《第一次中国教育统计年表》，开明书店1934年版，第439页。

第八章
晚清江西文化

设蒙学。如光绪三十年,余干县俞省三因"该乡以水为乡,以渔为业,读书者少,即明理者稀",饬绅妥筹款,分村分族多立蒙学。其教习则就地取材,需熟习教授之法。先由该令酌定课程,选定课本,购备分发,依科讲授。一年后,由该令考察而奖励之,以期"兴于学而顽梗可化矣"。[①]

在基础教育中,除官办新学堂之外,还有部分士绅积极倡办各种新式学堂,使得许多私立新学堂在江西接踵而起。光绪二十七年(1901年),南昌熊元鄂、熊育扬兄弟因深受严复思想的影响首开新世纪江西民间兴办新式学堂之风。他们联合夏敬观、蔡公湛等人,在南昌以其家族塾学为基础,创办新式学堂。学校最初名为英文学塾,光绪二十八年(1902年)改为"乐群学堂",光绪三十一年(1905年)再改称南昌私立心远中学堂,教习西文。这是本世纪初江西工商潮起,赣人最早开办的一所专门修习西方文化和语言的新型学校。该校采用全新的教学内容和教学方式,大开新式教育风气,对江西新学的兴办起到了很好的推动作用。光绪二十九年(1903年)九月,举人燕善达在南昌创办了私立章江小学堂,"此校为江西省城开办初级小学之始"。[②]光绪三十年(1904年)周六平创办私立大同学堂。光绪三十二年(1906年),候补官吏江峰青、李家德等创办私立登瀛学堂,该学堂分初、中、高三个班,主要招收官幕子弟。光绪三十三年(1907年),三江村士绅蔡绍经等"筹款组织鼓化两等小学,于奏定章程外添授英文一科,就学者颇为踊跃"。[③]

清末江西私立中学堂一览表

学堂	创办时间	地址	备注
南昌私立心远中学堂	光绪二十七年(1901年)	南昌熊氏心远堂	1912年改名心远中学校
南昌私立大同学堂	光绪三十年(1904年)	水观音亭	1925年停办
南昌私立正蒙女学堂	光绪三十二年(1906年)	豫章楼公馆	民国后改设剑声中学
南昌私立登瀛学堂	光绪三十三年(1907年)	南昌城隍庙	辛亥革命后停办
新余私立萃英中学堂	光绪三十三年(1907年)	新余县城管房屋	
私立九江儒励女子中学堂	光绪三十三年(1907年)	儒励桑林书院	辛亥革命后改名为省立浔阳女学校

[①] 《余干县俞省三条陈地方利病恳求破格准予四事禀批》《年江西官报》甲辰年(1904年)第十九期。
[②] 黄炎培:《清季各省兴学史》,第173页。
[③] 《东方杂志》第4期,第170—171页。

续表

学堂	创办时间	地址	备注
南昌私立葆灵女子学堂	光绪三十三年(1907年)	南昌德胜门外	民国后改为私立葆灵女子中学校
南昌私立章江中学堂	光绪三十四年(1908年)	南昌	1916年停办
私立万载东洲中学堂	光绪三十四年(1908年)	东洲书院	

资料来源:根据黄定元,张希仁主编《江西教育志》(北京:方志出版社1996,12)整理。

女子教育在清末新政得到重视。光绪三十四年(1908年),清廷学部颁布的《女子小学章程》可以算是女性受教育权利的法律保障。新政期间,江西陆续办起了私立正蒙女校(1906年)、女子公学(1907年)、义务女校(1908年)、私立匡秀女学(1909年)等学堂,包括中等、初等层次的教育。光绪三十四年(1908年),南昌的蔡敬襄等人联合捐资创办的私立义务女学校,"期末向学生收取学费,在经费难以维持之时,蔡敬襄仍断指募捐救校"。①其苦心毅力,志在兴学救国,可敬可佩。女子学校多为私立,对学生收费较高,一般是富家子弟进得较多,穷人不敢问津。

(二)专门职业教育

在江西,专门职业教育包括师范教育和实业教育两个部分。实业教育前已叙述,在此着重叙述师范教育。师范教育根据癸卯学制分为优级师范学堂和初级师范学堂教育两级。优级师范学堂教育属于高等教育,光绪三十三年(1907年),江西优级师范学堂在南昌令公庙创办。②江西初级师范学堂最早创办于光绪二十八年(1902年),是由赣州府巡道刘心源和邑绅刘学熙在赣县道立濂溪书院的基础上改办而成的虔南师范学堂。宣统元年(1909年),清廷学部颁布《女子师范学堂章程》,进一步扩大了师范教育的办学范围。宣统二年(1910年),江西女子师范学堂在南昌书院街公馆屋创办。③清末江西有优级师范学堂1所;初级师范学堂中,官立师范学堂、师范传习所11所,公立师范传习所、师范速成科2所,私立师范学堂2所。④

---

① 黄炎培:《清季各省兴学史》,第182页。
② 黄定元、张希仁主编《江西省教育志》,方志出版社1996年12月版,第379页。
③ 黄炎培:《清季各省兴学史》,第176—177页。监督文征芝女士(翰林彭树华夫人),开始招办一班,学生不到二十人。省会各私立女学,稍能作数十字国文者,考取前列。盖先办师范,而无不学根基,故有此弊也。民国时,取消师范名称,归并女子中学。
④ 黄定元、张希仁主编《江西省教育志》,方志出版社1996年12月版,第261页。另外,光绪三十一年(1905),江西萍乡正本女子学堂在萍乡县劝贤堂,分设工艺、师范2科。

第八章
晚清江西文化

(三)留学——造就新知识分子

留学(游学)教育是晚清兴学的补充措施,"非游学不能助兴学之所不足"。①清政府于光绪二十七年(1901年)照谕各省督抚,一律仿照江南、湖北、四川等省派遣学生出洋。

首先,江西官派留学生概况。江西学人对西方新学虽然反应迟缓,但在进入20世纪后,随着"新政"的推进,部分江西学人也纷纷加入20世纪初的出国留学大潮。从新近出版的各县县志反映,新政时期,全省70多个府县几乎各府州县均有出国留学之人,以留学日本者尤多,无论官宦之门还是贫寒人家,都有留学之士。其时,即使如偏僻的大庾县,亦有记载云:"光绪三十一年,诏罢科举,乃选士远游,负笈海外"。②《南昌纪事》上也载曰:"自清季外人之教输入中夏,而教育为之一变。一然南昌留日、留英、留美之士多获学士、硕士、博士之名"。③江西留学生以留日学生为主。分为他省官派,江省官派,自费三种形式。通过他省官派和自费的形式出国留学的学生在时间上比江西派出留学生的时间要早。根据《清季留学生会馆第二次报告书》,1902年10月至1903年3月间,留日江西籍学生已有13人,附表十一反映了其简况。

光绪二十八年(1902年)正月,江西督抚集资遣送学生出洋留学,计耗资1万两。江西遵照清廷的要求于光绪三十年(1904年)先从武备学堂派出胡谦、李烈钧、欧阳武、余鹤松等4名学生赴日本留学,入日本振武学堂。④光绪三十年(1904年),江西设立农工商矿总局,在派黄大埙等人赴日本考察各面实业的同时,即以农工商矿总局的经费派10名学生随同赴日留学,"肄习农工商矿专门之学",以便他们"异日毕业回华,推行尽利","获改良之益"。⑤光绪三十一年(1905年)底,练兵处选派108人赴日留学,其中江西有余维谦等4人。⑥光绪三十二年(1906年)春又派徐福绵等13人赴日学铁道,江西高等学堂挑选优级学生

---

① 《变通政治人才为先遵旨筹议折》,《张之洞全集》第2册第1406页。
② 民国八年《大庾县志》,卷四《教育志·学校》第150页。
③ 周恤华辑:《南昌民国初元纪事》卷六《教育类》第16页,民国九年刊本。
④ 《练兵处奏定选派陆军学生游学章程十六条》,《江西官报》甲辰年(1904)第十六期。《东方杂志》第一年第九期。
⑤ 《东方杂志》第二年第十二期。
⑥ 《东方杂志》第三年第三期。

20人留日。①学部派遣进士馆83人入日本法政大学速成科,其中江西有10人。光绪三十三年(1907年),江西教育会选派10名女学生留日,赴日本实践女子学校学习,开女子留学之风。②

其次,留学生人数考察。根据《光绪三十四年九月到宣统元年七月各省官自费毕业学生姓名表》中载:1900年江西学生谢晓石(官费)到日本。1902年王焕文(官费)到日本。1903年钟震川等七名官费学生到日本。光绪三十年(1904年),江西留日学生有明显增长。据不完全统计,以当年5月14日为准,有案可查者不下28人,学生所攻专业,包括商业、手工、军事、医药、外语、体操、制造、蚕业等。江西28人之数远逊于湖北的289人、湖南的210人、浙江的134人、江苏的112人、直隶的97人、广东的86人、四川的57人、安徽的56人,稍强于山东的27人、福建的24人、云南的15人、贵州的14人、河南的7人、广西的7人、山西的4人、陕西的1人。③根据《东方杂志》(1904年4月号)载:到1904年2月,中国有1400人在日本,其中江西有27人。

江西历年留日学生人数统计

年份	1900	1902	1903	1904	1905	1906	1907	1908	年代不详	
官费人数	1	1	10	20	18	167	10	4		231
自费人数			2	4	6	14	6	4		36
总计	1	1	12	24	24	181	16	8	18	285

备注:1. 本资料根据《清末各省官自费留日学生姓名表》制作;2. 官费学生中含有以外省官费派出的部分江西籍学生以及自费生;3. 本表统计的人数主要指在日本各高等专门实业学校中毕业的学生,没有毕业的学生未统计在内。

再次,对于江西来说,一些学人就读于省外的一些学堂,也不失为一种游学。他们学成归省投身于江西的近代教育和近代实业中。以京师大学堂为例,新政期间,在该学堂师范馆攻读的江西学生不下13人。

众多的留学生回国后,或投身革命,或从事教育、科研,或创办实业。像李烈钧、蔡绍南、邓文翚、彭程万、蔡锐霆、蔡突灵等,为革命奔走联络,功不可没;像詹天佑等,修建铁路,享誉宇内;像桂瑞藩等,潜心教育,兴办学校,为江西培

---

① 李喜所:《近代中国的留学生》第136页。
② 《警钟日报》,1904年6月13日。
③ 《东方杂志》第31卷,第11号,民国23年6月1日。

养了大批新式人才;像何焕奎、康爱德等,兴办医院,不仅治病救人无数,还为江西培养了大批医务人才等等。尤其值得一提的是,康爱德是江西第一位留美的女学生。她是九江人,自幼父母双亡,为美传教士昊格(Hoag)收养。1892年,赴美学医,成绩优秀,4年后毕业回江西,挂牌行医,求医者门庭若市。同时,她还培训出一批批女医务人员,缓解了江西女医务人员短缺的矛盾。①

学有所成的留学生,为江西知识分子打开了一条新的成功之路,给人们提供了一种新的选择,这就打破了儒家经典、词章八股的传统价值取向,并为江西民主革命进程和近代化教育、近代化实业打下良好基础。

第二节 新闻业的出现

清朝封建统治,在政治上高度集权,在文化上极端专制,除宫廷《邸报》登录谕旨、奏章外,不允许任何其他宣传工具的出现。打破这种文化垄断局面的首先是外国传教士所办的报刊和维新思潮影响下的维新报刊,而作为近代报刊业的出现,则时间更晚。

一、近代报刊的出现

从19世纪40年代开始,到90年代末,"西人在华先后共创办中外文报刊170种,约占同期我国报刊总数的95%,其中绝大部分是以西方教会或传教士个人的名义创办的"。①江西历史上出现的第一家报刊也是西人创办的。这就是1890年基督教美以美会在九江创办的《教会辩护者》,每月出一期。接着英国传教士于1891年在南昌创办《博闻报》,也是月刊。它们虽然发行范围有限,读者多限于教徒,但对江西近代报刊的产生和发展起到了一定的示范作用,而且具有冲破封建文化垄断的重大意义。

在中国,第一份自办的近代报刊是《中外新报》,1858年在香港出版。在江西,第一份自办的近代报刊是《时务菁华报》,1898年在萍乡出版。《时务菁华报》为萍乡知县顾家相之子顾燮光主编,为书册式半月刊,每册60页,经费由县

---

① 龚书铎:《中国近代文化概论》,中华书局1997年版,第227页。

署拨款和乡绅赞助,刊登的主要内容有谕旨、奏疏、中外政事、东西洋详情、实学汇要、经济文萃等,发行于江西中西部和湖南东部。作为江西历史上第一家自办的报刊,其意义非常重大,它开创了江西人办报的先例,填补了江西报刊业的空白;它是江西传播西学和开通民智的重要媒介,对江西的维新思想起着重要的推波助澜的作用。

受此影响,邹凌瀚、邹凌沅等在南昌也积极筹办报刊,即将开刊之时,遭遇"戊戌政变"而停版。

直到1899年,江西才开始出现第二家自办报刊,即《通学汇编》,由江西致知书局在南昌创办,每旬出一期,主要选录各地报刊上的文章和时事。

作为报刊或新闻业的出现,当以1902年江西设立官报局及其创办《江西官报》为标志。因为此后,江西许多家报刊问世,形成一定的报刊规模,并且统归官报局登记和监督管理。

《江西官报》为旬刊,属省府官办,它不仅继承了《邸报》登载谕旨、奏章的传统,而且还登录中外新闻和各知县撰写的论说等,起到了上下沟通的政治作用和开通风气的宣传作用。

在《江西官报》的影响下,1904年,安福县创办了《安福汇报》旬刊;1906年,广丰县创办了《劝学报》,1907年,江西农务总局创办了《江西农报》,九江官府出版了《江西日日官报》;1909年,江西学务公所创办了《江西学务官报》等等。这些官办报刊不仅宣达政令和介绍时事,而且还开辟专门实务栏,涉猎经济技术领域、教育改革领域,对江西的经济发展和教育创新有着直接的指导作用。

江西报刊业发展的另一个重要因素,就是留学生和革命派积极参与报刊的创办。

1903年,江西留日学生张世膺在日本东京创办《江西白话报》(一年后改为《新白话》)。这是江西留学生创办的第一家进步刊物。它痛斥朝政的腐败,倡导反满革命,揭露西方列强对中国的侵略罪行,倡导中华民族的振兴,其言论激烈,在当时振聋发聩。它在江西南昌设总代派所,在赣州、九江、吉安、萍乡、上饶等地设分代派所。对江西影响很大。

1908年,江西留学生汤增璧、文群等在日本东京创办《江西》杂志,与《新白话》遥相呼应,竞刊革命言论,鼓吹"欲保和平,必具武装,励一国之铁血以为铁

第八章
晚清江西文化

血,而国强于全球,壮一国之武装以为武装,而国安于磐石"。①该刊在江西公开发行,销量很大。

1902年4月,蔡元培等在北京成立中国教育会,江西继之成立江西教育会,它"表面办理教育,暗中鼓吹革命",并在各地成立分会。其中九江教育分会在1904年创办了《青年爱》,在登载教育学术和教育新闻的字里行间中,常常寓意爱国和排满思想,使其成为江西境内第一家革命刊物。接着,革命党人又于1906年创办了第一张机关报《自治日报》,吴宗慈任总编。该报首先刊载武昌起义和九江独立的消息和文告,积极联络各界,谋划南昌独立事宜,为彻底推翻满清在江西的统治,奔走呼喊。翌年,革命党人又在赣州出版《赣报》,与《自治日报》遥相呼应,倡导革命。

1909年,江西最大的革命组织共进会,为宣传革命宗旨而创办《汉江日报》,主要发行于南昌市郊和广大乡村,虽秘密发行,但影响很大。

江西官府、留学生和革命党人,是晚清江西新闻业发展的主要力量。此外,一些民营报刊也在不同程度上为晚清江西报刊业作出了贡献,如《新民报》(1901年创刊于南昌)、《江西白话报》(1904年创刊于九江)、《选报》(1906年创刊于南昌)、《又新日报》(1909年创刊于赣州)等等。粗略统计,从1898年到1911年,江西共创办报刊大约28种,尚不含江西人在日本出版的3种。②兹将清末新政时期江西报刊分列于下:

清末新政时期江西报刊一览表

刊物名称	创办人	创办时间	发行地	备注
新民报	不详	1901	南昌	1905年已佚。
日新汇报	不详	1902	赣州	以工商界人士为读者对象。
江西官报	南昌官报局	1903.8	南昌	1911年5月停刊。
江西白话报	江西留日学生张世膺	1903	东京	革命刊物,大约5月间出版,旋停,改为《新白话》。
新白话	江西留日学生,新白话报社	1904年初	东京	革命报刊,1905年底停刊。
江西白话报	不详	1904	九江	旋停,以中等学堂学生为主要阅读对象。

---

① 《辛亥革命时期期刊介绍》第三辑(江西),人民出版社1982年版。
② 同上。

续表

刊物名称	创办人	创办时间	发行地	备注
新新白话报	程某等数人	1904	九江	
青年爱	江西教育会九江支部	1904.9	九江	革命党人以教育会的名义出版。
安福汇报	安福汇报社	1904.5	安福县	大约1905年停刊,在吉安府城内及江口、枫市等处设代派处。
江报	李之鼎	1904	九江	初以日商的名义出版的一家日报,1907年改为《江西日日官报》出版。
赣风	易知社	1904	南昌	文化类刊物。
江西话报	钱凤翚	1904	南昌	辟有16个栏目,以"事关国政、民业、风俗"为三大重点。
江西实业白话报	刘子民	1904	南昌	拟于该报畅销后,"再办《蒙学白话报》"。
南浔通俗报	南浔通俗报社	1905		文化类刊物,1905年内出至第14期,终刊时间不详。
选报	刘汝鹏	1905	都昌	旨在"开浚民智"。
选报	刘博存等人	1906	南昌	
劝学报	广丰县署	1906	广丰县	政治类刊物,1906年出至第2期,终刊时间不详。
自治日报	吴宗慈主编	1906	南昌	江西革命党人的言论机关。
赣报	赣学社	1907	赣州	革命派报纸,以教育事业为主导,暗中鼓吹革命。
江西日日官报	李之鼎	1907.4	南昌	官商合办,洋务局监督。1911年7月24日停刊。
江西农报	江西省农务总局所属农务总会	1907.4	南昌	总发行所设在江西农工商矿局,吉安、赣州有代售处,上海代售处在商务印书馆。至1909年4月出至第25期,终刊时间不详。

第八章
晚清江西文化

续表

刊物名称	创办人	创办时间	发行地	备注
江西杂志	江西留日学生	1908.7	东京	革命报刊,出至第四期停刊,约在1909年6月。
江西学务官报	江西学务公所图书科编报处	1909	南昌	教育类刊物,从中可以看到江西当局在学务问题和地方自治问题上采取措施的情形。至1911年7月出至第26期,终刊时间不详。
文新日报	不详	1909	赣州	
赣州商会公报	不详	1909	赣州	中国商人创办的报纸。
江西宪政时报	不详	1909.12	不详	《江西省志·大事记》中,提到该报被查封。
江西咨议局会期日报	江西咨议局	1910.10	南昌	登载咨议局议案,来往函电以及会议动态
江西民报	吴宗慈主编	1911.11	南昌	原名《自治日报》

资料来源:根据程沄《晚清江西报刊叙录》,《江西期刊综录》,《江西省志·大事记》,《东方杂志》和《警钟日报》整理。

从戊戌维新开始,到辛亥革命为止,一些全国知名报刊在江西也大量发行,如《时务报》《中外纪闻》《湘学报》《民报》《北洋官报》等,其影响之广,也促进了江西新闻业的发展。

二、近代报刊启迪民智

江西社会风气渐开,"多藉报纸之力,报界之发达,实为江右文明之纪念"。① 近代报刊包括销往江西的外省报刊和江西本省创办的报纸。以1903年为例,销往江西的《苏报》达200份,较上年增3/4;《新民丛报》250份,较上年增1/3;此外尚销有《中外日报》280份,《译书汇编》120份,《浙江潮》80份,《游学译编》50份,《女学报》40份,《湖北学生界》30份等等。②

清末新政期间,江西创办的报刊大量增加,根据统计有28种之多。按创办

---

① 《苏报》,1903年5月30日。
② 同上。

者分类,有外商投资创办的报纸、有中国商人办的报纸,有官报和官商合营报纸。以读者对象分类,有以工商界人士为对象的报纸,有以学界为对象的报纸。以报刊的内容分类,有政治报、商业报、农报。按报刊文体分类,有文言报、白话报。按刊期的长短分类,有月刊、半月刊、旬刊、五日刊、三日刊和日刊报纸。这些报刊的出版成了江西开通风气、传播新思想、启发民智的重要途径。《新白话》明确宣示,"专取正大的宗旨,发明以明显的文字",从事有关中国前途的"言语改良",冀收"开导一般同胞的知识"之效。[1]其内容,包括论说、时局、教育、地理、纪闻、小说、诗歌、笑话等专栏,配以浅显易懂得白话文,很快成为雅俗共赏的读本。该刊在江西教育会设总代派处,在南昌的戊子牌楼的普益书局、百花洲得广智书庄,赣州府学前的日新公司,九江孝子坊的阅报社,袁州萍乡正街的文华堂书局以及吉安等地设有分代派处,[2]播新风于赣江上下。[3]继之而起,江西原大学堂学生钱风翚推出《江西话报》,辟有16个栏目,以"事关国政、民业、风俗"为三大重点。[4]南昌的刘子民创办《江西实业白话报》,并拟于该报畅销后,"再办《蒙学白话报》,[5]九江的程某等数人创办《新新白话报》。[6]都昌人刘汝鹏自筹款项创办《选报》,旨在"开浚民智"。[7]江西留学生主编的《江西》杂志,旨在"开通风气,革除敝俗,灌输最新学说,发挥固有文明,以鼓舞国民精神"。[8]江西报人还走出江西,参加全国报界的活动。宣统二年(1910年)八月,《江西官报》、江西《自治日报》、《赣州文新日报》选派代表赴南京,参加全国报界促进会。这次会议决定组建中国报馆促进会,并公布组织章程。

这一时期,江西出现的近代报刊具备了大众传播媒介的各种功能,这在江西早期现代化过程中是一个重要事件。

其一,近代报刊出现以前,只有所谓官绅才能参与政治,他们能从各种渠道获得政治信息,江西一般民众处于消息闭塞状态,与政治和一些重大社会活动是绝缘的。近代报刊出现,向江西民众提供了信息,也使一些关心国事的知

---

[1] 《新白话》,第二期,卷首"特别告白"。
[2] 《新白话》第七期封三。
[3] 《新白话》,第七期,卷首。
[4] 《警钟日报》1904年9月20日。
[5] 《警钟日报》1904年10月5日。
[6] 《警钟日报》1904年11月12日。
[7] 《东方杂志》第二年十一期,"各省报界汇志"第298页。
[8] 《申报》1908年7月8日。

第八章
晚清江西文化

识分子的观点集中起来得以进行相互交流,同时形成了所谓的舆论,从而创造了民众参政的基本前提。如光绪二十九年七月创刊的《江西官报》在一定程度上和一定范围内适应了江西官绅了解中央和地方动态和国内外时事的需要。光绪三十年(1904年),《安福汇报》在县署支持下出版,旨在向本邑官绅学子提供国内外政经文教各方面的信息。报刊也能形成对舆论的监督,如光绪三十年(1904年)在九江创刊的《江报》经常对官场有所毁誉,因而销路较好。又如《自治日报》刊登通信,题为《美女献花记》,揭露铅山县河口镇分防同知柳诒春"庇护花丛",招群妓到署留影,以"择优鉴赏,藉快私衷"。此文轰动一时,《申报》特予转载。①

其二,江西近代报纸对于江西民众,特别是士绅阶层形成与他人的共同感情,或是同他人保持认同意识,以及对形成将来的想法起了一定作用,它产生了统一化的影响,将全国性的一致和城市地区性的一致带给了江西各群体和各种亚文化,克服一盘散沙的现象,增加江西社会的凝聚力。人们受近代报刊的影响也是各种现代态度产生的一个重要来源,如对民主的追求等。

其三,江西近代报刊对江西经济有指导作用。如《江西官报》发表农事试验场试验报告,刊登农学论文和外国农业机械图,自编农事新闻,这些新闻广泛涉及省内外农林牧副渔各业。它特别重视发表调查报告以及与时局相关的论说,如第一期刊载《宁都农业调查说略附表》,第七期刊载《泰和县农业调查录》和《赣省农业之将来》(论及江西农业生产的布局和各州县组织农会等政策问题),第十期和第十一期连载《上饶县农业调查说略附表》。由于内容丰富,光绪三十四年,《江西农报》受到北京农工商部表彰,农工商部要求各省发行农报,其一切章程均仿《江西农报》办理。②

当然,我们应当看到,近代报刊对江西社会的作用是一个长期的进程,新政时期,上述三种作用只是这个进程的起步;加上该时期江西各种报纸往往旋办旋停,存在时间短促,大众传播工具效能的发挥大打折扣,结果减弱了它对社会的作用力。

三、近代新书发行机构和阅报社

新政期间,江西新书的发行形势看好。仅南昌一地,就有文智书庄、江华公

---

① 转引自程沄《清代江西报刊历史特点》,载《南昌大学学报》1993 年第 3 期。
② 《江西农报》第十七期报道。

司、普益书局为"专售新书、译书者"。①随着新书新报的渐次兴盛,专营和兼营的发行阅览机构也应运而生,九江的浔阳阅报社、南昌的三育善会阅报公所便是这样一类的机关。②

地方政府也促使这一类机构的大量出现。光绪三十一年正月,进贤县订立章程,设立阅报所以开风气,而扩见闻,使阅报者有开智之益,无一文之费。三月,设作民讲舍一处,选订讲生专司宣讲演说,以开民智,切切宣讲,务使知识日开。四民咸知进步。选择与农工商矿有关之事,以及改良诸法,认真宣讲,期收实效。③三十二年十一月,饶州府张守检禀称,前奉明诏宣布立宪,薄海臣民,欢声雷动。然为立宪国民,当有国民之资格。第民智未开,非广兴教育,无以开风气而祛固蔽。窃谓鼓舞振兴之法,莫如书籍报章,最易输灌文明,增益智慧。饶州僻居腹地,书籍无以购阅,图书仪器报章更多缺如。查有正任泰州知州张牧浍本年集股开办储材图书公司,专办学堂用品。现经函招公司经理人来饶,已与订明在饶分设公司,并招添股本,两处合办,各招四百股,每股英洋五十元,该守先认缴二十股,学堂二十股,鄱阳县陈令庆绶十六股,以为之倡。一面函劝各县令及学堂绅商一体入股,地方士庶得此消息劝忭踊跃,股款易集。所有办法,悉遵商律办理。④光绪三十二年,浮梁县认识到"欲兴商务,先开民智,现行各项报章凡有关于时政及筹办实业者,无美不搜"。于是,在子景德镇育婴局内,先行设立阅报社一处,将奉发各种报章,发交传观。另饬各绅筹定经费,择要购置,凡识字者均可入社阅看,不取分文,俾开风气,试行有效,再行推广。⑤

第三节
学术研究的兴盛

晚清江西诗学、经学、史学、数学等学科,继承了宋明时期兴盛的历史,涌现了大批诗人和学术人才,在全国享有一定的影响。

---

① 《警钟日报》1904 年 9 月 27 日。
② 《警钟日报》1904 年 9 月 27 日。
③ 傅春官《江西农工商矿纪略》进贤县·商务。
④ 傅春官《江西农工商矿纪略》饶州府·商务。
⑤ 傅春官《江西农工商矿纪略》浮梁县·商务。

第八章
晚清江西文化

一、诗学

江西诗学,始于陶渊明,盛于唐宋。晚清诗学,尊唐宗宋,倡"同光体",独领风骚。同时,受动荡社会的影响,扰国忧民,思强求变,倡"经世致用",呼"维新变法",形成一股强势的现实主义诗风。

同治以后至光绪,即1862年到1908年,江西盛行一种崇尚宋代江西诗派(以黄庭坚为代表)的诗风,后人称之为"同光体",其代表人物,是修水县人陈三立。研究近代诗学颇有成就的汪辟疆评述"同光体"时说道:"有清一代诗学,至道(光)、咸(丰)始极其变,至同(治)、光(绪)乃极其盛","至陈散原(三立)先生,则万口推为今之苏(轼)、黄(庭坚)也。其诗流布最广,工力最深。散原一集,有井水处多能涌之"。①陈三立领袖"同光体",崇宋学古,感慨国事多秋,世事如烟,悲伤"戊戌政变",父亲(陈宝箴)病殁,幽忧郁愤,寄泄于诗,遂避俗避熟,求生求涩,吟诗高歌,"凭栏一片风云气,来作神州袖手人",②与一批诗友相唱和,如新建杨昀谷、临川李瑞清、九江桂念祖等。"诗界革命"的倡导者梁启超曾高度评价陈三立的诗,他说:"其诗不用新异之语,其境界自与时流异,酉农深俊微,吾谓于唐宋人集中,罕见其比"。③陈三立诗学大集,著有《散原精舍诗集》、《续集》、《别集》等,流传较广。

"同光体"诗学的出现,反映了江西一批士大夫对时局无奈的感慨。面对国事多艰、民族危难的局面,江西还是有不少士大夫站出来抗争,抗击现实黑暗,反映民生疾苦,形成一股强劲的现实主义诗风,其代表人物有文廷式、陈炽等人。

文廷式(1856—1904年),萍乡人,翰林院编修,侍读学士兼日讲起居注官,支持光绪亲政和维新变法,是帝党和维新派的中坚人物。他著有诗集《云起轩词钞》、《文道希先生遗诗》、《纯常子枝语》等,他的诗,化古求变,紧贴时事。如伤叹甲午战败:"三千犀弩沉湖去,只去瑶台一笑中";企盼中兴之望:"日月回天运,风云感圣谟。几时哀痛诏,寰海庆昭苏。"④

其诗文采奇丽,雅俗共赏,无任是激情爱国诗,还是情思山水诗,都颇为世

---

① 《汪辟疆文集·近代诗派与地域》,上海古籍出版社1988年版。
② 吴宗慈:《陈三立传略》,见《国史馆馆刊》创刊号,民国三十二年十二月出版。
③ 《无生诗话》,载《民呼报》,1909年6月7日。
④ 汪叔子:《文廷式集》下册《诗录》,《中华书局》1993年版。

人诵吟。

陈炽(1855—1900年),瑞金人,户部郎中、军机章京,力主变法图强,游说于帝党和维新派之间,是晚清著名的经济学家。其诗抗心希古,矫然自振,以救世之鸿志,咏慷慨之悲歌,淋漓浑脱,有曹植、阮籍之遗风。著有《褒春林屋诗》。他讥讽列强侵略、国门洞开,有诗云:"饥蛟宅深浦,水族无安澜。猛虎在灌林,百兽多忧患"。又忧虑西人挟先进科技而牟暴利,有诗云:"海客多奇淫,大利遂私擅"。①晚年忧伤变法昙现,往往酒前灯下,高歌痛哭,诗风消沉,最终郁愤而去。

二、经学

江西书院众多,除4大名院(白鹿洞、白鹭洲、鹅湖、象山)外,还有三山、聚星、崇实、昌黎、豫章、友教、经训等书院也较有名气。书院以儒学教育为主,课堂就是讲经台。书院在晚清江西,仍然是主要的教育基地,成就了大批经学大师,也培养了大批经学人才。南昌经训书院山长皮锡瑞就是当时全国著名的经学大师。他博贯经书,持论公允,穷经据典,无妄诞虚伪,把深奥的经学,讲得通俗易懂,深入浅出。他撰写的《五经通义》《经学历史》《师伏堂丛书》等经学专著,成为当时江西经学方面的权威书籍。

晚清江西较有名的经学大师还有尚镕、王曜南、王士杰、杨希闵等。尚镕在道光年间主持三山、聚星、崇实书院,其文辞大胆激烈,抨击当时文坛陋习,斥为腐烂时艺排律。著有《持雅堂全集》《史记辩证》《三家诗话》等,是晚清江西较早的经学大师。王曜南,婺源人,三次乡试不第,遂潜心经学,坚辞孝廉方正荐举,主讲紫阳、衡文书院,著述颇丰,有《礼书条考》15卷、《春秋绎义》12卷、《春秋总说》4卷、《诗经集义》9卷、《毛诗采要》4卷、《礼仪醒要》4卷、《务本堂文集》6卷等。王士杰、杨希闵等经学大师,皆以讲学书院、注经立说闻名于当时。

到了晚清后期,特别是戊戌维新运动以后,社会重时务实学,新式学堂开始出现,新式教育开始实行,书院经学渐趋衰败,不再成为江西教育的中心。

三、史学

晚清江西史学,受乾嘉学派影响较深,重考据,重注疏,重精核,立论较少,

---

① 《褒春林屋诗》,《陈炽集》,第366页。

第八章
晚清江西文化

再者就是受官方影响,重视地方文献的搜集整理。同治朝的各府县志和光绪朝的《江西通志》就是集全省史学人才编成的史学巨篇。在这种背景下,江西缺少史学大家,但不乏史学人才和史学研究成果,李有棠和龙文彬就是当时有名的史学家。

李有棠(1823—1891年)萍乡人,少好史学,以优行成贡生。选授江西峡江训导。专攻史学10年,综采辽、宋、金、元各史和传记,详加校订,考辨异同,编撰《辽史纪事本末》40卷和《金史纪事本末》52卷。书成后献给江西学政吴士鉴阅览,吴阅后赞之为"今得此书,博考群编,蔚为巨制,实为乙部(史部)中不朽之作"。于是吴又将此书荐呈光绪帝,光绪赏其才,擢升为内阁中书。这两部纪事本末,翔实记录了辽、金历史,澄清了辽、金混乱不清的史事,引导了史学界对辽、金等少数民族或边远小国历史的重视,并且印补了相关的《宋史》,是晚清江西史学的一大成就,也是全国晚清时期史学研究的重要成果。

龙文彬(1821—1893年),永新人,进士及第,授吏部主事。光绪元年(1875年)参与校勘《穆宗实录》,加四品衔。后请辞归乡,主讲于章山、秀水、联珠、莲洲各书院。他钟情于明史,毕生用功于搜集明史相关史料,最后完成《明会要》80卷的巨著,并汇集《明纪事乐府》30首。《明会要》详细记录了明代政治、经济等方面的典章制度,正订、补充了《明史》的不足。在晚清忌讳明朝人和事的文化阴影下,龙文彬敢撰《明会要》是冒了一定的政治风险的,因而其书虽有重要价值,却未公开流传,影响面较小。

另外,晚清时期,江西学者对一些专门史、地域史、民族史也有相当的研究,且硕果累累:有高超的《东汉党锢史》;胡思敬的《戊戌履霜录》、《国闻备乘》;文廷式的《补晋书艺文志》、《春秋学术考》;黄维翰的《黑水先民传》、《渤海国记》;徐敬熙的《西北大问题》、黄懋材的《印度札记》等等。

四、数学

在社会大动荡的晚清时期,江西潜心研究数学的却大有人在,其中以傅九渊、吴嘉善为代表。

傅九渊(1791—1845年),上高人,进士及第。少时好学,尤喜算术,广猎数学书籍,与当时全国有名的数学家徐有壬、罗士林等交往频繁。著有《有不为斋算学》4卷,卷一为"招差述解",卷二为"招差算例",卷三为"对数表开方用较省算法解",卷四为"大衍约分定术",把深奥的数学用实例解白,阐述自己的数学成就,在晚清前期数学界有一定的影响。另外,他还校注了《算学》《数学》《数学九章》《三统术衍》等专著,为中国数学的发展作出了一定的贡献。

吴嘉善(1819—1885年),南丰人。任翰林院编修。吴自幼喜爱数学,有异才。1862年避乱长沙,仍潜心数学研究,编撰《割圜八线缀术》,宣传并推广著名数学家徐有壬的算术成果——"缀术"。此前我国数学领域里,一切函数的幂级数计算都用文字叙述,徐有壬创造了一种表述幂级数的算式,称之为"缀术"。这在当时,可谓数学界的一次突破。另外,他根据自己的数学研究心得,撰写了数学专门著作21种。如《笔算》《开方》《平方各形术》《方程术》《平三角边角互求术》《孤三角术》《天元一草》《四元加减乘除释》等。这些著作,有介绍性的推广,有空白式的研究,有系统化的阐述,在当时数量界影响较大,颇受同行的推崇。

另外,黄懋材在江西数学界也有一席之地,他撰写的《得一斋外集》,就是其数学研究的集大成,不乏真知灼见。

第四节
民俗文化与社会生活缓慢变迁

民俗文化,涵盖面广,内容丰富,士气民风,习俗时尚,交相环转。晚清江西民俗文化,有传承的一面,也有嬗变的一面。九江开埠通商以后,给江西内腹地区的社会生活带来了一定的影响。这主要表现在信息的传输途径更广,人民接受外界的信息增多,眼界亦为之大开,相应的带动了社会风气的变化。

一、信息的吸纳与传输

九江开埠通商以来,促进了兴旺的商贸交易和活跃的资金融通,它们又都是和便捷的信息传输联系在一起的。在商品经济的运行中,信息的重要性是显而易见的。"商家生财之道惟凭居积贸迁,而为迁为积又视在远市价之高低为断,苟能得声气之先,有利可图,不难一网打尽。"[①]广泛的信息传播同样也对社会生活产生深刻的影响。九江作为江西门户,其信息的传输途径主要

---

① 《申报》,1882年11月25日。

第八章
晚清江西文化

有：

一是电报。在电报尚未传入中国之前，信息的传输途径主要是通过船舶传递获取外部资本主义世界商贸、金融信息。随着进出口贸易规模的不断扩大，这种传输手段显得落后。电报以它那快捷的信息传输功能，迅速取代了船舶传递信息的功能。1871年4月，英国人架设的香港至上海海底电线开通营业；同年6月，香港至伦敦海底电线接通。6月6日，《字林西报》收到了直接来自伦敦的第一份有线电报。从此上海与欧美间的信息改由电报沟通，以往日月计的信息传输，现在缩短为数小时可达。1872年5月31日《申报》刊载的一则"电气告白"对电报的应用大加赞许："凡遇切要之事，用电线通报，虽万里之遥片刻周知，所以有裕国裕民之宏用，至于行商坐贾更不可少。"

进入19世纪80年代，伴随上海港内外贸易网络的扩展，上海与国内各大商埠间的电报线相继架设。邮政交通部九江电报局，设于九江滟浦路，即中洋街口，系前清光绪十九年（1893年）创办，其时是商办性质，附设在招商局内，报务甚清，由商务督办盛宣怀委九江盛二府兼充办，线路仅通镇江、汉口、殷家汇等处。旋因报务扩充，移设张官巷内，并由邮传部收归官办，定为一等繁局。"该局处长江之中心，又为本省之门户，接转全省之电报，故称为转报之繁忙局也。……长江上游与汉口、武昌、武穴、大冶直达；下游与南京、安庆、芜湖、湖口、殷家汇、秋浦等处直达。江西省与南昌局及吴城、德安等处直达，并在牯岭每年设立夏季报房，以便中外旅客。"①

二是邮政。江西近代邮政事业的发展，是于九江发轫的。江西邮政之始，是1878年，九江与全国其他通商口岸一样，设立"送信官局"于海关税务司使署内。所办业务仅以各国公领使馆人员及租界侨民书信传递为主，兼办普通居民往来各通商口岸之信件的传递。此时的送信官局建立起了从九江至北京、汉口南京，以及经信州而达宁波的等邮差线路。

光绪二十五年（1899年），"大清邮政"当局确定以海关辖区为划分邮区的标准，将全国划分为35个邮区，（又称邮界）。九江作为江西境内唯一的通商口岸，被列为全国35个邮界之一。邮区名称定为"九江邮区（界）"；而九江邮局作为邮区中心所在地邮局，被定为江西省内唯一的一个邮政总局，并负责对区内包括南昌府在内的13府1直隶州及77县的邮政建设及邮政事务进行管理的职

---

① 九江指南社编印：《九江指南》，1932年版，第29页。

能。时九江邮政总局隶属海关总税务司北京邮政总署。

　　九江邮政总局成立后，就曾依据这些法规性邮政章程，开始筹划设立邮政分、支局及代办机构。在《九江邮政局给北京邮政局的公务报告》中可以看出当时九江邮政局在开拓江西全省邮政的基本状况。其大致情况如下：在1901年，九江邮政总局就着力开通九江至南安府线，其中包括九江—吴城镇—南昌府—樟树镇—吉安府—赣州府—南安府。并先后在上述地区设立了分局（Branch Office）另外还开通了湖口县、丰城县、新淦县、吉水县、泰和县、万安县、南康县等七个代办处（Box Office Agencices），江西南北干线为之开通；1903年，相继开通了南昌—李家渡（属临川）—抚州府—浒湾（属金溪）、建昌府—新城县（今黎川），并在上述各地设立了分局或代办处，至此九江至赣东线基本开通；1904年1月，相继开通了南昌—进贤县—东乡县—安仁县—贵溪县—弋阳县—河口镇（属铅山县）—广信府—玉山县，九江至玉山线基本开通，并在上述地区设立了分局或代办处。①据《大清邮政光绪三十一年事务通报·总论》载：光绪三十一年（1905年）在江西的14个府州、78个县当中，共设立海关总分局21处，代办19处，其中汇寄银钞者3处，共计收、发、转寄邮件255.25万余件；包裹5.78万余件；汇兑关平银1.54万余两。②《中华邮政前清宣统三年事务总论》亦载："邮路联接一节更见进境，计开通之新邮路不下五千里。其邻近之鄱阳湖，计有小轮二十九艘带运邮件。其在扬子江内往来之邮船，计有二十艘。"足见当时江西省内河及长江水域邮路及邮运发达之程度。1912年以后，江西邮政总局移设政治中心南昌，九江定为次一等繁局，直属邮传部。③下表所列为1904年至1911年江西邮政邮件往来情况：

---

　　① Inland Report, No 1, 26.Aug 1901，见中国第二历史档案馆藏：《九江邮政局给北京邮政局的公务报告》1900—1904，全宗号一三七，案卷号3100。

　　② 《大清邮政光绪三十一年事务通报》，见中国第二历史档案馆、中国海关部署办公厅编：《中国旧海关史料》，第41册，京华出版社2001年版，第130、127页。

　　③ 九江指南社编印：《九江指南》，1932年版，第29页。

第八章
晚清江西文化

1904—1911 年江西省邮务情形

年 份	邮 件（件）				包 裹	
	收 件	发 件	转 件	共 计	件	重（磅）
1904	1181840	451945	680128	2313913	55107	691682
1905	1290370	441278	820902	2552550	57846	122664
1906	1659029	600907	905965	3165901	49309	182713
1907	3020027	765486	1327404	5112917	74152	213863
1908	3069271	929484	1391689	5390444	59676	145593
1909	6082800	1026100	2763100	9872000	74303	179304
1910	8014600	1443800	4152200	13610600	86900	321800
1911	10641500	1975500	5903500	18520500	90700	284300

资料来源：根据光绪30、31、32 年《大清邮政事务通报》、光绪33、34 年、宣统元年、2 年《大清邮政事务情形总论》等相关资料整理。分别见中国第二历史档案馆、中国海关部署办公厅编：《中国旧海关史料》，京华出版社2001 年版，第41 册、43 册、45 册、47 册、49 册、52 册。

三是民信局：清朝民间信局在咸丰年间就已盛行，初唯沿江、沿海各省有之，后逐渐推广于内地。江西地区民信局以九江口岸最著，"浔埠信局，在邮政未开办之先，势力颇大"。[1]以后才在南昌、吉安、樟树、丰城、鄱阳、万载、上高、宜春、萍乡等城市和商埠重镇开办，并形成了总号（又称总局）统领分号（又称分局）、分号统辖子号（又称子局）与代理店的格局。在19世纪80年代，九江有14家民信局，它们分别是：全泰盛、福兴、胡万昌、森昌、乾昌、亿天、全泰治、协兴昌、政大源、太古晋、铨昌仁、铨昌祥、正和协、张瑞丰等。[2]以后逐渐增加至21家，其中注册者16家，未注册者5家。它们均与上海、汉口关系密切。后在南昌、弋阳、乐平、贵溪、鄱阳、吉安、赣州、饶州等八府县以及景德镇、吴城镇、樟树镇、河口镇建成的信局，也多以上述总、分号命名，并与之有直接的联系。据民国交通部《交通史·邮政篇》记载：是时，江西民信局以九江为总汇，经九江寄送各地之信，每月一、四、七日由全泰盛、全福兴二家寄送南昌；三、六、九日，由乾昌、森昌、亿太、全泰治、协兴、昌政、胡万昌寄送八府四镇；二、五、八日由全泰

---

[1] 九江指南社编印：《九江指南》，1932 年版，第44 页。
[2] 《九江海关十年报告》(1882 年—1891 年)。见中国第二历史档案馆、中国海关部署办公厅编：《中国旧海关史料》，第152 册，京华出版社2001 年版，第200 页。

盛、森昌寄送河口、贵溪、弋阳；二、四、六、八日由乾昌、全泰盛、福兴、铨昌祥寄往景德镇、饶州；一、三、六、八日，由太古晋、张瑞丰、福兴、全泰盛、政太源寄送吴城镇。此外，每年采茶期间，由张瑞丰采取"奖励快递"，即按送达日期长短计付"酒力"、"脚钱"的办法传递来往义宁州之快信。可见，当时各民间信局，已经采取了一种"联合作业"的方式开展民间通信活动。而且九江民信局与上海民信局业务亦颇为频繁，下表所列为上海民信局与九江及江西民信局业务往来情况：

上海已注册的中国民信局通往九江、江西的情况表

注册号码	行号	目的地	班期	价格
2	协兴昌	九江	每天	40文
4	全泰洽	九江 江西	每天	40文
5	太古晋	九江 江西	每天	40文
8	森昌	九江	每天	40文
12	全昌仁	九江 江西	每天	40文
18	政大源	九江 江西	每天	40文
24	福兴润	九江	每天	40文
26	老福兴	九江	不定期	40文
27	乾昌	九江	每天	40文
29	全泰盛	九江	每天	40文
30	裕兴福	九江	每天	40文
31	正和协记	九江	每天	40文
32	亿大	九江	每天	40文
42	胡万昌	九江	每天	40文
44	铨昌祥	九江	每天	40文
45	松兴公福记	九江 江西	每天	40文

资料来源：《海关十年报告之二》（1892—1901年）附录，《已注册的中国民信局》，第122—133页。

后来由于近代邮政事业的兴办，民信局的营业受到一定的限制。史载："近年以邮政办理日益进步，营业乃一落千丈，且为情势所逼，不得不屈伏于邮政局之下，所有信件，只许按照邮局章程办理，现各家所以能维持者，全赖景德

第八章
晚清江西文化

镇、饶州、鄱阳等内地钱庄每日报告行市之信,因交易往来,每日必有例信数十封,或数百封,若投邮局,所费不赀,遂并交信局,不论信之多寡,只出月费若干,其出费之数目,则视营业之大小为标准。"①

信息的吸纳与传输,不仅给商人们提供搏击商场的利器,同时也给人们提供了了解外界信息的媒介。"媒介不仅直接地作用于个人,而且还影响文化、知识的贮存、一个社会的规范和价值观念。媒介提供了一系列概念、思想和评价,受众成员可以从中选择自己的行为方向。"②通过广泛的吸收外界的信息,江西人民的社会风气也开始发生了变化。

二、"洋化"的时尚

从19世60年代开始,西方商品如洋布、洋伞、煤油、肥皂、洋火乃至各色颜料、香水开始涌入江西,冲击着江西原有的生活。以洋布为例,大量的输入,洋布已基本替代了本地的土布,到80年代,江西普遍"开始用洋布"了,③西装旗袍,渐成时尚,洋火、肥皂、煤油等,成为江西人民生活的必用品,就连砖瓦木屋,也出现绮丽的门面,仿西式建房已蔚然成风,就连"机关公团渐次改建西式楼房"。④西方的物质文明,已刺激着江西人民追求美的新意识。受物质文明的启发,江西人民开始重视西方文化,书肆必有"时务、西学"书籍,留学生出国,成为江西人民非常羡慕的选择,即使是人民普遍排斥的基督教,其入教信徒也与日俱增,致"教堂林立",有的县竟达十数所之多。从民俗角度看,"洋化"的时尚,无疑是晚清江西的进步表现,唯有吸鸦片烟除外。

随着新学的推进和废除科举,江西的俗尚和士人的价值观念发生了深刻的变化。翰林出生的江西新昌人胡思敬颇为生动地谈到了这种变局。他说:"以往江西人嫁女,必予秀才。……新翰林乞假南归,所至鼓吹欢迎,敛财帛相贶,千里不赍粮。……今不然矣。诸生焚弃笔砚,辗转谋食四方,多槁死。翰林回籍措资,俗民'张罗',商贾皆避匿不见。科举废,学堂兴,朝局大变,盖不独江西为

---

① 九江指南社编印:《九江指南》,1932年版,第44页。
② [英]丹尼斯·麦奎尔[瑞典]斯文·温德尔著,祝建华、武伟译:《大众传播模式论》,上海译文出版社1997年版,第82页。
③ 《江西近代贸易史资料》,江西人民出版社1987年版,第118页。
④ 民国《分宜县志·风俗志》。

然也。①"众多的旧式学人迫于形势不得不投身于新式学堂之中。

妇女亦追求解放，更新观念，热心公益。昔日的江西妇女"喜佞佛，每年二月十九、六月十九、九月十九烧南海观音，至四月十八进贤门外大会、八月万寿宫进香，俱视为莫大之事；又缠足之风亦甚，惟赣州府此风独衰；又妇女极为聚赌，从前均用纸牌，近亦盛行麻雀"。②新政期间，妇女的社会风貌有了显著的改观。1903年《岭东日报》报道说，"江西风气近已寖开，女界中亦有能讲求新理且无中国女子羞缩陋习(者)"，她们可谓"女中先觉"。③这里所说的女中先觉，无疑是领先求得自身解放的有识之士，不少人又是为争取解放同类而努力的积极分子。曾在九江开办女子医学堂的康爱德即为一例，曾断指血书"保存女学"四字的蔡敬襄又是一例。④据1908年10月28日《申报》载，兵备处总办张季煜之令姊张清如，曾东渡日本于女校师范科毕业；前袁州府太守许子笠之妻张佩兰，曾在上海于爱国女学毕业；余如张小如、林湘等人，均属出身富家或官宦之家的"女界名媛"，然而，她们不再是那种饱食终日、无所用心之辈，都投身于学堂，学有专长，并且破除陋习，走出家门，在江西女子公学力任监督和各科教员，渐成有益于社会的新女性。宣统二年(1910年)，为反对日资渗入南浔铁路，江西女子师范学堂的彭文徵，联络正蒙、义务、匡秀各女校三百余人在省城江南会馆集会，号召"据债劝股"，颇获各界同情。⑤在政治上崭露头角的江西女性也不乏其人，如九江的甘介侯，曾参加伦敦世界妇女会议；南昌的张维英，曾于留日回国后提倡自由结婚演说会；蔡元培之妻黄世振，曾于上海力倡女学；宜丰的蔡仲兰，曾参加中国同盟会。⑥

实业教育与实业发展使人们的思想观念从小农经济的发展模式向现代工业经济的发展模式转变。光绪三十二年(1906年)，东乡县已相当重视"蚕桑之学"，特从浙江引进蚕桑良种，开辟有专地，试种试养，以便取得经验，穷究学理，加以推广。⑦光绪三十四年(1908年)，南昌商徒启智学校的艺徒"半日读书

---

① 章伯锋主编：《近代稗海》第1辑，四川人民出版社1985年8月版，第252页。
② 《警钟日报》1904年9月20日。
③ 《岭东日报》1903年12月12日。
④ 《申报》1909年10月10日。
⑤ 《申报》1910年7月9日。
⑥ 参见张玉法《清季的革命团体》(台)近代史研究所专刊(32)1975年版，第83—92页。
⑦ 《东方杂志》第三年第六期"各省农桑汇志"，第132页。

第八章
晚清江西文化

认字,半日学习工艺",主修纺织,学以致用,备受纺织各家欢迎。商徒启智学校为后来半工半读者提供了范例。①宣统二年(1910年),新建县绅程志和鉴于南昌"实业幼稚,亟待振兴",特在普育中学内"添设商业中学一科",②进行了普通学堂兼涉实业的大胆尝试。与此相应,江西的工商界对学界的新趋向表现出了一定的热情,有的企业在资金中"每万抽公费二元为学堂常年经费",③俨然有集资办学的情趣。应该说,学业与实业的结合,已隐示了二者互为渗透、互为促进的合理发展前程。江西人们价值观念的变化,人们耕读为上价值观逐渐转向工商为重,大量士绅纷纷投资农工商矿企业。这对于江西社会转型是有一定的积极作用。

三、社会风气的变化

近代江西社会风气的变化表现在弃旧学,崇尚新学的社会风尚,精英阶层的变迁以及移风易俗等方面。

(一)弃旧学、崇尚新学

根据《警钟日报》记载,截至1904年9月,仅省府南昌一地,新式学堂就有武备学堂(永和门内)、江西大学堂(进贤门内书院街)、医学堂(高桥南)、乐群学堂、敬业学堂(大士院)、中西学堂、英文学塾、熊氏英文学堂(北湖平远山房)、东文传习社(六眼井)、洪都中学堂(系马桩)、南昌小学堂(咫尺瀛洲)、新建小学堂(旧西昌书院)、经训书院(系马桩路西)、友教书院(棉花市)、洪都校士馆(府学西首)、葆灵女学堂(德胜门外)。④到光绪三十三年(1907年),全省共有各类学堂513所,学生15134人。其中专门学堂4所,实业学堂1所,师范学堂19所,中学堂23所,小学堂400所,女子学堂6所,其他学堂59所。⑤至民国1912年,江西已有新式学校3141所,学生达110348人。⑥

新式学堂成为新知识传播的源泉,为人们所追崇。如南昌西乡蒙学堂,其"堂中教科书上海新编者居多,其功课约分读书、拼字、日记、唱歌、体操各门",

---

① 《申报》1908年7月12日。
② 《申报》1910年11月20日。
③ 《东方杂志》第四年第六期,"各省工艺汇志",第160页。
④ 《警钟日报》,1904年10月24日。
⑤ 陈文华、陈荣华主编:《江西通史》,江西人民出版社1999年版,第696页。
⑥ 温锐等:《百年巨变与振兴之梦——20世纪江西经济研究》第33页。

教习章法较善,讲求得力,从而使学生受惠不浅,入学未久就"进步极速"。①曾赴美国密西根大学习医的康爱德女士在1904年回国后,在九江华佗庙侧本宅"创设女学塾",据称该校以医为业,有学生数十人。②这间学校声誉颇著,以致有人闻而生感,以致"江西文明骎骎乎日有起色"。③《警钟日报》1904年10月21日报道,返归南昌的留日学生拟于六眼井"开设东文速成科"学堂,一时报名求学者"接踵而往"。④12月2日又报道,"近有南城赵君游学东洋回省……拟开东文学塾一所……闻报名肄业者颇形踊跃"。⑤徐廷兰在德化开办的女子学堂成立之初,所开课程即有"修身、国文、历史、地理、算学、美术、体操七门",因内容较为丰富,教法亦比较独特,以致"学者颇众"。⑥

(二)精英阶层的变化

一个国家的初期现代化,精英阶级的转型最为重要。⑦清末新政期间,向有读书兴学传统的江西省内,兴办新学风靡一时。新学促使传统精英阶层向新式知识分子转变。当时进入新式学堂的多是中下级士绅,多为秀才、廪贡附生。⑧新式教育事业的兴办也使得许多传统士绅成为新式学堂与学务机构的教职员。这些由"绅而为学者",构成了清末以新式教育或新的文化事业为职业的"学绅"。⑨江西这一大批热衷于近代新式教育的"学绅",不仅标志着这批士绅进身之途的转换,而且意味着他们的固有知识结构和思想理论基础正经历着一次亘古未有的荡涤。出国留学的士人明显增多是江西传统士绅融入新式教育体系的另一种方式。由于清政府鼓励游学,并规定给予学成归来之人授予各级功名,而留学者归国后又人多可觅寻到更好的谋食之所,因此一些士绅尤其是年轻士绅逐渐与传统旧学相剥离而争相向海外寻求新学。这些留学生归国后,在南昌、九江及全国其他地方宣传进步思想,创办各种学堂,传播文化科

---

① 《警钟日报》,1904年11月24日。
② 陈景磐编:《中国近代教育史》,人民教育出版社1979年11月版,第180页。
③ 《警钟日报》1904年12月25日。
④ 《警钟日报》1904年10月21日。
⑤ 《警钟日报》1904年12月2日。
⑥ 《东方杂志》第二年第十二期,"各省教育汇志",第345页。
⑦ C.E.Black. The Dynamics of Modernization,第71—77页。
⑧ 黄炎培:《清季各省兴学史》,第173页。
⑨ 贺跃夫:《晚清士绅与中国近代化》,转引自蔡晓荣《江西士绅与晚清社会剧变》(未刊硕士论文),第19页。

第八章
晚清江西文化

学,在教育、实业等领域为江西和全国作出了许多贡献。①

我们可以把在国内新式学堂就学的士绅,以及那些积极投身于新式教育的"学绅",再加上在海外异邦求学的士绅,统称为"新派"士绅群体。随着预备立宪的宣布和江西咨议局的成立,江西新派士绅和资产阶级反过来又对新式学堂的建设取得了一定的监督权和建议权。他们自下而上,对各类学堂都提出了一些有益的意见。为普及扫盲,他们认为在广开简易识字学塾之外,当辅以"半日学堂、艺徒学堂、夜学校、农隙讲习所"。②为规范中学课程,他们强调"中小学宜遵用部定教科书",为循名责实杜绝滥冒,他们力反所谓速成学堂,敦促"年毕业或三月毕业之学堂应请禁止"。③新精英阶层反过来促使江西新式教育的进一步发展。

从某种意义上来说,"新派"士绅群体的出现及其规模的不断壮大,预示了作为封建社会支柱的传统士绅阶层已经开始了深刻的分化。这批"新派"士绅因受到新的思想理论的熏陶,与传统的离心力日趋加强,因而成为当时江西最先觉悟的社会群体,并且成为清末民初江西社会变革的先导力量。江西大学堂学生"由压力生出种种文明思想",在进步教习的引导下,"颇知自立","皆喜自由平等之说",④集资购买新书,订阅《新民丛报》等刊物。"总办欲设法阻之,众皆不应。"他们作诗抒怀:"沉沉大陆意如何,眷我黄人感慨多,从此学生争自立,不教烟草蔓铜驼。"⑤新派士绅群体思想活跃,眼界开阔,一开始就感受到民族危机的严重压迫,认为中国"时时有可亡之势"。⑥为鼓舞斗志,他们激昂陈词,"我们中国人,多到了四万万,在地球上占了四股之一,无论与那种人争,没有不胜的道理"。他们向群众宣传说,"近来'瓜分中国'的话,各国说得更急了,中国所有明白的人,也就天天说要自己独立,免得人家瓜分,这是一点儿不错的。然而一宗,口里说独立,是不行的。要想独立,只有合群一个法儿"。⑦这不仅宣传了民族解放的意识,也隐约有呼唤组织"合群"的近代社团的用意。另外

---

① 温锐:《世纪初振兴江西的"兴赣潮"论略》,载《江西社会科学》2002年第12期。
② 《呈报议决教育普及案由》,《江西咨议局报告》宣统元年。
③ 《江西咨议局第二次常年会呈报议决案》下册。
④ 《江西大学堂之历史》,《国民日日报汇篇》(一)
⑤ 《记江西大学堂改良事》,载《苏报》1903年4月4日。
⑥ 《苏报》1903年6月23日。
⑦ 《新白话》第二期总第3—4页。

还强调,国民应当是"真真主人翁"。①光绪二十九年(1903年)四月底,江西各地学生、绅耆、商人分别集会,反对俄国霸占中国东北,谴责沙俄入侵行径,要求沙俄军队立即从东北撤军。运动中江西留日学生刘景烈、刘景熊、黄铎、李盛铻等踊跃报名,参加了第一批留日学生军,准备奔赴东北,血战沙场,为国效命。②江西大学堂的学生闻风继起,"愿组织一部,附入上海学生军,同为响应"。③光绪三十一年(1905年),反帝爱国的收回利权运动接踵而来,江西学界积极投入这一运动。抵制美货运动中,江西等地学生"多用浅说体作为告谕劳工妇孺文字,并调查美货商标附列文后"。④同时,"日出传单知照以后买用洋货必须查询,若系美产必不可用"。⑤当清政府出卖权益计划借洋款修筑江浙铁路的消息传出,旅沪江西学生蔡敬襄立即飞电江西全省教育会,痛陈"苏杭铁路,事势甚危,不胜愤激",呼吁"东南诸省,存亡攸关,河南、广东均飞电政府力争。凡我江西绅商学界,亦宜共表同情,结大团体,以相抵制"。⑥江西学界闻讯惊起,立即驰电北京清朝外交部抗争,要求"收回成命,以安人心"。⑦与此同时,他们还"劝集千余股",为苏杭甬路提供经济支持。⑧宣统二年(1910年)江西铁路公司有拟借日资四百万之举,留日江西学生痛心疾首,特推王拜扬、文群、朱念祖等回省,以便发动各界,坚拒日资,"设法挽回"。⑨随后,在江西学界欢迎朱念祖等人的会议上,与会者议决挽回之法三条,即"广集股本","拒绝外债","整顿公司",大得各界同情。⑩不久,为激扬民气,朱念祖当众断其食指,血书"妥议办法,以保路权"八字,当即便感人至深,以致"解囊纳资者颇形踊跃"。⑪他们的行动及其社会反响,引起进步人士的高度重视,认为斗争成败,"要皆仰赖我爱国爱乡之学界诸君登高

---

① 《新白话》第二期总第9页。
② 杨天石、王学庄编:《拒俄运动》(中华民国史资料丛稿),中国社会科学出版社1979年版,第103—105页。
③ 杨天石、王学庄编:《拒俄运动》(中华民国史资料丛稿),中国社会科学出版社1979年版,第179页。
④ 《宁垣会议抵制美约办法》,《大公报》1905年7月1日。
⑤ 《江西亦议抵制》,《大公报》1905年7月14日。
⑥ 《江西旅沪学生蒋敬襄致本省教育会电》,《江浙铁路风潮》,台北1968年版第1册,第89页。
⑦ 《江浙铁路风潮》,台北1968年版第2册,第344页。
⑧ 《申报》1907年12月1日。
⑨ 《申报》1910年4月26日。
⑩ 《申报》1910年6月5日。
⑪ 《申报》1910年10月9日。

第八章
晚清江西文化

一呼,为各界倡"。①宣统三年(1911年)的国民会与国民军是学生不断发出救亡呼声的结果。6月12日,中国国民会总部在上海张圆举行正式成立大会,通电全国,呼吁各省各埠各府州县组建分会。在归国代表的活动和国民总会的号召下,各地爱国志士群起响应,云南、福建、山东、浙江、江苏、江西、陕西、广西和东三省成立了国民分会和国民军,四川、湖南、广东、安徽、直隶等省也有不同形式和程度的反应,迅速发展为全国性救亡运动。南昌学界和上海总会代表共同发起组建国民分会。九江学生与商界联合组织国民军,专习体操,"入军者异常踊跃"。②

(三)移风易俗

随着新学的推进和废除科举,江西的俗尚和士人的价值观念发生了深刻的变化。翰林出生的江西新昌人胡思敬颇为生动地谈到了这种变局。他说:"以往江西人嫁女,必予秀才。……新翰林乞假南归,所至鼓吹欢迎,敛财帛相赆,千里不赍粮。……今不然矣。诸生焚弃笔砚,辗转谋食四方,多槁死。翰林回籍措资,俗民'张罗',商贾皆避匿不见。科举废,学堂兴,朝局大变,盖不独江西为然也。"③众多的旧式学人迫于形势不得不投身于新式学堂之中。

妇女亦追求解放,更新观念,热心公益。昔日的江西妇女"喜佞佛,每年二月十九、六月十九、九月十九烧南海观音,至四月十八进贤门外大会、八月万寿宫进香,俱视为莫大之事;又缠足之风亦甚,惟赣州府此风独衰;又妇女极为聚赌,从前均用纸牌,近亦盛行麻雀"。④新政期间,妇女的社会风貌有了显著的改观。1903年《岭东日报》报道说,"江西风气近已寖开,女界中亦有能讲求新理且无中国女子羞缩陋习(者)",她们可谓"女中先觉"。⑤这里所说的女中先觉,无疑是领先求得自身解放的有识之士,不少人又是为争取解放同类而努力的积极分子。曾在九江开办女子医学堂的康爱德即为一例,曾断指血书"保存女学"四字的蔡敬襄又是一例。⑥据1908年10月28日《申报》载,兵备处总办张季煜之令姊张清如,曾东渡日本于女校师范科毕业;前袁州府太守许子笠之妻张佩兰,曾在上海于爱国女学毕业;余如张小如、林湘等人,均属出身富家或官宦之

---

① 《江西铁路公司续开股东会记事》,载《东方杂志》第7年第1期,1910年3月6日。
② 《九江国民军出现》,载《民立报》1911年4月16日。
③ 章伯锋主编:《近代稗海》第1辑,四川人民出版社1985年8月版,第252页。
④ 《警钟日报》1904年9月20日。
⑤ 《岭东日报》1903年12月12日。
⑥ 《申报》1909年10月10日。

家的"女界名媛",然而,她们不再是那种饱食终日、无所用心之辈,都投身于学堂,学有专长,并且破除陋习,走出家门,在江西女子公学力任监督和各科教员,渐成有益于社会的新女性。宣统二年(1910年),为反对日资渗入南浔铁路,江西女子师范学堂的彭文徽,联络正蒙、义务、匡秀各女校三百余人在省城江南会馆集会,号召"据债劝股",颇获各界同情。①在政治上崭露头角的江西女性也不乏其人,如九江的甘介侯,曾参加伦敦世界妇女会议;南昌的张维英,曾于留日回国后提倡自由结婚演说会;蔡元培之妻黄世振,曾于上海力倡女学;宜丰的蔡仲兰,曾参加中国同盟会。②

实业教育与实业发展使人们的思想观念从小农经济的发展模式向现代工业经济的发展模式转变。光绪三十二年(1906年),东乡县已相当重视"蚕桑之学",特从浙江引进蚕桑良种,开辟有专地,试种试养,以便取得经验,穷究学理,加以推广。③光绪三十四年(1908年),南昌商徒启智学校的艺徒"半日读书认字,半日学习工艺",主修纺织,学以致用,备受纺织各家欢迎。商徒启智学校为后来半工半读者提供了范例。④宣统二年(1910年),新建县绅程志和鉴于南昌"实业幼稚,亟待振兴",特在普育中学内"添设商业中学一科",⑤进行了普通学堂兼涉实业的大胆尝试。与此相应,江西的工商界对学界的新趋向表现出了一定的热情,有的企业在资金中"每万抽公费二元为学堂常年经费",⑥俨然有集资办学的情趣。应该说,学业与实业的结合,已隐示了二者互为渗透、互为促进的合理发展前程。江西人们价值观念的变化,人们耕读为上价值观逐渐转向工商为重,大量士绅纷纷投资农工商矿企业。这对于江西社会转型是有一定的积极作用。

(四)弃婴的新生

清代是我国历史上最为风行溺女弃婴的时期,而江西又是清代风行溺女弃婴最严重的省份之一。清高宗曾痛斥"江右向有溺女之风,最为残忍",⑦江西地方官员也承认"江西省民俗醇朴,惟溺女之风视他省为甚"。⑧江西省弃婴现

---

① 《申报》1910年7月9日。
② 参见张玉法《清季的革命团体》(台)近代史研究所专刊(32)1975年版,第83—92页。
③ 《东方杂志》第三年第六期"各省农桑汇志",第132页。
④ 《申报》1908年7月12日。
⑤ 《申报》1910年11月20日。
⑥ 《东方杂志》第四年第六期,"各省工艺汇志"第160页。
⑦ 《大清十朝圣训·高宗纯皇帝》卷二〇八,"严法纪十六"。
⑧ 同治《南康府志》卷七,建置。

第八章
晚清江西文化

象的严重，主要是受农业劳作和贫穷的社会现实影响，女婴被视为多余的负担。面对弃婴现象的普遍存在，江西各级政府一方面严禁溺女之风，另一方面普设育婴堂，以拯救无辜女婴的生命。据光绪《江西通志》卷九四"经政略十二·恤政"记载可知，江西所有州府县都设立育婴堂，有的县境设有2所以上。育婴堂由官府出资，雇请乳妇哺育，直至女婴被人领养或由家人领回。晚清江西每年育婴数量到底多少，不得而知，仅从南昌县育婴堂抚育女婴数，可见一斑。当时南昌县育婴堂"每年收育女婴，多则千余口，少则数百口"。①全省80余县，其数目应该不少数万。此外，还有不少教会所办的育婴堂。到晚清末，受西方平等女权思想的影响，江西女校开始出现，从1905年开始创办萍乡正本女子学堂后，截止1911年，江西先后共创办女子公立学堂6所，私立学堂5所，尚不含教会所办女校。女校生源以官宦家庭女子为主，其中不乏各育婴堂推荐的女生。女生在校不仅学习女工、中学等，还去除缠足陋习，宣传婚姻自主。由此，"女子无才便是德"的传统思想和妇女缠足、包办、买卖婚姻的封建陋习被动摇了，甚至被革除了，代之而起的是妇女的解放和女性的新生。

（五）戏曲的大众化

江西戏曲自明代起就开始兴盛，到晚清时期，戏曲种类、戏班数量及其规模等都有较大的发展，并且逐渐民俗化。当时江西盛行三大剧种，即宜黄腔、弋阳腔和采茶戏，三大剧种统称于赣剧。宜黄腔产生于宜黄县，后传播到安徽、湖北、浙江，与汉剧的西皮相融相合，流行全国，又称皮黄戏；弋阳腔产生于弋阳县，是我国戏曲史上流传最广的古老戏曲声腔，它吸收了皮黄戏的精华，形成高腔、乱弹、昆腔等特点，流行于江西南北；采茶戏产生于赣南，流行于全省各地，是我国南方小戏剧种的头牌。三大剧种，传统性与兼容性并存，同一性与变异性共有，流动性与封闭性互补，构成丰富多彩的赣剧核心内涵，并且具有浓厚的民俗色彩。晚清江西戏曲的大众化，不仅体现在戏曲本身的内容、形式和风格上，尤其体现在戏曲演出活动的运行机制上。为祭礼祈神，则有还愿戏、"万人缘"戏、菩萨生日戏；为宗族庆典，则有写谱戏、修祠堂戏、祖宗生日戏；为农事生产，则有青苗戏、求雨戏及各种生日戏。此外，每逢婚丧嫁娶、添丁祝寿、迎宾送客等，多有戏曲演出。戏曲的大众化与戏曲的商业化密切相关，它既反映了晚清商品市场的发展，又改变了单调贫乏的娱乐生活，并有助于戏曲的生存与发展，是江西民族文化不可或缺的重要组成部分。

---

① 光绪《大清会典事例》卷二六九"户部·蠲恤"。

主要参考文献

一、普通文献资料

刘锦藻撰:《清朝续文献通考》,商务印书馆1937年版。

赵尔巽:《清史稿》,中华书局1977年版。

朱寿朋:《光绪东华录》,中华书局1958年版。

《筹办夷务始末》(咸丰朝),中华书局1979年版。

王彦威、王亮编:《清季外交史料》,收入沈云龙主编《近代中国史料丛刊》三编,台北文海出版有限公司印行。

《清宣统朝外交史料》,收入沈云龙主编《近代中国史料丛刊》三编,台北文海出版有限公司印行。

汤象龙编:《中国近代海关税收和分配统计》,中华书局1992年版。

黄序鹓:《海关通志》,商务印书馆1917年版。

陈向元:《中国关税史》,北京世界书局1926年版。

杨德森:《中国海关制度沿革》,商务印书馆1925年版。

江恒源编:《中国关税史料》,上海人文编辑所,1931年版。

沈桐生辑:《光绪政要》,上海崇义堂清宣统元年印行。

周念明:《中国海关之组织及其事务》,上海商务印书馆1934年版。

黄炎培、庞淞编:《中国商战失败史:中国四十年海关商务统计图表》,上海商务印书馆发行,1917年版。

王铁崖编:《中外旧约章汇编》,生活·读书·新知三联书店1957年版。

黄月波:《中外条约汇汇编》,商务印书馆1925年版。

刘绅一:《刘坤一遗集》,中华书局1959年版。

龚溥庆:《师竹斋笔记》。

张之洞:《张文襄公全集》,文华斋1928年印。

《近代史资料》,(1982—1995年),中国社会科学出版社1996年版。

胡思敬:《退庐疏稿》。

夏燮:《中西纪事》,收入沈云龙主编《近代中国史料丛刊》正编第十一辑,台北文海重印本。

中国史学会编:《鸦片战争》,上海人民出版社1957年版。

《中国近代史资料丛刊·太平天国》,神州国光社1952年版。

《中国近代史资料丛刊·辛亥革命》,上海人民出版社1961年版。

江西文史资料丛书:《江西近代贸易史资料》,江西人民出版社1988年版。

江西文史资料丛书:《江西近代工矿史资料选编》,江西人民出版社1989年版。

江西省政府建设厅编印:《江西贸易概况》,1938年。

陈真等编:《中国近代工业史资料》,三联书店1961年版。

《通商章程成案汇编》,光绪12年(1886年)刊印本。

《海上报章类抄》(专稿),汪叔子家藏,光绪二十一年。

江西政协文史委编:《辛亥革命在江西》,江西人民出版社1991年版。

《李烈钧文集》,江西人民出版社1988年版。

《萍浏醴起义资料汇编》,湖南人民出版社1986年版。

《孙中山全集》,中华书局1981年出版。

江西政协文史委:《江西文史资料选辑》。

汪钟霖:《赣中寸牍》,光绪末年石印本。

陈三立:《散原精舍文集》,中华书局1949年版。

《教案奏议汇编》,光绪二十七年上海书局石印本。

《康南海自编年谱》,中华书局1992年版。

王鹏九:《交涉约案摘要》,光绪二十四年江西刊本。

朱有瓛:《中国近代学制史料》,华东师大出版社1987年版。

杜德风:《太平军在江西史料》,江西人民出版社1988年版。

《太平天国史料丛编简辑》,中华书局1962年版。

《曾文正公全集》,台湾文海出版社影印本。

《太平天国典制通考》,香港简氏猛进书屋1958年版。

《太平天国文书汇编》,中华书局1979年版。

《骆文忠公奏议》,台湾文海出版社影印本。

胡廷玉:《尚书方氏宗谱》,道光二十二年(1842年)修

《抚郡农产考略》,光绪二十九年抚群学堂校刊本。

胡思敬:《国闻备乘》,四川人民出版社1985年版。

《汪康年师友书札》,上海古籍出版社1987年版。

汪叔子:《文廷式集》,中华书局1993年版。

彭益泽:《中国近代手工业史资料》(1840—1949年),生活·读书·新知三联书店1957年版。

姚贤镐:《中国近代手工业史资料》,中华书局1962年版。

彭益泽:《中国工商行会史资料集》,中华书局1995年。

严中平等编:《中国近代经济史统计资料选辑》,科学出版社1955年版。

孙毓棠:《中国近代史工业史资料》,科学出版社1957年版。

聂宝璋:《中国近代航运史资料》第一辑(1840—1895年),上海人民出版社1983年版。

聂宝璋、朱荫贵:《中国近代航运史资料》第二辑(1895—1927年),中国社会科学出版社2002年版。

蔡谦、郑友揆编:《中国各通商口岸对各国进出口贸易统计》,商务印书馆1936年版。

实业部国际贸易局编:《最近三十四年来中国通商口岸对外贸易统计》,商务印书馆1935年版。

许道夫编:《中国近代农业生产及贸易统计资料》,上海人民出版社1983年版。

商衍鎏:《江西特税纪要》,1929年铅印本。

《续文献通考》。

《清朝通典》。

《清史稿》。

吴应箕:《楼山堂集》。
康熙《江西通志》。
雍正《江西通志》。
嘉庆《江西省大志》。
光绪《江西通志》。
吴宗慈主撰:《江西通志稿》,民国年间未刊本。
林传甲:《大中华江西省地理志》,1919年版。
同治《江西水道考》。
嘉靖《九江府志》。
嘉庆《九江府志》。
同治《九江府志》。
乾隆《德化县志》。
同治《德化县志》。
同治《铅山县志》。
同治《大余县志》。
隆庆《临江府志》。
同治《清江县志》。
乾隆《铅山县志》。
同治《铅山县志》。
同治《新建县志》。
乾隆《南昌府志》。
同治《黟县三志》。
同治《清江县志》。
同治《清江县志》。

二、档案和报刊资料

中国第一历史档案馆藏:宫中档,朱批奏折。
中国第一历史档案馆编:《康熙朝汉文朱批奏折》,档案出版社1984年版。
中国第一历史档案馆编:《雍正朝汉文朱批奏折》,江苏古籍出版社1991年版。

中国第一历史档案馆编:《光绪朝朱批奏折》,中华书局1995年版。

中国第二历史档案馆、中国海关总署办公厅:《中国旧海关史料》,京华出版社2001年版。

中国第二历史档案馆馆藏海关总税务司署档案,全宗号679,有关九江部分。

中国第二历史档案馆馆藏南浔铁路管理局档案,全宗号458,案卷号1—40。

中国第二历史档案馆馆藏交通部邮政总局档案,全宗号137,有关江西、九江部分。

中国第二历史档案馆馆藏交通部电信总局档案,全宗号142,有关江西、九江部分。

中国第二历史档案馆馆藏实业部档案,全宗号422,有关江西、九江部分。

中国第二历史档案馆馆藏工商部档案,全宗号613,有关江西、九江部分。

中国第二历史档案馆馆藏招商局档案,全宗号468,有关九江部分。

九江市档案馆馆藏招商局九江分局档案,全宗号1006。

《教务教案档》,台北近代史研究所1981年编。

《义和团档案史料》,中华书局1959年版。

《戊戌变法档案史料》,中华书局1958年版。

《辛亥革命前十年间民变档案史料》,中华书局1985年版。

《清季教案史料》,故宫博物院文献特刊1937年编。

《义和团档案史料》,中华书局1959年版。

(江西)《经济旬刊》。

(江西)《工商通讯》。

《江西官报》。

《东方杂志》。

《申报》。

《江南商务报》。

《湖北官报》。

《湖北商务报》。

《商务官报》。

《外交报》。

《万国公报》。

《文化建设》。
《农商公报》。
《教会新报》。
《字林西报》。

三、论著

陈荣华、何友良:《九江通商口岸史略》,江西教育出版社1985年版。

陈荣华、余伯流、周耕生、施由民等著:《江西经济史》,江西人民出版社2004年版。

梁方种:《中国历代户口、田地、田赋统计》,上海人民出版社1980年版。

孙述诚主编:《九江港史》,人民交通出版社1991年版。

沈兴敬主编:《江西内河航运史》,人民交通出版社1991年版。

万振凡、林颂华主编:《江西近代社会转型研究》,中国社会科学出版社2001年版。

温锐等著:《百年巨变与振兴之梦—20世纪江西经济研究》,江西人民出版社2000年版。

方志远:《明清湘鄂赣地区的人口流动与城乡商品经济》,人民出版社2001年版。

陈文华、陈荣华主编:《江西通史》,江西人民出版社1999年版。

许怀林:《江西史稿》,江西高校出版社1998年版。

王孝槐主编:《江西邮政通信简史》,江西人民出版社1997年版。

赵树贵、曾丽雅:《陈炽集》,中华书局1997年版。

罗玉东:《中国厘金史》,香港大东图书公司1977年出版。

《辛亥革命回忆录》,中华书局1981年版。

戚其章:《晚清教案纪事》,东方出版社1990年出版。

张玉洁:《清季的革命团体》,台北中央研究院近代史所1988年版。

章开沅:《辛亥革命史》,人民出版社1976年版。

王致中:《中国铁路外债研究》,经济科学出版社2000年版。

王思明、姚兆余主编:《20世纪中国农业与农村变迁研究——跨学科的对话与交流》,中国农业出版社2003年版。

许怀林：《鄱阳湖流域生态环境的历史考察》，江西科学出版社2003年版。

龚书铎：《中国近代文化概论》，中华书局1997年版。

《辛亥革命时期期刊介绍》（江西），人民出版社1982年版。

王文杰：《中国近世史上的教案》，上海人民出版社1988年版。

张仲礼、熊月之、沈祖炜主编：《长江沿江城市与中国近代化》，上海人民出版社2002年版。

唐力行：《商人与中国近世社会》，浙江人民出版社1993年版。

张力：《中国教案史》，四川社科院出版社1987年版。

《江西省农牧渔业志》编撰委员会：《江西省农牧渔业志》，黄山书社出版社1999年版。

顾长声：《传教士与近代中国》，上海人民出版社1981年版。

王明伦：《反洋教书揭帖选》，齐鲁书社1984年版。

唐力行：《明清以来徽州区域社会经济研究》，安徽大学出版社1999年版。

周育民：《晚清财政与社会变迁》，上海人民出版社2000年版。

戴鞍钢：《港口·城市·腹地——上海与长江流域经济关系的历史考察》，复旦大学出版社1998年版。

陈旭麓：《中国近代社会的新陈代谢》，上海人民出版社1992年版。

陈志奇：《中国近代外交史》，台北天南书局1993的版。

陈诗启：《中国近代海关史》晚清部分，人民出版社1993年版。

费成康：《中国租界史》，上海社会科学出版社1991年版。

彭雨新：《清代关税制度》，湖北人民出版社1956年版。

王笛：《跨出封闭的世界——长江上游区域社会研究（1644—1911）》，中华书局1993年版。

许涤新、吴承明：《中国资本主义发展史》，人民出版社1985年版。

张洪祥：《近代中国通商口岸与租界》，天津人民出版社1992年版。

中国社会科学院近代史研究所编：《走向近代世界的中国》，成都出版社1992年版。

严中平主编：《中国近代经济史》（1840—1894），人民出版社2001年第二版。

汪敬虞主编：《中国近代经济史》（1895—1927），人民出版社2000年版。

金耀基：《从传统到现代》，人民出版社1999年版。

顾卫民：《基督教与近代中国社会》，上海人民出版社1996年版。

吴承明：《中国的现代化：市场与社会》，生活·读书·新知三联书店2001年版。

杜德凤：《从南浔铁路看中国民族资本发展的艰难与曲折》，载《江西师大学报》1989年，第2期。

周飞、许海泉：《被迫开埠与九江城市近代化》，载《江西师大学报》1998年，第3期。

廖声丰：《清代赣关研究》，未刊硕士论文。

丁晓春：《家族与商镇——以筠门岭为个案》，江西师范大学1997年硕士论文（未刊稿）。

周霖：《1927—1937年江西米粮产销市场化实证分析》，江西师范大学1997年硕士论文（未刊稿）。

黄桂兰：《略论近代九江城市经济衰退的原因》，载《江西师范大学学报》1998年，第3期。

汪兴华：《近代武汉九江发展之比较：试谈九江近代发展缓慢的原因》，载《江西师范大学学报》1998年第4期。

陈耀坤：《九江米市与九江港》，载《九江市志通讯》第19期。

许檀：《清代前期九江关及其商品流通》，载《中国历史档案》1998年第3期。

许檀：《清代前期流通格局的变化》，载《清史研究》，1999年第3期。

吴建雍：《清前期榷关及其管理制度》，载《中国史研究》1984年第1期。

中国第二历史档案馆编：《1921年前中国已开商埠》，载《历史档案》1984年，第2期。

中国第二历史档案馆编：《内务部经办商埠一览表》，载《历史档案》1984年，第2期。

四、外文资料及译著

Stanly Wright, *Kiangsi Native Trade and Its Taxation*, Garland Publishing, Inc, New York and London（斯坦利·莱特《江西地方贸易与税收》，纽约—伦敦有限公司荣誉出版，1920）

日本东亚同文会编：《支那省别全志·江西省》，1918年版。

H.B.Morse, *The Trade and Administration of China*, Revised Edition, Kelly and Walsh, 1913(马士:《中朝制度》,克利—沃斯出版有限公司1913年版。)

J.K.Fairbank, *Trade and Diplomacy on the China Coast: The Opening of the Tradty Ports*, Harvard University Press, Cambridge, 1953.(费正清:《中国沿海的贸易与外交:条约口岸的开放》,哈佛大学出版社1953年版。)

《上海近代贸易经济发展概况(1854—1898年)——英国驻沪领事贸易报告汇编》,上海社会科学出版社1993年版。

[美]施坚雅主编,叶光庭等译:《中华帝国晚期的城市》,中华书局2000年版。

[美]费正清编,中国社会科学院历史研究所编译室译:《剑桥中国晚清史》,中国社会科学出版社1985年版。

[美]马士著,张汇文等合译:《中华帝国对外关系史》,上海书店出版社2000年版。

[美]吉尔伯特·罗兹曼主编,国家社会科学基金"比较现代化"课题组译:《中国的现代化》,江苏人民出版社1988年版。

[日]高柳松一郎著,李达译:《中国关税制度论》,商务印书馆1929年版。

[美]郝延平著,陈潮、陈任译:《中国近代商业革命》,上海人民出版社1991年版。

[美]费维恺著,虞和平译:《中国早期工业化》,中国社会科学出版社1990年版。

[英]丹尼斯·麦奎尔,[瑞典]斯文·温德尔著,祝建华、武伟译:《大众传播模式论》,上海译文出版社,1997年版。

[德]沃尔夫冈·查普夫著,陈黎、陆宏成译:《现代化与社会转型》,社会科学文献出版社2000年版。

[法]史式微:《江南传教史》,天主教上海教区史料译写组译,上海译文出版社1983年版。

[英]莱特:《中国关税沿革史》,姚曾广译,商务印书馆1963年版。

[法]卫青心:《法国对华传教政策》,黄庆华译,中国社会科学出版社1991年版。